ERRATA

Christoph Pan – Beate S. Pfeil: Die Volksgruppen in Europa. Ein Handbuch

- Staatenübersichten von Estland (S. 65 ff.), Jugoslawien (S. 93 ff.), **Kroatien (S. 97 ff.), Lettland** (S. 101 ff.) und der Slowakei (S. 153 ff.): **Letztgültig sind nur die Daten der tabellarischen** Übersichten, die graphischen Darstellungen **(Diagramme und Karten) sind hier nicht auf** dem aktuellen Stand.
- Diagramm zu Griechenland (S. 78): **2.000** Roma (statt 22.000)
- Diagramm zu Italien (S. 91): 1.269.000 **Sarden**, 526.000 **Friauler** (nicht umgekehrt)
- Diagramm zu Portugal (S. 134): 3 (Sprach-)Minderheiten **1.5 %** (statt 0.5 %)
- Diagramm zu Rußland (S. 143): **12.000** Wepsen (statt 100)

ETHNOS 56

Christoph Pan

Beate Sibylle Pfeil

Die Volksgruppen in Europa

Ein Handbuch

Braumüller

ETHNOS

Begründet von Franz Hieronymus Riedl † und Theodor Veiter †

Herausgegeben von Eva Maria Barki, Guy Héraud, Hans R. Klecatsky, Georg Kremnitz, Christoph Pan, Peter Pernthaler, Anton Schwob, Hannes Tretter und Folmer Wisti unter der Schriftleitung von Michael Geistlinger.

Publiziert mit Unterstützung des Bundesministeriums für Wissenschaft und Verkehr sowie des Bundesministeriums für Unterricht und kulturelle Angelegenheiten, Wien.

Die Deutsche Bibliothek – CIP-Einheitsaufnahme

Pan, Christoph
Die Volksgruppen in Europa : ein Handbuch / Christoph Pan ; Beate Sibylle Pfeil. – Wien : Braumüller, 2000
(Ethnos ; 56)
ISBN 3-7003-1313-6

ISBN 3–7003–1313-6

Printed in Austria
Druck: Novographic, A–1238 Wien
Umschlaggestaltung: Atelier Gstöttner GmbH, A–1070 Wien
Grafiken und Karten: Rüdiger Walder

VORWORT

Seit der Wende in Europa, die den Ost-West-Konflikt beseitigt hat, ist Ethnizität mit der Volksgruppenfrage wieder akut geworden. Nicht etwa, weil es vorher keine Volksgruppen gegeben oder Ethnizität keine Rolle gespielt hätte. Nein, im Gegenteil, denn seit der Französischen Revolution und dem Beginn der Demokratisierung gibt es hier einen Widerspruch zwischen Theorie und Praxis, d.h. zwischen dem theoretischen Postulat der Gleichheit der Bürger, Völker und Staaten einerseits und der Realität ihrer Ungleichheit andererseits. Dieser Widerspruch äußert sich vor allem in einem Vormachtanspruch einzelner Bürger, Völker oder Staaten zu Lasten anderer.

Das damit einhergehende Dilemma bzw. das Bemühen um seine Lösung prägt den Verlauf der politischen Entwicklung Europas im 19. Jahrhundert entscheidend und führt in der ersten Hälfte des 20. Jahrhunderts sogar zu zwei Weltkriegen. Nach der 1945 in Jalta vorgenommenen Teilung der Welt in eine westliche und eine östliche Einflußsphäre wird das Nationalitätenproblem dagegen von der Tagesordnung gestrichen. In der westlichen Welt, so lautet die offizielle Version, ist es mit der Einführung von Menschenrechten, Demokratie und Rechtsstaatlichkeit ohnehin automatisch gelöst, in der östlichen Welt ist es durch den Marxismus-Leninismus sogar „vorbildlich" gelöst. Daß dem nicht so ist, weder diesseits noch jenseits des Eisernen Vorhangs, geht angesichts des Kalten Krieges, der Wettrüstungsspirale und einer drohenden Nuklearkatastrophe ganz einfach unter. Problemverdrängung bedeutet aber noch keine Problemlösung. Der Fall der Berliner Mauer markiert das Ende dieser Epoche, die fast ein halbes Jahrhundert gedauert hat – von Jalta 1945 bis Malta 1989, wo das Gipfeltreffen der beiden Spitzenrepräsentanten der westlichen und der östlichen Welt, des amerikanischen Präsidenten George Bush und des sowjetischen Präsidenten Michail Gorbatschow, die große Wende einleitet: Die bipolare Konfrontation wird durch multilaterale Kooperation ersetzt.

Jetzt ist der Zeitpunkt gekommen, in dem der unter der Oberfläche schwelende Nationalitätenkonflikt mit Vehemenz wieder ins politische Bewußtsein zurückkehren kann. Dafür sorgt schon allein der Umstand, daß im Zuge des Zerfalls von drei Vielvölkerstaaten (Sowjetunion, Jugoslawien und Tschechoslowakei) auf dem euro-asiatischen Kontinent von 1991 bis 1993 nicht weniger als 22 vorwiegend nach ethnisch-nationalen Kriterien gebildete Staaten neu entstehen. In der Folge nehmen sich die maßgeblichen internationalen Regierungsorganisationen ab 1990 mit zunehmender Intensität des Themas an. Zuerst die Konferenz für Sicherheit und Zusammenarbeit in Europa (KSZE/OSZE), dann die Vereinten Nationen und der Europarat, dem mittlerweile (1999) 41 Mitgliedstaaten angehören. Schließlich bemüht sich auch die Europäische Union mit Friedenskonferenzen um die Regelung bzw. Eindämmung offen ausgebrochener Regionalkonflikte am Balkan und mit Hilfe des Stabilitätspaktes um eine wirkungsvolle Vorbeugungsstrategie. Als Frucht dieser Bemühungen beginnt allmählich ein System des europäischen Minderheitenschutzes sichtbar zu werden. Mittlerweile ist dieses zum Teil bereits entstanden und noch weiter im Entstehen begriffen.

Im Zusammenhang dieses Geschehens fällt nun plötzlich Südtirol eine bemerkenswerte Rolle zu. Vor nicht ganz einer Generation noch eine italienische Provinz „im Aufruhr", ist Südtirol mit seinen drei Sprachgruppen inzwischen zu einer „friedlichen, wohlhabenden Gegend" im Herzen Europas geworden (so der deutsche Altbundeskanzler Helmut Kohl in der Süddeutschen Zeitung vom 11.09.1999). Es stellt nun insofern eine Art Experimentierfeld dar, als die konkreten Auswirkungen eines modernen Minderheitenschutzes unmittelbar festgestellt und die Wirkungen einzelner Maßnahmen empirisch beobachtet und auf ihre Zielkonformität hin geprüft werden können. Entsprechend wächst das Interesse Europas an der Praxis des Minderheitenschutzes in Südtirol. Zugleich wird aber auch in Südtirol selbst diese neue Rolle ernst genommen. Das Südtiroler Volksgruppen-Institut, das unter der früheren Bezeichnung „Südtiroler Wirtschafts- und Sozialinstitut" etwa dreißig Jahre lang als Selbsthilfe-Einrichtung der deutschsprachigen und der ladinischen Volksgruppe deren Problematik wissenschaftlich untersucht und praktische Lösungsvorschläge vorgelegt hat, nimmt die neue Herausforderung an, stellt seinen Erfahrungsschatz zur Verfügung und schaltet sich auch mit konkreten Vorschlägen und Entwürfen in die europäische Diskussion ein. So ist allmählich auch der Gedanke zu diesem Handbuch gereift.

Das Hauptanliegen des Handbuchs ist es, auf die grundlegenden Erfordernisse eines modernen Minderheitenschutzes einzugehen, vor allem aber den empirischen Hintergrund der Nationalitätenproblematik darzustellen. Denn so augenfällig die gewaltsamen Manifestationen ethnischer Regionalkonflikte am Balkan durch die Kriege Serbiens gegen Slowenien, Kroatien, Bosnien und den Kosovo oder am Kaukasus wie z.B. in Berg-Karabach, Abchasien, Südossetien und Tschetschenien auch sind, so wenig ist die quantitative Dimension der Ethnizität in Europa bekannt. Wieviel Völker oder Sprachen gibt es in Europa und wieviel Volksgruppen? Wie groß sind diese und wo leben sie? Die Beantwortung genau dieser Fragen ist das zentrale Anliegen dieses Handbuchs.

In der Einleitung findet sich eine kurze Einführung in die Volksgruppenfrage. Dem folgt ein erster und allgemeiner Teil, der in mehreren Tabellen und in einem Diagramm übersichtsartig Aufschluß gibt über die Staaten Europas und die dort beheimateten Volksgruppen, Völker und Sprachen, die Anzahl ihrer Angehörigen bzw. Sprecher, ihre geographische Verteilung auf die verschiedenen Staaten, aber auch über deren zum Teil recht komplizierte sprachliche Verwandtschaftsverhältnisse. Weiter sind die Mehrheits- und Minderheitensprachen Europas, aufgegliedert in Nationalsprachen und staatslose Sprachen, nach quantitativen Kriterien gegenübergestellt. Hieraus wird u.a. ersichtlich, daß die Minderheitensprachen vor allem im Bereich der staatslosen Sprachen eine extreme Vielfalt bei in der Regel eher kleiner Sprecherzahl aufweisen. Sodann sind die Volksgruppen nach Größenklassen dargestellt, und schließlich werden die Staaten nach den Kriterien Volksgruppenanteil und Stabilität betrachtet.

An diesen ersten einführenden Teil schließt sich der Hauptteil mit einer – soweit als derzeit möglich – präzisen Übersicht über die Volksgruppen in den einzelnen Staaten Europas an. Die in jahrelanger Forschungsarbeit beim Südtiroler Volksgruppen-Institut in Bozen gesammelten Informationen sind jeweils nach den folgenden drei Gesichtspunkten dargestellt:

- Erstens: Welche Volksgruppen mit jeweils wieviel Angehörigen leben in jedem der 36 über 1 Mio Einwohner zählenden Staaten Europas? Hieraus wird ersichtlich, wieviel und welche ethnischen Gruppen sich jeweils einen Staat teilen bzw. dies friedlich und im partnerschaftlichen Geiste tun sollten.
- Zweitens werden die einzelnen Staaten jeweils in drei Diagrammen abgehandelt, wovon das erste ihrer Multinationalität gilt, das zweite dem Größenverhältnis zwischen nationaler Mehrheit auf der einen und nationalen Minderheiten auf der anderen Seite und das dritte schließlich den Größenverhältnissen zwischen den einzelnen nationalen Minderheiten.
- Drittens wird versucht, die Minderheiten in den einzelnen Staaten kartographisch zu lokalisieren.

Im dritten Teil sind zunächst die allgemeinen Erfordernisse des Minderheitenschutzes in Europa kurz dargestellt, dessen inhaltlicher Rahmen durch Menschenrechte, Demokratie und Rechtsstaatlichkeit abgesteckt ist. Zu diesen Erfordernissen zählt insbesondere die Autonomie als Weg der inneren Selbstbestimmung, auf deren demokratiepolitische Notwendigkeit und Typologie im darauffolgenden Teil näher eingegangen wird. Schließlich wird über die Entwicklung und den Diskussionsstand des europäischen Minderheitenschutzsystems berichtet, woran sich eine Übersicht über das bereits entstandene bzw. noch im Entstehen begriffene Europarat-Instrumentarium des Minderheitenschutzes anschließt.

Der vierte Teil greift zwei für die Effektivität des europäischen Minderheitenschutzes wesentliche Voraussetzungen heraus, ohne welche dieser nur eine leere Hülse bleibt. Zu diesen zählt erstens das Recht auf die Heimat, das als für die Wahrnehmung von Minderheitenrechten unverzichtbare Voraussetzung zu gelten hat und bisher nur ansatzweise völkerrechtlich geregelt ist. Zweitens muß die politische Organisation nationaler Minderheiten nicht nur rechtlich gewährleistet, sondern als unverzichtbare Voraussetzung für die demokratische Mitbestimmung der Minderheiten von diesen auch praktisch verwirklicht werden. Hier stehen nicht selten Hindernisse entgegen, die sich dem Bereich des rechtlich Regulierbaren entziehen.

Zur Verdeutlichung und Ergänzung der vorhergehenden Ausführungen sind sodann im Anhang einige wichtige Dokumente vollinhaltlich abgedruckt, nämlich die Sprachencharta und das Rahmenübereinkommen zum Schutz nationaler Minderheiten des Europarates, zwei Entwürfe eines Minderheiten-Zusatzprotokolls zur EMRK und ein Diskussionsentwurf für eine europäische Autonomie-Sonderkonvention.

Auf diese Weise ist aus dem ursprünglichen Vorhaben, nämlich eine Übersicht über die Volksgruppen in Europa zu bieten, ein kleines Handbuch entstanden, in welchem die wesentlichen Elemente und Fakten zur Volksgruppenfrage in Europa übersichtsartig zusammengefaßt und möglichst anschaulich dargestellt sind.

Für das Zustandekommen dieses Handbuchs ist in erster Linie dem Bundesministerium für Unterricht und kulturelle Angelegenheiten (BMUK) in Wien und dem Südtiroler Bildungszentrum (SBZ) in Bozen und Innsbruck zu danken. Sie haben dem Südtiroler Volksgruppen-Institut dieses Vorhaben durch ihre tatkräftige Förderung ermöglicht. Zu Dank verpflichtet sind wir insbesondere Sektionschef Dr. Günter Oberleitner und Ministerialrat Dr. Heinrich Wolf vom BMUK sowie Präsident Karl Nicolussi-Leck vom SBZ für stets wertvolle Anregungen und Hinweise. Weiter haben wir Rüdiger Walder sehr herzlich zu danken, der im Rahmen eines von der EU geförderten Praktikums beim Südtiroler Volksgruppen-Institut die Diagramme und kartographischen Skizzen (thematischen Karten) angefertigt hat. Ein Wort des Dankes gilt sodann Bundesminister a.D. em. Univ.-Prof. Dr. Hans R. Klecatsky für Ermutigung und Zuspruch bei der Verwirklichung des Vorhabens. Besonders zu danken ist auch dem Wilhelm Braumüller-Verlag in Wien, der dieses Buch in die Ethnos-Reihe aufgenommen und die Drucklegung mit bewährter Sorgfalt betreut hat.

Bozen, im März 2000 — Christoph Pan und Beate Sibylle Pfeil

INHALTSVERZEICHNIS

II. TEIL: DIE VOLKSGRUPPEN IN DEN STAATEN EUROPAS: ANZAHL, DEMOGRAPHISCHE GRÖSSE UND GEOGRAPHISCHE LAGE 39

METHODOLOGISCHE HINWEISE

1. Zur definitorischen Problematik

Wer sich um eine Bestandsaufnahme der Volksgruppen in Europa bemüht, trifft auf eine Reihe von Problemen.

Problematisch ist schon die Definition des Begriffs *Volksgruppe*. Hier gibt es zwar eine große Vielfalt verschiedenster Definitionsansätze, darunter jedoch keine in irgendeiner Weise rechtlich verbindliche Definition. Wir halten uns hier grundsätzlich an eine Definition, die sich weitestgehend an die UNO-Definition von Capotorti[1] anlehnt. Unter „Volksgruppe" ist danach

> [...] eine Gemeinschaft zu verstehen,
> a) die im Gebiet eines Vertragsstaates geschlossen oder in Streulage siedelt,
> b) die zahlenmäßig kleiner ist als die übrige Bevölkerung eines Vertragsstaates,
> c) deren Angehörige Bürger dieses Staates sind,
> d) die sich durch ethnische, sprachliche oder kulturelle Merkmale von den übrigen Staatsbürgern unterscheiden
> e) und gewillt sind, diese Eigenart zu erhalten. [...][2]

In einzelnen Fällen stieß die Anwendung dieser Volksgruppendefinition auf praktische oder politisch bedingte Hindernisse, zu deren Überwindung wir wie folgt vorgegangen sind:

1. Bei manchen Personenkategorien konnte nicht mit letzter Sicherheit geklärt werden, ob diese derzeit tatsächlich alle genannten Definitionskriterien erfüllen. Eine Volksgruppe ist z.B. nicht nur durch bestimmte objektiv feststellbare ethnische, kulturelle oder sprachliche Eigenheiten definiert, vielmehr bedarf es auch subjektiv des Bewußtseins, Wunsches oder Willens, eine durch solche objektive Merkmale begründete Gemeinschaft zu sein und diese als solche erhalten zu wollen. Die Feststellung gerade dieser subjektiven Komponente für alle Kategorien von Einwohnern, die in den einzelnen Staaten Europas statistisch meist nach objektiven Unterscheidungskriterien erfaßt sind, war teilweise nicht möglich. So haben wir mangels zuverlässiger Informationen vor allem bei den folgenden Personenkategorien von einer Einordnung als Volksgruppen abgesehen:

   Bei den *Albanern* in Kroatien und Slowenien, bei den *Bulgaren* in Makedonien, in der Slowakei und in Tschechien, bei den *Friesen* und *Juden* in Dänemark, bei den *Kareliern* in Finnland, bei den *Kroaten* in der Slowakei und in Slowenien, bei den *Makedoniern* in Jugoslawien, Kroatien und Slowenien, bei den *Montenegrinern* in Albanien, Kroatien und Slowenien, bei den ethnischen *Muslimen* in Slowenien, bei den *(Ruhr-) Polen* in Deutschland, bei den *Rumänen* in Griechenland, bei den *Russen* in Bulgarien, bei den *Savoyarden* in Frankreich, bei den *Slowenen* in Jugoslawien

---

[1] Capotorti 1977: 96.

[2] Vgl. hierzu Ermacora / Pan 1995: 15.3

und Kroatien sowie bei den *Serben* in Slowenien und bei noch einigen weiteren anderswo.

Zu beachten ist in diesem Zusammenhang auch, daß die Befindlichkeit der betreffenden Personenkategorien naturgemäß einer ständigen Dynamik unterliegt und entsprechend deren einmalige Nicht-Zuordnung oder Zuordnung als Volksgruppe keine endgültige zu sein braucht. So kann sich z.B. ein derzeit fehlendes Gemeinschaftsbewußtsein jederzeit (wieder) entwickeln. Hier liegt jedenfalls noch ein Potential, das sich künftig zumindest teilweise aktivieren und den derzeitigen Bestand von etwa 307 Volksgruppen / Minderheiten in Europa noch erweitern könnte.

2. Zu entscheiden war auch die Erfassung der Fälle, in denen bestimmte ethnische Gruppierungen statistisch zwar nur eine einzige Kategorie darstellen, tatsächlich aber mehrere räumlich getrennte und teilweise voneinander sogar unabhängige Gemeinschaften bilden. Dies betrifft z.B. die Albaner in Italien, die auf sieben Regionen verteilt und mit so großen räumlichen Distanzen voneinander siedeln, daß mehr als sporadische Kontakte kaum möglich sind. Entsprechend viele, nämlich mindestens sieben albanische Minderheiten könnten voneinander unterschieden werden. Eine analoge Problematik stellt sich mehrmals in Europa, u.a. z.B. bei den Deutschen in Polen (Westpreußen und Schlesier), Rumänien (Sachsen, Schwaben) und Italien (Tiroler in Südtirol, Kärntner im Kanaltal in Friaul, Walser in Aosta und im Piemont usw.) oder bei den Griechen und Okzitanen in Italien. Wir haben uns hier an die Regel gehalten, die betreffenden Gruppierungen unabhängig von ihrer räumlichen Aufteilung und Streulage jeweils nur einmal pro Land als Volksgruppe / Minderheit zu zählen.

   Anders gestaltet sich die Sachlage z.B. bei den einzelnen Untergruppen der Kelten und Alpenromanen. So sind die Bretonen, Waliser, Kornen, Irisch-Gälen, Schottisch-Gälen und Manx-Gälen zwar eng miteinander verwandt und betrachten sich selbst gemeinsam als Kelten, ebenso verwenden die Rätoromanen, Ladiner und Friauler als sprachlich nah verwandte Gruppen den gemeinsamen Oberbegriff Alpenromanen. Dennoch sind alle diese Gruppen nach ihrem Selbstverständnis jeweils als völlig eigenständige Einheiten zu betrachten. Entsprechend wurden die sechs keltischen und drei rätoromanischen Gruppen jeweils getrennt erfaßt und ausgewiesen.

3. Manche Staaten weisen bestimmte Personenkategorien offiziell als Volksgruppen / Minderheiten aus, die im hier definierten Sinn keine sind und die wir folglich nicht in unseren Katalog aufgenommen haben. Solche Fälle von „künstlichen" Volksgruppen / Minderheiten sind z.B. die Italiener in Rumänien oder die 214 Österreicher in Kroatien.

   Umgekehrt kommt es vor, daß die Existenz bestimmter Ethnien aus politischen Gründen geleugnet bzw. nicht anerkannt wird. So gibt es z.B. im Fall der Makedonier gleich von drei Seiten Versuche, sie ethnisch zu vereinnahmen und ihre Eigenständigkeit in Frage zu stellen: aus der Sicht Serbiens sind sie „Südserben", aus der Sicht Bulgariens „Westbulgaren" und aus der Sicht Griechenlands „slawisierte Hellenen". In diesen Fällen haben wir uns strikt an die Maßgabe gehalten, daß das oberste gültige Kriterium für die Eigenständigkeit einer Ethnie bzw. für die Zuordnung zu einer solchen das subjektive Bekenntnis eines Individuums oder einer Gruppe ist, daß also der Selbstidentifikation stets Vorrang vor der Fremdzuordnung einzuräumen ist.

2. Zur terminologischen Problematik

Ein weiteres Problem ist terminologischer Art. Neben dem Begriff Volksgruppe werden hier auch andere, meist inhaltsgleich zu verstehende Begriffe verwendet, so z.B.

– *Minderheit (nationale und ethnische),*
– *Nationalität,*
– *Volk,*
– *Sprachgemeinschaft / Sprachgruppe / Sprachminderheit.*

Im europäischen Sprachgebrauch herrscht insgesamt eine große Begriffsvielfalt, wobei die entsprechenden Begriffe zudem nur selten inhaltlich deckungsgleich gebraucht werden. Mit jeder Begriffsverwendung sind dabei bestimmte Vor- und Nachteile verbunden:

1. Der Begriff *Volksgruppe*, der wörtlich genommen auf einen Teil eines Volkes abstellt, erscheint vor allem dort angebracht, wo es sich um von einem Volk (mit eigenem Nationalstaat) durch Staatsgrenzen getrennte ethnische Gemeinschaften handelt. Problematisch wird die Verwendung dieses Begriffes sowie des Begriffes *Minderheit* hingegen dann, wenn ganze Völker bzw. Ethnien (ohne eigenen Nationalstaat) zu bezeichnen sind, so z.B. die Bretonen in Frankreich, die Sorben in Deutschland oder die Liwen in Lettland.

   Vor allem in Fällen, in denen sich diese Gruppen zudem in einer staatstragenden Position befinden, wird in aller Regel von einer Verwendung der Begriffe Volksgruppe oder Minderheit abgesehen. So sind die Flamen in Belgien offiziell eine *Sprachgemeinschaft*, die staatstragenden Gemeinschaften der Schweiz heißen *Sprachgruppen,* in Bosnien-Herzegowina ist offiziell von *Völkern (constituent peoples)* die Rede. Allen diesen Fällen gemeinsam ist jedenfalls die Tatsache, daß die Begriffe Volksgruppe oder Minderheit von den Betroffenen als Kategorie abgelehnt werden.
2. In diesem Zusammenhang erscheint teilweise auch der altösterreichische Begriff *Nationalität* vorteilhaft, zumal dieser gerade nicht nach Einheit oder Teil einer Einheit unterscheidet. So bezeichnen sich z.B. die Katalanen Spaniens, die in Katalonien, Valencia und auf den Balearen rd. 6 Mio Angehörige zählen und eine historische Staatsnation sind, als *Nationalität (nacionalidad)*. Daß der Begriff Nationalität im allgemeinen eher als historisch-veraltet gilt, dürfte nicht eigentlich gegen seine weitere Verwendung sprechen. Ein wirklicher Minderungsgrund ist hingegen darin zu sehen, daß er nur begrenzt in westeuropäische Sprachen übersetzbar ist, denn im Singular bedeuten das englische *nationality,* das französische *nationalité* und

das italienische *nazionalità* nicht dasselbe wie im Deutschen, sondern lediglich Staatsangehörigkeit. Nur im Plural bedeuten diese Begriffe (*nationalities*; *nationalités; nazionalità)* soviel wie Volksgruppen / Minderheiten.

3. Der Begriff *Minderheit* weist gegenüber dem Begriff Volksgruppe weitere Nachteile auf. Zunächst einmal hat er einen pejorativen Beigeschmack. Hinzu kommt eine gewisse Verwechslungsgefahr insofern, als „Minderheit" zugleich ein zentraler Begriff aus der politisch-staatsrechtlichen Terminologie ist. So gilt in einer Demokratie grundsätzlich das Mehrheitsprinzip, doch ist dieses an die Voraussetzung geknüpft, daß immer die Chance eines Rollentauschs zwischen der politischen Minderheit und politischen Mehrheit besteht. Hier ist ein völlig anderer und von der Volksgruppenthematik zu unterscheidender Sachbereich betroffen. Zur Vermeidung von Mißverständnissen wird daher dem Begriff *Minderheit* häufig das Attribut *national* oder *ethnisch* beigegeben:

   Als *national* wird eine *Minderheit* bezeichnet, wenn sie ihre ethnische Identität (Kultur, Sprache) mit einer (größeren) Gemeinschaft teilt, die anderswo eine *nationale Mehrheit* bildet, d.h. die Bevölkerungsmehrheit stellt und einen eigenen Nationalstaat bildet. Eine nationale Minderheit in diesem Sinne sind z.B. die Deutschen in Dänemark, die Dänen in Deutschland, die Ungarn in Rumänien, die Rumänen in Ungarn usw..

   Im Unterschied dazu bezieht sich der Begriff *ethnische Minderheit* auf Angehörige solcher Ethnien, die nirgendwo die Bevölkerungsmehrheit in einem Staate und auch nirgends einen eigenen Nationalstaat bilden, wie z.B. die Alpenromanen, die Aromunen in Südosteuropa, die Katalanen in Südwesteuropa (Spanien, Frankreich, Italien), die Kelten (Bretonen, Waliser, Gälen) in Nordwesteuropa, die Friesen an der Nordsee.

   Der Begriff ethnische Minderheit paßt auch für die Katalanen in Frankreich oder in Italien, aus besagten Gründen jedoch keinesfalls für die schon erwähnten – staatstragenden – Katalanen Spaniens. Auch die zahlenmäßig stärkste staatstragende *Sprachgemeinschaft* Belgiens, die Flamen, die mit den Holländern bis zu einem gewissen Grad eine gemeinsame ethnische Herkunft sowie eine gemeinsame Standardsprache, das Niederländische, teilen, können weder als nationale noch als ethnische Minderheit bezeichnet werden. Anders verhält es sich wiederum mit den Flamen in Frankreich, die je nach Zugehörigkeitsgefühl zum Volk der Niederländer oder zur Volksgruppe der Flamen in Belgien als nationale oder als ethnische Minderheit zu bezeichnen wären. Da sich beide Möglichkeiten nicht völlig gegenseitig ausschließen, zumal das Niederländische die gemeinsame Standardsprache ist, könnten sogar beide Begriffe auf sie zutreffen.

4. Weiter ist zu unterscheiden zwischen den verschiedenen Bedeutungen, welche den Begriffen *Sprachgemeinschaft, Sprachgruppe* und *Sprachminderheit* je nach Zusammenhang beigemessen wird.

   Bereits erwähnt haben wir die Fälle von Belgien und der Schweiz, wo die Begriffe *Sprachgemeinschaft* bzw. *Sprachgruppe* spezifisch die jeweils staatstragenden Ethnien bezeichnen.

Alle drei Begriffe können auch generell als Synonyme für die Begriffe Volksgruppe, Nationalität, Minderheit o.ä. verwendet werden. So ist z.B. in Art. 6 der italienischen Verfassung von 1948 ganz einfach von *sprachlichen Minderheiten (minoranze linguistiche)* die Rede. Gerade und vor allem die Verwendung des Ausdrucks *Sprachminderheit* birgt in diesem Zusammenhang Probleme. So ist gelegentlich zu beobachten, daß insbesondere dann aus einer *Volksgruppe* eine *Sprachgruppe* und zuletzt eine *Sprachminderheit* gemacht wird, wenn die Volksgruppenproblematik in ihrer Vielschichtigkeit politisch heruntergespielt werden soll. Zu diesem Zweck werden die potentiell vielfältigen Unterscheidungsmerkmale einer Volksgruppe auf das Element Sprache reduziert – und damit teils bewußt der Eindruck eines schlichten Kommunikationsproblems erweckt, das ausschließlich durch Erwerb zusätzlicher Sprachkompetenz oder durch Übersetzungen zu meistern wäre.

Besonders berechtigt erscheint die Verwendung des Begriffs *Sprachminderheit* dagegen im Sonderfall der Gälischsprecher in Irland, in Schottland oder auf der Insel Man. Hier wurde im Laufe der Zeit das Gälische fast vollständig durch das Englische ersetzt. Nun ist man z.B. in Irland stark darum bemüht, das Irisch-Gälische wiederzubeleben. Als Frucht dieser Förderpolitik ist die Anzahl der Gälischsprecher unter den Iren im letzten Vierteljahrhundert von einem Viertel (rd. 800.000) auf knapp ein Drittel (1.100.000) gestiegen und es besteht somit die berechtigte Aussicht, daß aus der Minderheit der Gälischsprecher mit der Zeit wieder eine Mehrheit werden kann. Nachdem aber diese Sprachentwicklungen weder damals noch heute die Einheit und das Zusammengehörigkeitsgefühl der – ethnisch weitestgehend homogenen – Bevölkerung der Republik Irland berührt haben, handelt es sich bei den dortigen Gälischsprechern in jedem Fall nicht um eine eigene Volksgruppe, sondern um eine *reine „Sprech-" oder Sprachminderheit*.

5. Angesichts der Schwierigkeiten, die bestehende Begriffsvielfalt exakt in die wichtigsten europäischen Sprachen zu übertragen, hat der Europarat beim Rahmenübereinkommen zum Schutz nationaler Minderheiten den Weg der Vereinfachung gewählt und entschieden, stellvertretend und pars pro toto den Ausdruck *nationale Minderheit* zu verwenden. Es fällt aber schwer, sich dieser Methodik des Europarates ganz anzuschließen, denn es gibt, wie bereits dargelegt wurde, in nicht wenigen Fällen hinreichende Gründe für eine spezifischere Terminologie.

Wir haben uns im vorliegenden Zusammenhang letztlich für einen Mittelweg zwischen weitergehender Differenzierung und radikaler Vereinfachung entschieden, d.h. für den Weg der leicht differenzierten Vereinfachung. Dabei halten wir uns an folgende Maßgaben:

- Im Regelfall wird das Begriffspaar *Volksgruppen / Minderheiten* als Pendant zur Titularnation (nationalen Mehrheit) im betreffenden Staat verwendet. Dies in Kenntnis der mit dieser Begrifflichkeit zugleich verbundenen Nachteile, insbesondere im Hinblick auf die Bezeichnung ganzer Völker (ohne eigenen Nationalstaat). Mit dem allgemeinen Begriff Minderheit wird auch auf eine Unterscheidung zwischen nationalen und ethnischen Minderheiten im oben definierten Sinn verzichtet.

- Wo im authentischen Sprachgebrauch einschlägige eigene Begriffe existieren, haben wir diese verwendet. Dies betrifft insbesondere die – jeweils staatstragenden – *Sprachgemeinschaften* in Belgien, *Sprachgruppen* in der Schweiz, *Völker* in Bosnien-Herzegowina und *Nationalitäten* in Spanien, weiter die *Nationalitäten* in Makedonien, Rußland und in der Slowakei.
- Für Staaten wie Frankreich, wo es offiziell keine Minderheiten gibt, oder Großbritannien, wo man unter Minderheiten hauptsächlich anderssprachige Einwanderergruppen wie z.B. Inder versteht, benutzen wir den Begriff *Sprachminderheiten* – wohl wissend, daß die Lage der in Frankreich lebenden „Regionalsprachler" (Okzitanen, deutschsprachige Elsässer und Lothringer, Bretonen, Katalanen, Korsen, Flamen und Basken) eine völlig andere ist als jene der walisischen, kornischen, irischen und schottischen Kelten in Großbritannien. Schließlich wurde aus den erwähnten Gründen der rein zahlenmäßigen Minderheit der Gälischsprecher in Irland der Begriff *reine Sprachminderheit* zugeordnet.

3. Zur Problematik der Daten

Schließlich bringt auch die Feststellung der Bevölkerungszahlen und vor allem der demographischen Größe der Volksgruppen in den einzelnen europäischen Staaten nicht unerhebliche Schwierigkeiten mit sich.

1. Die Feststellung der *Bevölkerungszahlen* in den einzelnen europäischen Staaten erfolgt weder zu einem einheitlichen Zeitpunkt noch nach einem einheitlichen Kriterium:

   Die *Volkszählungen*, die sich zumeist in zehnjährigem Rhythmus wiederholen, wurden zuletzt hauptsächlich im Zeitraum zwischen 1989 und 1992 durchgeführt, die nächsten werden insbesondere zwischen 1999 und 2002 vorgenommen, mit der Veröffentlichung des Großteils der Ergebnisse ist jedenfalls erst ein bis zwei Jahre danach zu rechnen. Für die Zwischenzeit liegen nur die jährlichen *Fortschreibungen* oder – gelegentlich – *Schätzungen* vor. Wenn möglich wurden für die Zwecke unserer Darstellung in erster Linie die jüngsten Volkszählungsergebnisse verwendet, was mit dem Symbol *Z* für *Zählung* gekennzeichnet wurde. Andernfalls wurden Fortschreibungsdaten, gekennzeichnet mit dem Symbol F, oder, in Ermangelung solcher, Schätzungen, gekennzeichnet mit S, herangezogen. In Staaten, wo die Bevölkerungsentwicklung in einer bestimmten Phase besonders interessant erschien, wurden – ältere – Volkszählungsdaten und – neuere – Fortschreibungsdaten gegenübergestellt.

   Beim Erhebungskriterium kann es sich dabei z.B. um die *Wohnbevölkerung* oder aber um die *anwesende Bevölkerung* handeln. Unter *Wohnbe-*

völkerung sind all jene Personen zu verstehen, die im betreffenden Staat ihren Wohnsitz gemeldet haben. Dies sind sowohl Staatsbürger als auch Ausländer, die, aus welchen Gründen auch immer, im betreffenden Staat ihren Wohnsitz haben. Der Begriff *anwesende Bevölkerung* bezieht sich hingegen auf alle Personen, die am Stichtag der Zählung – zumeist handelt es sich um eine Volkszählung – im betreffenden Land anwesend waren. Zur anwesenden Bevölkerung zählen also neben der Wohnbevölkerung auch Personen, die zwar zur Meldung ihrer Anwesenheit, nicht aber zur Anmeldung eines Wohnsitzes verpflichtet sind und die sich zum Erhebungszeitpunkt gerade im Lande aufgehalten haben, z.B. Touristen, Studenten, Saisonarbeitskräfte, Flüchtlinge, Asylanten.

2. Auch die bei den jeweils einzelnen Staaten angegebenen Zahlen gehen teilweise auf unterschiedliche, jeweils gesondert vermerkte Zählungs- oder Schätzungszeitpunkte zurück. Dies ließ sich schon vor dem Hintergrund, daß oftmals auf verschiedene Quellen zurückgegriffen werden mußte, nicht vermeiden.
3. Als besonders schwierig erwies sich eine zuverlässige Feststellung der demographischen Größe der einzelnen Volksgruppen / Minderheiten Europas. Grundsätzlich gibt es hierzu vor allem zwei Zugänge, nämlich erstens die offiziellen Daten der einzelnen Staaten und zweitens die Angaben der betroffenen Volksgruppen / Minderheiten selbst.

   In seltenen Fällen, vor allem in Staaten, in denen die betreffenden Volksgruppen / Minderheiten einen ausreichenden Schutz genießen und fair behandelt werden, stimmen die jeweiligen Angaben überein bzw. ist die Feststellung der demographischen Größe der Volksgruppen unumstritten. Umgekehrt gibt es Staaten, welche die Existenz von Volksgruppen / Minderheiten auf ihrem Gebiet – aus welchen Gründen auch immer – überhaupt bestreiten, so z.B. Frankreich, Griechenland und die Türkei. In diesen Fällen sind meist keine offiziellen Daten verfügbar.

   Relativ häufig treten schließlich Fälle auf, in denen die offiziellen Daten und die Angaben der betreffenden Volksgruppen / Minderheiten voneinander abweichen. Dabei erweisen sich die offiziellen Daten nicht selten als zu niedrig, jedenfalls niedriger als die Angaben der Volksgruppen selbst, die teilweise um ein bis zwei Drittel höher liegen. Hierfür gibt es mehrere mögliche Ursachen, die alles in allem eine exakte Erfassung der Volksgruppenbestände in Europa erschweren: Häufig wurde gerade das Element Ethnizität als Erhebungs- oder Gliederungskriterium – absichtlich oder unabsichtlich – vernachlässigt. Grundsätzlich tendieren vor allem Staaten, die an der Existenz von Volksgruppen / Minderheiten auf ihrem Territorium – aus welchen Gründen auch immer – nicht sehr oder überhaupt nicht interessiert sind, dazu, ihre Bestände kleiner erscheinen zu lassen als sie in Wirklichkeit sind. Dabei können vor allem unterschiedliche Erhebungs- und Gliederungskriterien – wie z.B. die ethnische oder die sprachliche Zuordnung aufgrund der Zuhause oder aber im Erwerbsleben verwendeten Sprache, der Muttersprache, der Denksprache oder etwa der Umgangssprache – zu völlig unterschiedlichen Zählungsergebnissen führen. Einzelne Staaten haben sich sogar zu verschiedenen Zeitpunkten unterschiedlicher Kriterien bedient.

Zu beachten ist auch, daß offizielle Bestandserfassungen nicht nur von den zur Anwendung gelangenden Kriterien abhängen, sondern auch von der Bereitschaft der betreffenden Individuen, ihre wahre Identität zu bekunden. Diese Bereitschaft ist aber in besonderem Maß von der positiven oder negativen Einstellung des jeweiligen Staates zu dieser Identität abhängig. So nimmt die Motivation zu einem Bekenntnis vor allem dort ab, wo eine Volksgruppe offen oder verdeckt unterdrückt wird und eine Identifikation mit dieser mit persönlichen Nachteilen verbunden wäre. In diesem Zusammenhang bemerkenswert ist die Tatsache, daß Verfolgungen oder Unterdrückungen oft weit über die eigentliche Dauer repressiver Systeme hinaus und sogar dann noch nachwirken, wenn sich schon längst minderheitenfreundliche Verhältnisse etabliert haben. Da die Einstellung der europäischen Staaten zu ihren Volksgruppen in der zweiten Hälfte des 20. Jahrhunderts ingesamt eher als gleichgültig oder sogar negativ und nur in wenigen Fällen ausgesprochen positiv war, erklärt sich, weshalb die Bereitschaft zur individuellen Identitätsbekundung tendenziell immer noch hinter der Realität zurückbleibt.

Umgekehrt gibt es, wenn auch (noch) viel seltener, Fälle, wo mit der Zugehörigkeit zu einer Volksgruppe / Minderheit direkte Vorteile verbunden sind, so daß die Identitätsbekundungen, in der Regel aus opportunistischen Gründen, über Gebühr zunehmen. So dürften z.B. in der Selbsteinschätzung von rd. 5 Mio Rußlanddeutschen 1997 gegenüber dem letzten offiziellen Zählungsergebnis von 1989 mit rd. 840.000 zwei der hier angesprochenen Phänomene deutlich zum Ausdruck kommen: Das staatliche Zählungsergebnis liegt mit Sicherheit weit hinter der Realität zurück, denn in der Sowjetunion war die Zugehörigkeit zu den Rußlanddeutschen mit Nachteilen verbunden. Aber auch die Selbsteinschätzung dürfte keineswegs der Wirklichkeit entsprechen, denn in der Zwischenzeit haben sich die Ausgangsbedingungen völlig verändert und in der Russischen Föderation kann es in vielerlei Hinsicht vorteilhaft sein, als Rußlanddeutscher zu gelten.

4. Um die Diskussion letztlich nicht auf Nebenschauplätze abdrängen zu lassen und unter Berücksichtigung der geschilderten Grundtendenzen haben wir uns bei der Aufbereitung der Zahlenangaben von folgenden Maßgaben leiten lassen:
   - In Fällen, in denen die demographische Größe von Volksgruppen / Minderheiten zwischen den Betroffenen und dem zuständigen Staat unstreitig ist, wurden die entsprechenden Ziffern kommentarlos übernommen.
   - In Fällen der staatlichen Leugnung oder versuchten Vertuschung der Existenz von Volksgruppen / Minderheiten mußten in der Regel Schätzungen von seriösen Quellen herangezogen werden. Teilweise konnten auch staatliche Angaben aufgespürt werden, die zwar nicht aus Volkszählungen resultieren, aber in anderen Zusammenhängen

offiziell gemacht wurden. So existieren z.B. einschlägige Zahlenangaben Griechenlands und der Türkei gegenüber dem Europarat.

- Bei Abweichungen zwischen den staatlichen Angaben und den Selbsteinschätzungen der betreffenden Volksgruppen wurden in der Regel die offiziellen – und damit die im Zweifel eher zu niedrigen – Werte verwendet und die jeweils abweichenden Angaben in den Fußnoten vermerkt. – Dies geschah nicht, weil wir hier etwa einseitig für die Staaten und gegen die Volksgruppen / Minderheiten Partei ergreifen wollten, sondern ganz einfach aus der Überlegung heraus, daß die betreffenden Staaten zumindest ihre eigenen Angaben ja nicht in Frage stellen können. Angesichts der Tatsache, daß es in Europa noch Staaten gibt, welche die Existenz von Volksgruppen / Minderheiten bestreiten oder deren quantitative Bestände – aus welchen Gründen auch immer – herunterzuspielen versuchen, erschien es uns wichtiger, die Existenz solcher Volksgruppen / Minderheiten zunächst mit Hilfe der staatlichen Angaben außer Zweifel zu stellen, selbst wenn diese quantitativ hinter der Wirklichkeit zurückbleiben. Da Minderheitenschutz zu einem wesentlichen Teil in den Bereich der Menschenrechte fällt und diese gerade nicht an eine bestimmte Zahl gekoppelt sein dürfen, erscheint die zahlenmäßige Exaktheit zunächst als sekundäres Problem. Ist einmal die Existenzfrage geklärt, dann läßt sich auch die Zählungsfrage klären. Umgekehrt ist es schwieriger.

Bei der hier entwickelten Methodik handelt es sich um einen Versuch, eine vielschichtige, komplexe und teils politisch heikle Thematik systematisch zu be- und verarbeiten. Die entworfenen Ansätze bedürfen der Weiterentwicklung und Verfeinerung, ein Anspruch auf uneingeschränkte und endgültige Vollständigkeit und Richtigkeit kann selbstverständlich nicht erhoben werden. Analoges gilt für die kartographischen Darstellungen, bei denen schon der Maßstab eine mehr als andeutungsweise Lokalisierung der Volksgruppen-Siedlungsgebiete nicht gestattet.

ABKÜRZUNGSVERZEICHNIS

AEMR	Allgemeine Erklärung der Menschenrechte (Resolution 217 (III) der Generalversammlung der Vereinten Nationen vom 10.12.1948)
Art.	Artikel
B	Belgien
BG	Bulgarien
BIH	Bosnien-Herzegowina
b.w.	bitte wenden
CRO	Kroatien
CH	Schweiz
CEI	Central European Initiative (Zentraleuropäische Initiative)
CS	Tschechien
E	Einwohner
E	Spanien
EBLUL	European Bureau for Lesser Used Languages (Europäisches Büro für weniger verbreitete Sprachen)
EG	Europäische Gemeinschaft
EGMR	Europäischer Gerichtshof für Menschenrechte
EMRK	Europäische Menschenrechtskonvention (Konvention zum Schutze der Menschenrechte und Grundfreiheiten vom 04.11.1950)
EST	Estland
EU	Europäische Union
EuGRZ	Europäische Grundrechte Zeitschrift
F	Frankreich
F	Fortschreibung
FUEV	Föderalistische Union Europäischer Volksgruppen
GB	Großbritannien
IV. Genfer Abkommen	zum Schutze von Zivilpersonen in Kriegszeiten von 1949
GfbV	Gesellschaft für bedrohte Völker
GUS	Gemeinschaft Unabhängiger Staaten
H	Ungarn
HLKO	Haager Landkriegsordnung (Abkommen, betreffend die Gesetze und Gebräuche des Landkriegs von 1907)
I	Italien
IGH	Internationaler Gerichtshof
ILO	International Labour Organization (Internationale Arbeitsorganisation)
IMT-Statut	Statut des Internationalen Militärtribunals von Nürnberg von 1943

inkl.	inklusive
IPBPR	Internationaler Pakt über bürgerliche und politische Rechte vom 19.12.1966
IPWSR	Internationaler Pakt über wirtschaftliche, soziale und kulturelle Rechte vom 19.12.1966
IRL	Irland
KSZE	Konferenz für Sicherheit und Zusammenarbeit in Europa
lit.	litera
LT	Litauen
LV	Lettland
MD	Moldawien
Mio	Millionen
Mrd	Milliarden
MZD	Makedonien
NATO	North Atlantic Treaty Organization (Nordatlantikpakt)
NGO	Nongovernmental Organization (nichtstaatliche Organisation)
NL	Niederlande
OSZE	Organisation für Sicherheit und Zusammenarbeit in Europa
Pkt.	Punkt
PL	Polen
RO	Rumänien
rd.	rund
RUS	Rußland (Russische Föderation)
S	Schätzung
SHS-Staat	Königreich der Serben, Kroaten und Slowenen
SK	Slowakei
SU	Sowjetunion
TR	Türkei
UK	United Kingdom (Vereinigtes Königreich)
UKR	Ukraine
UN	United Nations (Vereinte Nationen)
UN-Charta	Charta der Vereinten Nationen vom 26.06.1945
UNHCR	United Nations High Commissioner for Refugees (UN - Hoher Kommissar für Flüchtlinge)
UNO	United Nations Organization
USA	United States of America (Vereinigte Staaten von Amerika)
WR	Weißrußland
YU	Jugoslawien
Z	Volkszählung
ZEI	Zentraleuropäische Initiative
Ziff.	Ziffer
ZP	Zusatzprotokoll

EINFÜHRUNG

1. Die Volksgruppen in Europa. Ein Überblick

Versuch der Vermittlung einer Idee über die Vielzahl der Volksgruppen in Europa

Der hier vorgegebene Maßstab gestattet es nicht, genaue Aussagen über Größe, Anzahl und Lage der Volksgruppen zu vermitteln

RüWa(SVI)

2. Die Volksgruppenfrage als das alte Problem im neuen Europa

2.1 Problemanalyse: Völker, Staaten, Minderheiten oder: Ethnizität und Nationalstaat

In Europa leben zwischen dem Atlantik und dem Ural 767 Mio Europäer, deren ethnische Verteilung nicht mit Europas staatspolitischer Organisation übereinstimmt. Denn in Europa gibt es über 80 Völker, große und kleine, aber nur 36 Staaten (mit mehr als 1 Mio Einwohnern).[1] Dies bedeutet: Es gibt doppelt so viele Völker wie Staaten, oder halb so viele Staaten wie Völker!

Hier setzt die im 19. Jahrhundert entwickelte Nationalstaatsidee mit ihrem Prinzip „eine Nation (= ein Volk), ein Staat" an, deren praktische Umsetzung vielfach mit dem Versuch verbunden wurde, die bestehende quantitative Diskrepanz zwischen Völkern und Staaten in Europa künstlich aufzulösen. Auf diese Weise, so die Fiktion, sollten Staaten mit ethnisch homogener Staatsbevölkerung entstehen, so daß die Staatsgrenzen und die Siedlungsgrenzen der Völker zur Übereinstimmung gebracht würden. Doch konnte diese Gleichung, wonach der Nationalstaat als *Konstante* und die ethnische Realität als *Variable* angesehen wurde, niemals aufgehen, wie wir jetzt wissen.

„Ethnische Säuberungen" in allen Variationen wie geduldete oder beabsichtigte Assimilierung, Unterwanderung oder Bevölkerungsaustausch bis hin zur Deportation und Massenvertreibung, ja sogar die Verminderung der Anzahl der Völker durch Ethnozid und Genozid waren und sind die logischen Folgen dieses verfehlten Denkansatzes. Sie sind zwar Verbrechen gegen die Menschlichkeit, wurden jedoch in der Appeasement-Politik als vermeintlich notwendiger Preis für Stabilität und Frieden geduldet, in den 30er Jahren gegenüber Hitler-Deutschland ebenso wie in den 90er Jahren gegenüber großserbischen Ansprüchen.[2]

Die Vermehrung der Anzahl der (National-)Staaten war ein weiterer strategischer Ansatz zur Problembewältigung, ohne jedoch das Problem wirklich zu lösen. Er kam besonders nach dem 1. Weltkrieg zum Ausdruck, als zusätzlich

---

[1]Nicht berücksichtigt sind die Staaten mit weniger als 1 Mio Einwohnern (E): Zypern (740.000 E), weil es infolge der international nicht anerkannten Teilung ein Sonderproblem darstellt. Die übrigen 8 Kleinstaaten, nämlich Luxemburg (416.000 E), Malta (373.000 E), Island (270.000 E), Andorra (71.000 E), Monaco (32.000 E), Liechtenstein (31.000 E), San Marino (25.000 E) und Vatikan (400 E) deshalb, weil diese mit zusammen knapp 2 Mio Einwohnern nur 0,2 % der Europäer beheimaten, mit dem klassischen Minderheitenproblem nicht konfrontiert sind und keinerlei Gefahr für den Frieden und die Stabilität Europas darstellen. Ihre Nichtberücksichtigung an dieser Stelle beinhaltet keinerlei politische Wertung.

[2]Erst 1999 hat eine internationale Staatengemeinschaft, nämlich die NATO, anläßlich der Kosovo-Krise ein solches Verbrechen mit Waffengewalt gestoppt. Zum ersten Mal in der Geschichte des Völkerrechts geschah dies unter Berufung auf den – die staatliche Souveränität relativierenden – Grundsatz „Menschenrechte als berechtigtes internationales Anliegen" (vgl. KSZE 1991b: Abs. 9, KSZE 1992: Pkt. 8).

9 neue Staaten entstanden.[3] Zuletzt erhielt er 1991/92 neuen Auftrieb. Allein 14 der derzeit 36 Staaten Europas sind erst seither neu bzw. wieder geschaffen worden.[4] Die Anzahl der Staaten in Europa ist jedoch aus einsichtigen Gründen nicht beliebig vermehrbar. Vor allem ist mit der arithmetischen Vermehrung der Staaten eine beinahe exponentielle Vermehrung der Volksgruppen bzw. Minderheiten[5] verbunden. Die Anzahl der Minderheiten ist also durch die Vermehrung der Staaten nicht etwa kleiner geworden, sondern im Gegenteil sogar beträchtlich gestiegen. So gibt es derzeit in Europa, und zwar vom Atlantik bis zum Ural, bereits 300 größere oder kleinere Minderheiten[6] mit zusammen mindestens 103 Mio Angehörigen, was etwa einem Siebtel der Europäer entspricht!

Die meisten der 36 Staaten Europas sind dabei nach wie vor als „Nationalstaaten“ konzipiert ungeachtet der Tatsache, daß sie ethnisch nicht homogen und in Wirklichkeit „multinationale“ Staaten mit Volksgruppen bzw. Minderheiten sind, deren Bevölkerungsanteil von einigen wenigen Prozent bis zu 45% (z.B. Lettland) reicht. Ethnische Homogenität in einem Staat, wie z.B. in Island oder San Marino, ist also die absolute Ausnahme und keinesfalls die Regel.

Das hieraus sich ergebende Spannungsverhältnis zwischen nationalstaatlichem Organisationsmodell und dem soziologischen Phänomen Ethnizität[7] markiert einen wichtigen Gesichtspunkt dessen, was unter dem herkömmlichen Begriff *„Nationalitätenkonflikt“* die europäische Entwicklung bis heute beeinflußt.

Dieses Spannungsverhältnis ist in erster Linie dadurch zu entschärfen, daß die bestehenden ethnisch-kulturellen Gegebenheiten als *Konstante* angesehen werden, während die staatspolitische Organisation als *Variable* behandelt wird. Letztere ist daher zu revidieren und den realen Bedürfnissen der ersteren anzupassen. Der "Nationalstaat" in Form des *mononationalen Staates* war ein verhängnisvoller Irrtum der Geschichte. Er ist als gängigstes Modell für die staatspolitische Organisation in Europa theoretisch wie praktisch überholt.

---

[3]Estland, Finnland, Irland, Lettland, Litauen, Polen, SHS-Staat (Jugoslawien), Tschechoslowakei, Ungarn.

[4]Bosnien-Herzegowina, Estland, Rest-Jugoslawien, Kroatien, Lettland, Litauen, Makedonien, Moldawien, Russische Föderation, Slowakei, Slowenien, Tschechien, Ukraine, Weißrußland.

[5]Der Begriff nationale Minderheit wird hier weitgehend synonym mit den Begriffen Volksgruppe / Minderheit verwendet.

[6]Einschließlich kleine Völker ohne eigenen Staat.

[7]Unter „Ethnizität“ soll hier verstanden sein die ethnische Identität oder Zugehörigkeit des Menschen, d.h. die Identifikation mit der Sprache oder Kultur eines Volkes. Ethnizität ist insofern ein politisch indifferentes, gesellschaftlich aber unverzichtbares Instrument der sozialen Orientierung. Jeder Mensch besitzt Ethnizität und hat auch das Recht darauf, doch wird ihm dies zumeist erst dann bewußt, wenn es in Frage gestellt wird. Man kann Ethnizität auch über- oder untertreiben, und beides sogar maßlos. Die Verabsolutierung der Ethnizität betreibt der *Nationalismus*, worunter ein kollektiver Egoismus zu verstehen ist, der anderen vorenthält, was er für sich selbst in Anspruch nimmt (*„Wo ein Serbe lebt, ist Serbien...“*). Die gegenteilige Position wird im *nationalen Nihilismus* vertreten, der die Ethnizität nur als künstliches Instrument des Klassenkampfes sieht, mit welchem der Kapitalismus die Einheit des Proletariats spalten bzw. dessen erfolgreiche Internationalisierung verhindern will.

Polyethnische Bevölkerungen erfordern multinationale Staaten. Diese Einsicht ist die unabdingbare Voraussetzung für eine Reform der Staaten mit dem Ziel, nationale Konflikte zwischen ethnisch heterogenen Bevölkerungsteilen unterschiedlicher Größe durch Integration zu überwinden, damit diese als gleichberechtigte Partner innerhalb eines Staates friedlich zusammenleben können. Nur so kann das Sicherheitsrisiko, welches der Nationalitätenkonflikt für Europa darstellt, auf Dauer beseitigt werden.

Nicht zufällig hat der KSZE-Gipfel von Paris im November 1990 Menschenrechte, Demokratie und Rechtsstaatlichkeit zu den obersten Maximen für die Konstruktion des neuen Europa erklärt.[8] Der sich daraus ergebende Staatstyp ist der demokratische Rechtsstaat nicht nationaler, sondern *multinationaler* Art.

2.2 Ethnizität und Demokratie

Ethnizität und *Demokratie*[9] sind die wesentlichen Eckpunkte eines weiteren Spannungsfeldes, das mit der Nationalstaatsproblematik in engem historischen und sachlichen Zusammenhang steht. Auch hierin liegt ein Dilemma, das als ungelöste Problematik und somit als Hypothek aus dem 19. Jahrhundert überkommen ist und ohne dessen Lösung es kein neues Europa geben kann.

Ethnizität und Demokratie sind, um es gleich vorwegzunehmen, keine unversöhnlichen Gegensätzlichkeiten, sondern im Gegenteil sehr wohl miteinander vereinbar und in der Praxis auch bestens verträglich.

Das Dilemma zwischen Ethnizität und Demokratie gibt es nicht erst seit 1989 – ebensowenig wie der als bürgerlich bzw. bourgeois abqualifizierte Mythos des Völkererwachens im 19. Jahrhundert nicht nur ein Produkt der deutschen Romantik ist, sondern auf einer Realität beruht, die logisch erklärbar ist. 1789 endet nämlich die Legitimierung der Macht bzw. der Souveränität von „Gottes Gnaden", es beginnt das Zeitalter der Demokratie. Diese legitimiert die Souveränität und damit die Herrschaftsausübung vom Volke her, wobei das Volk als eine Gemeinschaft von Bürgern/citoyens (= Demos) verstanden wird und nicht als ethnische Gemeinschaft (= Ethnos). Nun ist aber Demos immer konkret an Ethnos gebunden. Denn die Bürger/citoyens sind als konkrete Menschen entweder Franzosen, Engländer, Russen, Deutsche, Italiener usw.. Die Mißachtung dieses „kleinen" Unterschiedes zwischen Demos und Ethnos hatte folgenschwere Wirkungen, indem vielfach Ethnokratien statt Demokratien entstanden. Dieses immer vor dem Hintergrund, daß die Europäer als politische Hinterlassenschaft der Nationalstaats-Ära in die beiden Kategorien „nationale Mehrheit" und „nationale Minderheit" geteilt sind, was es ermöglichte, daß die Titularnation eines Staates als nationale Mehrheit ihr

[8] KSZE 1990b.

[9] Unter „Demokratie" soll hier verstanden sein eine Herrschaftsausübung durch eine zu alternativer Führung tendierende Kombination konkurrierender Gruppen, im Auftrag und unter Kontrolle des Volkes. Vgl. dazu Stammer / Weingart 1972: 95.

zahlenmäßiges Übergewicht ausnutzte, um die kleineren Ethnien, die nationalen Minderheiten, zu unterdrücken.

2.3 Das Diskriminierungs-Dilemma von Demokratie und EMRK-System

Auch ohne die gezielte Unterdrückung von Volksgruppen stehen diese vor dem Problem, welches das *„Gesetz der größeren Zahl"* mit sich bringt: In der Demokratie dient dieses als letzte Instanz legitimer Machtbildung. Es entscheidet, welche der in offener Machtkonkurrenz sich um die Staatsführung bewerbenden Kräfte zur Regierungs- oder Oppositionsbildung legitimiert sind. Eine Volksgruppe bzw. Minderheit, deren zahlenmäßige Stärke naturgemäß immer kleiner ist als jene der übrigen Staatsbevölkerung, kann unter dieser zwingenden Voraussetzung nicht wirklich bei der Bildung legitimer Macht um die Staatsführung frei konkurrieren. Sie bleibt definitonsgemäß von vornherein davon ausgeschlossen.

Zwar liegt es im Wesen der Menschenrechte, daß sie Universalanspruch besitzen, unveräußerlich sind und ihr Geltungsbereich nicht an eine Zahl gebunden sein kann. Dennoch besteht in Europa – die EMRK-Vertragsstaaten sind davon nicht ausgenommen – ein signifikanter Unterschied aufgrund der Zahl: es ist eben nicht dasselbe, wenn zwei das Gleiche tun. Der eine kann seine Ethnizität als Identifikation mit der Sprache und Kultur seines Volkes problemlos zum Ausdruck bringen, auch unbewußt, z.B. durch Verwendung seiner Muttersprache im Alltag, sofern er einer nationalen Mehrheit angehört. Dagegen hat der andere, welcher Angehöriger einer Volksgruppe bzw. Minderheit ist, beim selben Unterfangen zahlreiche Erschwernisse zu überwinden. Was dem einen als Selbstverständlichkeit in den Schoß fällt, muß der andere oft mit persönlichen Opfern und Risiken erst erwerben, falls dies überhaupt möglich ist. Das EMRK-System gewährt beiden nicht automatisch denselben Schutz!

Das Minderheitenproblem ist also insofern systemimmanent, seine Lösung ist jedoch nicht etwa in der Abschaffung des Systems, sondern in einer Systemkorrektur zu suchen. Eine solche ist möglich durch umfassende Maßnahmen des *positiven Minderheitenschutzes* im Rahmen von Demokratie, Menschenrechten und Rechtsstaatlichkeit, völlig zielkonform zur KSZE-Charta von Paris für ein Neues Europa.

Zu berücksichtigen ist auch, daß der Demokratisierungsprozeß zwei wesentliche Aspekte hat, von denen der erste allgemein bekannt ist, der zweite aber leider allzu oft übersehen wird: Erstens die individuelle Komponente insofern, als sich der Mensch als Individuum vom Machtobjekt des Obrigkeitsstaates zum Machtsubjekt des demokratischen Staates emanzipiert, d.h. vom Untertan zum Bürger/citoyen. Zweitens geht es um die Gruppenkomponente insofern, als der Mensch infolge seiner Sozialnatur in der Regel Ethnizität besitzt, d.h. ethnisch identifizierbar ist und einer konkreten Ethnie angehört. *Die Freiheit und Gleichheit der Individuen postuliert somit über kurz oder lang auch die*

Freiheit und Gleichheit der Völker bzw. Ethnien. Hier schließt sich auch der Kreis zum oben formulierten Erfordernis *multinationaler* Staaten.

Es ist daher kein Zufall, daß der Revolution der Bürger von 1789 etwas mehr als 100 Jahre später 1917 mit der Ausrufung des Selbstbestimmungsrechtes auch die Revolution der Völker folgte, die aber, wie die meisten Revolutionen, ihre Ideale nur teilweise umzusetzen vermochte.

2.4 Die Umverteilung von Macht als Kernfrage des Volksgruppenproblems

Im Schnittpunkt der Beziehungen zwischen Staaten und Volksgruppen steht das Problem der Umverteilung von Macht. Denn die Gewährung von Schutzrechten an Volksgruppen bedeutet, daß die Staaten auf bestimmte Machpositionen verzichten, während umgekehrt die Volksgruppen durch spezifische Schutzrechte neue Machtpositionen erwerben.

Es besteht somit eine konträre Interessenlage zwischen Staaten und Volksgruppen, weil es um Machtpositionen geht, die jede der beiden Parteien besitzen und auf welche keine von beiden Parteien verzichten will. Weiter handelt es sich scheinbar um eine asymmetrische, nämlich einseitig zu Lasten der Staaten und zu Gunsten der Volksgruppen angelegte Kontroverse von Interessen. Genau dies gestaltet die Lösung des Volksgruppenschutzes so schwierig und endet of in gewaltsamer Konfliktaustragung, wie die jüngeren Ereignisse im ehemaligen Jugoslawien, am Kaukasus und zuletzt in Tschetschenien oder auch in der Palästina- und Kurdenfrage gezeigt haben.

Und dennoch: der hier angesprochene Prozeß der Umverteilung von Macht ist in Wirklichkeit nicht so einseitig, wie es auf den ersten Blick erscheinen mag. Zwar ist es richtig, daß im Bereich Minderheitenschutz die Staaten die Geforderten und die Volksgruppen die Fordernden sind und nicht umgekehrt. Es ist aber ebenso richtig, daß die Staaten für die Preisgabe von Machtpositionen Stabilität und Frieden tauschen, während umgekehrt die Volksgruppen mit der Übernahme von neuen Machtpositionen in die Verantwortung für die aktive Gestaltung des Staatswesens genommen werden.

Weiter: im Zeitalter von Demokratie, Menschenrechten und Rechtsstaatlichkeit haben viele europäische Staaten mittel- bis langfristig gesehen keine Chance, sich dem Erfordernis des Volksgruppenschutzes und der damit verbundenen Machtumverteilung zu entziehen. Andererseits haben die Volksgruppen ebenso keine Chance, ihre Minderheitenschutzrechte gegen den Willen der ihnen zahlenmäßig stets überlegenen nationalen Mehrheiten durchzusetzen.

Daraus folgt, daß ein Miteinander anstelle eines Gegeneinanders allemal vernünftiger ist. Denn Staatsraison und Minderheitenraison haben jede für sich berechtigte Interessen zu vertreten, zwischen welchen ein vernünftiger Ausgleich zu suchen und auch zu finden ist. Das Miteinander bietet hierzu bessere Möglichkeiten als das Gegeneinander. Dies bedeutet, daß alle Beteiligten gut daran tun, anstelle der nationalen Konfrontation die nationale Partnerschaft zu suchen.

2.5 Zur Aktualität der Volksgruppenfrage

In Europa gibt es 36 Staaten mit mehr als 1 Mio Einwohnern:

- In fünf Staaten werden bzw. wurden bis vor kurzem ethnische Konflikte gewaltsam ausgetragen (Bosnien-Herzegowina, Jugoslawien, Kroatien, Rußland, Türkei). Bleiben 31.
- Sieben Staaten haben bzw. hatten ethnische Konflikte mit Nachbarstaaten zu bewältigen (Albanien, Bulgarien, Griechenland, Estland, Lettland, Makedonien, Ukraine). Bleiben 24.
- In sechs Staaten sind bzw. waren bis vor kurzem ethnische Spannungen vorhanden (Großbritannien, Frankreich, Moldawien, Rumänien, Slowakei, Spanien). Bleiben 18.

Fazit: Nur die Hälfte der Staaten Europas war bisher verschont von Spannungen infolge der Minderheitenfrage, jedenfalls im oben erwähnten Ausmaß – was nicht bedeutet, daß alle dagegen gefeit sind.

Aus der Perspektive der Minderheiten in Europa läßt sich sagen, daß nur ein Teil davon so weit Rechtsschutz genießt, daß ihre Existenz nicht unmittelbar gefährdet ist. Für ein längerfristiges Überleben ist jedoch mehr als dies erforderlich. Zudem birgt unzureichender oder gar mangelnder Rechtsschutz von Minderheiten reichlich Konfliktpotential in sich.

Die wenigsten der Minderheiten Europas denken daran, einen eigenen lebensfähigen Staat besitzen oder bestehende Staatsgrenzen revidieren zu wollen. Dies könnte sich aber rasch ändern, wenn sie mangels Minderheitenschutz fortwährender und existenzbedrohender Diskriminierung ausgesetzt sind. In diesem Fall sind zunehmender Separatismus und Grenzrevisionismus die voraussehbaren Folgen. Der Fall Kosovo ist ein Lehrstück dafür.

Abschließend sei nochmals unterstrichen: Es war und ist eine Fiktion, daß Demokratie und Menschenrechte das Minderheitenproblem automatisch lösen. Einen solchen Automatismus gibt es in Wirklichkeit nicht. Nun „exportiert" Europa Demokratie und Menschenrechte in alle Welt – und damit auch die Minderheitenproblematik. Dies verpflichtet Europa in besonderer Weise, auch den Schlüssel zur Lösung anzubieten, was voraussetzt, daß Europa zunächst selbst die Problemlösung entwickelt. Nur so ist das mit dem Minderheitenkonflikt verbundene Sicherheitsrisiko weltweit in Grenzen zu halten.

I. TEIL: ALLGEMEINES:
VÖLKER, STAATEN, SPRACHEN, VOLKSGRUPPEN EUROPAS

Tabelle 1

Die Volksgruppen Europas: Gesamtübersicht

Staaten[1]		Einwohner in 1000	Titular-nation in %	Anzahl Volks-gruppen	Angehörige in 1000
1. Albanien	1989	3.182,4	97,4	4	84
2. Belgien	1991	9.978,6	–	4	9.113,1
3. Bosnien-H.	1994	2.900,0	–	4	2.616,1
4. Bulgarien	1992	8.487,3	80,2	12	1.620,3
5. Dänemark	1998	5.290,0	95,3	3	123,7
6. Deutschland	1997	82.057,3	90,8	4	152,0
7. Estland	1998	1.453,8	65,1	11	496,7
8. Finnland	1997	5.143,3	92,7	3	307,1
9. Frankreich	1990	56.577,0	85,6	7	8.133
10. Griechenl.	1991	10.259,9	97,5	7	253
11. Großbrit.	1991	57.411,0	94,6	5	701,3
12. Irland[2]	1996	3.626,0	100,0	–	–
13. Italien	1991	57.003,0	94,0	12	2.786,4
14. Jugoslawien	1991	10.394,0	62,6	13	3.363,6
15. Kroatien	1991	4.787,2	78,1	10	703,3
16. Lettland	1998	2.458,4	55,5	10	1.071,4
17. Litauen	1996	3.709,0	81,4	10	683,2
18. Makedonien	1994	1.936,8	66,5	5	611,6
19. Moldawien	1989	4.335,3	65,3	9	1.505,9
20. Niederlande	1990	14.952,0	92,5	3	520
21. Norwegen	1990	4.241,0	96,7	3	85
22. Österreich	1991	7.795,7	91,2	6	84,3
23. Polen	1990	39.547,0	97,2	14	1.096,4
24. Portugal	1991	9.866,0	97,3	3	147
25. Rumänien	1992	22.760,4	88,3	19	2.659,9
26. Rußland[3]	1989	137.000,0	82,4	45	24.0603
27. Schweden	1990	8.585,9	90,4	2	250
28. Schweiz	1990	6.873,6	–	4	5.554,2
29. Slowakei	1997	5.356,2	85,7	7	750,4
30. Slowenien	1991	1.965,9	87,8	4	14,6
31. Spanien	1991	38.872,2	76,3	6	8.752,3
32. Tschechien	1991	10.302,2	94,9	8	494,6
33. Türkei	1990	56.098,0	86,9	11	7.339,3
34. Ukraine	1989	51.452,0	72,7	21	13.897
35. Ungarn	1990	10.365,0	89,4	13	1.096
36. Weißrußland	1989	10.151,8	77,9	5	2.177,7
Gesamt		**767.175,2**		**307**	**103.304,7**

[1]Ohne Kleinststaaten mit weniger als 1 Mio Einwohner (Andorra, Island, Liechtenstein, Luxemburg, Malta, Monaco, San Marino, Vatikan, Zypern).

[2]Sonderfall insofern, als es sich bei den Irisch-Gälisch-Sprechern in Irland um einen Teil der Titualnation und insofern um eine reine Sprachminderheit handelt. Von daher beträgt der Anteil der Titularnation annähernd 100%.

[3]Nur europäischer Teil westlich des Ural.

Tabelle 2

Die Völker Europas nach demographischer Größe

1.	Russen[4]	131.000000	20.	Katalanen[5]	6.400.000
2.	Deutsche[6]	89.000.000	21.	Okzitanen[7]	5.950.000
3.	Italiener[8]	54.000.000	22.	Iren	5.800.000
4.	Engländer	53.300.000	23.	Tataren	5.700.000
5.	Franzosen[9]	53.000.000	24.	Schotten	5.500.000
6.	Türken[10]	50.000.000	25.	Albaner	5.400.000
7.	Ukrainer[11]	43.000.000	26.	Slowaken	5.100.000
8.	Polen	39.500.000	27.	Finnen	5.080.000
9.	Spanier[12]	29.700.000	28.	Dänen	5.050.000
10.	Rumänen[13]	23.500.000	29.	Kroaten	4.550.000
11.	Niederländer[14]	20.000.000	30.	Norweger	4.100.000
12.	Ungarn	12.100.000	31.	Roma/Sinti	3.200.000
13.	Portugiesen[15]	11.100.000	32.	Litauer	3.120.000
14.	Griechen	11.000.000	33.	Slowenen	1.900.000
15.	Weißrussen	10.000.000	34.	Tschuwaschen	1.800.000
16.	Tschechen	9.900.000	35.	Bosniaken[16]	1.600.000
17.	Schweden	8.000.000	36.	Makedonier	1.525.000
18.	Serben	7.900.000	37.	Juden[17]	1.500.000
19.	Bulgaren[18]	7.250.000	38.	Letten	1.400.000

b.w.

[4] Gesamtzahl in Europa und Asien.
[5] Inkl. Valencianer.
[6] Alle Deutschsprachigen (Bundesdeutsche, Österreicher, Deutschschweizer, Elsässer, Lothringer, Südtiroler, Deutschbelgier, Nordschleswiger, Rußlanddeutsche etc.).
[7] Inkl. Aranesen.
[8] Inkl. Korsen.
[9] Inkl. Wallonen, Französisch-Schweizer und Provenzalen.
[10] Gesamtzahl in Europa und Vorderasien.
[11] Inkl. Ruthenen.
[12] Inkl. Mirandes und Barranquenhos.
[13] Inkl. Moldawier.
[14] Inkl. Flamen.
[15] Inkl. Galicier.
[16] Ethnische Muslime.
[17] Da die Juden in vielen Ländern eine Zählung bzw. eine ethnische Zuordnung als Voraussetzung für eine solche ablehnen, ist ihre demographische Größe nur z.T. bekannt und nicht wirklich feststellbar.
[18] Inkl. Pomaken.

39.	Baschkiren	1.350.000	64.	Inguschen	215.000
40.	Sarden	1.270.000	65.	Tscherkessen[19]	174.000
41.	Mordwinen	1.100.000	66.	Kalmücken	166.000
42.	Esten	980.000	67.	Gagausen	165.000
43.	Tschetschenen	900.000	68.	Karatschaier	150.000
44.	Udmurten[20]	715.000	69.	Komi-Permjaken	147.000
45.	Karelier	671.000	70.	Lakken	106.000
46.	Tscheremissen[21]	644.000	71.	Tabasaraner	94.000
47.	Alpenromanen[22]	622.000	72.	Samen (Lappen)	93.000
48.	Basken	615.000	73.	Balkaren	78.000
49.	Montenegriner	550.000	74.	Nogaier	74.000
50.	Awaren	544.000	75.	Sorben	60.000
51.	Waliser[23]	500.000	76.	Grönländer (Inuit)	56.000
52.	Friesen[24]	462.000	77.	Färinger	50.000
53.	Bretonen	450.000	78.	Rutuler	20.000
54.	Osseten	400.000	79.	Taten	19.000
55.	Kabardiner	386.000	80.	Wepsen	12.000
56.	Malteser	374.000	81.	Tsachurier	6.500
57.	Darginer	353.000	82.	Kaschuben	4.500
58.	Aromunen[25]	337.000	83.	Karaime	3.700
59.	Komi (Syrjänen)	336.000	84.	Kornen[26]	1.000
60.	Letzebuerger	308.000	85.	Ischoren (Ingrier)	400
61.	Kumücken	277.000	86.	Manx-Gälen[27]	300
62.	Lesgier	257.000	87.	Liwen	150
63.	Isländer	250.000			

[19](Adygejer).
[20](Wotjaken).
[21](Mari).
[22]Friauler, Ladiner, Rätoromanen.
[23](Kymrer).
[24] Westfriesen, Ostfriesen und Nordfriesen.
[25](Wlachen).
[26]Cornwall.
[27]Isle of Man.

Tabelle **3**

Die Staaten Europas nach Einwohnerzahl

Staaten mit über l Mio Einwohnern

1.	Rußland	147.000.000	19.	Schweden	8.600.000	
2.	Deutschland	82.000.000	20.	Bulgarien	8.500.000	
3.	Großbrit.	57.400.000	21.	Österreich	7.800.000	
4.	Italien	57.000.000	22.	Schweiz	6.900.000	
5.	Frankreich	56.600.000	23.	Slowakei	5.300.000	
6.	Türkei	56.100.000	24.	Dänemark	5.100.000	
7.	Ukraine	51.500.000	25.	Finnland	5.000.000	
8.	Polen	39.500.000	26.	Kroatien	4.800.000	
9.	Spanien	38.900.000	27.	Moldawien	4.300.000	
10.	Rumänien	22.800.000	28.	Norwegen	4.200.000	
11.	Niederlande	15.000.000	29.	Litauen	3.700.000	
12.	Ungarn	10.400.000	30.	Irland	3.600.000	
13.	Jugoslawien	10.400.000	31.	Albanien	3.200.000	
14.	Griechenl.	10.300.000	32.	Bosnien-H.	2.900.000	
15	Tschechien	10.300.000	33.	Lettland	2.500.000	
16.	Weißrußl.	10.200.000	34.	Slowenien	2.000.000	
17.	Belgien	10.000.000	35.	Makedonien	1.900.000	
18.	Portugal	9.900.000	36.	Estland	1.500.000	
					869.500.000	99,8 %

Staaten mit weniger als 1 Mio Einwohnern

37.	Zypern	740.000	42.	Monaco	32.000	
38.	Luxemburg	416.000	43.	Liechtenstein	31.000	
39.	Malta	373.000	44.	San Marino	25.000	
40.	Island	270.000	45.	Vatikan	400	
41.	Andorra	71.000			1.958.400	0,2%

Gesamt	*871.339.400*	*100,0%*

Tabelle 4

Die Sprachen Europas nach Sprachfamilien[28]

Sprachfamilien:	*Sprachen:*
I. Indoeuropäisch	
1. Germanischer Zweig	
– Westgermanisch	*Deutsch, Englisch, Friesisch, Jiddisch, Lëtzebuergesch, Niederländisch*
– Nordgermanisch	*Dänisch, Färingisch, Isländisch, Norwegisch, Schwedisch*
2. Slawischer Zweig	
– Ostlawisch	*Russisch, Ukrainisch (Ruthenisch), Weißrussisch*
– Westslawisch	*Kaschubisch, Polnisch, Slowakisch, Sorbisch, Tschechisch*
– Südslawisch	*Bosnisch, Bulgarisch, Kroatisch, Makedonisch, Serbisch, Slowenisch*
3. Romanischer Zweig	
– Westromanisch	
Iberoromanisch	*Galicisch, Katalanisch, Ladino*[29]*, Portugiesisch, Spanisch*
Galloromanisch	*Französisch, Okzitanisch, Provenzalisch*
Alpenromanisch	*Friaulisch, Ladinisch, Rätoromanisch*
– Zentralromanisch[30]	*Sardisch*
– Ostromanisch	*Aromunisch (Wlachisch)*[31]*, Italienisch (inkl. Korsisch), Moldawisch, Rumänisch*
4. Keltischer Zweig	
– Britannisch	*Bretonisch, Kornisch, Kymrisch*
– Gälisch	*Irisch-Gälisch, Manx-Gälisch, Schottisch-Gälisch*

[28]Haarmann 1993: 70 f.

[29]Judenspanisch.

[30]Das Sardische nimmt eine mittlere Stellung ein zwischen den west- und ostromanischen Sprachen (Haarmann 1993: 72), weshalb es hier als „Zentralromanisch“ klassifiziert wird.

[31]Einschließlich Istro-Rumänisch.

5. Baltischer Zweig – Ostbaltisch	 *Lettisch, Litauisch*
6. Iranischer Zweig – Nordwestiranisch – Nordostiranisch – Südwestiranisch	 *Kurdisch, Talysisch* *Ossetisch* *Tatisch*
7. Griechischer Zweig	*Griechisch*
8. Albanischer Zweig	*Albanisch*
9. Armenischer Zweig	*Armenisch*
10. Indischer Zweig	*Romanes (Romani)*

II. Uralisch	
1. Finnisch-ugrischer Zweig – Ostseefinnsich – Lappisch – Finnischpermisch – Finnischwolgaisch – Ugrisch	 *Estnisch, Finnisch, Ingrisch, Karelisch, Liwisch, Wepsich, Wotisch* *Samisch (diverse Varianten)* *Komi-Syrjänisch, Permjakisch, Wotjakisch (Udmurtisch)* *Tscheremissisch (Mari), Mordwinisch* *Ungarisch*
2. Samojedischer Zweig	*Jurakisch (Nenzisch)*

III. Altaisch	
1. Turksprachlicher Zweig – Kyptschakisch[32] – Wolgabulgarisch – Ogusisch[33] – Zentrale Gruppe	 *Balkarisch, Baschkirisch, Karaimisch, Karatschaisch, Kumückisch, Tatarisch* *Tschuwaschisch* *Aserbaidschanisch, Gagausisch, Krimtatarisch, Türkisch* *Nogaisch*
2. Mongolischer Zweig	*Kalmückisch*

IV. Semitisch	*Maltesisch, Assyrisch*[34]

[32]Westliche Gruppe.
[33]Südliche Gruppe.
[34]Assyrisch ist keine anerkannte Literatursprache (Mark 1989: 41).

V. Baskisch	*keine gesicherte Verwandtschaft, evtl. mit Sumerisch*

VI. Kaukasisch[35]	
1. Abchasisch-Tscherkess. Zweig	*Abchasisch, Abasinisch, Kabardinisch, Tscherkessisch (Adygejisch)*
2. Kartwelischer Zweig[36]	*Georgisch (Grusinisch), Sanisch (Lasisch-Mingrelisch)*[37]
3. Nachischer Zweig	*Inguschisch, Tschetschenisch,*
4. Dagestanischer Zweig	
– Awarisch	*Awarisch (Andisch, Tsesisch)*
– Lakkisch	*Darginisch, Lakkisch*
–Lesgisch	*Agulisch*[38]*, Lesgisch, Rutulisch*[39]*, Tabassaranisch, Tsachurisch*[40]

[35]Von den 37 autochtonen kaukasischen Sprachen haben nur 12 einen schriftsprachlichen Standard ausgebildet (Haarmann 1993: 49).

[36]Südkaukasische Gruppe.

[37]Lasisch ist keine Schriftsprache und gehört zur sanischen Gruppe der südkaukasischen Sprachen (Mark 1989: 105).

[38]Agulisch ist keine Schriftsprache; als Literatursprache dient das nahe verwandte Lesgisch (Mark 1989: 32).

[39]Rutulisch ist keine Schriftsprache; als solche benutzen die Rutuler Aserbeidschanisch oder Russisch (Mark 1989: 135).

[40]Tsachurisch ist keine Schriftsprache; als solche benutzen die Tsachurier Aserbeidschanisch oder Russisch (Mark 1989: 147).

Tabelle 5

Die Völker Europas nach sprachlicher und staatlicher Zuordnung

Volk / sprachliche Zuordnung	*Verteilung nach Staaten*[41]	*Anzahl*
1. Albaner		**5.414.000**
Albanisch: indoeuropäische Sprachfamilie / eigenständiger Zweig	1. Albanien	3.098.000
	2. Bulgarien	3.000
	3. Griechenland	23.000
	4. Italien	98.000
	5. Jugoslawien	1.715.000
	6. Kroatien	12.000
	7. Makedonien	443.000
	8. Slowenien	4.000
	9. Türkei	13.000
	10. Ukraine	5.000
2. Alpenromanen		**622.000**
Friaulisch / Ladinisch / Rätoromanisch: indoeuropäische Sprachfamilie / romanischer Zweig/ westroman. Gruppe / alpenromanischeUntergruppe	1. Italien	
	– Friauler	526.000
	– Ladiner	57.000
	2. Schweiz	
	– Rätoromanen	39.000
3. Aromunen/Wlachen		**337.000**
Aromunisch (Wlachisch): indoeuropäische Sprachfamilie / romanischer Zweig / ostromanische Gruppe	1. Rumänien	250.000
	2. Albanien	15.000
	3. Bulgarien	5.000
	4. Griechenland	40.000
	5. Jugoslawien	18.000
	6. Kroatien	?
	7. Makedonien	9.000

[41] Bei den für die einzelnen Staaten angegebenen Personenkategorien handelt es sich neben der jeweiligen Titularnation (z.B. Albaner in Albanien) nicht ausschließlich um Volksgruppen / Minderheiten, sondern in einigen wenigen Fällen auch um Zuwanderer (z.B. Wanderarbeitnehmer, Asylanten oder Flüchtlinge).

4.	**Awaren**		**544.000**
	Awarisch: kaukasische Sprachfamilie / dagestan. Zweig / awar. Gruppe	1. Rußland	544.000
5.	**Balkaren**		**78.000**
	Balkarisch: altaische Sprachfamilie / turksprachlicher Zweig / kyptschakische Gruppe	1. Rußland	78.000
6.	**Baschkiren**		**1.350.000**
	Baschkirisch: altaische Sprachfamilie / turk-sprachlicher Zweig / kyptschakische Gruppe	1. Rußland	1.350.000
7.	**Basken**		**614.000**
	Baskisch: eigenständige Sprache; keine gesicherte Verwandtschaft zu anderen Sprachen	1. Spanien	534.000
		2. Frankreich	80.000
8.	**Bosniaken (ethnische Muslime)**		**1.580.000**
	Bosnisch: indoeuropäische Sprachfamilie / slawischer Zweig / südslawische Gruppe	1. Bosnien-Herzegowina	1.200.000
		2. Jugoslawien	336.000
		3. Kroatien	44.000
9.	**Bretonen**		**450.000**
	Bretonisch: indoeurop. Sprachfam./ kelt. Zweig / britann. Gruppe	1. Frankreich	450.000
10.	**Bulgaren (inkl. Pomaken)**		**7.240.400**
	Bulgarisch: indoeuropäische Sprachfamilie / slawischer Zweig / südslawische Gruppe	1. Bulgarien	6.803.000
		2. Griechenland	39.000
		3. Jugoslawien	27.000
		4. Makedonien	4.000
		5. Moldawien	88.000
		6. Rumänien	10.000
		7. Slowakei	1.400
		8. Tschechien	3.500
		9. Türkei	27.000
		10. Ukraine	234.000
		11. Ungarn	3.500

11. Dänen			**5.050.000**
Dänisch: indoeuropäische Sprach familie / germanischer Zweig / nordgermanische Gruppe	1.	Dänemark	5.000.000
	2.	Deutschland	50.000
12. Darginer			**353.000**
Darginisch: kaukasische Sprachfamilie / dagestanischer Zweig / lakkische Gruppe	1.	Rußland	353.000
13. Deutsche			**89.251.300**
Deutsch: indoeuropäische Sprachfamilie / germanischer Zweig / westgermanische Gruppe	1.	Deutschland	74.540.000
	2.	Österreich	7.107.000
	3.	Schweiz	4.131.000
	4.	Belgien	66.000
	5.	Dänemark	20.000
	6.	Estland	1.300
	7.	Frankreich	1.400.000
	8.	Italien	296.000
	9.	Jugoslawien	6.000
	10.	Kroatien	3.000
	11.	Lettland	2.000
	12.	Liechtenstein	31.000
	13.	Litauen	2.000
	14.	Moldawien	8.000
	15.	Polen	400.000
	16.	Rumänien	120.000
	17.	Rußland	842.000
	18.	Slowakei	6.000
	19.	Slowenien	1.000
	20.	Tschechien	49.000
	21.	Ungarn	220.000
14. Engländer			**54.310.000**
Englisch: indoeuropäische Sprachfamilie / germanischer Zweig /westgermanische Gruppe	1.	Großbritannien	54.310.000

15.	**Esten**		**974.700**
	Estnisch: uralische Sprachfamilie /	1. Estland	953.000
	finnisch-ugrischer Zweig /	2. Lettland	2.700
	ostseefinnische Gruppe	3. Rußland	19.000
16.	**Färinger**		**48.000**
	Färingisch: indoeuropäische Sprachfamilie / germanischer Zweig / nordgerman. Gruppe	1. Dänemark	48.000
17.	**Finnen**		**5.079.000**
	Finnisch: uralische Sprachfamilie /	1. Finnland	4.774.000
	Finnisch-ugrischer Zweig /	2. Estland	13.000
	ostseefinnische Gruppe	3. Norwegen	20.000
		4. Rußland	47.000
		5. Schweden	225.000
18.	**Franzosen (inkl. Wallonen, Franco-Provenzalen, Französisch-Schweizer)**	1. Frankreich	**53.009.000** 48.444.000
	Französisch: indoeuropäische	2. Monaco	32.000
	Sprachfamilie / romanischer Zweig/	3. Belgien	3.260.000
	westromanische Gruppe /	4. Schweiz	1.156.000
	galloromanische Untergruppe	5. Andorra	5.000
		6. Italien	112.000
19.	**Friesen**		**462.000**
	Friesisch: indoeuropäische Sprach-familie / germanischer Zweig /	1. Niederlande	450.000
	westgermanische Gruppe	2. Deutschland	12.000
20.	**Gagausen**		**165.500**
	Gagausisch: altaische Sprachfa-	1. Moldawien	154.000
	milie / turksprachlicher Zweig /	2. Bulgarien	1.500
	ogusische Gruppe	3. Rußland	10.000
21.	**Griechen**		**10.927.500**
	Griechisch: indoeuropäische	1. Griechenland	10.007.000
	Sprachfamilie /	2. Albanien	60.000
	eigenständiger Zweig	3. Bulgarien	5.000
		4. Italien	20.000
		5. Polen	4.500
		6. Rumänien	4.000

		7.	Rußland	92.000
		8.	Tschechien	3.500
		9.	Türkei	4.000
		10.	Ukraine	100.000
		11.	Ungarn	4.500
		12.	Zypern	623.000
22.	**Grönländer (Inuit-Eskimo)**			**56.000**
	Grönländisch (Inuit): paläoasiatische Sprache	1.	Dänemark	56.000
23.	**Inguschen**			**215.000**
	Inguschisch: kaukasische Sprachfamilie / nachischer Zweig	1.	Rußland	215.000
24.	**Iren**			**5.826.000**
–	*Englisch: siehe oben*	1.	Irland	
–	*Irisch-Gälisch: indoeuropäische*		– nur Englisch	3.226.000
	Sprachfamilie / keltischer Zweig / gälische Gruppe		– Gälisch-Sprecher	400.000
		2.	Großbritannien (Nordirland)	
			– nur Englisch	2.060.000
			– Gälisch-Sprecher	140.000
25.	**Ischoren (Ingrier)**			**400**
	Ingrisch: uralische Sprachfamilie / finnisch-ugrischer Zweig / ostseefinnische Gruppe	1.	Rußland	400
26.	**Isländer**			**250.000**
	Isländisch: indoeuropäische Sprachfamilie / germanischer Zweig / nordgerman. Gruppe	1.	Island	250.000
27.	**Italiener (inkl. Korsen, Tessiner)**			**54.006.000**
	Italienisch: indoeuropäische	1.	Italien	53.583.000
	Sprachfamilie / romanischer	2.	San Marino	25.000
	Zweig / ostromanische Gruppe	3.	Schweiz	230.000
		4.	Frankreich	143.000
		5.	Kroatien	22.000
		6.	Slowenien	3.000

28. Juden[42]			**1.500.200**
– *Jiddisch: indoeuropäische Sprach-Familie / germanischer Zweig / westgermanische Gruppe*	1.	Bulgarien	3.500
	2.	Dänemark	8.000
	3.	Estland	2.400
– *Judenspanisch (Ladino): indoeuropäische Sprachfamilie / romanischer Zweig*	4.	Griechenland	6.000
	5.	Italien	40.000
	6.	Kroatien	600
	7.	Lettland	9.000
	8.	Litauen	12.000
	9.	Moldawien	66.000
	10.	Niederlande	30.000
	11.	Norwegen	1.000
	12.	Österreich	13.000
	13.	Polen	15.000
	14.	Rumänien	9.000
	15.	Rußland	556.000
	16.	Slowakei	3.500
	17.	Tschechien	200
	18.	Türkei	27.000
	19.	Ukraine	486.000
	20.	Weißrußland	112.000
29. Kabardiner			**386.000**
Kabardinisch: kaukasische Sprachfamilie / abchasisch-tscherkessischer Zweig	1.	Rußland	386.000
30. Kalmücken			**166.000**
Kalmückisch: altaische Sprachfamilie / mongolischer Zweig	1.	Rußland	166.000

[42] Die meisten Juden in der europäischen Diaspora haben die jeweilige Landessprache ihrer Wohngebiete als Muttersprache angenommen. In kleinerem Umfang haben sich Jiddisch (Sprache der aschkenasischen = europäischen Juden; ca. 265.000 Sprecher) und Judenspanisch (Sprache der ursprünglich aus Spanien stammenden Sepharden, gesprochen in einigen Enklaven der Balkanländer; ca. 9.000 Sprecher) als Heimsprachen erhalten können. Zum Ganzen siehe Haarmann 1993: 61, 77.

31.	**Karaime**			**3.700**
	Karaimisch: altaische Sprachfamilie / turksprachlicher Zweig / kyptschakische Gruppe	1.	Litauen	300
		2.	Polen	400
		3.	Ukraine	3.000
32.	**Karatschaier**			**150.000**
	Karataisch: altaische Sprachfamilie / turksprachlicher Zweig / kyptschakische Gruppe	1.	Rußland	150.000
33.	**Karelier**			**671.000**
	Karelisch: uralische Sprachfamilie / finnisch-ugrischer Zweig / ostseefinnische Gruppe	1.	Finnland	546.000
		2.	Rußland	125.000
34.	**Kaschuben**			**4.500**
	Kaschubisch: indoeuropäische Sprachfamilie / slawischer Zweig / westslawische Gruppe	1.	Polen	4.500
35.	**Katalanen (inkl. Valencianer)**			**6.436.000**
	Katalanisch: indoeuropäische Sprachfamilie / romanischer Zweig / westromanische Gruppe / iberoromanische Untergruppe	1.	Spanien	6.200.000
		2.	Andorra	18.000
		3.	Frankreich	200.000
		4.	Italien	18.000
36.	**Komi (Syrjänen)**			**336.000**
	Komi-Syrjänisch: uralische Sprachfamilie / finnisch-ugrischer Zweig / finnisch-permische Gruppe	1.	Rußland	336.000
37.	**Komi-Permjaken**			**147.000**
	Permjakisch: uralische Sprachfamilie / finnisch-ugrischer Zweig / finnisch permische Gruppe	1.	Rußland	147.000
38.	**Kornen**			**1.000**
	Kornisch: indoeuropäische Sprachfamilie / keltischer Zweig / britannische Gruppe	1.	Großbritannien	1.000
39.	**Kroaten**			**4.545.000**
	Kroatisch: indoeuropäische Sprachfamilie / slawischer Zweig / südslawische Gruppe	1.	Kroatien	3.737.000
		2.	Bosnien-Herzegowina	511.000
		3.	Italien	3.000

		4. Jugoslawien	112.000
		5. Österreich	30.000
		6. Rumänien	4.000
		7. Slowakei	4.000
		8. Slowenien	54.000
		9. Ungarn	90.000
40.	**Kumücken**		**277.000**
	Kumückisch: altaische Sprachfamilie / turk-sprachlicher Zweig / kyptschakische Gruppe	1. Rußland	277.000
41.	**Lakken**		**106.000**
	Lakkisch: kaukasische Sprachfamilie / dagestanischer Zweig / lakkische Gruppe	1. Rußland	106.000
42.	**Lesgier**		**257.000**
	Lesgisch: kaukasische Sprachfamilie / dagestanischer Zweig / lesgische Gruppe	1. Rußland	257.000
43.	**Letten**		**1.399.000**
	Lettisch: indoeuropäische Sprach-	1. Lettland	1.372.000
	familie / baltischer Zweig /	2. Estland	3.000
	ostbaltische Gruppe	3. Litauen	4.000
		4. Rußland	20.000
44.	**Lëtzebuerger**		**308.000**
	Lëtzebuergesch: indoeuropäische Sprachfamilie / germanischer/	1. Luxemburg	286.000
	Zweig / westgermanische Gruppe	2. Belgien	22.000
45.	**Litauer**		**3.119.200**
	Litauisch: indoeuropäische/	1. Litauen	3.019.000
	Sprachfamilie / baltischer Zweig /	2. Estland	2.200
	ostbaltische Gruppe	3. Lettland	31.000
		4. Polen	25.000
		5. Rußland	42.000
46.	**Liwen**		**150**
	Liwisch: uralische Sprachfamilie / finnisch-ugrischer Zweig / ostseefinnische Gruppe	1. Lettland	150

47.	**Makedonier**		**1.525.000**
	Makedonisch: indoeuropäische Sprachfamilie / slawischer Zweig / südslawische Gruppe	1. Makedonien	1.228.000
		2. Albanien	5.000
		3. Bulgarien	188.000
		4. Griechenland	40.000
		5. Jugoslawien	47.000
		6. Kroatien	6.000
		7. Rumänien	7.000
		8. Slowenien	4.000
48.	**Manx-Gälen**		**300**
	Manx-Gälisch: indoeuropäische Sprachfamilie / keltischer Zweig / gälische Gruppe	1. Großbritannien	300
49.	**Malteser**		**374.000**
	Maltesisch: semitische Sprachfamilie	1. Malta	374.000
50.	**Montenegriner**		**549.000**
	Serbisch: indoeuropäische Sprachfamilie / slawischer Zweig / südslawische Gruppe	1. Jugoslawien	520.000
		2. Bosnien	14.000
		3. Kroatien	10.000
		4. Slowenien	5.000
51.	**Mordwinen**		**1.073.000**
	Mordwinisch: uralische Sprachfamilie / finnisch-ugrischer Zweig/ finnisch-wolgaische Gruppe	1. Rußland	1.073.000
52.	**Niederländer (inkl. Flamen)**		**19.701.000**
	Niederländisch: indoeuropäische 9Sprachfamilie / germanischer / Zweig / westgermanische Gruppe	1. Niederlande	13.832.000
		2. Belgien	5.766.000
		3. Frankreich	100.000
53.	**Nogaier**		**74.000**
	Nogaisch: altaische Sprachfamilie / turksprachlicher Zweig / zentrale Gruppe	1. Rußland	74.000
54.	**Norweger**		**4.100.000**
	Norwegisch: indogermanische Sprachfamilie / germanischer Zweig / nordgerman. Gruppe	1. Norwegen	4.100.000

55.	**Okzitanen**			**5.942.000**
	Okzitanisch: indoeuropäische Sprachfamilie / romanischer	1.	Frankreich	5.760.000
	Zweig / westromanische Gruppe /	2.	Italien	178.000
	galloromanische Untergruppe	3.	Spanien	4.000
56.	**Osseten**			**402.000**
	Ossetisch: indoeuropäische Sprachfamilie / iranischer Zweig / nordostiranische Gruppe	1.	Rußland	402.000
57.	**Polen**			**39.483.400**
	Polnisch: indoeuropäische	1.	Polen	38.451.000
	Sprachfamilie / slawischer Zweig /	2.	Estland	2.400
	westslawische Gruppe	3.	Lettland	54.000
		4.	Litauen	256.000
		5.	Moldawien	5.000
		6.	Rumänien	4.000
		7.	Slowakei	3.000
		8.	Tschechien	60.000
		9.	Ukraine	220.000
		10.	Ungarn	10.000
		11.	Weißrußland	418.000
58.	**Portugiesen (inkl. Galicier)**			**11.121.500**
	Portugiesisch / Galicisch: indoeuropäische Sprachfamilie /	1.	Portugal	9.605.000
	roman. Zweig / westroman. Gr.	2.	Andorra	2.500
	iberoromanische Untergruppe	3.	Spanien	1.514.000
59.	**Roma / Sinti**			**3.203.500**
	Romanes (Romani):	1.	Albanien	5.000
	indoeuropäische Sprachfamilie /	2.	Bulgarien	314.000
	indischer Zweig	3.	Dänemark	5.000
		4.	Deutschland	30.000
		5.	Estland	1.500
		6.	Finnland	7.000
		7.	Griechenland	2.000
		8.	Italien	130.000
		9.	Jugoslawien	144.000
		10.	Kroatien	7.000

		11.	Lettland	8.000
		12.	Litauen	3.000
		13.	Makedonien	44.000
		14.	Moldawien	12.000
		15.	Niederlande	40.000
		16.	Norwegen	5.000
		17.	Österreich	5.000
		18.	Polen	50.000
		19.	Rumänien	410.000
		20.	Rußland	153.000
		21.	Slowakei	84.000
		22.	Slowenien	3.000
		23.	Spanien	500.000
		24.	Tschechien	33.000
		25.	Türkei	545.000
		26.	Ukraine	48.000
		27.	Ungarn	600.000
		28.	Weißrußland	15.000
60.	**Rumänen (inkl. Moldawier)**			**23.456.000**
	Rumänisch / Moldawisch: indo-	1.	Rumänien	20.096.000
	europäische Sprachfamilie /	2.	Moldawien	2.830.000
	romanischer Zweig /	3.	Bulgarien	3.000
	ostromanische Gruppe	4.	Jugoslawien	42.000
		5.	Tschechien	1.000
		6.	Ukraine	459.000
		7.	Ungarn	25.000
61.	**Russen**			**131.225.000**
	Russisch: indoeuropäische	1.	Rußland	112.940.000
	Sprachfamilie / slawischer Zweig /	2.	Estland	410.000
	ostslawische Gruppe	3.	Lettland	800.000
		4.	Litauen	308.000
		5.	Moldawien	562.000
		6.	Polen	5.000
		7.	Rumänien	39.000
		8.	Tschechien	5.000
		9.	Ukraine	11.356.000

		10.	Weißrußland	1.342.000
			in 7 asiat. Staaten	3.458.000
62.	**Rutuler**			**20.000**
	Rutulisch: kaukasische Sprachfamilie / dagestanischer Zweig / lesgische Gruppe	1.	Rußland	20.000
63.	**Samen (Lappen)**			**93.300**
	Samisch (Lappisch): uralische	1.	Finnland	6.500
	Sprachfamilie / finnisch-ugrischer	2.	Norwegen	60.000
	Zweig / lappische Gruppe	3.	Rußland	1.800
		4.	Schweden	25.000
64.	**Sarden**			**1.269.000**
	Sardisch: indoeuropäische Sprachfamilie / romanischer Zweig / „zentralroman." Gruppe	1.	Italien	1.269.000
65.	**Schotten**			**5.500.000**
	– *Englisch: siehe oben* – *Schottisch-Gälisch: indoeuropäische Sprachfamilie / keltischer Zweig / gälische Gruppe*	1.	Groß-britannien – nur Englisch	5.437.000
			– Gälisch-Sprecher	63.000
66.	**Schweden**			**8.053.000**
	Schwedisch: indoeuropäische Sprachfamilie / germanischer	1.	Schweden	7.760.000
	Zweig / nordgerman. Gruppe	2.	Finnland	293.000
67.	**Serben**			**7.857.000**
	Serbisch: indoeuropäische	1.	Jugoslawien	6.504.000
	Sprachfamilie / slawischer Zweig / südslawische Gruppe	2.	Bosnien-Herzegowina	892.000
		3.	Kroatien	382.000
		4.	Makedonien	40.000
		5.	Rumänien	29.000
		6.	Ungarn	10.000

68.	**Slowaken**		**5.140.000**
	Slowakisch: indoeuropäische Sprachfamilie / slawischer Zweig / westslawische Gruppe	1. Slowakei	4.590.000
		2. Jugoslawien	67.000
		3. Kroatien	6.000
		4. Österreich	1.000
		5. Polen	21.000
		6. Rumänien	21.000
		7. Tschechien	315.000
		8. Ukraine	9.000
		9. Ungarn	110.000
69.	**Slowenen**		**1.863.000**
	Slowenisch: indoeuropäische Sprachfamilie / slawischer Zweig / südslawische Gruppe	1. Slowenien	1.727.000
		2. Italien	80.000
		3. Jugoslawien	9.000
		4. Kroatien	22.000
		5. Österreich	20.000
		6. Ungarn	5.000
70.	**Sorben**		**60.000**
	Sorbisch: indoeuropäische Sprachfamilie / slawischer Zweig / westslawische Gruppe	1. Deutschland	60.000
71.	**Spanier**		**29.733.000**
	Spanisch (Kastilisch) : indoeuropäische Sprachfamilie / romanischer Zweig / westromanische Gruppe / iberoromanische Untergruppe	1. Spanien	29.659.000
		2. Andorra	32.000
		3. Portugal	42.000
72.	**Tabasaraner**		**94.000**
	Tabassaranisch: kaukasische Sprachfamilie / dagestanischer Zweig / lesgische Gruppe	1. Rußland	94.000
73.	**Tataren**		**5.697.000**
	Tatarisch: altaische Sprachfamilie / turksprachlicher Zweig / kyptschakische Gruppe	1. Rußland	5.522.000
		2. Bulgarien	5.000
		3. Estland	3.000
		4. Litauen	5.000
		5. Polen	3.000

		6.	Rumänien	25.000
		7.	Ukraine	134.000
74.	**Taten**			**19.000**
	Tatisch: indoeuropäische Sprachfamilie / iranischer Zweig / südwestiranische Gruppe	1.	Rußland	19.000
75.	**Tsachurier**			**6.500**
	Tsachurisch: kaukasische Sprachfamilie / dagestanischer Zweig / lesgische Gruppe	1.	Rußland	6.500
76.	**Tschechen**			**9.875.000**
	Tschechisch: indoeuropäische Sprachfamilie / slawischer Zweig / westslawische Gruppe	1.	Tschechien	9.773.000
		2.	Kroatien	13.000
		3.	Österreich	10.000
		4.	Polen	3.000
		5.	Slowakei	58.000
		6.	Ukraine	18.000
77.	**Tscheremissen (Mari)**			**644.000**
	Tscheremissisch (Mari): uralische Sprachfamilie / finnisch-ugrischer Zweig / finnisch-wolgaische Gruppe	1.	Rußland	644.000
78.	**Tscherkessen (Adygejer)**			**174.000**
	Tscherkessisch (Adygejisch): kaukasische Sprachfamilie / abchasisch-tscherkessischer Zweig	1.	Rußland	174.000
79.	**Tschetschenen**			**899.000**
	Tschetschenisch: kaukasische Sprachfamilie / nachischer Zweig	1.	Rußland	899.000
80.	**Tschuwaschen**			**1.795.000**
	Tschuwaschisch: altaische Sprachfamilie / turksprachlicher Zweig / wolgabulgarische Gruppe	1.	Rußland	1.774.000
		2.	Ukraine	21.000
81.	**Türken**			**49.809.000**
	Türkisch: altaische Sprachfamilie/ turksprachlicher Zweig / ogusische Gruppe	1.	Türkei	48.741.000
		2.	Bulgarien	800.000
		3.	Griechenland	59.000
		4.	Jugoslawien	11.000

		5.	Makedonien	77.000
		6.	Rumänien	30.000
		7.	Zypern	91.000
82.	**Udmurten (Wotjaken)**			**715.000**
	Udmurtisch (Wotjakisch): uralische Sprachfamilie / finnisch-ugrischer Zweig / finnisch-permische Gruppe	1.	Rußland	715.000
83.	**Ukrainer (inkl. Ruthenen)**			**42.973.000**
	Ukrainisch / Ruthenisch: indoeuropäische Sprachfamilie / slawischer Zweig / ostslawische Gruppe	1.	Ukraine	37.419.000
		2.	Estland	37.000
		3.	Jugoslawien	23.000
		4.	Kroatien	6.000
		5.	Lettland	71.000
		6.	Litauen	37.000
		7.	Moldawien	600.000
		8.	Polen	300.000
		9.	Rumänien	67.000
		10.	Rußland	4.363.000
		11.	Slowakei	32.000
		12.	Tschechien	10.000
		13.	Ungarn	8.000
		14.	Weißrußland	291.000
84.	**Ungarn**			**12.086.000**
	Ungarisch: uralische Sprachfamilie / finnisch-ugrischer Zweig / ugrische Gruppe	1.	Ungarn	9.316.000
		2.	Jugoslawien	344.000
		3.	Kroatien	23.000
		4.	Österreich	20.000
		5.	Rumänien	1.622.000
		6.	Slowakei	569.000
		7.	Slowenien	9.000
		8.	Tschechien	20.000
		9.	Ukraine	163.000

85.	**Waliser (Kymrer)**		**497.000**
	Kymrisch: indoeuropäische Sprachfamilie / keltischer Zweig /britannische Gruppe	1. Groß-britannien	497.000
86.	**Weißrussen**		**9.976.000**
	Weißrussisch: indoeuropäische Sprachfamilie / slawischer Zweig / / slawischer Zweig /	1. Weißrußland	7.905.000
		2. Estland	22.000
		3. Lettland	97.000
		4. Litauen	56.000
		5. Polen	250.000
		6. Rußland	1.206.000
		7. Ukraine	440.000
87.	**Wepsen**		**12.000**
	Wepsisch: uralische Sprachfamilie / finnisch-ugrischer Zweig / ostseefinnische Gruppe	1. Rußland	12.000

Tabelle 6

Die Volksgruppen Europas nach Größenklassen

Größenklassen	*Anzahl der Volksgruppen*[43]		*Anzahl der Angehörigen*	
	absolut	*%*	*absolut*	*%*
>10.000.000	1[44]	0,3	11.355.582	11,0
>5.000.000 - 10.000.000	4[45]	1,3	23.245.856	22,5
>2.000.000 - 5.000.000	5[46]	1,6	17.952.744	17,4
>1.000.000 - 2.000.000	12[47]	3,9	16.616.523	16,1
>500.000 - 1.000.000	21[48]	6,8	13.372.378	12,9
>400.000 - 500.000	12[49]	3,9	5.264.189	5,1
>300.000 - 400.000	10[50]	3,3	3.356.292	3,2
>200.000 - 300.000	16	5,2	3.992.689	3,9
>100.000 - 200.000	24	7,8	3.294.339	3,2
>50.000 - 100.000	34	11,1	2.371.365	2,3
>25.000 - 50.000	37	12,1	1.318.248	1,3
>10.000 - 25.000	47	15,3	806.121	0,8
>5.000 - 10.000	31	10,1	206.706	0,2
>1.000 - 5.000	46	15,0	136.551	0,1
bis 1.000	7	2,3	3.079	(0,003)
	307	100 %	103.292.662	100 %

[43] Einschließlich Sprachgemeinschaften, Sprachgruppen, Sprachminderheiten und Nationalitäten.

[44] Russen in UKR.

[45] Kurden in TR, Flamen in B, Okzitanen in F, Tataren in RUS.

[46] Ukrainer in RUS, Katalanen in E, Deutschschweizer in CH, Wallonen in B, Valencianer inE.

[47] Tschuwaschen in RUS, Albaner in YU, Ungarn (inkl. Szekler und Tschango) in RO, Galicier in E, Deutsch(sprachig)e (Elsässer und Lothringer) in F, Baschkiren in RUS, Russen in WR, Sarden in I, Weißrussen in RUS, Bosniaken in BIH, Französischsprachige in CH, Mordwinen in RUS.

[48] Tschetschenen in RUS, Serben in BIH, Deutsche in RUS, Türken in BG, Russen in LV, Udmurten (Wotjaken) in RUS, Tscheremissen (Mari) in RUS, Kasachen in RUS, Ukrainer in MD, Roma in H, Serben in CRO, Ungarn in SK, Russen in MD, Juden in RUS, Roma in TR, Awaren in RUS, Basken in E, Friauler (Rätoromanen) in I, Montenegriner in YU, Kroaten in BIH, Gitanos (Roma) in E.

[49] Waliser (Kymrer) in GB, Juden in UKR, Rumänen/Moldauer in UKR, Bretonen in F, Friesen in NL, Albaner in MZD, Weißrussen in UKR, Polen in WR, Roma in RO, Russen in EST, Osseten in RUS, Deutsche in PL.

[50] Kabardiner in RUS, Araber in TR, Darginer in RUS, Ungarn in YU, (ethnische) Muslime in YU, Komi (Syrjänen) in RUS, Slowaken in CS, Roma in BG, Russen in LT, Ukrainer in PL.

Tabelle 7

Die Staaten Europas nach Volksgruppenanteil und Stabilität (1996)

Volksgruppen-anteil der Be-völkerung	***ethnisch stabile Lage***	***ethnische Spannungen***	***ethnische Konflikte mit Nachbar-staaten***	***Gewalt-same eth-nische Konflikte***
keine Volks-gruppen	Irland			
unter 10 %	Dänemark Deutschland Finnland Italien Niederlande Norwegen Österreich Polen Portugal Schweden Slowenien Tschechien	Groß-britannien[51]	Albanien[52] Griechen-land[53]	
>10 - 20 %	Litauen Ungarn	Frankreich[54] Rumänien[55] Slowakei[56]	Bulgarien[57]	Kroatien Rußland Türkei
>20 - 30 %	Weißrußland	Spanien[58]	Ukraine[59]	
>30 - 40 %		Moldawien[60]	Estland[61] Make-donien[62]	Jugo-slawien
>40 - 50 %			Lettland[63]	
Nationalitäten-staaten	Belgien Schweiz			Bosnien-Herz.

[51] In Nordirland.
[52] Mit Jugoslawien (Kosovo) und Griechenland.
[53] Mit Makedonien und zum Teil mit Albanien.
[54] Aufgrund des Separatismus auf Korsika, wo allein 1996 rd. 350 Attentate verübt wurden.
[55] Zwischen nationaler Mehrheit und ungarischer Volksgruppe.
[56] Zwischen nationaler Mehrheit und ungarischer Volksgruppe.
[57] Mit der Türkei.
[58] Baskenfrage.
[59] Krimfrage.
[60] Dnjestrfrage.
[61] Mit Rußland.
[62] Mit Griechenland.
[63] Mit Rußland.

Diagramm

Die Mehrheits- und Minderheitensprachen Europas[64] *mit Sprecherquoten*[65]

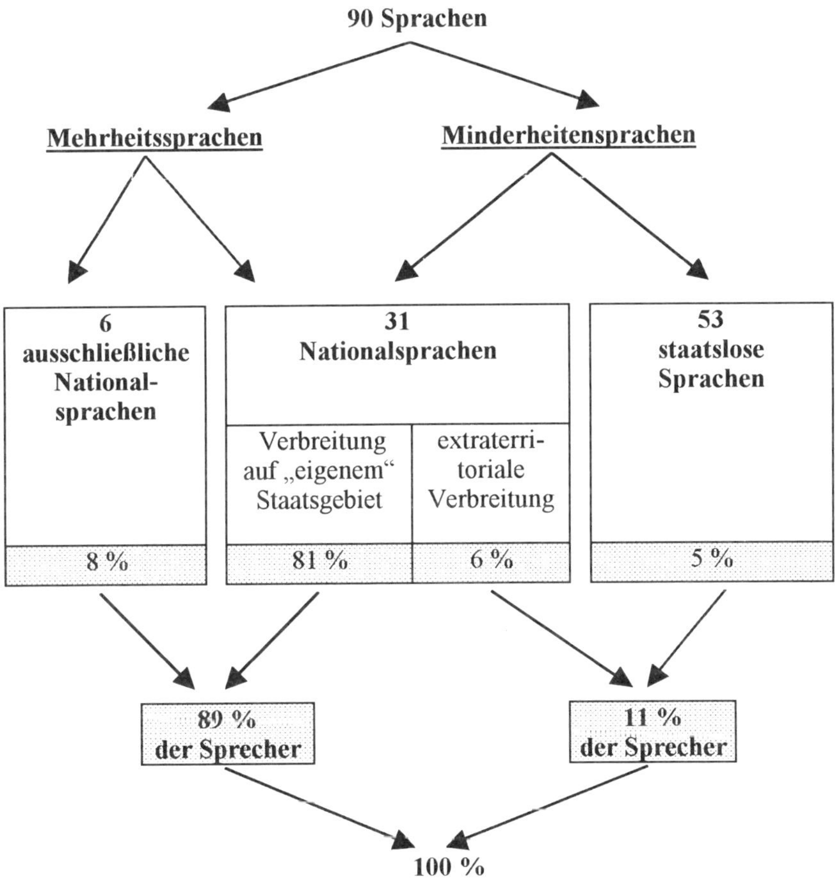

[64] Die Einteilung in „Mehrheits-" oder „Minderheitssprachen" erfolgt hier nach dem Kriterium Nationalsprache. Ist eine Sprache im betreffenden Staat die Sprache der Titularnation oder einer staatstragenden Nation und als solche Amtssprache, so handelt es sich um eine Mehrheitssprache, hat sie dort keinen nationalsprachlichen Status, so ist sie eine Minderheitensprache. Vgl. hierzu auch Europäische Kommission 1996: 65, außerdem die Begriffsdefiniton in der Europäischen Charta der Regional- oder Minderheitensprachen des Europarates vom 05.11.1992. § 1a.

[65] Schätzung.

Tabelle 8

Die Nationalsprachen Europas[66]

Ausschließliche Nationalsprachen[67]

1. Englisch[68]	4. Maltesisch
2. Irisch-Gälisch[69]	5. Norwegisch
3. Isländisch	6. Rätoromanisch[70]

Nationalsprachen mit extraterritorialer Verbreitung[71]

1. Albanisch	5. Deutsch
2. Bosnisch[72]	6. Estnisch
3. Bulgarisch	7. Finnisch
4. Dänisch	8. Französisch[73]

b.w.

[66]Unter „Nationalsprachen" sind hier die Muttersprachen der Titularnationen von Nationalstaaten oder der staatstragenden Nationen von Nationalitätenstaaten zu verstehen, die als solche den Status von Amtssprachen innehaben, also jeweils Behörden- und Gerichtssprache sind. Zum Begriff „Amtssprache" vgl. Korkisch 1978: 115, 117.

[67]Unter „ausschließlichen Nationalsprachen" sind hier solche Nationalsprachen zu verstehen, die nur innerhalb des Territoriums ihres „eigenen" National- oder Nationalitätenstaates gebraucht werden.

[68]Nationalsprache in Großbritannien, in der Republik Irland und in Malta (neben Maltesisch).

[69]Sonderfall unter den Nationalsprachen Europas insofern, als nur etwa 30 % der Iren in der Republik Irland Irisch-Gälisch Kenntnisse haben und nur 11 % dieses auch aktiv beherrschen, während der Großteil nur Englisch, die andere Nationalsprache Irlands, beherrscht. Das Irisch-Gälische ist eng verwandt mit dem Schottisch-Gälischen und dem Manx-Gälischen.

[70]Nach der durch Volksabstimmung vom 10. März 1996 revidierten Schweizer Bundesverfassung (Art. 116) ist Rätoromanisch nunmehr eine „Amtssprache des Bundes" und insofern den anderen Amtssprachen Deutsch, Französisch und Italienisch gleichgestellt. Die Einschränkung „im Verkehr mit Personen rätoromanischer Sprache" berücksichtigt den praktischen Aspekt der geringen Sprecherzahl des Rätoromanischen (etwa 38.000 bzw. 0,7 % der Schweizer Bevölkerung). Vgl. dazu Lia Rumantscha 1996: 33.

[71]D.h. Nationalsprachen, die auch außerhalb des „eigenen" national- oder nationalitätenstaatlichen Territoriums gebraucht werden. Zum Begriff vgl. Europäische Kommission 1996: 65.

[72]Muttersprache vor allem der bosnischen Muslime (Bosniaken). Obwohl Bosnisch weitgehend mit Serbisch und Kroatisch identisch ist, hat dieses zusammen mit den beiden anderen Sprachen nach der in Dayton 1995 ausgehandelten Verfassung Bosnien-Herzegowinas den Status einer Nationalsprache inne. Diese Besonderheit steht in Zusammenhang mit den im Krieg (1992-1995) von bosnischen Serben und Kroaten erhobenen Territorialansprüchen auf Teile Bosnien-Herzegowinas, in deren Gefolge vor allem die Bosniaken Oper gezielter „ethnischer Säuberungen" bzw. eines Völkermordes geworden sind.

[73]Einschließlich Provenzalisch.

9. Griechisch
10. Italienisch[74]
11. Kroatisch
12. Lettisch
13. Lëtzebuergesch
14. Litauisch
15. Makedonisch
16. Moldawisch[76]
17. Niederländisch
18. Polnisch
19. Portugiesisch[78]
20. Rumänisch
21. Russisch
22. Schwedisch
23. Serbisch
24. Slowakisch
25. Slowenisch
26. Spanisch[75]
27. Tschechisch
28. Türkisch
29. Ukrainisch[77]
30. Ungarisch
31. Weißrussisch

---

[74]Einschließlich Korsisch.

[75]Spanisch (Kastilisch) einschließlich Mirandisch und Barranquenho, die als spanisch-asturische bzw. spanisch-andalusische Regionalsprachen in Portugal vorkommen.

[76]Identisch mit dem Rumänischen, erhält im Gefolge der Unabhängigkeit Moldawiens 1991 als Sprache der Titularnation die eigene Bezeichnung „Moldawisch".

[77]Einschließlich Ruthenisch.

[78]Inklusive Galicisch. Sollte Galicisch dagegen Eigenständigkeit gegenüber dem Portugiesischen beanspruchen können, so wäre es den staatslosen Sprachen zuzuordnen.

Tabelle 9

Die staatslosen Sprachen Europas[79]

1. Aromunisch (Wlachisch)[80]
2. Awarisch
3. Balkarisch
4. Baschkirisch
5. Baskisch
6. Bretonisch
7. Darginisch
8. Färingisch
9. Friaulisch
10. Friesisch
11. Gagausisch
12. Grönländisch (Inuit)
13. Ingrisch
14. Inguschisch
15. Jiddisch
16. Judenspanisch (Ladino)
17. Kabardinisch
18. Kalmückisch
19. Karaimisch
20. Karataisch
21. Karelisch
22. Kaschubisch
23. Katalanisch[81]
24. Komi-Syrjänisch
25. Kornisch
26. Kumückisch
27. Kymrisch
28. Ladinisch
29. Lakkisch
30. Lesgisch
31. Liwisch
32. Manx-Gälisch
33. Mordwinisch
34. Nogaisch
35. Okzitanisch
36. Ossetisch
37. Permjakisch
38. Romanes (Romani)
39. Rutulisch
40. Samisch (Lappisch)
41. Sardisch
42. Schottisch-Gälisch
43. Sorbisch
44. Tabassaranisch
45. Tatarisch
46. Tatisch
47. Tsachurisch
48. Tscheremissisch (Mari)
49. Tscherkessisch (Adygejisch)
50. Tschetschenisch
51. Tschuwaschisch
52. Udmurtisch (Wotjakisch)
53. Wepsisch

---

[79]Unter „staatslosen Sprachen" (Europäische Kommission 1996: 65) sind hier autochthone Sprachen zu verstehen, die – anders als die sog. Nationalsprachen – in keinem Staat die Muttersprache der Titularnation sind und entweder überhaupt keine oder nur regionale Amtssprachen sind.

[80]Für den Fall, daß Aromunisch als Sprache Eigenständigkeit beanspruchen kann. Anderenfalls wäre es dem Rumänischen und damit den Nationalsprachen mit extraterritorialer Verbreitung zuzuordnen.

[81]Einschließlich Valencianisch. – Die Einordnung des Katalanischen unter die staatslosen Sprachen vernachlässigt, daß dieses in Andorra, einem Kleinststaat, Nationalsprache ist.

II. TEIL:
DIE VOLKSGRUPPEN IN DEN STAATEN EUROPAS: ANZAHL, DEMOGRAPHISCHE GRÖSSE UND GEOGRAPHISCHE LAGE

1. Albanien

Bevölkerung (Z 1989)	3.182.417	100,0 %
Albaner[1]	3.098.417	97,4 %
Volksgruppen/Minderheiten:[2]		
1. Griechen[3]	59.000	1,8 %
2. Wlachen (Aromunen)[4]	15.000	0,4 %
3. Makedonier[5]	5.000	0,2 %
4. Roma[6]	5.000	0,2 %
	84.000	2,6 %

[1]Anzahl ethnischer Albaner („Gegen" im Norden, „Tosken" im Süden) als Differenz der Anzahl von Volksgruppenangehörigen zur Gesamtbevölkerung.

[2]Zu den Volksgruppen in Albanien zählten ursprünglich auch Montenegriner, Serben und Kroaten. Diese scheinen in neueren Quellen praktisch nicht mehr auf, man geht von deren Assimilierung aus. Lediglich von jugoslawischer Seite wurde die Zahl der Montenegriner und Serben Ende der 80er Jahre mit 15.000 angegeben. Näheres dazu Schmidt-Neke 1990: 11 ff, 13, 15 f.

[3]Die Angaben bzw. Schätzungen von albanischer und griechischer Seite schwanken zwischen 50.000 (Z 1989: 58.758) und 400.000. Näheres dazu Stavrou 1993: 67 ff.

[4]I.S.I.G. 1997: 81. Eine andere Quelle gibt die Zahl der Wlachen in Albanien mit bis zu 50.000 an (Minority Rights Group 1998: 18).

[5]Auch über die Makedonier gibt es sehr differierende Angaben, je nachdem ob von albanischer (Z 1989: 4.697) oder jugoslawischer Seite (40.000 - 60.000 Makedonier). Vgl. dazu Schmidt-Neke 1990: 11 ff., 13, 15 f.

[6]I.S.I.G. 1997: 81. In einer anderen Quelle ist dagegen von 10.000 bis 120.000 Roma die Rede (Klopcic / Polzer 1999: 3).

Albanien: ein multinationaler Staat

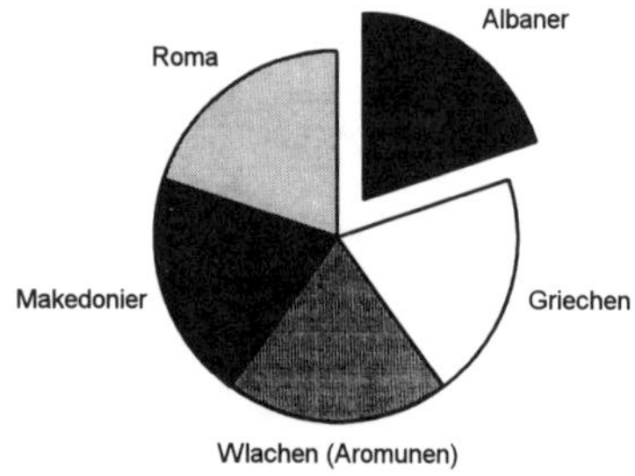

Albanien: Bevölkerungsverteilung

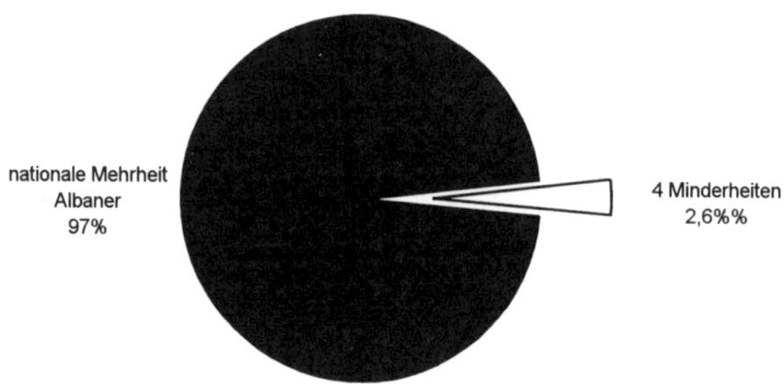

Minderheiten in Albanien (in Tausend)

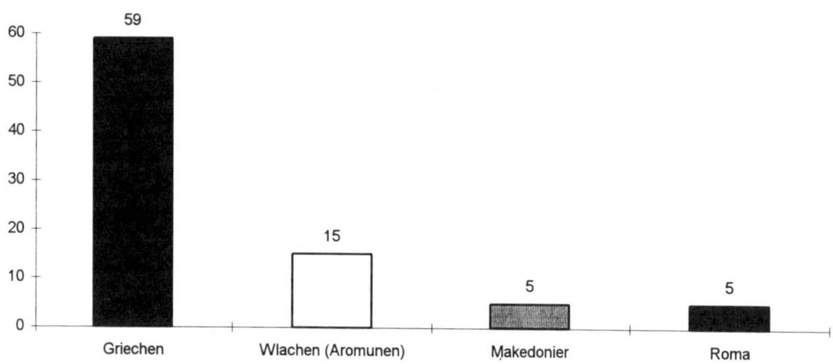

RüWa (SVI)

Die Minderheiten in Albanien

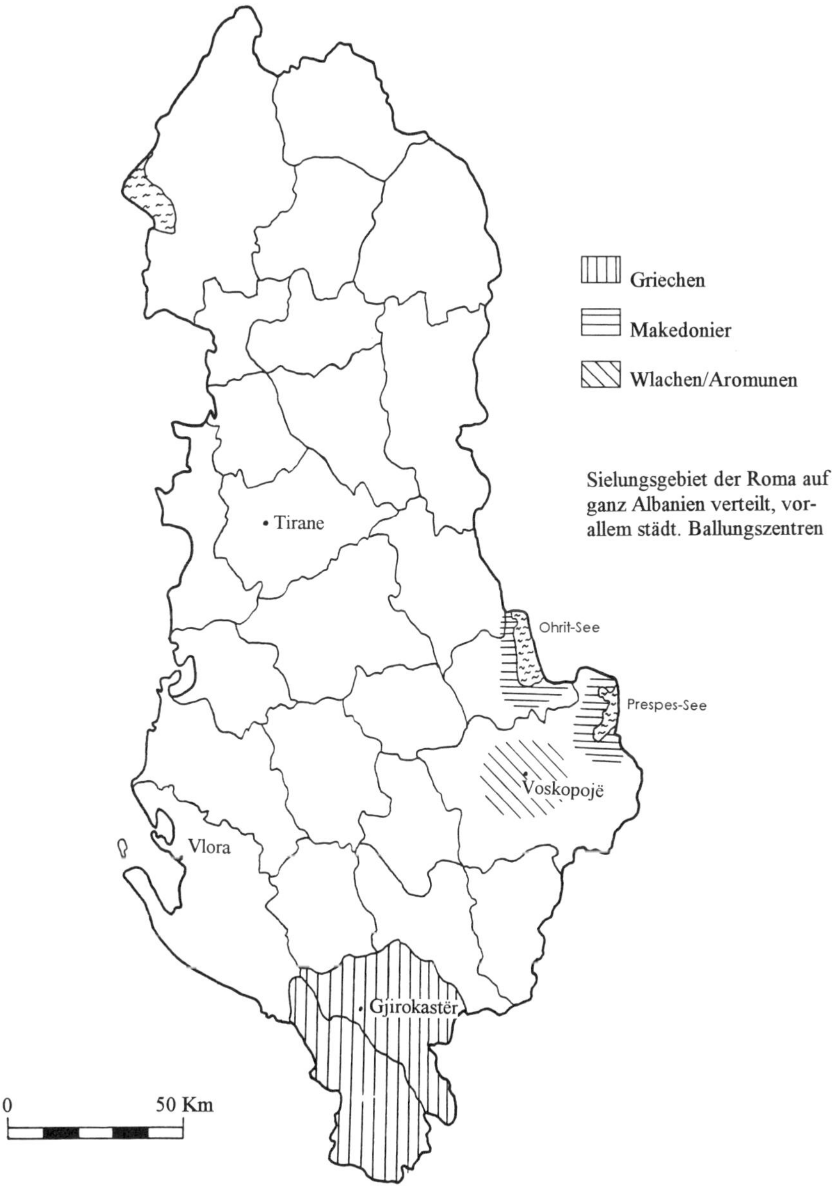

RüWa (SVI)

2. Belgien

Bevölkerung (Z 1991) [7]	9.978.681	100,0 %
Sprachgemeinschaften[8]/Minderheiten:		
1. Flamen	5.765.856	57,8 %
2. Wallonen	3.258.795	32,6 %
3. Deutschsprachige	66.445	0,7 %
4. Lëtzebuerger[9] (S)[10]	22.000	0,2 %
	9.113.096	91,3 %
Ausländer[11]	865.585	8,7 %

[7]Weltalmanach '99: 96.

[8]In Belgien gibt es offiziell drei Sprachgemeinschaften, und zwar die Flamen, die Wallonen und die Deutschsprachigen. Belgien ist – wie auch die Schweiz oder Bosnien-Herzegowina – als sog. Nationalitätenstaat verfaßt, d.h. das belgische Staatskonzept beruht auf der Idee der Mehrsprachigkeit und des gleichberechtigten Zusammenlebens verschiedener Ethnien. Entsprechend haben die drei Sprachgemeinschaften Belgiens einen staatstragenden Status inne (Näheres dazu bei Mathiak 1993: 1 ff., 8 ff.). Belgien unterscheidet sich insofern von der überwiegenden Mehrheit der europäischen Staaten, die als Nationalstaaten auf der Idee der Nation als ethnisch homogenem Staatsvolk gegründet sind.

[9]Die Lëtzebuerger gelten nicht als Sprachgemeinschaft. Lëtzebuergesch ist ein moselfränkischer Dialekt und wird als solcher dem Deutschen zugeordnet, weshalb die Lëtzebuerger auch der deutschsprachigen Gemeinschaft zugerechnet werden könnten. Doch seitdem Lëtzebuergesch 1984 in Luxemburg zur dritten Nationalsprache neben Französisch und Deutsch erhoben wurde und zugleich als Muttersprache autochthoner Luxemburger einen maßgeblichen Bestandteil ihrer nationalen Identität darstellt, ist seine Behandlung als selbständige (germanische) Sprache geboten. Außer in Luxemburg wird diese Sprache aber eben auch noch in Belgien, und zwar im Areler Land (Alt-Belgien-Süd) mit Ausnahme der Stadt Arel/Arlon gesprochen. Der Bezirk Arel/Arlon grenzt im Osten an das Großherzogtum Luxemburg und im Westen an die Wallonie und besitzt keine direkte Verbindung zum übrigen deutschen Sprachgebiet Belgiens. Somit sind die Lëtzebuerger in Belgien streng genommen als „nationale Minderheit" anzusehen, weil das lëtzebuergesche Volk (= die Luxemburger) in Luxemburg die nationale Mehrheit bildet bzw. einen eigenen Staat besitzt. Näheres dazu bei Hinderdael / Nelde 1996: 479 ff.; Fröhlich 1996: 459 ff.; Mathiak 1993: 1 ff., Fischer 1979: 85 ff. sowie Europäisches Parlament 1994: 17, 26.

[10]Die Anzahl der Lëtzebuerger in Belgien bzw. der Sprecher dieses moselfränkischen Idioms wird mit 22.000 angegeben (Council of Europe 1994a: 10). Andere schätzen sie auf 14.000 (Haarmann 1993: 63) bis zu 27.000 (I.S.I.G. 1997: 89).

[11]Als Differenz der Anzahl von Angehörigen der Sprachgemeinschaften zur Gesamtbevölkerung.

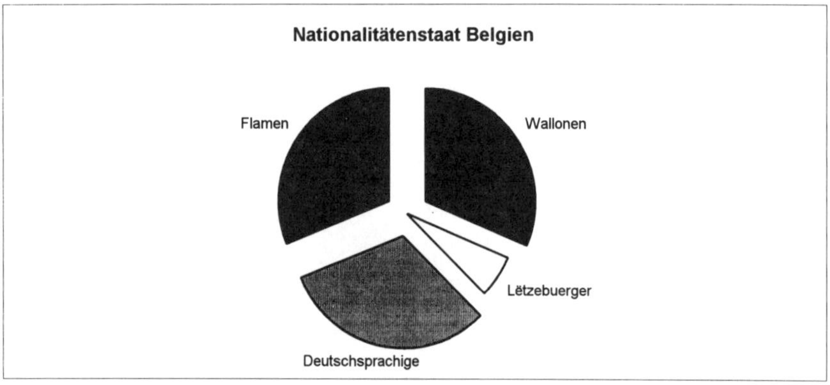
Nationalitätenstaat Belgien
Flamen
Wallonen
Lëtzebuerger
Deutschsprachige

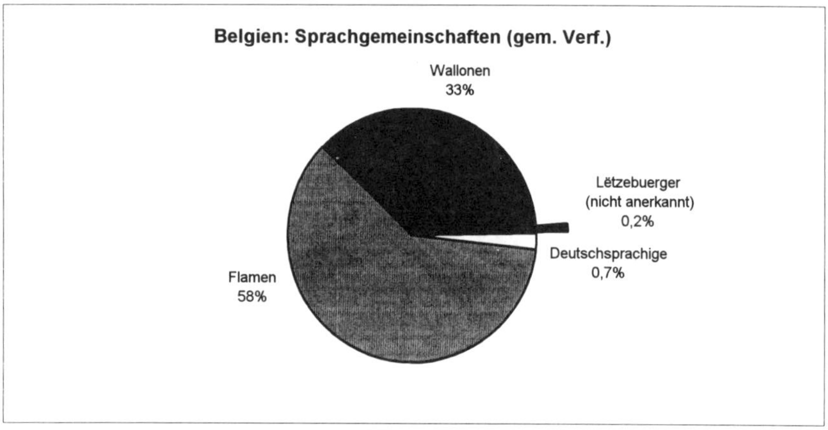
Belgien: Sprachgemeinschaften (gem. Verf.)
Wallonen 33%
Lëtzebuerger (nicht anerkannt) 0,2%
Deutschsprachige 0,7%
Flamen 58%

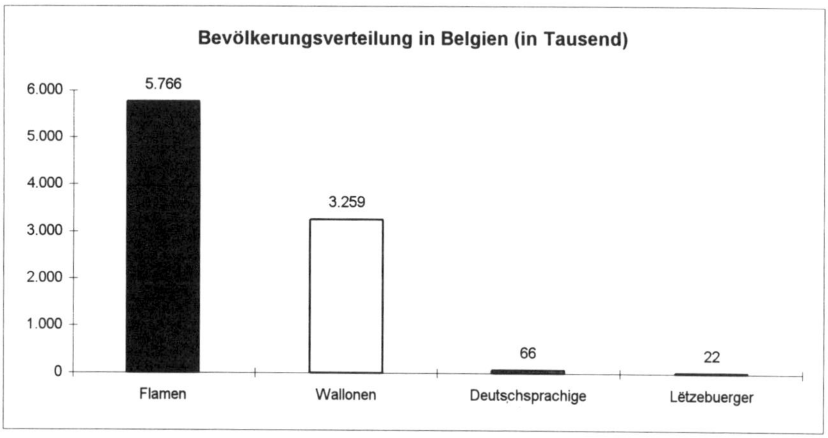
Bevölkerungsverteilung in Belgien (in Tausend)
6.000
5.000
4.000
3.000
2.000
1.000
0
5.766
3.259
66
22
Flamen
Wallonen
Deutschsprachige
Lëtzebuerger

RüWa (SVI)

Nationalitätenstaat Belgien

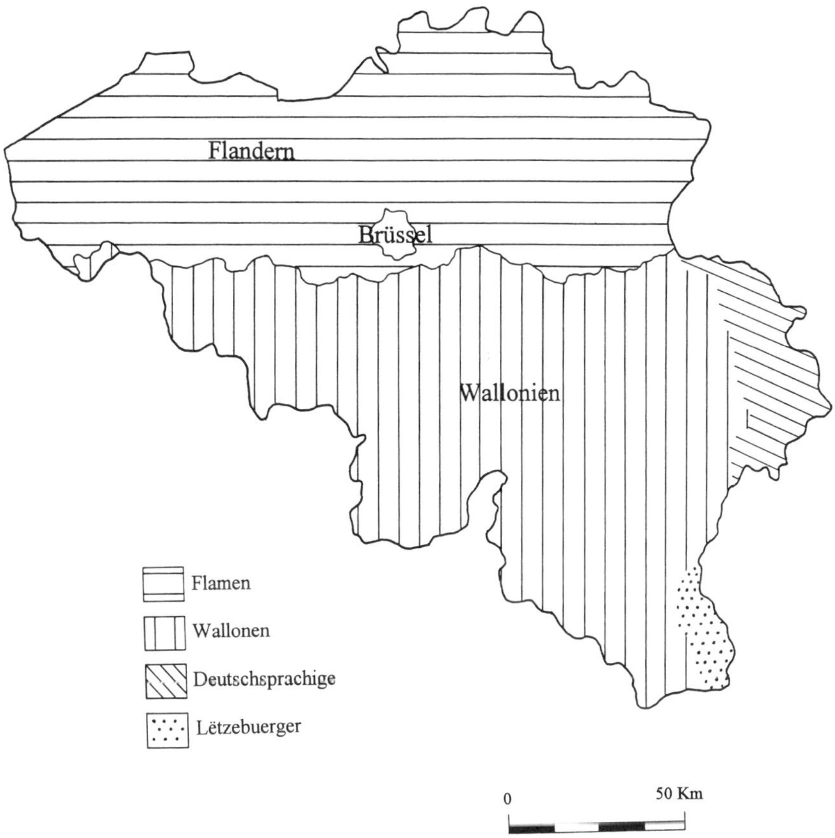

RüWa (SVI)

3. Bosnien-Herzegowina

	(Z) 1991		(S) 1994	
Bevölkerung[12]	4.364.574	100,0 %	2.900.000	100,0 %
Völker/Volksgruppen: [13]				
1. Bosniaken[14]	1.905.829	43,7 %	1.200.000	41,4 %
2. Serben	1.369.258	31,4 %	892.000	30,8 %
3. Kroaten	755.895	17,3 %	511.000	17,6 %
4. Montenegriner[15]	13.094	0,3 %	13.094	0,5 %
	4.044.076	92,7 %	2.616.094	90,3 %
„Jugoslawen"[16]	240.000	5,5 %	230.000	7,9 %
andere[17]	80.498	1,8 %	53.906	1,8 %

[12]Soweit nicht anders vermerkt, stammen die Angaben der Zählung von 1991 aus I.S.I.G. 1997: 91, die der Schätzung von 1994 aus Weltalmanach '99: 105. Die Gegenüberstellung der beiden Jahre erfolgt nicht zuletzt vor dem Hintergrund, daß seit der letzten Zählung 1991 umwälzende Ereignisse stattgefunden haben. Im Gefolge des mit der Unabhängigkeit Bosnien-Herzegowinas einsetzenden, fast vier Jahre dauernden Krieges (April 1992 bis Dezember 1995) und der vor allem von serbischer Seite betriebenen „ethnischen Säuberungen" kamen etwa 272.000 Menschen ums Leben (Angaben des Amtes für Statistik und des Ministeriums für Zivilangelegenheiten und Flüchtlinge der Republik Bosnien-Herzegowina vom März 1998). Bis August 1995 flüchteten außerdem etwa 1,3 Millionen Einwohner außer Landes bzw. wurden vertrieben. Nach Abschluß des Dayton-Friedensabkommens Ende 1995 und mit dem langsam beginnenden Wiederaufbau sind allmählich Prozesse der Rückkehr von Flüchtlingen in Gang gekommen. Infolge all dieser Vorgänge hat sich die Bevölkerungszahl ebenso wie die ethnische Zusammensetzung maßgeblich verändert, doch liegen bisher noch keine neueren amtlichen Zahlen vor. Nach der Schätzung von 1994 ist die Bevölkerung bis dahin um rd. 1,4 Mio zurückgegangen. Ende 1997 gab es rd. 800.000 Binnenflüchtlinge sowie über 557.000 Flüchtlinge, die sich außerhalb Bosniens befanden (Weltalmanach '99: 105).

[13]Die im Rahmen des Daytoner Friedensabkommens von 1995 ausgehandelte bosnische Verfassung weist in ihrer Präambel mehreren Völkern bzw. Volksgruppen, nämlich „neben anderen" ausdrücklich den Bosniaken, Kroaten und Serben Bosniens den Status von „staatstragenden Völkern" (constituent peoples) zu. Bosnien-Herzegowina fällt damit – wie auch Belgien und die Schweiz – unter die Kategorie der Nationalitätenstaaten.

[14]D.h. ethnische Muslime.

[15]immer Z 1991 (Weltalmanach '99: 105).

[16]Eigenbezeichnung; siehe Weltalmanach '99: 105.

[17]Als Differenz der Anzahl von Volksgruppenangehörigen und „Jugoslawen" zur Gesamtbevölkerung, darunter z.B. Roma, Albaner, Juden, Slowenen und Makedonier.

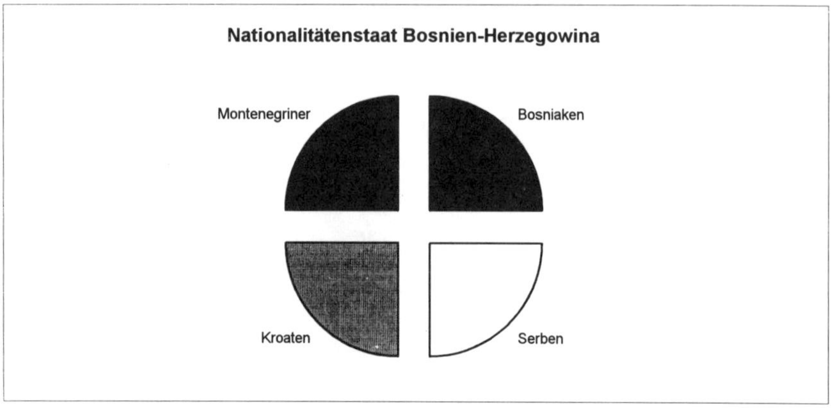
Nationalitätenstaat Bosnien-Herzegowina
Montenegriner
Bosniaken
Kroaten
Serben

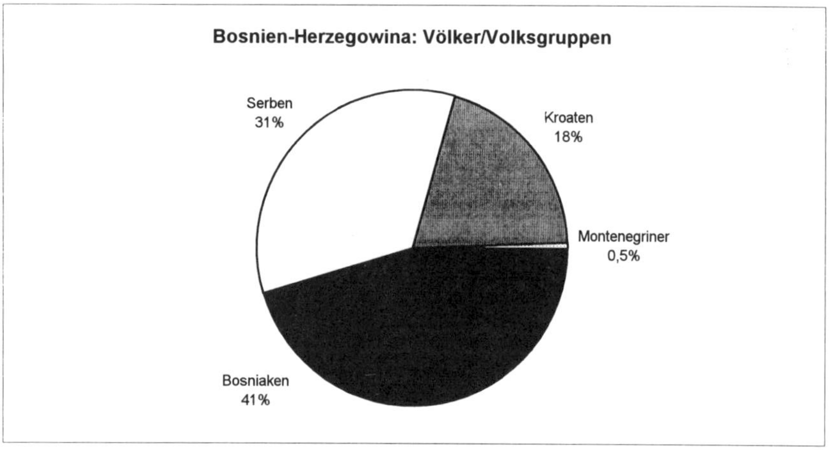
Bosnien-Herzegowina: Völker/Volksgruppen
Serben 31%
Kroaten 18%
Montenegriner 0,5%
Bosniaken 41%

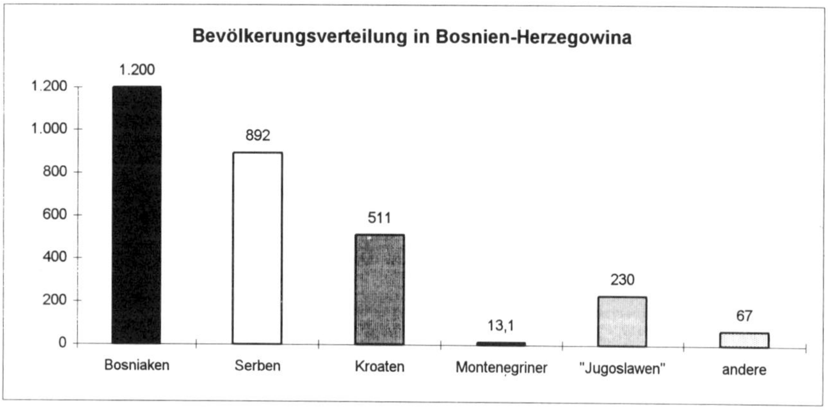
Bevölkerungsverteilung in Bosnien-Herzegowina
1.200
1.000
800
600
400
200
0
1.200
892
511
13,1
230
67
Bosniaken
Serben
Kroaten
Montenegriner
"Jugoslawen"
andere

RüWa(SVI)

Bosnien-Herzegowina

(nach dem Dayton Abkommen 1995)

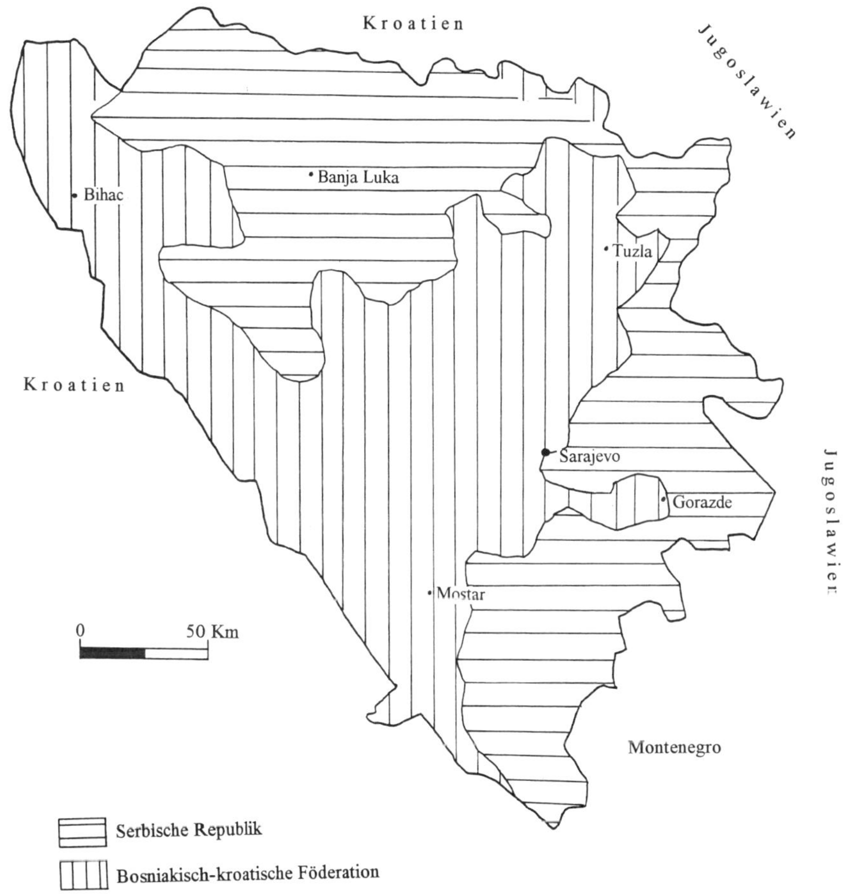

RüWa (SVI)

4. Bulgarien

Bevölkerung (Z 1992) [18]	8.487.317	100,0 %
Bulgaren[19]	6.803.185	80,2 %
Volksgruppen/Minderheiten:[20]		
1. Türken[21]	800.052	9,4 %
2. Roma[22]	313.396	3,7 %
3. Pomaken[23]	200.000 - 280.000	3,3 %
4. Makedonier[24] (Z 1956)	188.000	
5. Armenier	13.677	0,2 %
6. Wlachen (Aromunen)	5.159	0,1 %
7. Griechen	4.930	0,1 %
8. Tataren	4.515	0,1 %
9. Juden	3.461	0,1 %
10. Albaner	3.197	
11. Rumänen	2.491	
12. Gagausen	1.478	
	1.620.356	19,1 %
andere[25]	63.776	0,7 %

[18] Krasteva 1994: 208 ff.

[19] Als Differenz der Anzahl von Volksgruppenangehörigen und anderen zur Gesamtbev.

[20] Sofern nicht anders vermerkt, stammen die folgenden Zahlen aus Krasteva 1994: 210 f.

[21] Näheres dazu bei Reiterer 1994: 143 ff. Andere Quellen schätzen ihre Anzahl auf 800.000 bis 1.000.000 (Hofmann 1995: 70).

[22] Nach anderen Quellen: 550.000 bis 600.000 (Hofmann 1995: 70) bzw. 500.000 bis 800.000 (Klopcic / Polzer 1999: 3)

[23] Pomaken sind ethnische Bulgaren islamischer Religionszugehörigkeit (Krasteva 1994: 205; Höpken 1994: 223). Nach anderen Quellen werden sie auf 220.000 (Minority Rights Group 1998: 15) bzw. auf 250.000 bis 300.000 geschätzt (Hofmann 1995: 70). Von Seiten des bulgarischen Staates wird eine eigenständige „pomakische" Identität nicht anerkannt (Minority Rights Group 1998: 13, 15).

[24] Die bulgarische Politik gegenüber der slawo-makedonischen Minderheit schwankt zwischen zwei Extremen: dem Standpunkt, daß die (Slawo-)Makedonier „eigentlich" Bulgaren seien, steht die Anerkennung als eigene Volksgruppe gegenüber, in deren Folge bei der Zählung 1956 über 180.000 Makedonier im Pirin-Gebirge festgestellt wurden. Mittlerweile hat sich die Politik Bulgariens wieder diametral geändert und die Makedonier sind offiziell nicht mehr vorhanden, d.h. sie werden wieder als (West-)Bulgaren angesehen. Vgl. dazu Krasteva 1994: 208; Reiterer 1994: 150 ff. und Minority Rights Group 1998: 13.

[25] Krasteva 1994: 208 ff.; darunter z.B. Russen und Karakachaner (Council of Europe 1998:8).

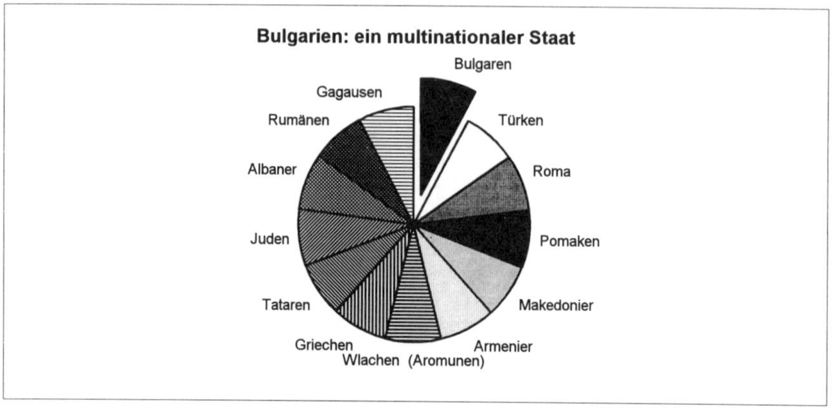
Bulgarien: ein multinationaler Staat
Bulgaren
Türken
Roma
Pomaken
Makedonier
Armenier
Wlachen (Aromunen)
Griechen
Tataren
Juden
Albaner
Rumänen
Gagausen

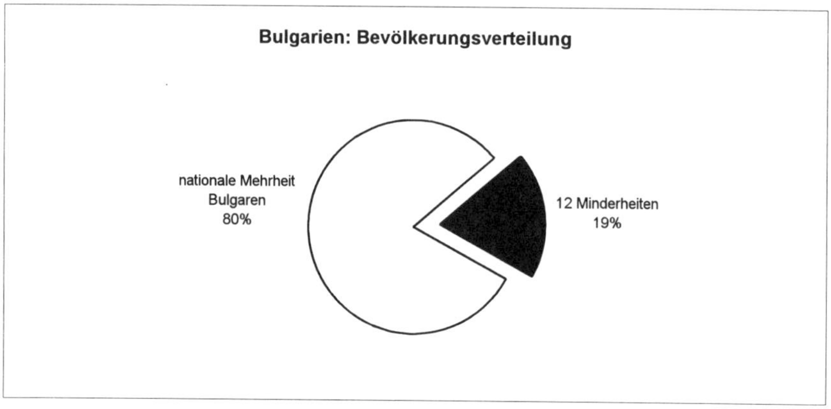
Bulgarien: Bevölkerungsverteilung
nationale Mehrheit
Bulgaren
80%
12 Minderheiten
19%

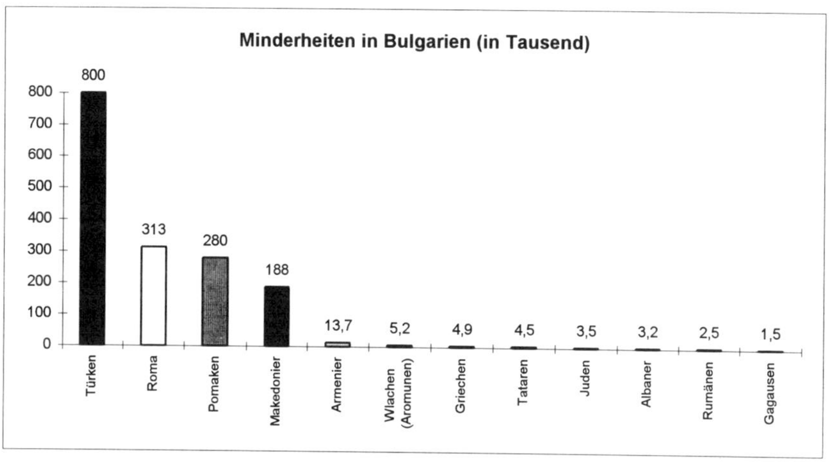
Minderheiten in Bulgarien (in Tausend)
800
700
600
500
400
300
200
100
0
800
313
280
188
13,7
5,2
4,9
4,5
3,5
3,2
2,5
1,5
Türken
Roma
Pomaken
Makedonier
Armenier
Wlachen (Aromunen)
Griechen
Tataren
Juden
Albaner
Rumänen
Gagausen

RüWa(SVI)

Die Minderheiten in Bulgarien

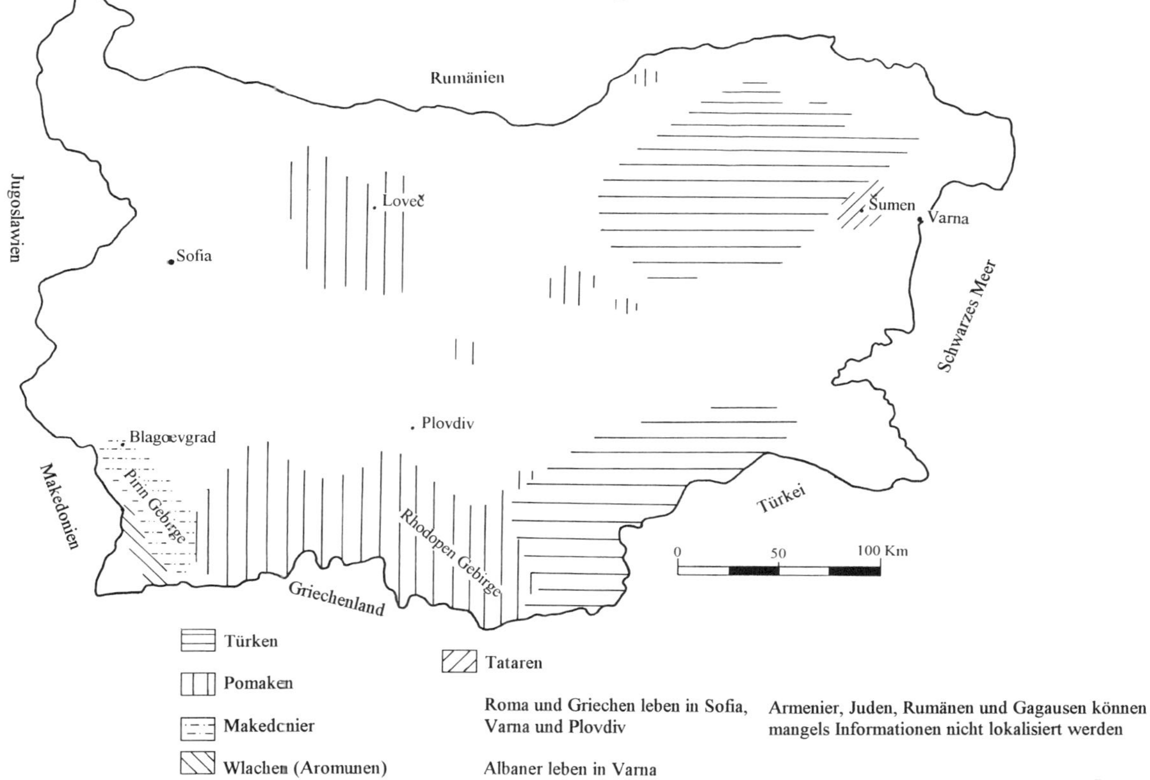

RüWa (SVI)

5. Dänemark

Bevölkerung (F 1997)[26]	5.290.000	100,0 %
Dänen[27]	5.041.370	95,3 %
Volksgruppen/Minderheiten:		
1. Grönländer[28]	55.863	1,0 %
2. Färinger[29]	47.840	0,9 %
3. Deutsche[30]	15.000 - 20.000	0,4 %
	123.703	2,3 %
andere[31]	124.927	2,4 %

[26]Staatenbericht Dänemarks in: Denmark / Council of Europe 1999: 10.

[27]Staatenbericht Dänemarks in: Denmark / Council of Europe 1999: 10.

[28]Weltalmanach 99:153. Unter „Grönländern" sind hier alle Einwohner Grönlands zu verstehen. In erster Linie sind dies die Nachkommen der Ureinwohner, der Inuit (Eskimos). Daneben leben dort etwa 8.000 Europäer, v.a. Dänen (Weltalmanach '99: 153). Bei diesen kann mangels entsprechender Hintergrundformationen nichts darüber gesagt werden, ob sie sich evtl. aus Arbeitsgründen nur vorübergehend in Grönland aufhalten oder ob sie sich bereits in die dortige Gesellschaft integriert haben.

[29]Weltalmanach '99: 152.

[30]Staatenbericht Dänemarks (Denmark / Council of Europe 1999: 10) unter Verweis auf die Selbsteinschätzung der Deutschen. Andere Quellen gehen von 15.000 Deutschen aus (Pedersen 1996: 33).

[31]Als Differenz der Anzahl von Dänen und Volksgruppenangehörigen zur Gesamtbevölkerung. Darunter Mitte der 80er Jahre etwa 8.000 Juden, 5.000 Polen und 4.500 Roma (I.S.I.G.1997: 100).

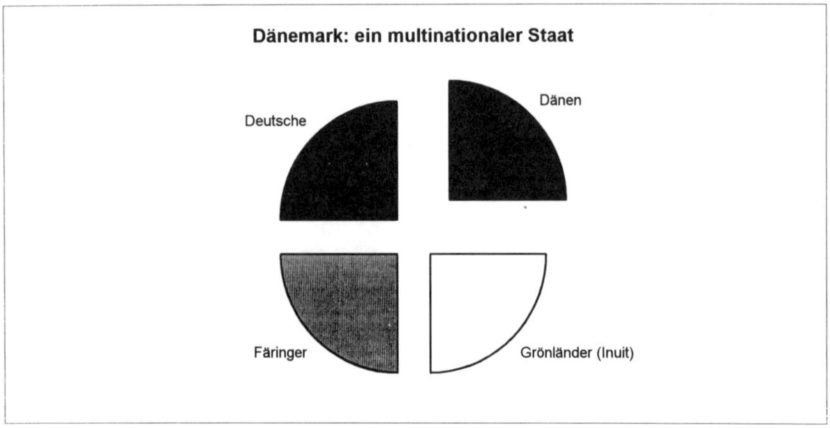
Dänemark: ein multinationaler Staat
Deutsche
Dänen
Färinger
Grönländer (Inuit)

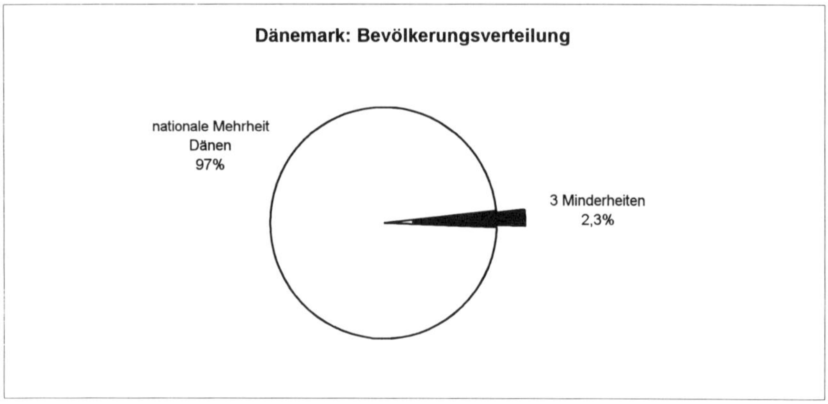
Dänemark: Bevölkerungsverteilung
nationale Mehrheit
Dänen
97%
3 Minderheiten
2,3%

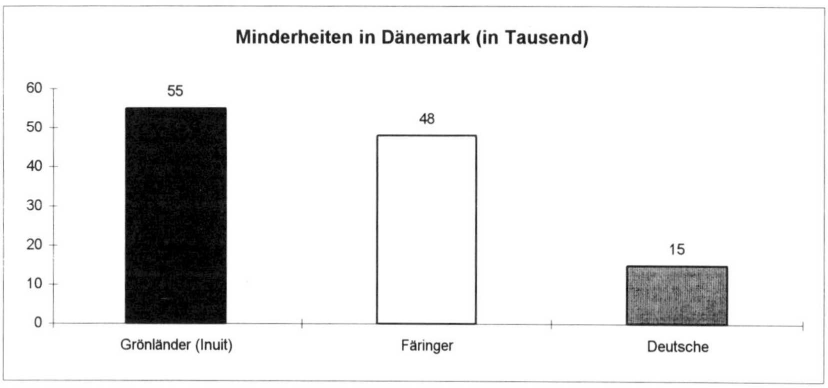
Minderheiten in Dänemark (in Tausend)
60
50
40
30
20
10
0
55
48
15
Grönländer (Inuit)
Färinger
Deutsche

RüWa (SVI)

Die Minderheiten in Dänemark

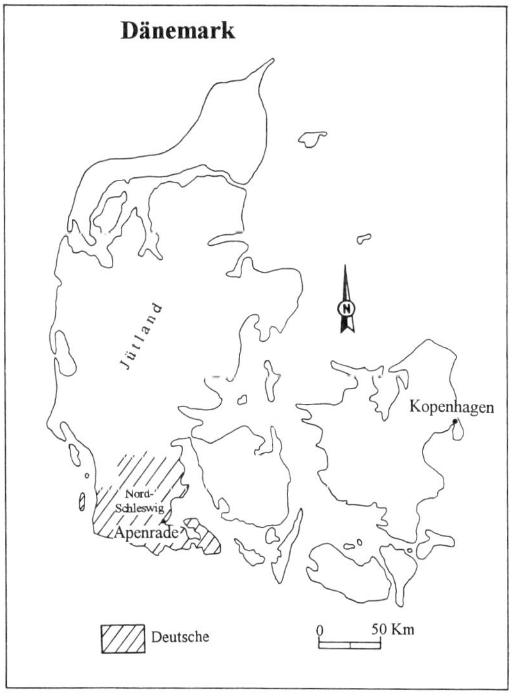

RüWa (SVI)

6. Deutschland

Bevölkerung (F 1997) [32]	82.057.379	100,0 %
Deutsche[33]	74.539.546	90,8 %
Volksgruppen/Minderheiten:[34]		
1. Sorben (Wenden)[35]	60.000	0,1 %
2. Dänen[36]	50.000	0,1 %
3. Sinti-Roma[37]	30.000	
4. Friesen[38]	12.000	
	152.000	0,2 %
Ausländer[39]	7.365.833	9,0 %

---

[32]Weltalmanach '99: 155.

[33]Als Differenz der Anzahl von Volksgruppenangehörigen und Ausländern zur Gesamtbevölkerung.

[34]Neben den im folgenden aufgeführten Volksgruppen bedürfen auch die Polen im Ruhrgebiet sowie die Juden der Erwähnung. Die Ruhrpolen, Nachkommen polnischer Einwanderer aus dem 19. Jahrhundert, genossen in der Weimarer Zeit bestimmte Vorrechte im Schulbereich. Heute gewährt ihnen der deutsch-polnische Vertrag über gute Nachbarschaft und freundschaftliche Beziehungen von 1991 gewisse Rechte. Zum gegenwärtigen Zeitpunkt bestehen jedoch keine Anzeichen dafür, daß sich die auf 75.000 - 200.000 Personen bezifferten Ruhrpolen tatsächlich noch als eigene Volksgruppe begreifen. Näheres dazu bei Hahn 1993: 62 ff. mit weiteren Nachweisen. Die Juden in Deutschland verstanden sich zumindest bis zur Judenverfolgung in der Zeit der nationalsozialistischen Gewaltherrschaft wohl überwiegend nicht als Minderheit (Hahn 1993: 62 f.). Diese Auffassung scheint auch in der Gegenwart vorherrschend zu sein. Jüdische Organisationen wie z.B. der Zentralrat der Juden in Deutschland haben sich insbesondere nicht an der nach der deutschen Wiedervereinigung aufgekommenen Diskussion um die Stärkung von Minderheitenrechten beteiligt.

[35]Weltalmanach '99: 155.

[36]Pedersen 1996: 33.

[37]Haarmann 1993: 65. Andere Quellen geben die Anzahl der Roma (1986) mit 84.000 an (I.S.I.G. 1997: 109).

[38]Es wird geschätzt, daß im Kreis Nordfriesland an der Westküste Schleswig-Holsteins ca. 60.000 Personen sich als Friesen bezeichnen, und daß ca. 8.000 - 10.000 Personen Friesisch sprechen. Die Zahl der Personen mit Passivkenntnissen dürfte jedoch erheblich höher sein. Dazu kommen ca. 2.000 Sprecher des Ostfriesischen im Saterland in der Nähe von Oldenburg (Walker 1996: 3, 6).

[39]Weltalmanach '99: 202.

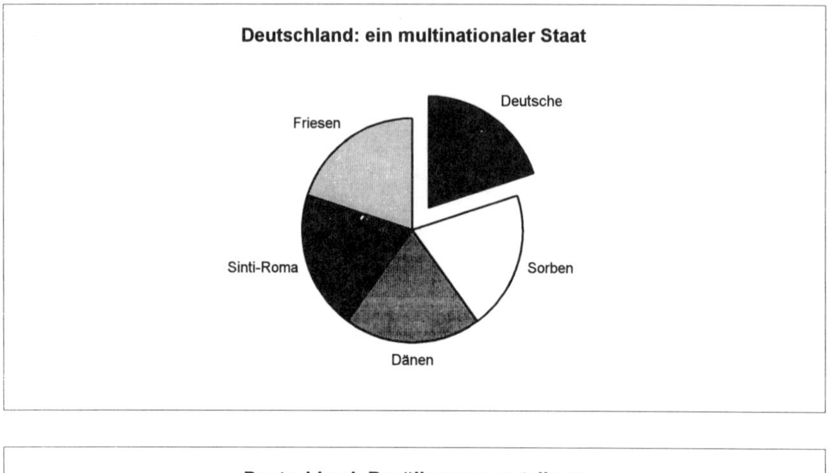
Deutschland: ein multinationaler Staat
Deutsche
Friesen
Sinti-Roma
Sorben
Dänen

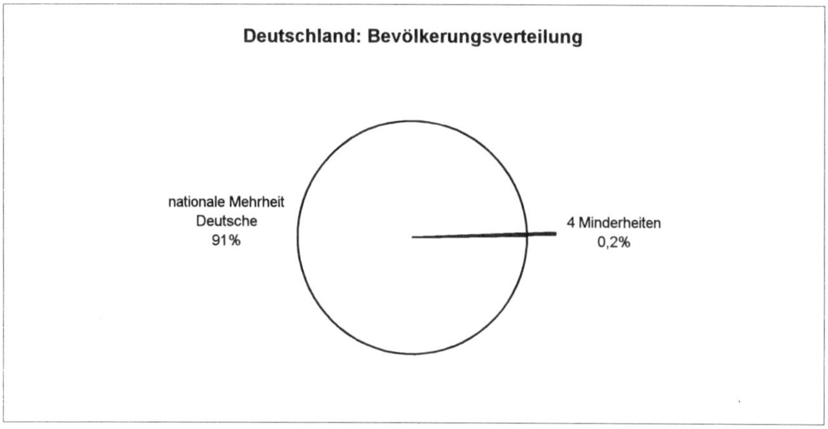
Deutschland: Bevölkerungsverteilung
nationale Mehrheit
Deutsche
91%
4 Minderheiten
0,2%

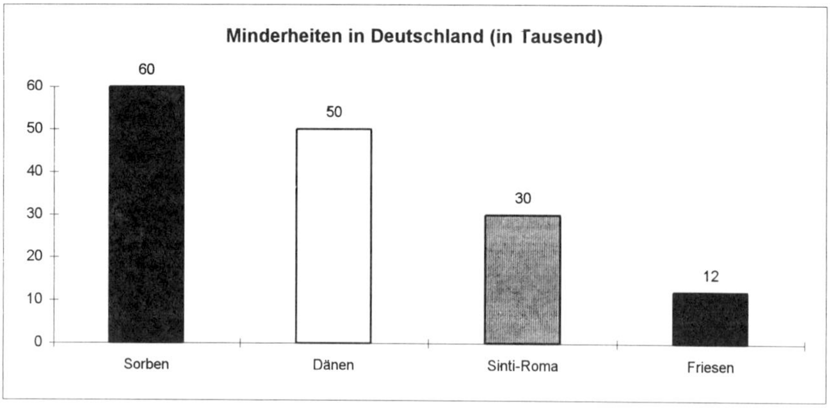
Minderheiten in Deutschland (in Tausend)
60
50
40
30
20
10
0
60
50
30
12
Sorben
Dänen
Sinti-Roma
Friesen

RüWa(SVI)

Die Minderheiten der Bundesrepublik Deutschland

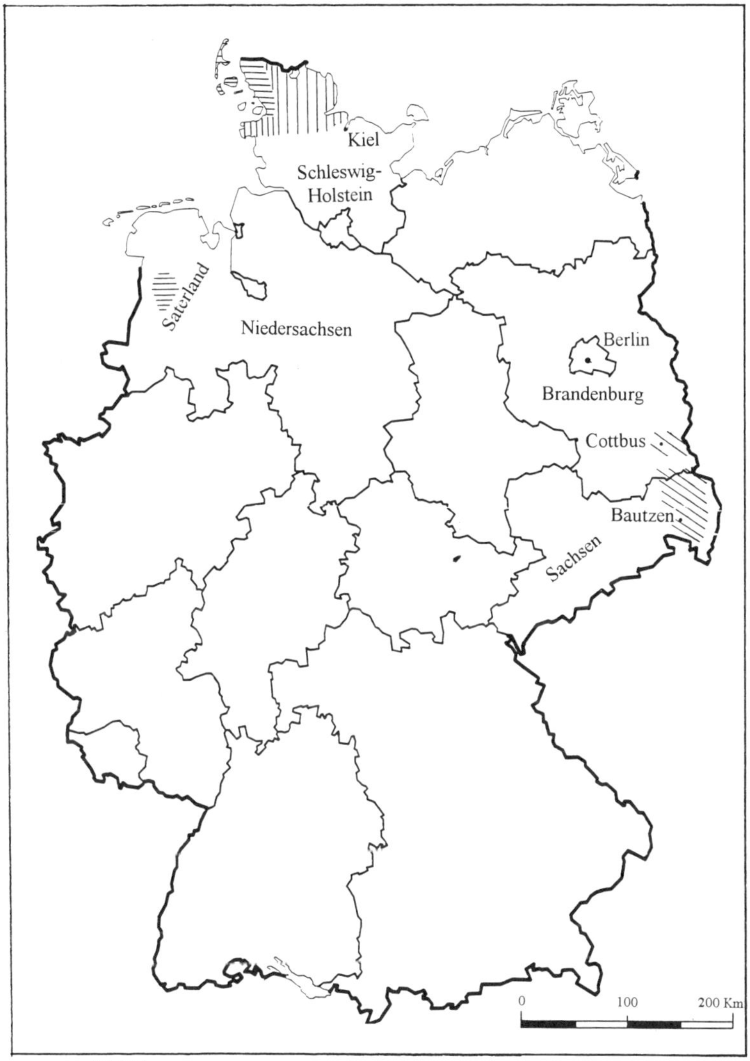

Sorben

Dänen

Friesen

Sinti-Roma
(auf das gesamte Bundesgebiet verteilt)

RüWa (SVI)

7. Estland

	(Z) 1989		(F) 1998	
Bevölkerung[40]	1.565.662	100,0 %	1.453.844	100,0 %
Esten	963.281	61,5 %	946.646	65,1 %
Volksgruppen/Minderheiten:				
1. Russen	474.834	30,3 %	409.111	28,1 %
2. Ukrainer	48.271	3,1 %	36.929	2,5 %
3. Weißrussen	27.711	1,8 %	21.589	1,5 %
4. Finnen	16.622	1,1 %	13.317	0,9 %
5. Tataren[41]	4.000	0,2 %	3.271	0,2 %
6. Letten	3.135	0,2 %	2.691	0,2 %
7. Juden	4.613	0,3 %	2.423	0,2 %
8. Polen[42]	3.000	0,2 %	2.355	0,2 %
9. Litauer[43]	2.600	0,2 %	2.221	0,2 %
10. Roma[44]	?		1.500	0,1 %
11. Deutsche	3.466	0,2 %	1.288	0,1 %
	588.252	37,6 %	496.695	34,2 %
andere:[45]	14.129	0,9 %	10.503	0,7 %

[40]Die letzte Zählung fand 1989, also noch während der Zugehörigkeit Estlands zur Sowjetunion statt. Bald danach haben umwälzende Ereignisse stattgefunden: nationales Erwachen und Unabhängigkeitserklärung 1990, Moskauer Augustputsch und endgültige Unabhängigkeit 1991 sowie Zusammenbruch der Sowjetunion. In deren Folge haben sich die Bevölkerungszahl und ihre Zusammensetzung nicht unwesentlich verändert. Aus diesem Grunde wird hier der Fortschreibung 1998 der Vorzug gegeben. Soweit nicht anders vermerkt, stammen die Angaben zu dieser Fortschreibung aus Statistical Yearbook of Estonia 1998, in: Europäisches Parlament 1999: 18. Zu Vergleichszwecken sollen hier aber auch die Daten der letzten Zählung 1989 wiedergegeben sein. Soweit nicht anders vermerkt, stammen diese aus Uibopuu 1994: 27 ff. (vgl. auch Brunner 1996: 189, Schmidt 1993: 100 f.).

[41]Für 1989 siehe I.S.I.G. 1997: 101.

[42]Für 1989 siehe I.S.I.G. 1997: 101.

[43]Für 1989 siehe I.S.I.G. 1997: 101.

[44]Klopcic / Polzer 1999: 3.

[45]Als Differenz der Anzahl von Esten und Volksgruppenangehörigen zur Gesamtbevölkerung, darunter Armenier, Georgier, Aseris (Aserbeidschaner), Usbeken, Tadschiken, Turkmenen, Kasachen, Kirgisen und andere (dazu Uibopuu 1994: 27 ff.).

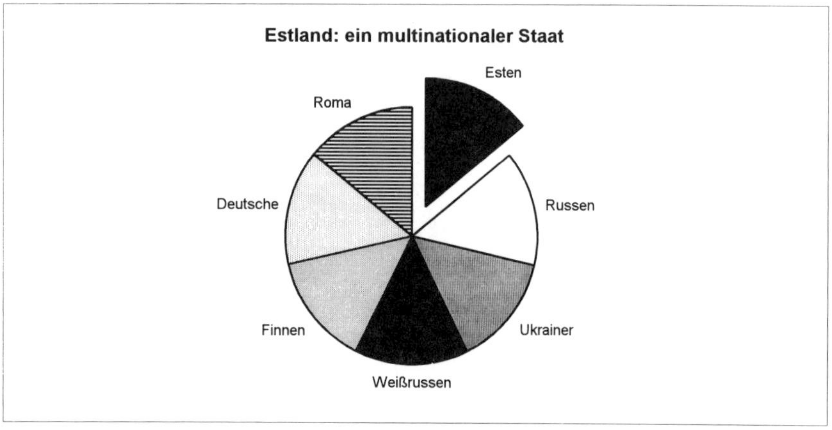
Estland: ein multinationaler Staat
Esten
Roma
Russen
Deutsche
Ukrainer
Finnen
Weißrussen

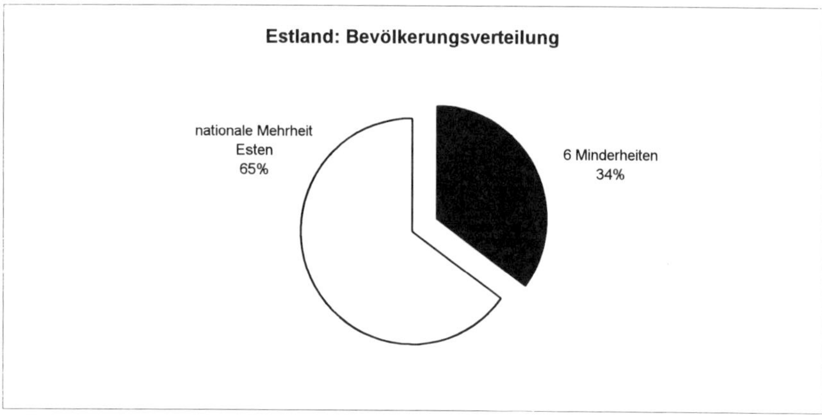
Estland: Bevölkerungsverteilung
nationale Mehrheit
Esten
65%
6 Minderheiten
34%

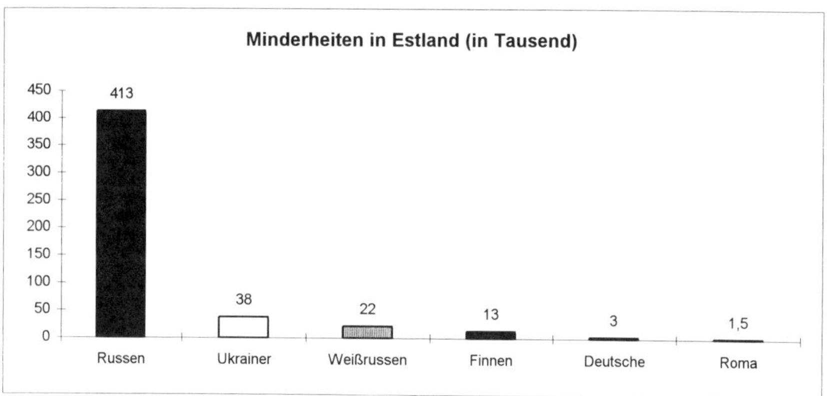
Minderheiten in Estland (in Tausend)
450
400
350
300
250
200
150
100
50
0
413
38
22
13
3
1,5
Russen
Ukrainer
Weißrussen
Finnen
Deutsche
Roma

RüWa (SVI)

Minderheiten in Estland

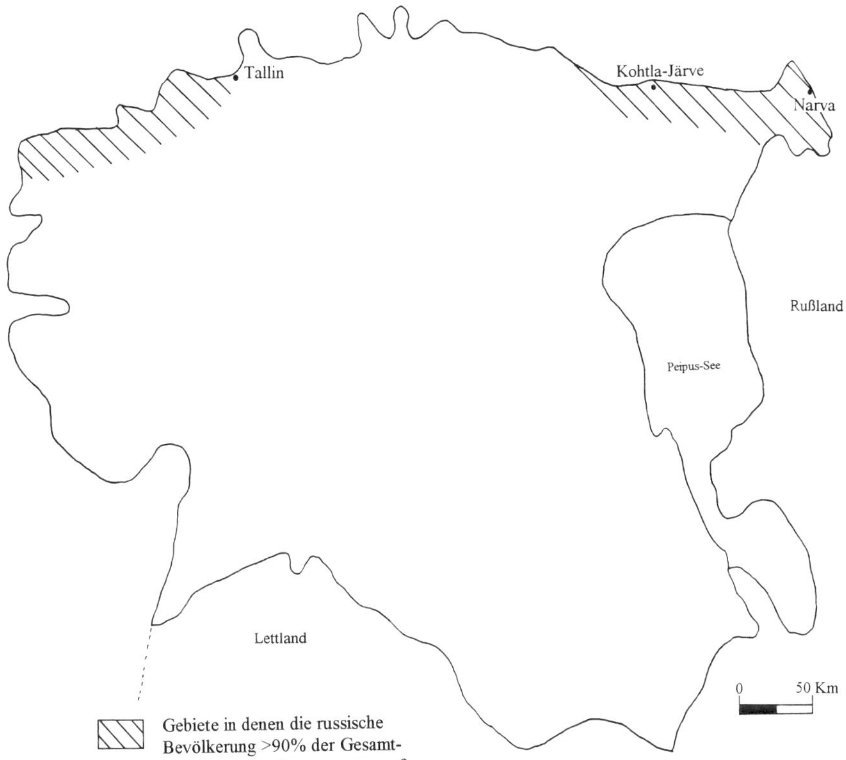

Gebiete in denen die russische Bevölkerung >90% der Gesamtbevölkerung stellt; ansonsten auf das restliche Staatsgebiet verstreut

Ukrainer
Weißrussen
Finnen
Deutsche
Roma

} Siedlungsgebiet nicht genau lokalisierbar, vorwiegend in städtischen Ballungsräumen

RüWa (SVI)

8. Finnland

Bevölkerung (F 1997) [46]	5.147.349	100,0 %
Finnen[47]	4.773.576	92,7 %
Volksgruppen/Minderheiten:		
1. (Finnland-)Schweden	293.691	5,7 %
3. Roma[48]	7.000	0,1 %
2. Samen (Lappen)[49]	6.400	0,1 %
	307.091	5,9 %
andere[50]	66.682	1,3 %

[46]Staatenbericht Finnlands in: Finland / Council of Europe 1999: Appendices. Sofern nicht anders vermerkt, stammen die folgenden Zahlenangaben aus derselben Quelle.

[47]In dieser Zahl sind über 500.000 Karelier enthalten, deren Sprache, das Karelische, als selbständige Sprache gilt, die zusammen mit Finnisch, Estnisch, Liwisch, Wepsisch und Ingrisch zum Ostseefinischen Zweig der finnisch-ugrischen Sprachen zählt (Haarmann 1993: 72). Der Karelische Verband als Zentralorganisation der karelischen Umsiedler aus dem an die Sowjetunion abgetretenen Karelien, nennt in einem 1996 vorgelegten Bericht folgende Zahlen für die in Finnland lebenden Karelier: 316.000 Nord- und Südkarelier, 50.000 andere Karelier und 180.000 aus dem abgetretenen Karelien umgesiedelte Karelier, zusammen 546.000 (Karelischer Verband 1996: 6).

[48]Council of Europe 1994a: 20. Es handelt sich um Roma, deren Vorfahren um die Mitte des 16. Jahrhunderts nach Finnland gekommen sind. Ihre Muttersprache ist Finnisch. Seit 1990 können Roma-Schüler in Helsinki das Romanes in Abendkursen erlernen (Council of Europe 1994a: 20).

[49]Offiziell wird die Anzahl der Samen mit 1.716 angegeben (Staatenbericht Finnlands in: Finland / Council of Europe 1999: Appendices), doch das Samen-Parlament schätzt ihre Zahl auf 6.400 (Council of Europe 1994a). Vgl. dazu auch Aikio 1992: 397 ff.

[50]Als Differenz der Anzahl von Volksgruppenangehörigen und Finnen zur Gesamtbevölkerung.

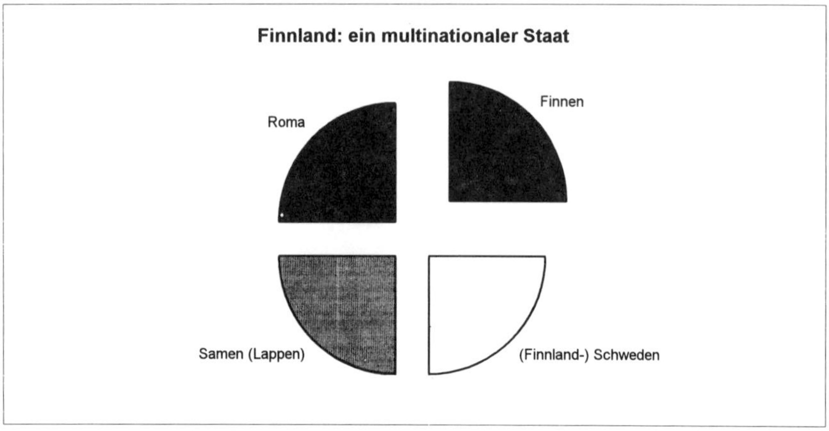
Finnland: ein multinationaler Staat
Roma
Finnen
Samen (Lappen)
(Finnland-) Schweden

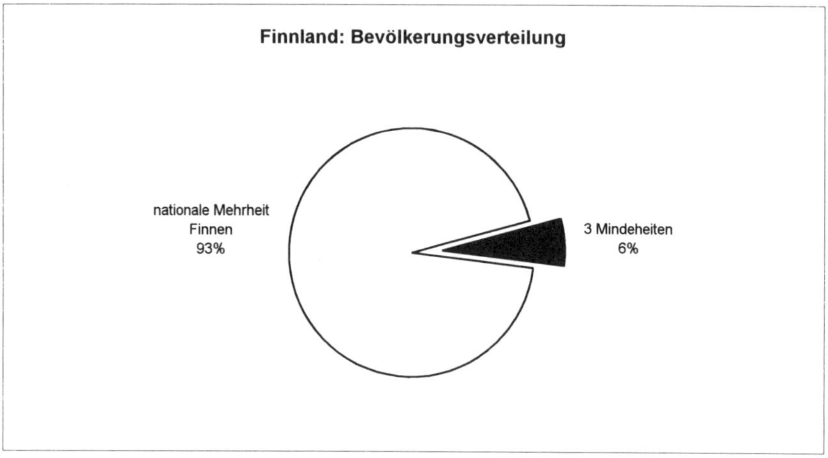
Finnland: Bevölkerungsverteilung
nationale Mehrheit
Finnen
93%
3 Mindeheiten
6%

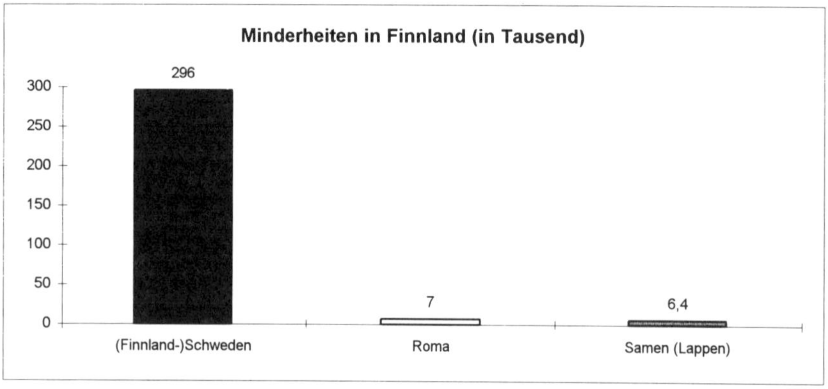
Minderheiten in Finnland (in Tausend)
300
250
200
150
100
50
0
296
7
6,4
(Finnland-)Schweden
Roma
Samen (Lappen)

RüWa (SVI)

Minderheiten in Finnland

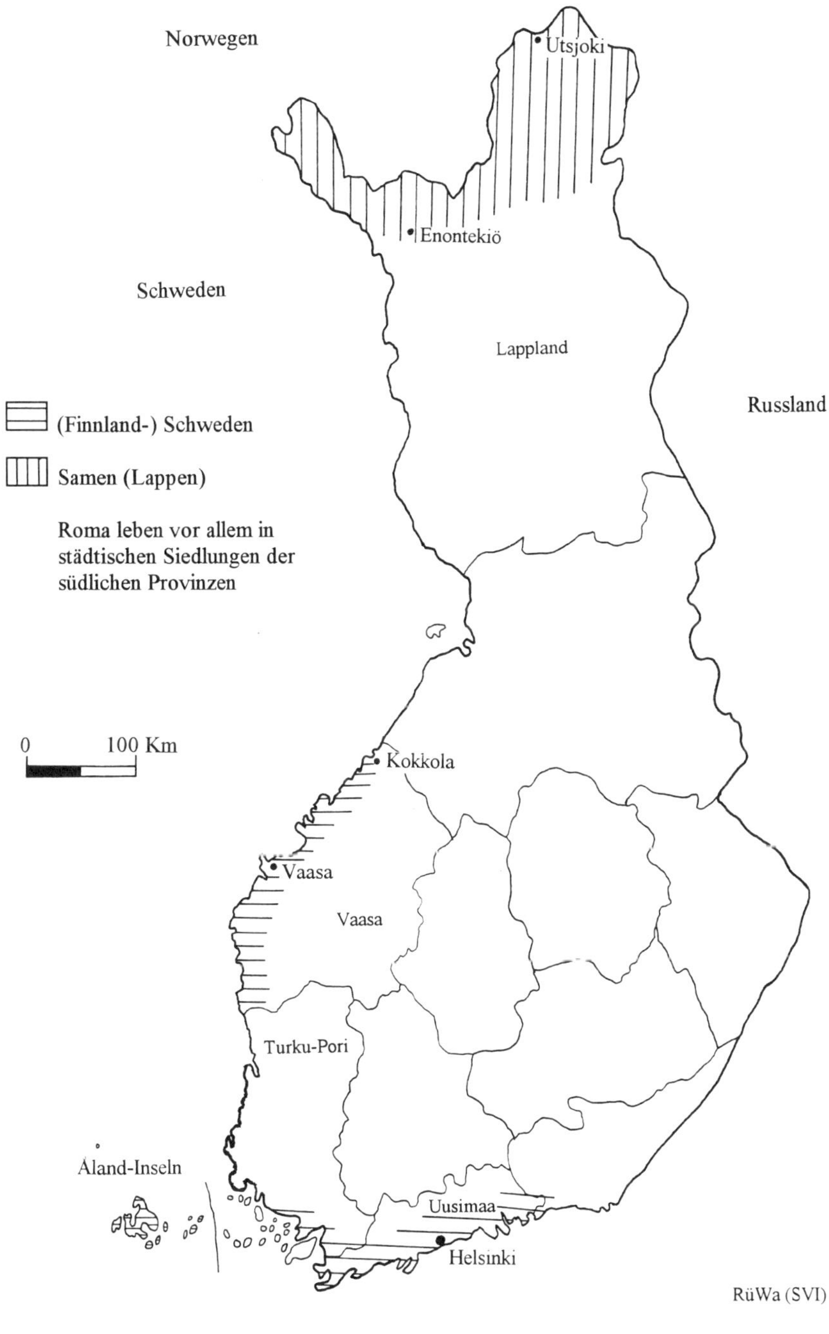

RüWa (SVI)

9. Frankreich

Bevölkerung (Z 1990) [51]		56.577.000	100,0 %
Franzosen[52]		48.444.000	85,6 %
Sprachminderheiten("Regionalsprachler")[53]			
1. Okzitanen[54]	3.360.000 -	5.760.000	10,2 %
2. Deutsch(sprachig)e:	1.350.000 -	1.400.000	2,5 %
a) Elsässer[55]		1.200.000	2,1 %
b) Lothringer[56]	150.000 -	200.000	0,4 %
3. Bretonen[57]	350.000 -	450.000	0,8 %
4. Katalanen[58]	100.000 -	200.000	0,4 %
5. Korsen[59]		143.000	0,3 %
6. Flamen[60]	80.000 -	100.000	0,2 %
7. Basken[61]		80.000	0,1 %
		8.133.000	14,4 %

[51]Weltalmanach '99: 284.

[52]Als Differenz der Anzahl der Angehörigen von Sprachminderheiten zur Gesamtbevölkerung.

[53]Frankreich kennt amtlich keine Volksgruppen oder Minderheiten (Vgl. dazu Giordan 1992: 129 ff.). Die Sprachen wie Deutsch, Bretonisch, Katalanisch usw., die in Frankreich neben Französisch gesprochen werden, sind aus offizieller Perspektive nur „regionale Dialekte" (Näheres dazu vgl. Lafont 1992: 145 ff.). Daher gibt es in Frankreich auch keine offiziellen Zahlen über Sprachminderheiten. Dies bedeutet, daß auf Schätzungen zurückzugreifen ist, wobei behelfsweise von Sprechern einer solchen Regionalsprache auf eine Sprachgemeinschaft bzw. Sprachminderheit geschlossen wird. Aus dem Jahr 1986 gibt es eine vom Conseil national des langues et cultures régionales vorgenommene Schätzung der Anzahl der Regionalsprachler, vgl. dazu Polakiewicz 1993: 128 ff.; ebenso Gornig / Despeux 1998: 2,3. Da diese zeitlich zu weit zurückliegt, wird hier auf die einschlägigen Schätzdaten des Killilea-Berichts im Europäischen Parlament zurückgegriffen, da dieser am 10.02.1994 mit größter Mehrheit verabschiedet wurde und somit offiziellen Charakter trägt (Europäisches Parlament 1994).

[54]28% der rd. 12-13 Millionen Einwohner in 31 Departements im Süden Frankreichs sprechen Okzitanisch, 48% verstehen es (Europäisches Parlament 1994: 28).

[55]Im Elsaß sprechen 55% der Gesamtbevölkerung über 15 Jahren sowie 30% der Kinder unter 10 Jahren die Elsässer Mundart des Deutschen (Europäisches Parlament 1994: 18). Differenziertere Angaben hierzu siehe Harnisch 1996: 415 f.

[56]In Lothringen sprechen rd. die Hälfte von 300.000 - 400.000 Einwohnern einen deutschen (moselfränkischen) Dialekt (Europäisches Parlament 1994: 18).

[57]In der Bretagne verstehen 450.000 Personen Bretonisch, rd. 300.000 sprechen es (Europäisches Parlament 1994: 14)

[58]Europäisches Parlament 1994: 15.

[59]Europäisches Parlament 1994: 16.

[60]Europäisches Parlament 1994: 28; Näheres dazu vgl. Kasper 1999: 24 f.

[61]Europäisches Parlament 1994: 19 f.

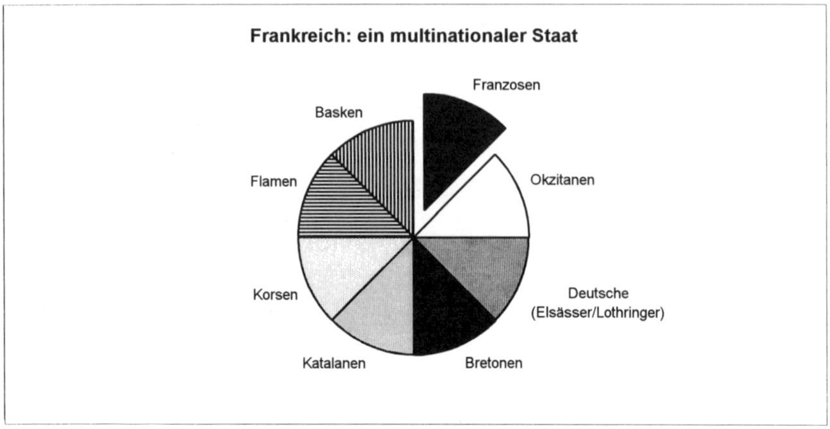
Frankreich: ein multinationaler Staat
Franzosen
Basken
Okzitanen
Flamen
Korsen
Deutsche
(Elsässer/Lothringer)
Katalanen
Bretonen

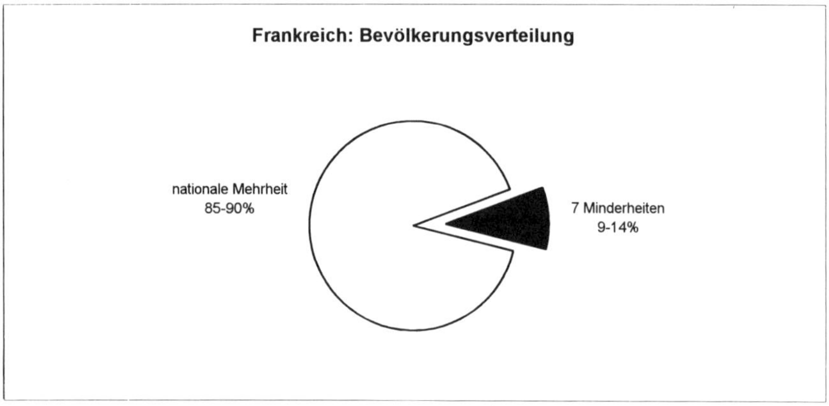
Frankreich: Bevölkerungsverteilung
nationale Mehrheit
85-90%
7 Minderheiten
9-14%

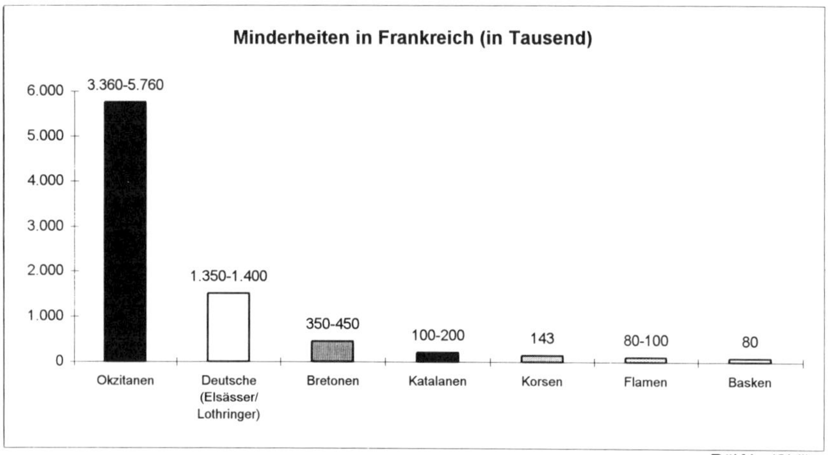
Minderheiten in Frankreich (in Tausend)
6.000
5.000
4.000
3.000
2.000
1.000
0
3.360-5.760
1.350-1.400
350-450
100-200
143
80-100
80
Okzitanen
Deutsche
(Elsässer/
Lothringer)
Bretonen
Katalanen
Korsen
Flamen
Basken

RüWa (SVI)

Minderheiten in Frankreich

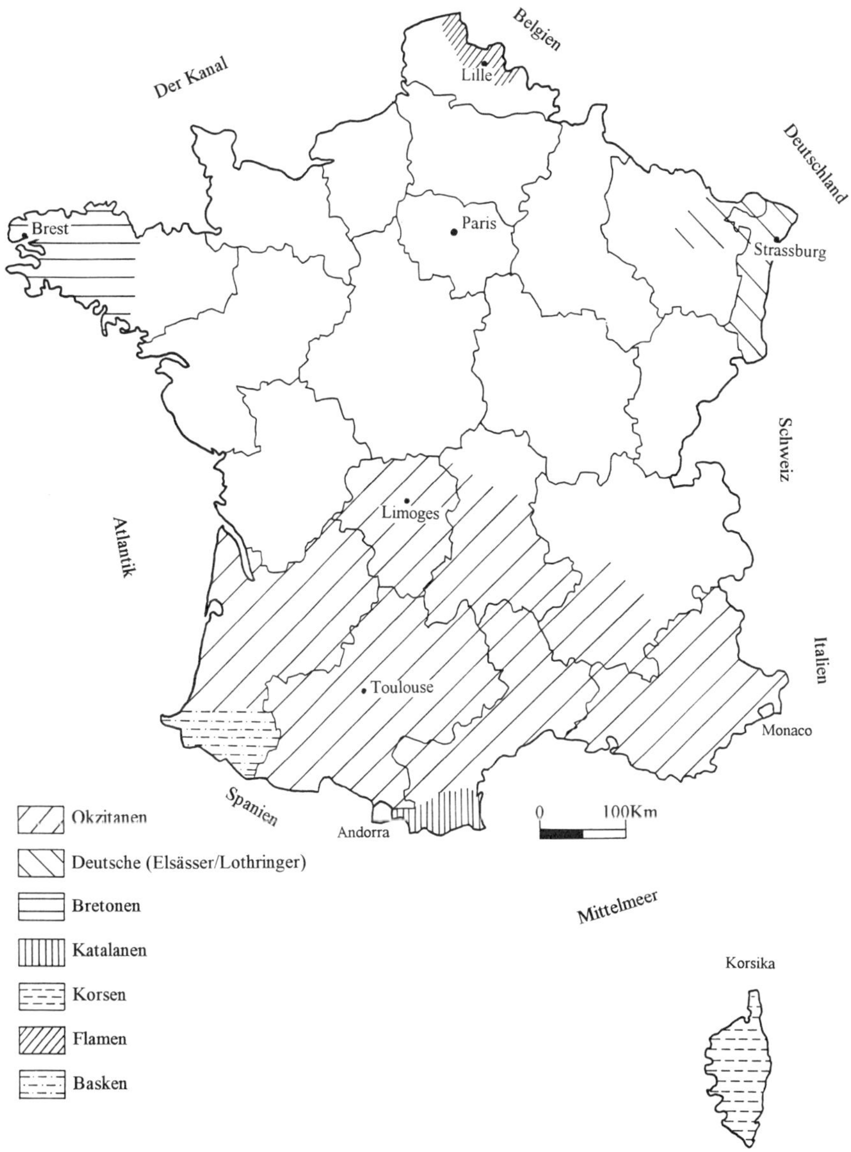

RüWa (SVI)

10. Griechenland

Bevölkerung (Z 1991)[62]	10.259.900	100,0 %
Griechen (ethnische Hellenen)[63]	10.006.900	97,5 %
Volksgruppen/Minderheiten:[64]		
1. Türken[65]	59.000	0,6 %
2. Pomaken[66]	39.000	0,4 %
3. Makedonier[67]	40.000	0,4 %
4. Aromunen/Arminen (Wlachen)[68]	40.000	0,4 %
5. Armenier[69]	30.000	0,3 %
6. Albaner (Arbaniten)[70]	23.000	0,2 %
7. Roma[71]	2.000	0,2 %
	253.000	2,5 %
andere[72]	?	

[62] Weltalmanach '99: 308.

[63] Offiziell sind die Einwohner Griechenlands zu 100 % „Griechen", d.h. ethnische Hellenen. Ihre wirkliche Anzahl wurde hier annäherungsweise ermittelt als Differenz der Anzahl von Volksgruppenangehörigen zur Gesamtbevölkerung.

[64] In Griechenland gibt es offiziell keine ethnischen oder sprachlichen, sondern nur religiöse Minderheiten. Es gibt daher offiziell auch keine Minderheitensprachen, sondern nur „Regionalsprachen" (Vgl. dazu Panayote 1992: 301 ff.). Ensprechend wurde bei der letzten minderheitenrelevanten Volkszählung 1951 die Religionszugehörigkeit, nicht jedoch die Muttersprache erhoben (Vgl. dazu Filos 1994: 63). Derzeit sind einzig die Muslime in West-Thrazien gemäß dem Lausanner Vertrag von 1923 als „offizielle Minderheit" anerkannt. Zu ihnen gehören vor allem die Türken, aber auch die Pomaken und muslimischen Roma (Filos 1994: 62; Minority Rights Group 1998: 13). Da die Ergebnisse der Volkszählungen nicht an die Öffentlichkeit gelangten, ist man auf Schätzungen angewiesen. Wir halten uns hierbei an folgende Maßgabe: Wenn es amtliche Angaben gibt, werden diese herangezogen, und zwar primär solche Griechenlands und – in Ermangelung dieser – solche des Europarates bzw. der Europäischen Union. Erst an dritter Stelle gelangen weitere Quellen bzw. Schätzungen zur Verwendung. Dies nicht, um hier etwa den minderheitsnegierenden Standpunkt Griechenlands zu stützen, sondern gerade um diesen mit authentisch griechischen Informationen zu widerlegen. Wie weit die hier angeführten Minderheiten die besondere Art von Diglossie, nämlich die nichtgriechische Muttersprache für den Privatbereich, das Griechische für den öffentlichen Bereich, als unproblematisch oder gar als zufriedenstellend empfinden oder nicht, ob sie ein eigenes ethnisches Selbstbewußtsein besitzen und pflegen wollen oder können, kann hier nicht beurteilt werden.

[65] Beim Europarat wurde von griechischer Seite die muslimische Bevölkerung auf 120.000 beziffert, wovon 50% (= 60.000) türkischen Ursprungs, 35% (= 42.000) Pomaken und 15% (= 18.000) Roma seien, siehe dazu Conseil de l'Europe 1995: 26 sowie Council of Europe 1994 b: 15 f.

[66] Conseil de l'Europe 1995: 26.

[67] Europäisches Parlament 1994: 31.

[68] Europäisches Parlament 1994: 13. In einer anderen Quelle wird die Zahl der Aromunen auf ca. 30.000 geschätzt (Minority Rights Group 1998: 18).

[69] Haarmann 1993: 56.

[70] Europäisches Parlament 1994: 13.

[71] Conseil de l'Europe 1995: 26.

[72] Andere Quellen führen u.a. noch an: 10.000 (Megleno-)Rumänen, 10.000 Karakachaner (Sarkatsani), 6.000 Juden (I.S.I.G. 1997: 110 f.).

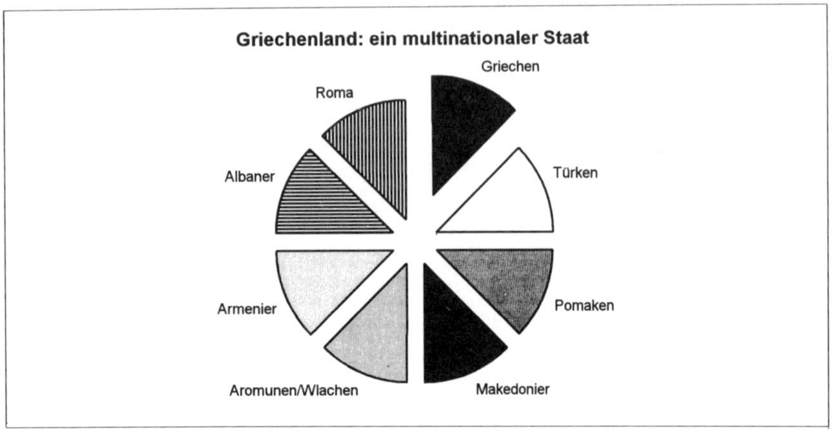
Griechenland: ein multinationaler Staat
Griechen
Türken
Pomaken
Makedonier
Aromunen/Wlachen
Armenier
Albaner
Roma

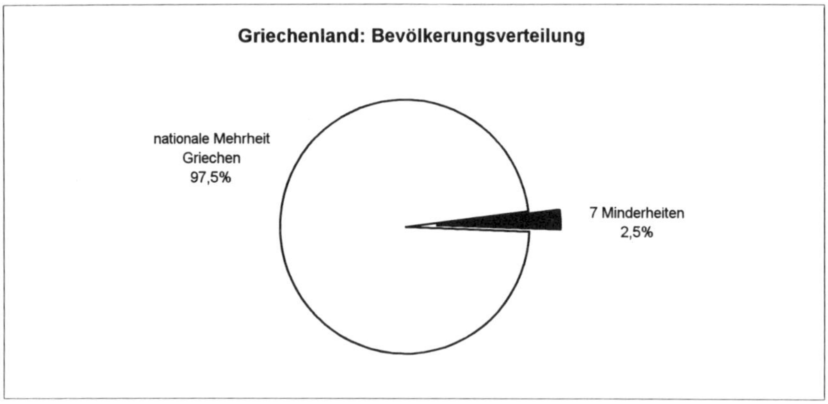
Griechenland: Bevölkerungsverteilung
nationale Mehrheit Griechen 97,5%
7 Minderheiten 2,5%

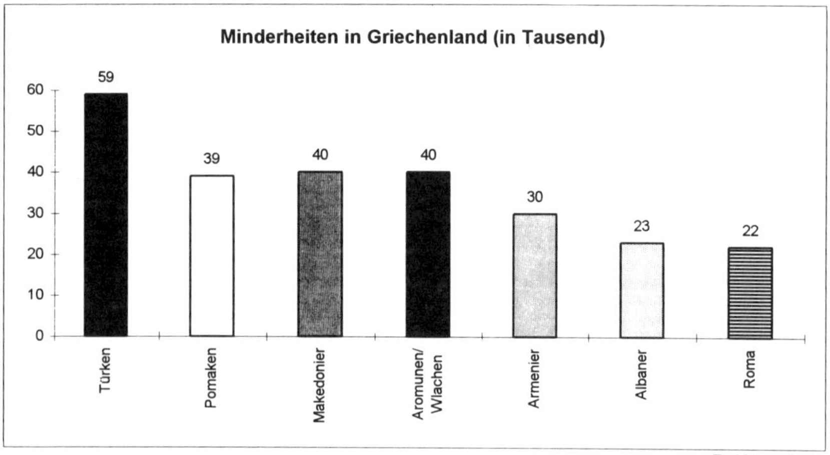
Minderheiten in Griechenland (in Tausend)
60
50
40
30
20
10
0
59
39
40
40
30
23
22
Türken
Pomaken
Makedonier
Aromunen/ Wlachen
Armenier
Albaner
Roma

RüWa (SVI)

Minderheiten in Griechenland

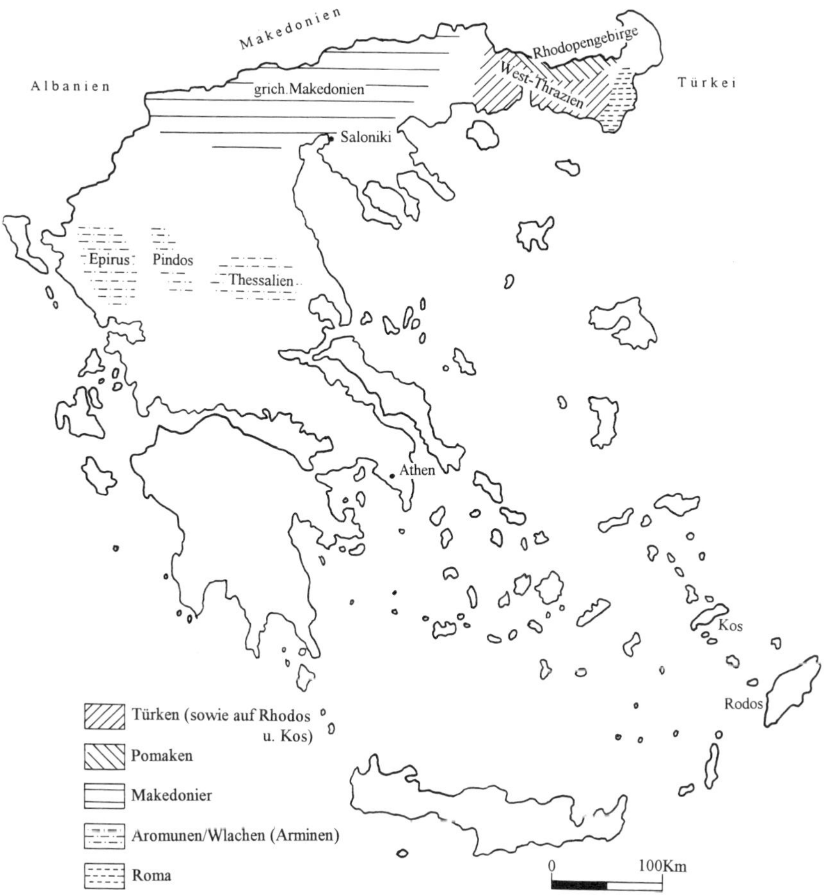

Albaner leben zerstreut in kleinen abgelegenen Gemeinden Mittel- und Südgriechenlands

Armenier Seidlungsgebiet nicht genau lokalisierbar

RüWa (SVI)

11. *Großbritannien und Nordirland*

Bevölkerung[73] (Z 1991)[74]	57.411.000	100,0 %
nach Sprachzugehörigkeit:		
Mehrheit mit englischer Muttersprache[75]	54.309.700	94,6 %
Sprachminderheiten:[76]		
1. Waliser (Kymrer)	497.000	0,9 %
2. Irisch-Gälen (Nordirland)	140.000	0,2 %
3. Schottisch-Gälen	63.000	0,1 %
4. Kornen[77] (Cornwall)	1.000	
5. Manx-Gälen[78]	300	
	701.300	1,2 %
zusammen	55.011.000	95,8 %
nach regionaler Zugehörigkeit:[79]		
1. Engländer	44.008.800	76,7 %
2. Schotten	5.501.100	9,6 %
3. Iren (Nordirland)	2.200.440	3,8 %
4. Waliser	1.100.220	1,9 %
5. Inder	550.110	0,9 %
6. Sonstige	1.650.330	0,9 %
zusammen	55.011.000	95,8 %
Ausländer[80]	2.400.000	4,2 %

[73]Das Vereinigte Königreich (United Kingdom) ist ein multinationales Gebilde, das sich aus mehreren Völkern und historischen Gebietskörperschaften wie Nordirland, Schottland, Wales und den Kanalinseln zusammensetzt. Dementsprechend hat die regionale Orientierung eine traditionelle Bedeutung, während der Minderheitenbegriff bis vor kurzem keine Rolle spielte und gegenwärtig den Zuwanderungsminderheiten vor allem aus Ländern des Commonwealth vorbehalten ist (vgl. dazu Marauhn 1993a: 160 ff.). Vor diesem Hintergrund wird hier die Gesamtbevölkerung zunächst in britische Staatsbürger und Ausländer geteilt, worauf die britischen Staatsbürger nach Sprachzugehörigkeit und nach regionaler Zugehörigkeit getrennt ausgewiesen werden.

[74]I.S.I.G. 1997: 138.

[75]Als Differenz der Anzahl der Angehörigen von Sprachminderheiten und Ausländern zur Gesamtbevölkerung.

[76]I.S.I.G. 1997: 138. Vgl. dazu auch Williams 1992: 347 ff.

[77]Europäische Kommission 1996: Tab.3. Haarmann (1993: 71) bezeichnet Kornisch (Kernewek) als muttersprachlich ausgestorben, der Killilea-Bericht (Europäisches Parlament 1994: 26) schätzt die Anzahl der Kornisch (Kernewek-)Sprecher auf 200.

[78]Europäische Kommission 1996: Tab. 3. Laut Haarmann (1993: 71) ist das keltisch-gälische Manx auf der Insel Man muttersprachlich ausgestorben.

[79]Weltalmanach '99: 311.

[80]Weltalmanach '99: 311.

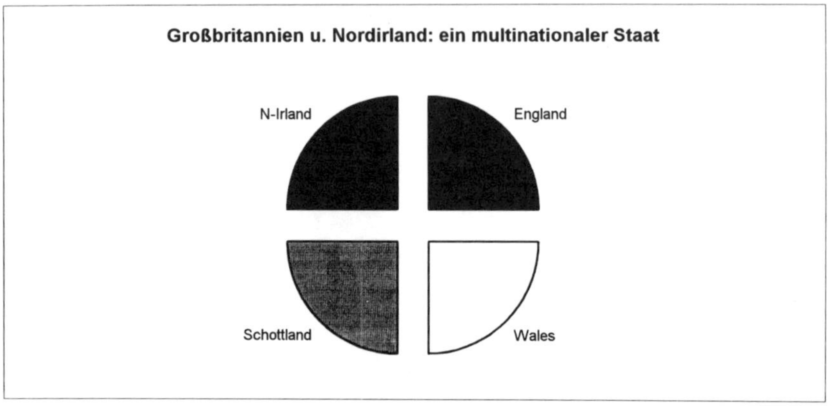
Großbritannien u. Nordirland: ein multinationaler Staat
N-Irland
England
Schottland
Wales

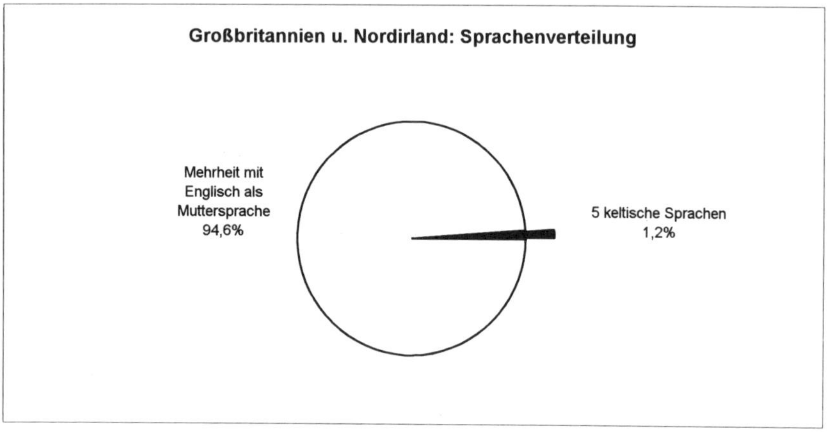
Großbritannien u. Nordirland: Sprachenverteilung
Mehrheit mit Englisch als Muttersprache 94,6%
5 keltische Sprachen 1,2%

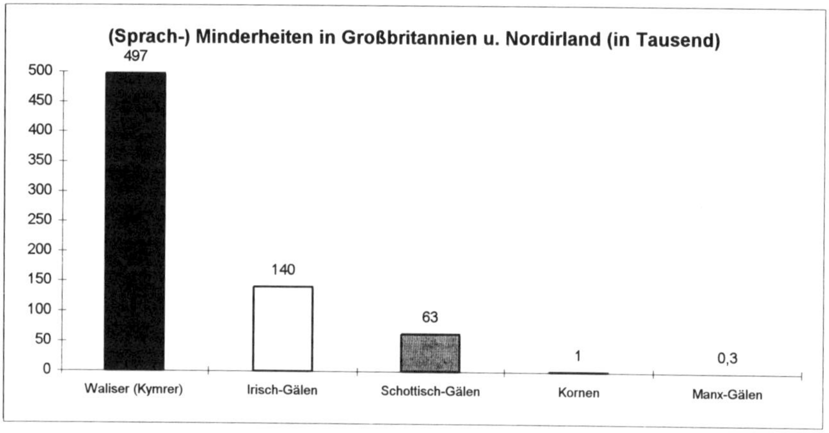
(Sprach-) Minderheiten in Großbritannien u. Nordirland (in Tausend)
500
450
400
350
300
250
200
150
100
50
0
497
140
63
1
0,3
Waliser (Kymrer)
Irisch-Gälen
Schottisch-Gälen
Kornen
Manx-Gälen

RüWa (SVI)

Minderheiten in Großbritannien u. Nordirland

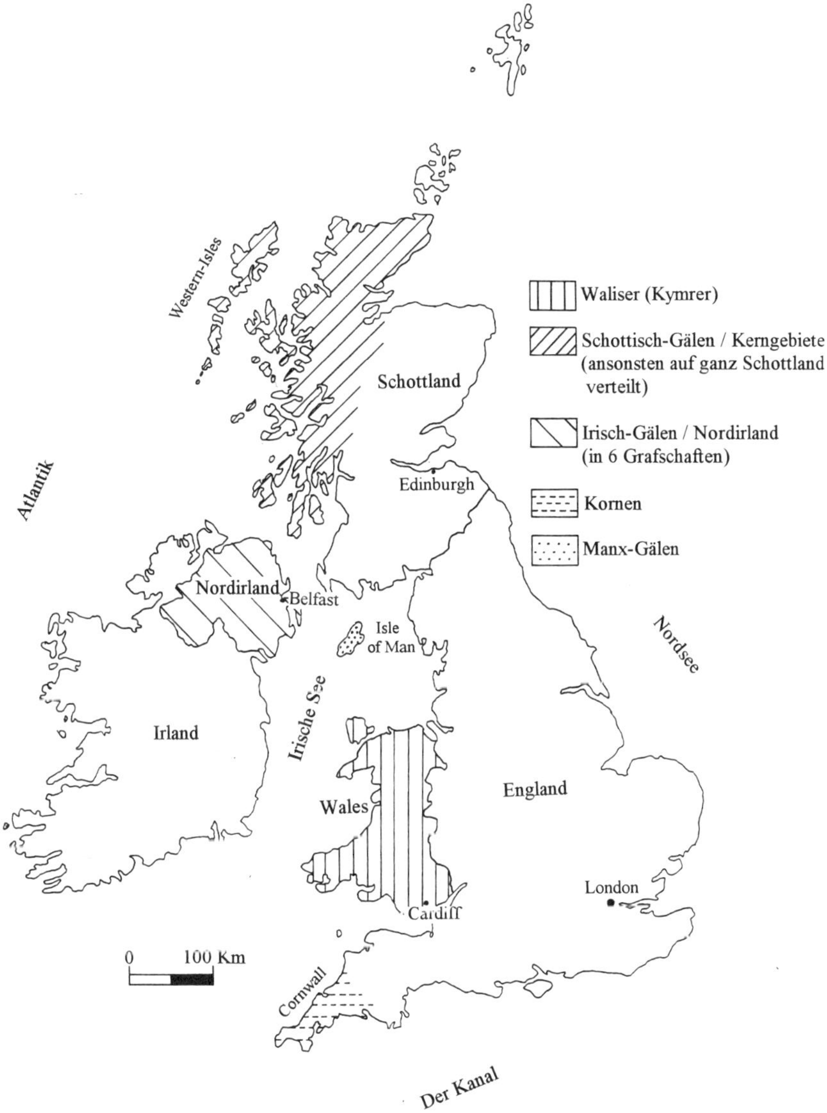

RüWa (SVI)

12. Irland

Bevölkerung[81] (Z 1996)[82]	3.626.087	100,0 %
Verteilung der Iren nach Sprachgebrauch:		
Mehrheit: nur Englisch sprechende Iren[83]	3.226.087	89,0 %
Minderheit: Irisch-Gälisch-Sprecher[84]	400.000	11,0 %

[81]Irlands Bevölkerung ist zwar ethnisch weitestgehend als homogen anzusehen, doch unterscheiden sich die Iren nach Sprachgebrauch und -kenntnissen. Obwohl Art. 8 der Verfassung der Republik Irland neben Englisch auch Irisch (Gälisch) zur ersten Landessprache (national language) und zur Amtssprache (official language) erklärt, beherrscht und gebraucht eine zahlenmäßige Mehrheit ausschließlich Englisch, nur eine Minderheit beherrscht auch Irisch-Gälisch bzw. verwendet dieses vorwiegend. Der Minderheitenbegriff ist somit rein sprachlich orientiert, „Minderheit“ ist hier als reine (im Sinne von ausschließliche) Sprachminderheit zu verstehen..

[82]Weltalmanach ‘99: 363.

[83]Als Differenz der Anzahl der Irisch-Gälisch-Sprecher zur Gesamtbevölkerung.

[84]Irisch-Gälisch wird mit unterschiedlicher Geläufigkeit und Häufigkeit gesprochen. Es gibt jedoch keine zuverlässigen Angaben über die Zahl der Iren, die Irisch-Gälisch als Mutter- bzw. Gemeinschaftssprache verwenden (Europäisches Parlament 1994: 23). In der Zählung von 1971 wurden nach dem Kriterium der Umgangssprache 789.429 Irisch-Gälen festgestellt (I.S.I.G. 1997:.112). Infolge der staatlichen Förderungsmaßnahmen hat sich die Zahl der Personen mit Irisch-Gälisch-Kenntnissen im letzten Vierteljahrhundert bedeutend vermehrt und ist auf über eine Million (1.095.000) angestiegen (Europäische Kommission 1996: Tab. 3). Davon sollen rund 400.000 aktiv Irischsprachige sein (Europäische Kommission 1996: 41).

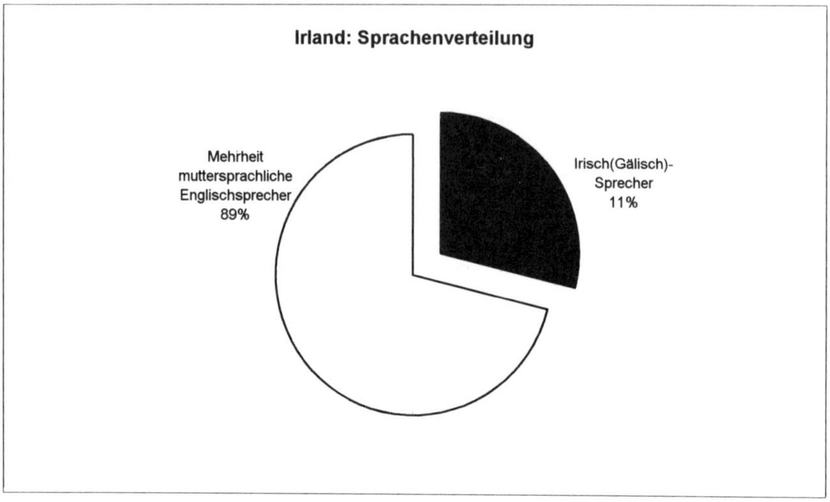
Irland: Sprachenverteilung
Mehrheit muttersprachliche Englischsprecher 89%
Irisch(Gälisch)-Sprecher 11%

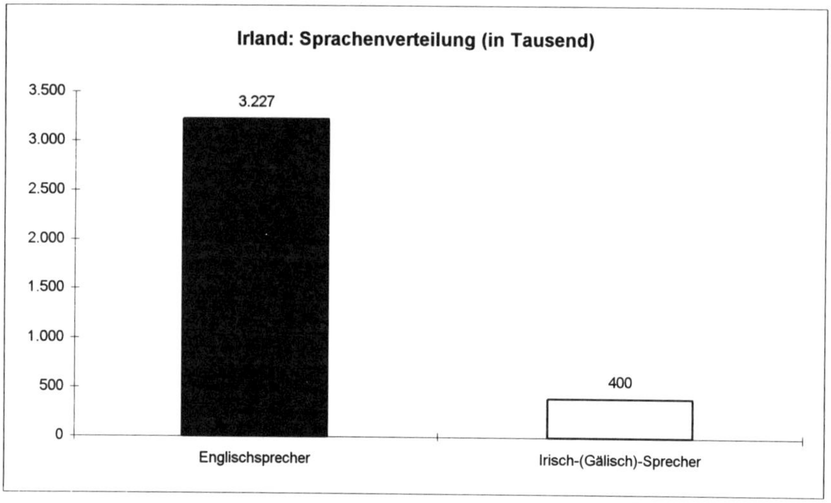
Irland: Sprachenverteilung (in Tausend)
3.500
3.000
2.500
2.000
1.500
1.000
500
0
3.227
400
Englischsprecher
Irisch-(Gälisch)-Sprecher

RüWa (SVI)

Irland

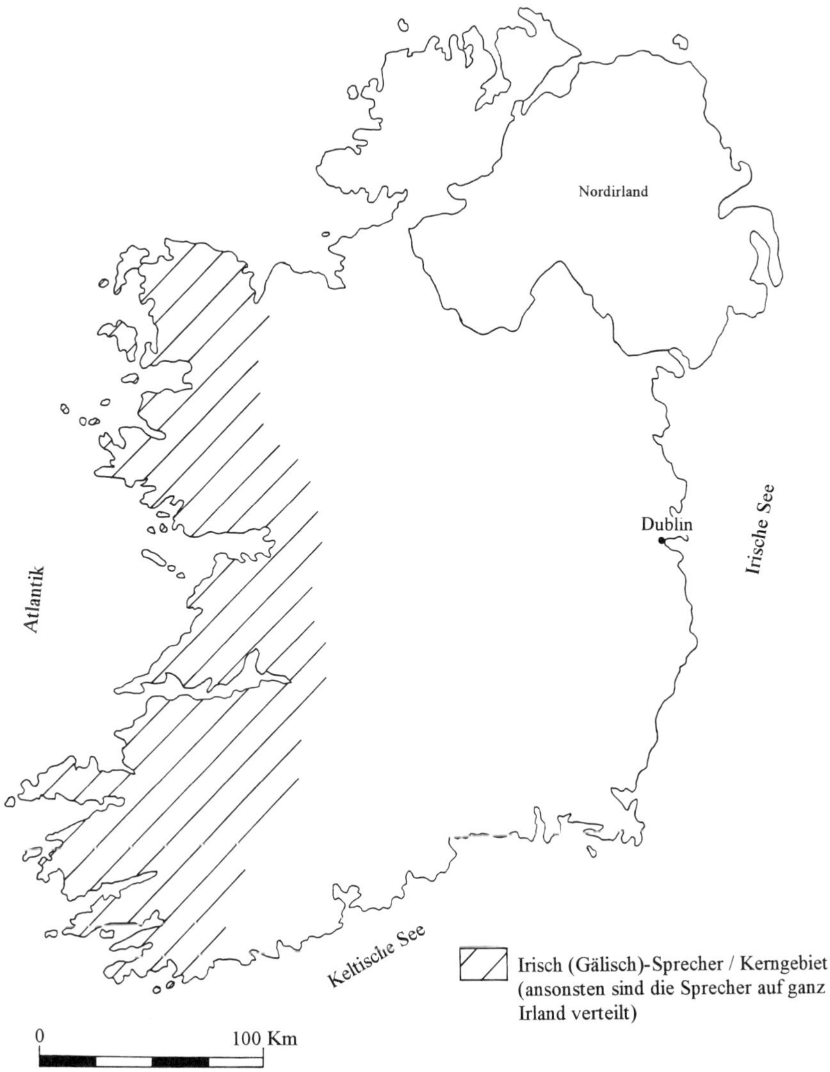

RüWa (SVI)

13. Italien

Bevölkerung (Z 1991)[85]	57.003.000	100,0 %
Italiener[86]	53.583.000	94,0 %
Volksgruppen/Minderheiten[87]:		
1. Sarden[88]	1.269.000	2,2 %
2. Friauler (Rätoromanen)[89]	526.000	0,9 %
3. Deutsche[90]	296.000	0,5 %
4. Okzitanen[91]	178.000	0,3 %
5. Sinti-Roma[92]	130.000	0,2 %
6. Francophone (inkl. Franco-Provenzalen)[93]	111.600	0,2 %
7. Albaner[94]	98.000	0,2 %
8. Slowenen[95]	60.000 - 80.000	0,1 %
9. Ladiner (Rätoromanen)[96]	43.000 - 57.200	0,1 %

b.w.

---

[85] I.S.I.G. 1997: 113 ff.

[86] Weltalmanach '99: 379.

[87] Zu den folgenden Zahlenangaben siehe, falls nichts anderes vermerkt, Staatenbericht Italiens in: Italie / Conseil de'l Europe 1999: 60 ff. (vgl. außerdem Ministero dell'Interno 1994a). Zu den hier genannten Minderheiten kommen noch einige Tausend Ligurer auf der Insel San Pietro in der Provinz Cagliari auf Sardinien.

[88] In der Autonomen Region Sardinien.

[89] In der Region Friaul-Julisch Venetien (Provinzen Udine, Pordenone und Görz).

[90] In Südtirol rd. 288.000 (ASTAT 1992) und in den Sprachinseln rd. 7.700, nämlich:.

– Walser in den Regionen Aostatal und Piemont (Prov. Vercelli und Verbano)	ca. 2.950
– Kanaltal und Zahre/Tischlwang (Reg. Friaul-Julisch Venetien, Prov.Udine)	ca. 2.000
– Pladen (Region Venetien, Provinz Belluno)	ca. 1.400
– Fersental (Region Trentino-Südtirol, Provinz Trient)	ca. 1.000
– Zimbern in Lusérn (Region Trentino-Südtirol, Provinz Trient)	ca. 370

(vgl. außerdem die Zahlenangaben von Rowley 1996: 263 ff.; zu den Walsern außerdem Zürrer 1996: 287 ff.).

[91] Hauptsächlich in den Regionen Piemont (Provinzen Cuneo und Turin) und Ligurien (Provinz Imperia) sowie etwa 3.000 in der Region Kalabrien (Provinz Cosenza).

[92] Sie leben z.T. ohne festen Wohnsitz verstreut, hauptsächlich in Mittel- und Norditalien, weniger bzw. kaum in Süditalien oder auf den Inseln.

[93] Im einzelnen 20.000 Francophone (Region Aosta) und 91.650 Franco-Provenzalen, davon 70.000 in der Region Aosta, 20.000 in der Region Piemont (Provinz Turin) und 1.650 in der Region Apulien (Provinz Foggia).

[94] Sie leben verteilt auf die 7 Regionen Abruzzen (250), Apulien (13.000) Basilicata (7.800), Kalabrien (52.900), Kampanien (1.200), Molise (13.400) und Sizilien (9.000).

[95] In der Region Friaul-Julisch Venetien: Triest (bis 25.000), Görz (bis 15.000) und Udine (bis 40.000).

[96] Im Einzugsgebiet der Dolomiten und zwar in den Provinzen Bozen (18.400) und Trient (rd. 8.800)/Region Trentino-Südtirol und Belluno/Region Venetien (rd. 16.000 - 30.000).

10.	Griechen[97]	20.000	
11.	Katalanen[98]	18.000	
12.	Kroaten[99]	2.600	
		2.786.400	4,9 %
andere[100]		633.600	1,1 %

[97] Rd. 15.000 in der Region Apulien (Provinz Lecce) und rd. 5.000 in der Region Kalabrien (Provinz Reggio Calabria).

[98] In der Region Sardinien (Provinz Sassari, Stadtgemeinde Alghero).

[99] In der Region Molise (Provinz Campobasso).

[100] Als Differenz der Anzahl von Italienern und Minderheitsangehörigen zur Gesamtbevölkerung, darunter etwa 40.000 Juden (I.S.I.G. 1997: 114), die sich jedoch nicht als Minderheit betrachten.

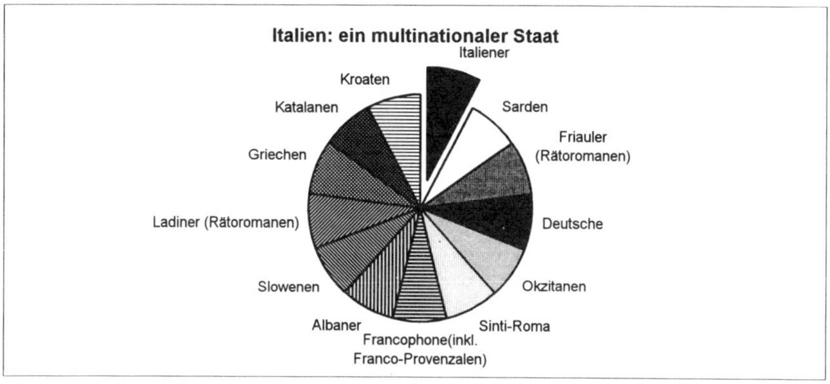
Italien: ein multinationaler Staat
Italiener
Sarden
Friauler (Rätoromanen)
Deutsche
Okzitanen
Sinti-Roma
Francophone(inkl. Franco-Provenzalen)
Albaner
Slowenen
Ladiner (Rätoromanen)
Griechen
Katalanen
Kroaten

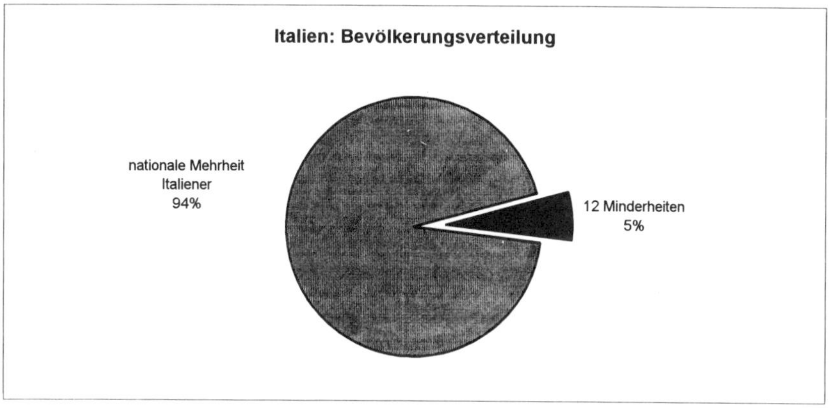
Italien: Bevölkerungsverteilung
nationale Mehrheit Italiener 94%
12 Minderheiten 5%

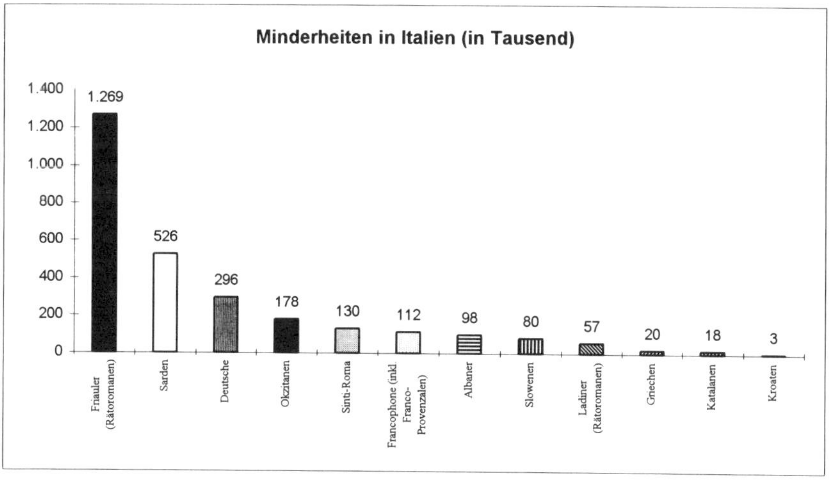
Minderheiten in Italien (in Tausend)
1.400
1.200
1.000
800
600
400
200
0
1.269
526
296
178
130
112
98
80
57
20
18
3
Friauler (Rätoromanen)
Sarden
Deutsche
Okzitanen
Sinti-Roma
Francophone (inkl. Franco-Provenzalen)
Albaner
Slowenen
Ladiner (Rätoromanen)
Griechen
Katalanen
Kroaten

RüWa(SVI)

Die Minderheiten in Italien

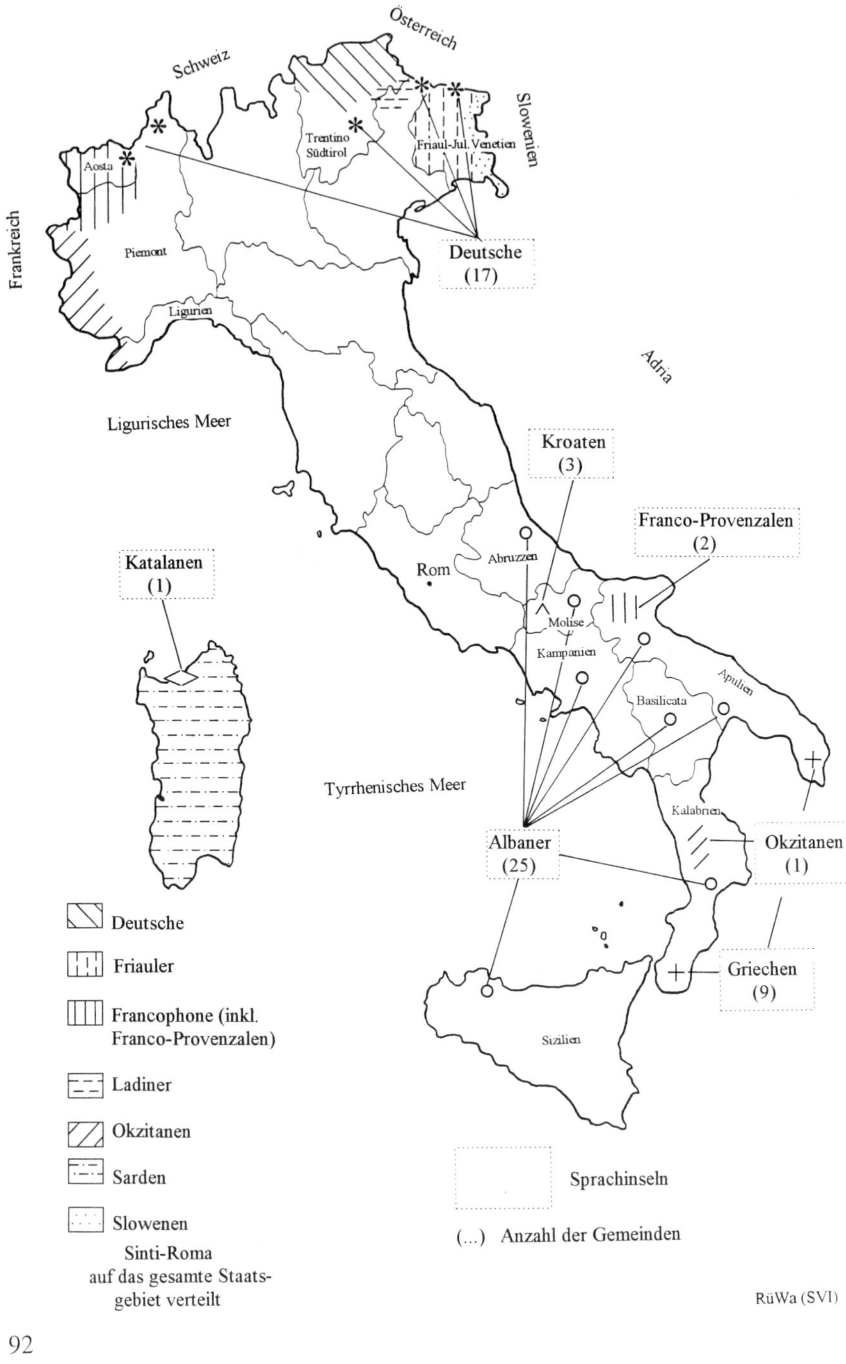

14. Jugoslawien

Bevölkerung (Z 1991)[101]	10.394.026	100,0 %
Serben	6.504.048	62,6 %
Volksgruppen / Minderheiten:[102]		
1. Albaner	1.714.768	16,5 %
2. Montenegriner	519.757	5,0 %
3. Ungarn	344.147	3,3 %
4. (ethnische) Muslime	336.025	3,2 %
5. Roma[103]	143.519	1,4 %
6. Kroaten	111.650	1,1 %
7. Slowaken	66.863	0,6 %
8. Rumänen	42.364	0,4 %
9. Bulgaren	26.922	0,3 %
10. Ruthenen/Ukrainer	23.189	0,2 %
11. Wlachen	17.810	0,2 %
12. Türken	11.264	0,1 %
13. Deutsche	5.387	0,1 %
	3.363.665	32,4 %
„Jugoslawen" (Eigenbezeichnung)	349.714	3,3 %
andere / keine Angabe[104]	176.599	1,7 %

[101] Raduški 1996: 261 ff., 266 f. Sofern nicht anders vermerkt, stammen die folgenden Zahlenangaben aus derselben Quelle.

[102] Die Ergebnisse der letzten Volkszählung von 1991 spiegeln die Verhältnisse noch vor Ausbruch der Kriege wider, in deren Verlauf sich gravierende Veränderungen ergaben, wie z.B. ein starker Zustrom serbischer Flüchtlinge aus Kroatien und Bosnien-Herzegowina, aber auch Emigrationen bei Ungarn aus der Vojvodina oder bei Albanern aus Kosovo und Metohija, bei Türken und Bulgaren (Marko 1994b: 287). Dies führte dazu, daß der Anteil der Serben nach 1991 gestiegen und jener der anderen Nationalitäten zurückgegangen ist.

[103] Andere schätzen die Zahl der Roma in Jugoslawien auf 400.000 bis 600.000 (Klopcic / Polzer 1999: 3).

[104] Als Differenz der Anzahl von Serben und Volksgruppenangehörigen zur Gesamtbevölkerung, darunter Angehörige von „Nationen" der ehemaligen Republiken Jugoslawiens wie 47.118 Makedonier und 8.630 Slowenen.

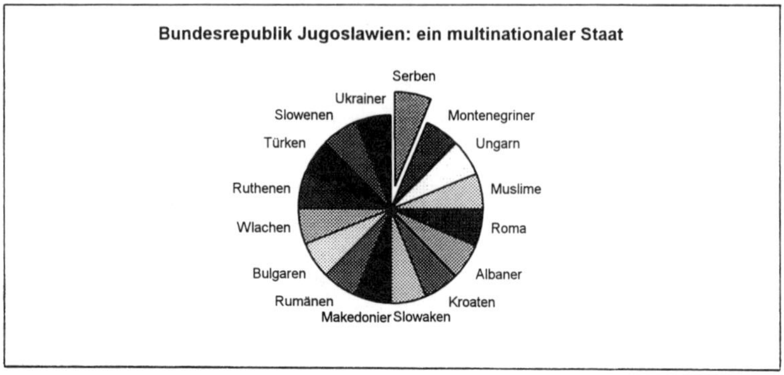
Bundesrepublik Jugoslawien: ein multinationaler Staat
Serben
Montenegriner
Ungarn
Muslime
Roma
Albaner
Kroaten
Slowaken
Makedonier
Rumänen
Bulgaren
Wlachen
Ruthenen
Türken
Slowenen
Ukrainer

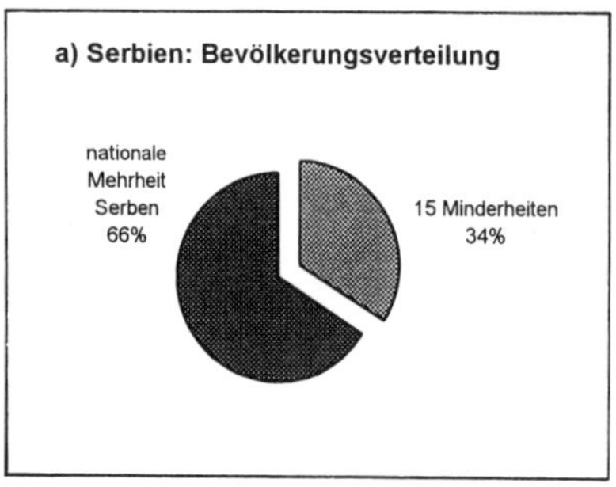
a) Serbien: Bevölkerungsverteilung
nationale Mehrheit Serben 66%
15 Minderheiten 34%

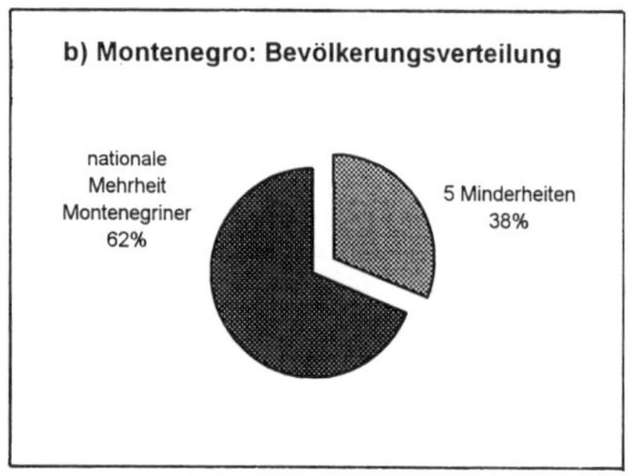
b) Montenegro: Bevölkerungsverteilung
nationale Mehrheit Montenegriner 62%
5 Minderheiten 38%

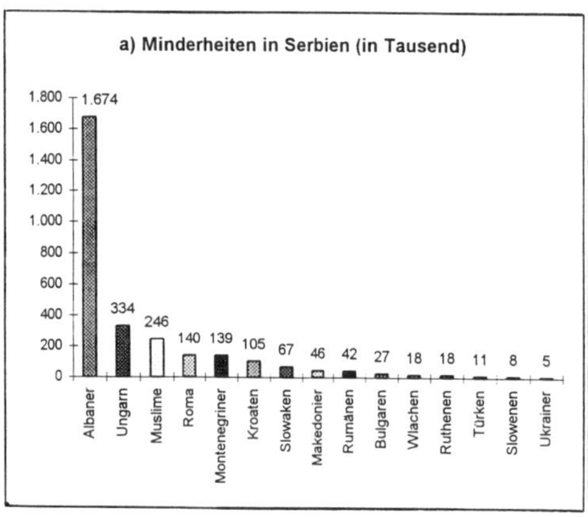
a) Minderheiten in Serbien (in Tausend)
1.800
1.600
1.400
1.200
1.000
800
600
400
200
0
1.674
334
246
140
139
105
67
46
42
27
18
18
11
8
5
Albaner
Ungarn
Muslime
Roma
Montenegriner
Kroaten
Slowaken
Makedonier
Rumänen
Bulgaren
Wlachen
Ruthenen
Türken
Slowenen
Ukrainer

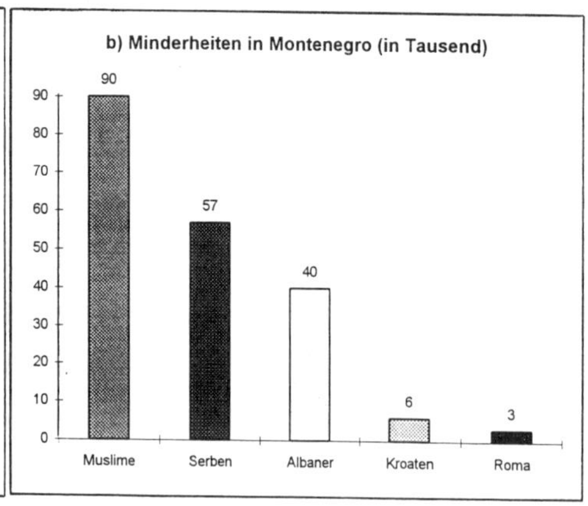
b) Minderheiten in Montenegro (in Tausend)
90
80
70
60
50
40
30
20
10
0
90
57
40
6
3
Muslime
Serben
Albaner
Kroaten
Roma

Minderheiten in der Bundesrepublik Jugoslawien

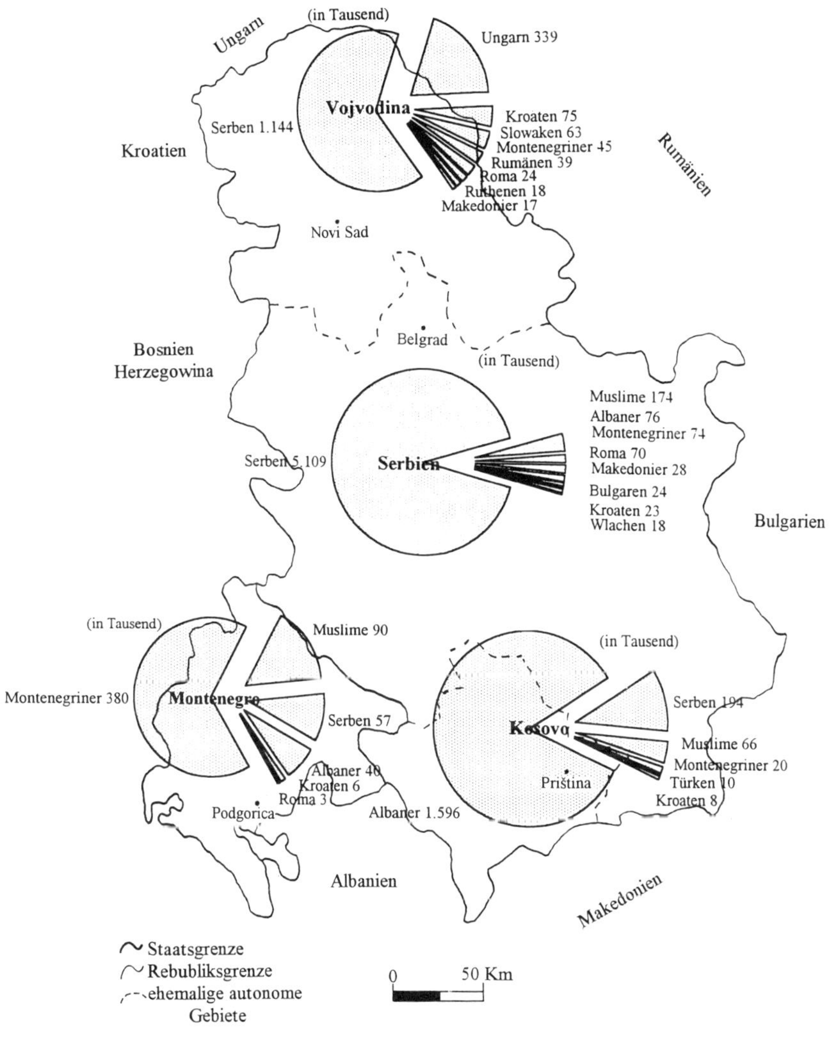

RüWa (SVI)

15. Kroatien

	Z 1991		F 1996	
Bevölkerung[105]	4.784.265	100,0 %	4.771.000	100,0 %
Kroaten	3.736.356	78,1 %		
Volksgruppen/Minderheiten[106]:				
1. Serben	581.663	12,2 %	382.000	8,0 %
2. (ethnische) Muslime	43.469	0,9 %		
3. Ungarn	22.355	0,5 %		
4. Italiener[107]	21.303	0,5 %		
5. Tschechen	13.086	0,3 %		
6. Roma[108]	6.695	0,1 %		
7. Ruthenen/Ukrainer[109]	5.747	0,1 %		
8. Slowaken	5.606	0,1 %		
9. Deutsche/Österreicher[110]	2.849			
10. Juden	600			
	703.373	14,7 %		
andere[111]	344.536	7,2 %		

[105]Soweit nicht anders vermerkt, stammen die Angaben der Zählung von 1991 aus dem Staatenbericht Kroatiens in: Croatia / Council of Europe 1999: 4,6, 31 ff. (vgl. auch Marko 1994a: 83); die der Schätzung von 1996 aus Weltalmanach '99: 452. Die Zählung von 1991 wurde noch während der Zugehörigkeit Kroatiens zu Jugoslawien durchgeführt. Seither haben sich am Balkan einschneidende Ereignisse wie die Kriege in Kroatien und in Bosnien-Herzegowina vollzogen, in deren Folge sich auch die Zusammensetzung der Bevölkerung Kroatiens maßgeblich verändert hat. In erster Linie hat die Zahl der Serben in Kroatien bis 1996 um etwa 200.000 (rd. ein Drittel) abgenommen, entsprechend ist der serbische Bevölkerungsanteil von über 12 % 1991 auf schätzungsweise 8 % 1996 zurückgegangen. Außerdem sind enorme Flüchtlingsströme entstanden. 1997 kommen zu 110.000 Binnenflüchtlingen noch 47.000 Flüchtlinge aus Bosnien-Herzegowina und 3.000 aus Jugoslawien, welchen 293.000 Flüchtlinge aus Kroatien nach Jugoslawien, 40.000 nach Bosnien-Herzegowina und 1.550 nach Ungarn gegenüberstehen (Weltalmanach '99: 452).

[106]Die Republik Kroatien hat insgesamt 16 Volksgruppen/Minderheiten dem Anwendungsbereich des Europarat - Rahmenübereinkommens zum Schutz nationaler Minderheiten vom November 1994 unterstellt. Zu diesen zählen neben den im folgenden aufgeführten, bei separater Zählung von Ruthenen und Ukrainern sowie Deutschen und Österreichern insgesamt 12 Volksgruppen/Minderheiten noch vier (weitere) „Nationen" und „Nationalitäten" aus den ehemaligen Republiken Jugoslawiens, nämlich die Slowenen, Albaner, Montenegriner und Makedonier (Staatenbericht Kroatiens in: Croatia / Council of Europe 1999: 31 ff.).

[107]In einer anderen Quelle wird die Zahl der Italiener in Kroatien auf 27.000 geschätzt (Minority Rights Group 1998: 28).

[108]In einer anderen Quelle wird die Zahl der Roma in Kroatien auf 18.000 bis 300.000 geschätzt (Klopcic / Polzer 1999: 3).

[109]3.253 Ruthenen und 2.494 Ukrainer.

[110]2.635 Deutsche und 214 Österreicher.

[111]Als Differenz der Anzahl von Kroaten und Volksgruppenangehörigen zur Gesamtbevölkerung, darunter 22.376 Slowenen, 12.032 Albaner, 9.724 Montenegriner und 6.280 Makedonier, weiter z.B. 106.041 „Jugoslawen" (Eigenbezeichnung), 810 Rumänen, 706 Russen, 679 Polen, 458 Bulgaren und 320 Türken (Staatenbericht Kroatiens in: Croatia / Council of Europe 1999: 6, 31 ff.). Hinzu kommt auch eine nicht bekannte Anzahl von Aromunen.

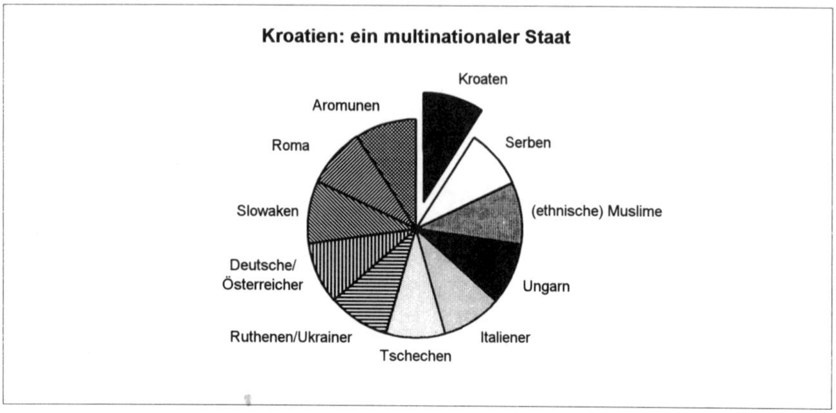
Kroatien: ein multinationaler Staat
Kroaten
Serben
(ethnische) Muslime
Ungarn
Italiener
Tschechen
Ruthenen/Ukrainer
Deutsche/
Österreicher
Slowaken
Roma
Aromunen

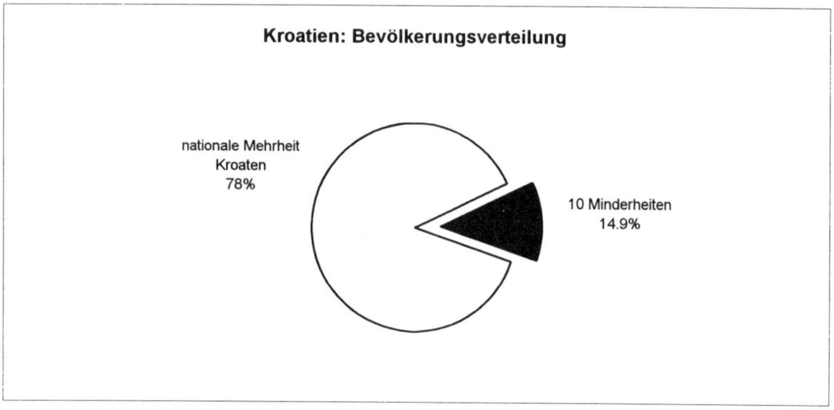
Kroatien: Bevölkerungsverteilung
nationale Mehrheit
Kroaten
78%
10 Minderheiten
14.9%

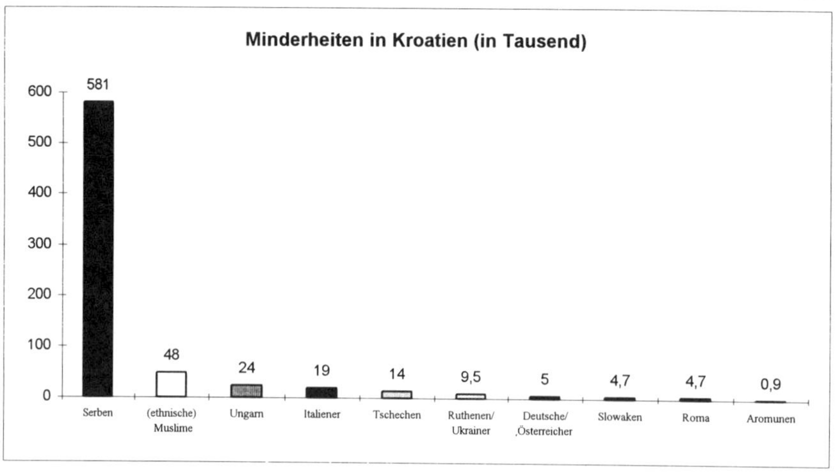
Minderheiten in Kroatien (in Tausend)
600
500
400
300
200
100
0
581
48
24
19
14
9,5
5
4,7
4,7
0,9
Serben
(ethnische) Muslime
Ungarn
Italiener
Tschechen
Ruthenen/ Ukrainer
Deutsche/ Österreicher
Slowaken
Roma
Aromunen

RüWa (SVI)

Minderheiten in Kroatien

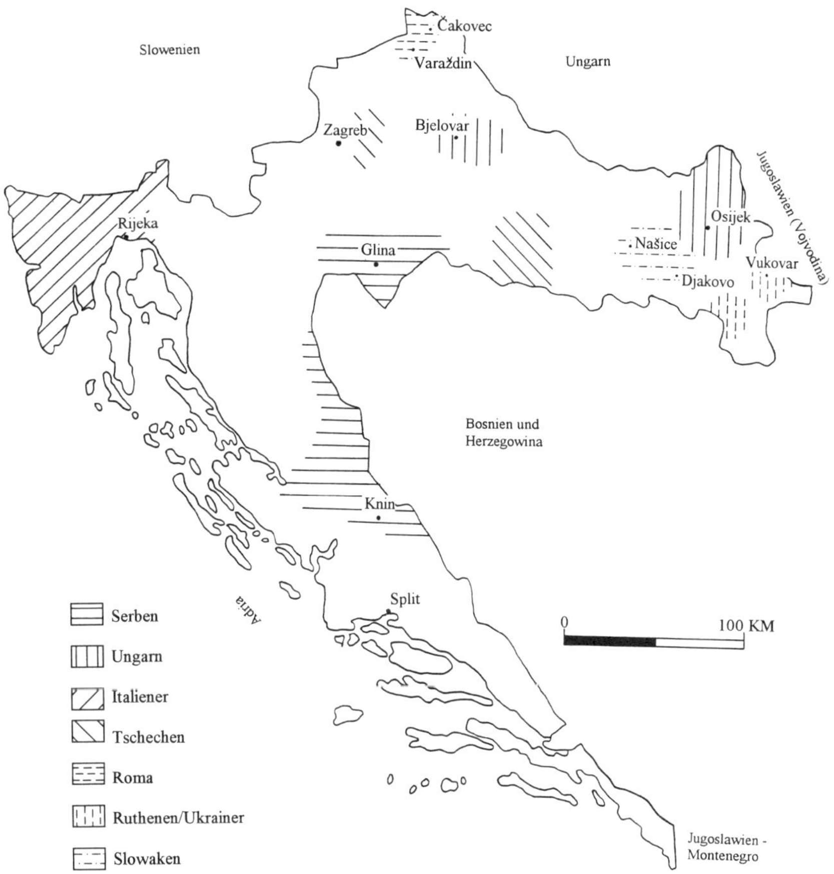

Deutsche leben hauptsächlich
in Osijek

(ethnische) Muslime und „Istro-Rumänen“
sind mangels Informationen nicht lokalisierbar

RüWa (SVI)

16. Lettland

	(Z) 1989		(F) 1998	
Bevölkerung[112]	2.666.567	100,0 %	2.458.403	100,0 %
Letten[113]	1.388.000	52,1 %	1.365.047	55,5 %
Volksgruppen/ Minderheiten:[114]				
1. Russen	905.515	33,9 %	796.023	32,4 %
2. Weißrussen	119.702	4,5 %	97.036	3,9 %
3. Ukrainer	92.101	3,4 %	71.451	2,9 %
4. Polen	60.416	2,3 %	53.877	2,2 %
5. Litauer	34.360	1,3 %	31.425	1,3 %
6. Juden	22.897	0,9 %	9.383	0,4 %
7. Roma[115]	7.044	0,3 %	7.684	0,3 %
8. Esten	3.312	0,1 %	2.669	0,1 %
9. Deutsche	3.783		1.754	0,1 %
10. Liwen[116]	135		135	
	1.249.265	46,8 %	1.071.437	43,6 %
andere[117]	29.302	1,1 %	21.919	0,9 %

[112]Die letzte Zählung fand 1989, also noch während der Zugehörigkeit Lettlands zur Sowjetunion statt. Soweit nicht anders vermerkt, stammen die Angaben von 1989 aus I.S.I.G. 1997: 122, die der Fortschreibung von 1998 aus 1998 Statistical Yearbook of Latvia, in: Europäisches Parlament 1999: 18 (vgl. auch die Angaben des Central Statistic Bureau of Latvia 1997: 34 f.). – Wie bei Estland ist der Vergleich zwischen den Angaben der letzten Zählung 1989 und neueren Zahlen (Fortschreibung von 1998) von besonderem Interesse. So kommen auch in Lettland die großen politischen Umwälzungen der Zwischenzeit – die Souveränitätserklärung Lettlands 1989 und die Ausrufung der Unabhängigkeit im Mai 1990, der Moskauer Ausgustputsch und der Zusammenbruch der Sowjetunion 1991 und schließlich die Unabhängigkeit Lettlands seit August 1991 – in einer entsprechend veränderten Zusammensetzung der Bevölkerung zum Ausdruck.

[113]Für 1989 siehe Lentz / Müller 1994: 129 ff., 144; vgl. auch Karklins 1995: 151 ff., 154; Schmidt 1993: 57.

[114]Manche Autoren fassen unter Hinweis auf die starke Russifizierung von Ukrainern und Weißrussen diese beiden Gruppen in einer Kategorie mit den Russen als „Russischsprachige" zusammen, vgl. dazu Brunner 1996: 57 f. Welche Tendenz sich bei Ukrainern und Weißrussen im noch jungen Lettland durchsetzen wird – weitere Assimilierung und Russifizierung oder aber wiedererwachendes Nationalbewußtsein – ist derzeit noch nicht abzusehen.

[115]In einer anderen Quelle wird die Zahl der Roma in Lettland auf 2.000 bis 3.500 geschätzt (Klopcic / Polzer 1999: 3).

[116]Immer Z 1989 (Haarmann 1993: 63).

[117]Als Differenz der Anzahl von Letten und Volksgruppenangehörigen zur Gesamtbevölkerung.

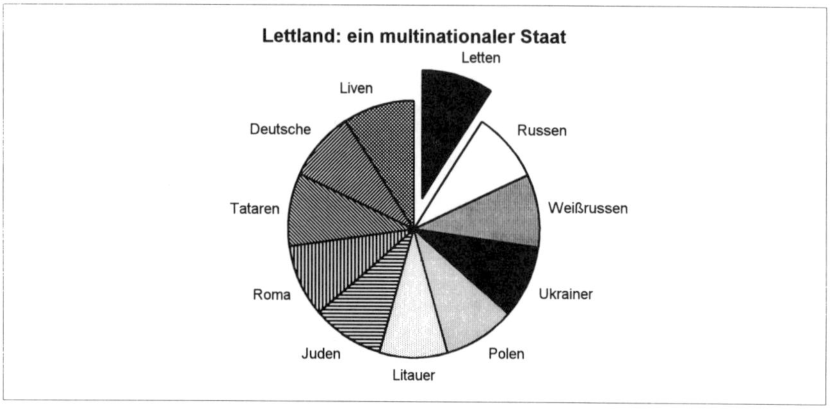
Lettland: ein multinationaler Staat
Letten
Russen
Weißrussen
Ukrainer
Polen
Litauer
Juden
Roma
Tataren
Deutsche
Liven

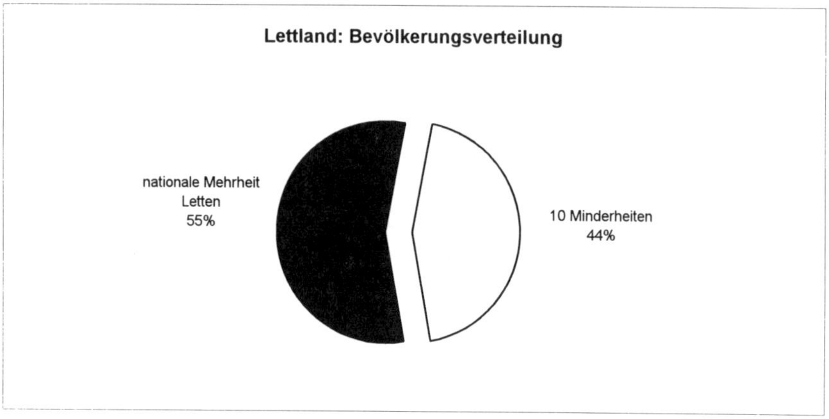
Lettland: Bevölkerungsverteilung
nationale Mehrheit
Letten
55%
10 Minderheiten
44%

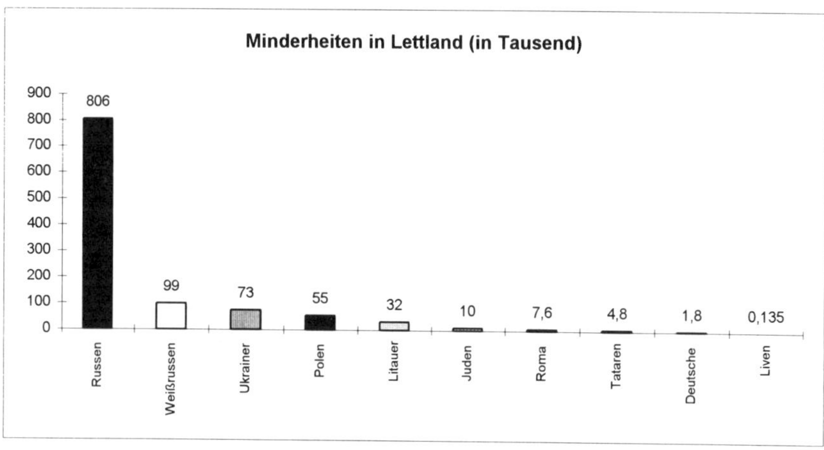
Minderheiten in Lettland (in Tausend)
900
800
700
600
500
400
300
200
100
0
806
99
73
55
32
10
7,6
4,8
1,8
0,135
Russen
Weißrussen
Ukrainer
Polen
Litauer
Juden
Roma
Tataren
Deutsche
Liven

RüWa(SVI)

Die Minderheiten in Lettland

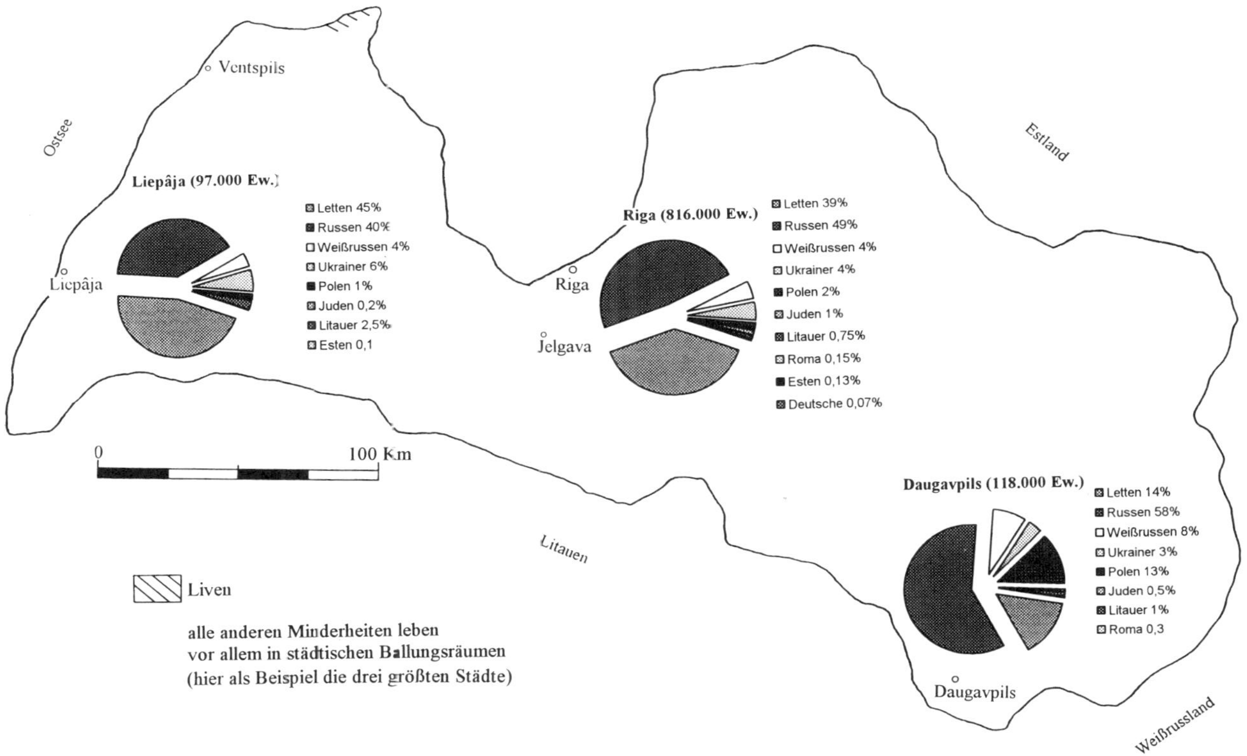

RüWa (SVI)

17. Litauen

	(Z) 1989		(F) 1996	
Bevölkerung[118]	3.674.802	100,0 %	3.709.000	100,0 %
Litauer[119]	2.925.142	79,6 %	3.019.126	81,4 %
Volksgruppen/Minderheiten:				
1. Russen	344.455	9,4 %	307.847	8,3 %
2. Polen	257.994	7,0 %	255.921	6,9 %
3. Weißrussen	63.169	1,7 %	55.635	1,5 %
4. Ukrainer	44.789	1,2 %	37.090	1,0 %
5. Juden	12.314	0,3 %	12.314	0,3 %
6. Tataren (immer Z 1989)	5.135	0,1 %	5.135	0,1 %
7. Letten[120]	?		4.229	0,1 %
8. Roma[121] (immer Z 1989)	2.718		2.718	0,1 %
9. Deutsche (imm. Z 1989)	2.060		2.060	
10. Karaime (immer Z 1989)	289		289	
	732.923	19,9 %	683.238	18,4 %
andere[122]	16.737	0,5 %	6.636	0,2 %

[118]Die letzte Zählung fand 1989, also noch während der Zugehörigkeit Litauens zur Sowjetunion statt. Sofern nichts anderes vermerkt, stammen die Angaben von 1989 aus I.S.I.G. 1997: 124, die der Fortschreibung von 1996 aus Weltalmanach '99: 478. Der Vergleich zwischen 1989 und 1996 zeigt, daß sich die Bevölkerungsanteile von Litauern und Russen trotz der in der Zwischenzeit verwirklichten Unabhängigkeit Litauens (1991) und anders als in Estland oder Lettland nur relativ geringfügig verschoben haben. Dies vor dem Hintergrund, daß Litauen in der Sowjetzeit weniger als seine beiden Nachbarländer von der gelenkten Zuwanderung russischsprachiger Bevölkerung betroffen war und demzufolge der Anteil der Litauer entsprechend höher geblieben ist, vgl. dazu Schmidt 1993: 100.

[119]Für 1989 siehe Hošková 1994b: 171 ff., 175; vgl. auch Schmidt 1993: 100 f.

[120]I.S.I.G. 1997: 124.

[121]Eine andere Quelle gibt die Zahl der Roma in Litauen mit 3.000 bis 4.000 an (Klopcic / Polzer 1999: 3).

[122]Als Differenz der Anzahl von Litauern und Volksgruppenangehörigen zur Gesamtbevölkerung.

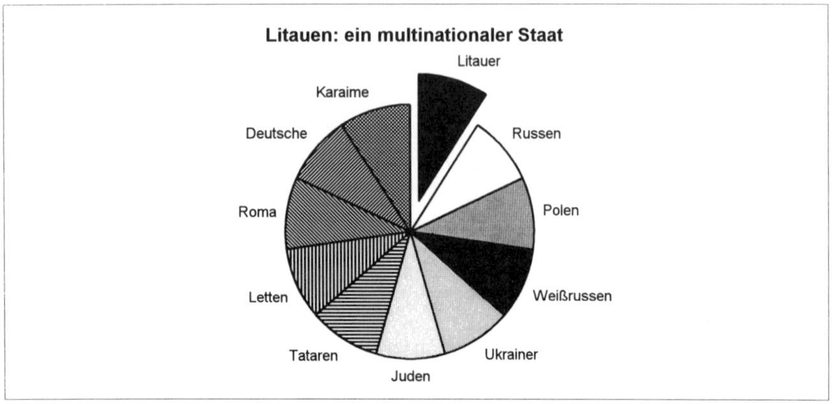
Litauen: ein multinationaler Staat
Litauer
Russen
Polen
Weißrussen
Ukrainer
Juden
Tataren
Letten
Roma
Deutsche
Karaime

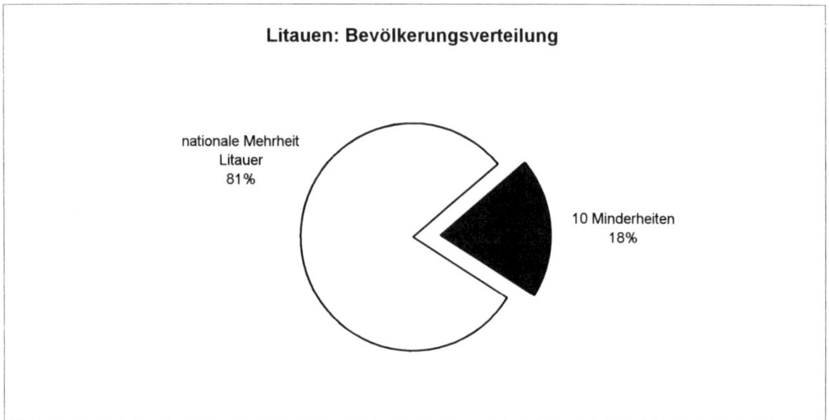
Litauen: Bevölkerungsverteilung
nationale Mehrheit
Litauer
81%
10 Minderheiten
18%

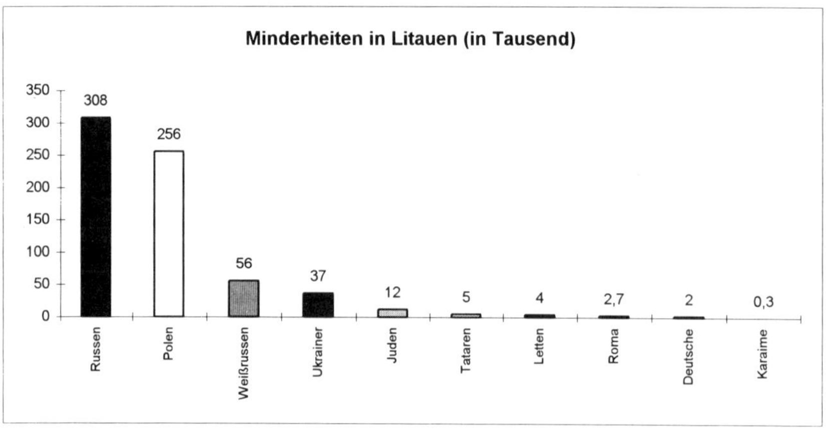
Minderheiten in Litauen (in Tausend)
350
300
250
200
150
100
50
0
308
256
56
37
12
5
4
2,7
2
0,3
Russen
Polen
Weißrussen
Ukrainer
Juden
Tataren
Letten
Roma
Deutsche
Karaime

RüWa(SVI)

Die Minderheiten in Litauen

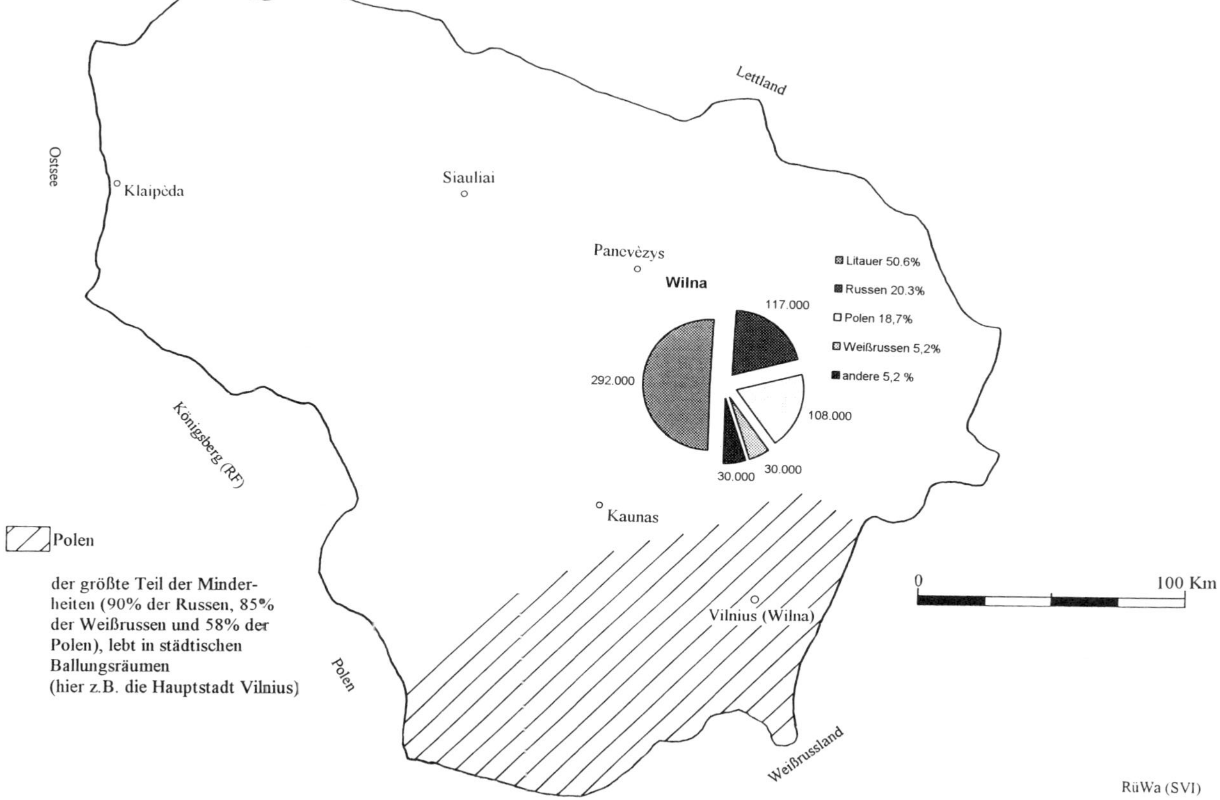

18. Makedonien

	Z 1991		Z 1994	
Bevölkerung[123]	2.033.964	100,0%	1.936.877	100,0 %
Makedonier[124]	1.328.187	65,3%	1.288.330	66,5 %
Nationalitäten/ Minderheiten:[125]				
1. Albaner	441.987	21,7 %	442.914	22,9 %
2. Türken	77.080	3,8 %	77.252	4,0 %
3. Roma[126]	52.103	2,6 %	43.732	2,3 %
4. Serben	42.775	2,1 %	39.260	2,0 %
5. Wlachen	7.764	0,4 %	8.467	0,4 %
	621.709	30,6 %	611.625	31,6 %
andere[127]	84.068	4,1 %	34.960	1,8 %
keine Angabe			1.962	0,1 %

[123]Sämtliche Zahlenangaben der Zählungen von 1991 und 1994 stammen aus Lazarov 1996: 242; vgl. ferner Libal 1993: 123 ff. - Obwohl Makedonien nicht direkt in die kriegerischen Ereignisse verwickelt war, haben sich der Zerfall des ehemaligen Jugoslawien und die damit verbundenen Kriege auch auf die Anzahl und Zusammensetzung der Bevölkerung Makedoniens nachhaltig ausgewirkt. Vor diesem Hintergrund erfolgt die Gegenüberstellung der Volkszählungsergebnisse von 1991 (noch während der Zugehörigkeit Makedoniens zum ehemaligen Jugoslawien) und 1994, d.h. unmittelbar vor und nach den gravierenden Ereignissen.

[124]Die Makedonier, welche den orthodoxen Balkanslawen die Schriftsprache, die Bibelübersetzung und die Liturgie gegeben hatten und die im Mittelalter zusammen mit den ihnen verwandten Bulgaren zwei Reiche gründeten, forderten seit 1893 einen unabhängigen Staat. Bevor sie jedoch einen solchen rd. 100 Jahre später, 1991, verwirklichen konnten, wurde Makedonien 1912 zunächst einmal unter Serbien, Griechenland und Bulgarien aufgeteilt und die Mehrheit der Slawomakedonen systematisch serbisiert bzw. gräcisiert. Ihre Sprache und Kultur wurden nicht anerkannt, bzw. als „Dialekt" heruntergespielt. Die Nordmakedonier wurden zu „Südserben" – analog zu den Montenegrinern als „Küstenserben" und den Kosova-Albanern als „Altserben" – erklärt, die Südmakedonier zu „nichtgräcophonen Hellenen". Aus bulgarischer Sicht wurden die Makedonier zu „Westbulgaren". Siehe dazu Pilar 1995: 253. Erst nach dem Zweiten Weltkrieg erhielt die makedonische Nationsbildung einen entscheidenden Impuls, als Makedonien eine Republik in Jugoslawien wurde, welche dann schließlich 1991 die Unabhängigkeit erlangte.

[125]Die Albaner, Türken, Roma und Wlachen sind nach der neuen makedonischen Verfassung von 1991 ausdrücklich als staatstragende Nationalitäten (state nationalities) anerkannt (Minority Rights Group 1998: 19 sowie Lazarov 1996: 242).

[126]Eine andere Quelle gibt die Zahl der Roma in Makedonien mit 110.000 bis 260.000 an (Klopcic / Polzer 1999: 3).

[127]Darunter 3.000 bis 4.000 Bulgaren (Minority Rights Group 1998: 13).

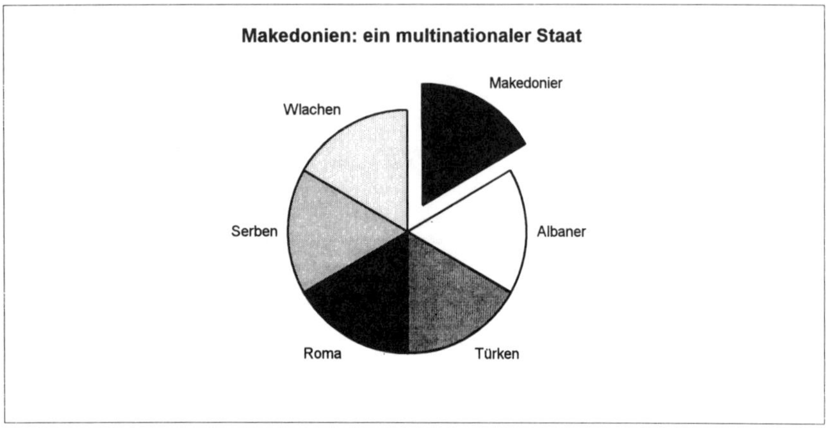
Makedonien: ein multinationaler Staat
Makedonier
Wlachen
Serben
Albaner
Roma
Türken

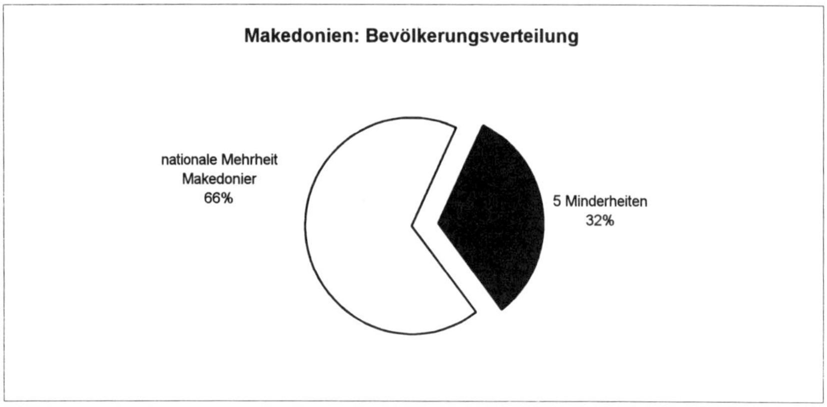
Makedonien: Bevölkerungsverteilung
nationale Mehrheit
Makedonier
66%
5 Minderheiten
32%

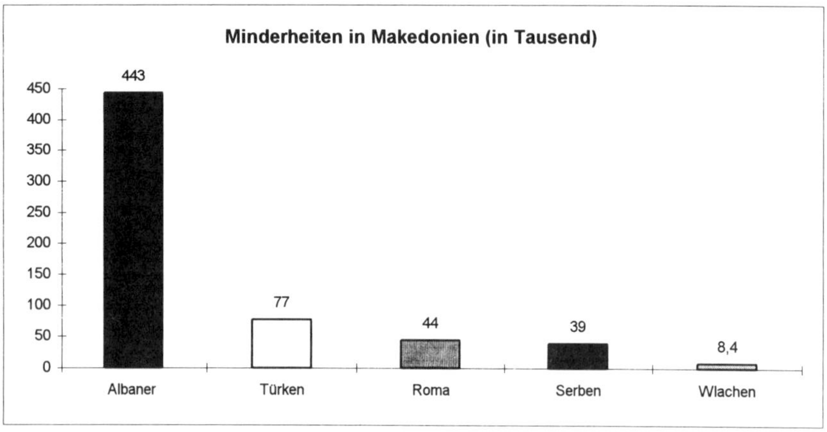
Minderheiten in Makedonien (in Tausend)
443
77
44
39
8,4
450
400
350
300
250
200
150
100
50
0
Albaner
Türken
Roma
Serben
Wlachen

RüWa (SVI)

Die Minderheiten in Makedonien

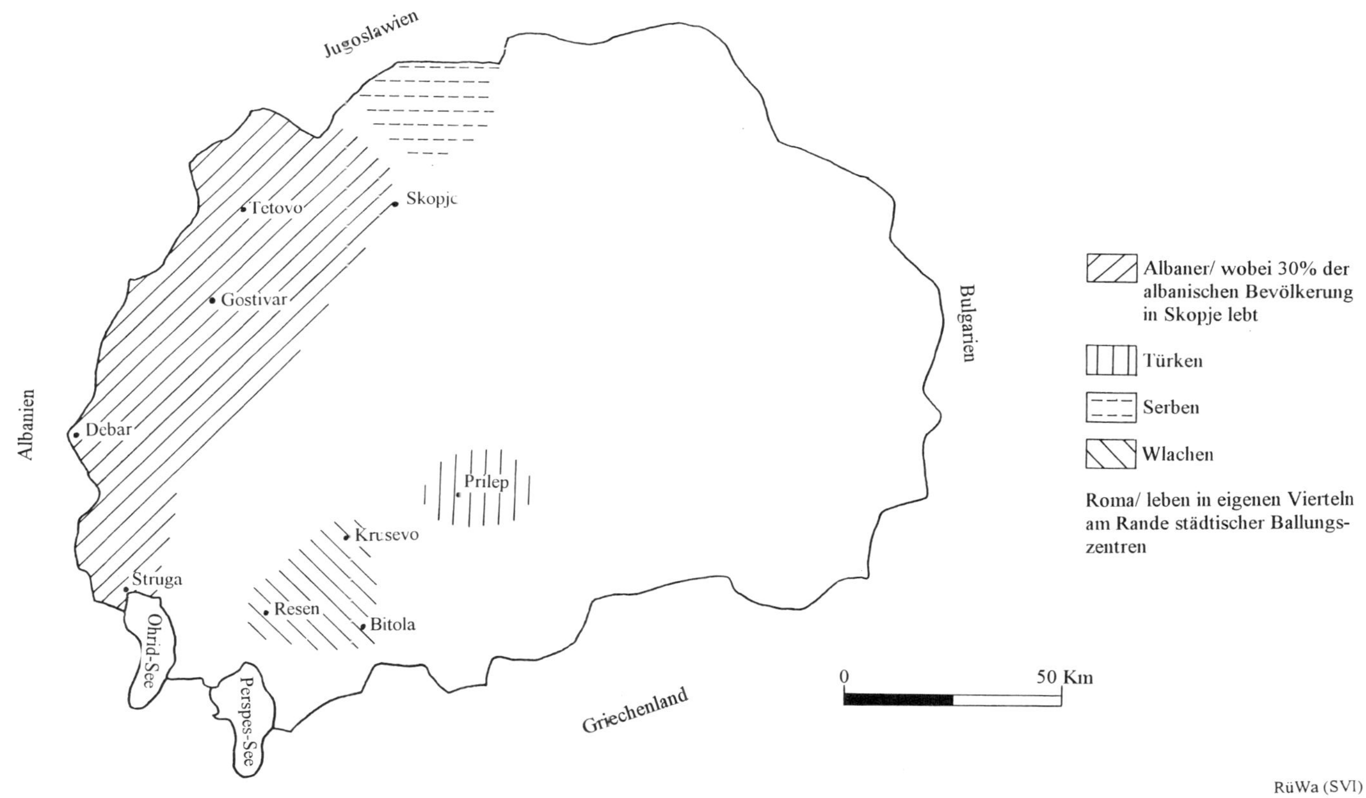

19. Moldawien

Bevölkerung (Z 1989)[128]	4.335.360	100,0 %
Moldawier (Moldauer)[129]	2.829.458	65,2 %

Volksgruppen/Minderheiten:[130]

1.	Ukrainer	600.366	13,8 %
2.	Russen	562.062	13,0 %
3.	Gagausen	153.458	3,5 %
4.	Bulgaren	88.419	2,0 %
5.	Juden	65.672	1,5 %
6.	Weißrussen	19.608	0,5 %
7.	Roma[131]	11.571	0,3 %
8.	Deutsche	7.335	0,1 %
9.	Polen	4.739	0,1 %
		1.505.902	34,9 %

[128]Die letzte Zählung fand 1989, also noch während der Zugehörigkeit Moldawiens zur Sowjetunion statt; zur Bevölkerungszahl siehe I.S.I.G.1997: 129, ebenso Brunner 1996: 193 und Haarmann 1993: 42.

[129]Als Differenz der Anzahl von Volksgruppenangehörigen zur Gesamtbevölkerung.

[130]I.S.I.G.1997: 129.

[131]Eine andere Quelle gibt die Zahl der Roma in Moldawien mit 20.000 bis 25.000 an (Klopcic/ Polzer 1999: 3).

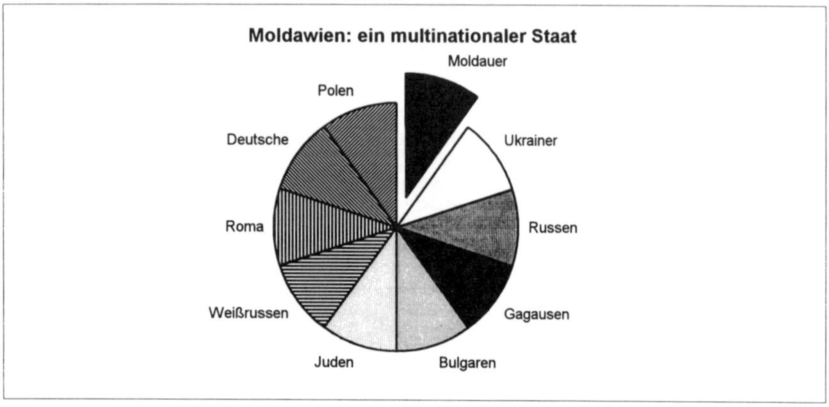
Moldawien: ein multinationaler Staat
Moldauer
Polen
Ukrainer
Deutsche
Roma
Russen
Weißrussen
Gagausen
Juden
Bulgaren

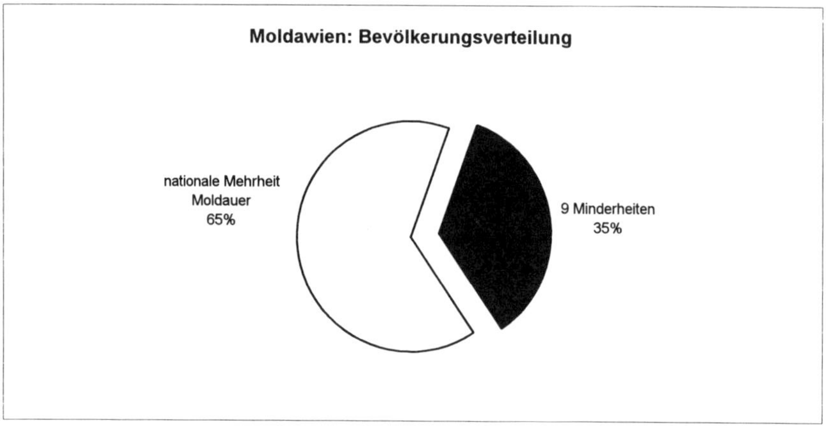
Moldawien: Bevölkerungsverteilung
nationale Mehrheit
Moldauer
65%
9 Minderheiten
35%

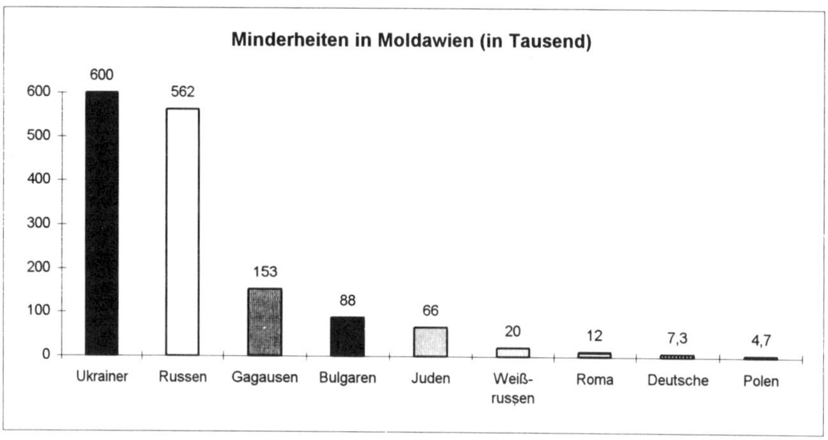
Minderheiten in Moldawien (in Tausend)
600
500
400
300
200
100
0
600
562
153
88
66
20
12
7,3
4,7
Ukrainer
Russen
Gagausen
Bulgaren
Juden
Weiß-
russen
Roma
Deutsche
Polen

RüWa (SVI)

Die Minderheiten in Moldawien

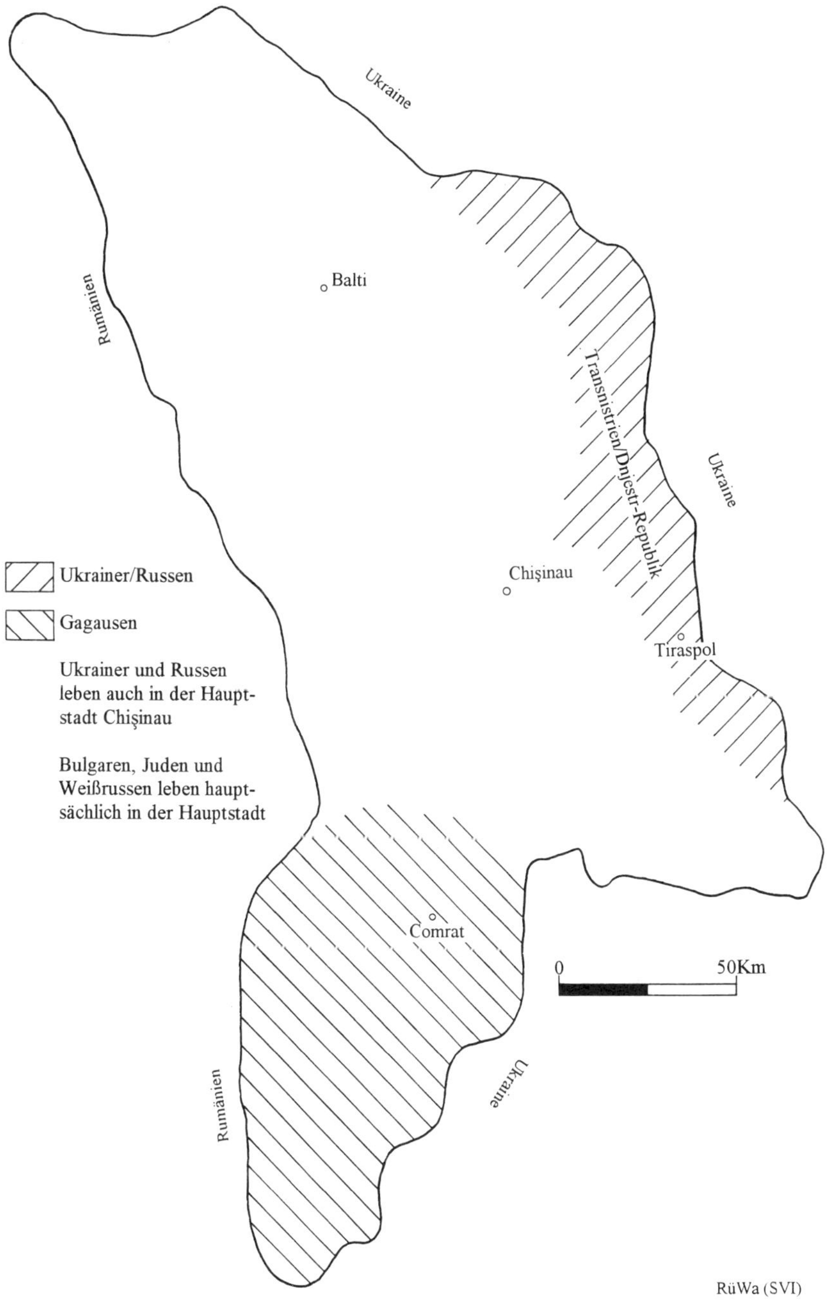

RüWa (SVI)

20. Niederlande

Bevölkerung (F 1990) [132]	14.952.000	100,0 %
Niederländer[133]	13.832.000	92,5 %
Volksgruppen/Minderheiten:[134]		
1. Friesen[135]	450.000	3,0 %
2. Roma (1986)[136]	40.000	0,2 %
3. Juden (1983)[137]	30.000	0,2 %
	520.000	3,5 %
andere (Ausländer)[138].	600.000	4,0 %

[132] I.S.I.G.1997: 133; die Zählung 1993 gibt 15.239.000 Einwohner an (Weltalmanach '99: 531).

[133] Als Differenz der Anzahl von Volksgruppenangehörigen und Ausländern zur Gesamtbevölkerung. Darin inbegriffen sind rd. 145.000 Immigranten aus Suriname und den Niederländischen Antillen (Haarmann 1993: 38), die niederländische Staatsbürger sind und sich als Niederländer begreifen.

[134] Offiziell ist nur Friesisch als Minderheitensprache anerkannt, Romanes und Jiddisch jedoch nicht (Riemersma 1996: 6)

[135] Europäisches Parlament 1994: 21; ebenso Council of Europe 1994a: 85. Näheres zu den Westfriesen in den Niederlanden vgl. Gorter 1992: 375 ff.

[136] I.S.I.G.1997: 133.

[137] I.S.I.G.1997: 133.

[138] Darunter 170.000 Türken, 130.000 Marokkaner sowie Immigranten aus den EU-Ländern (Haarmann 1993: 38; Weltalmanach '99: 531).

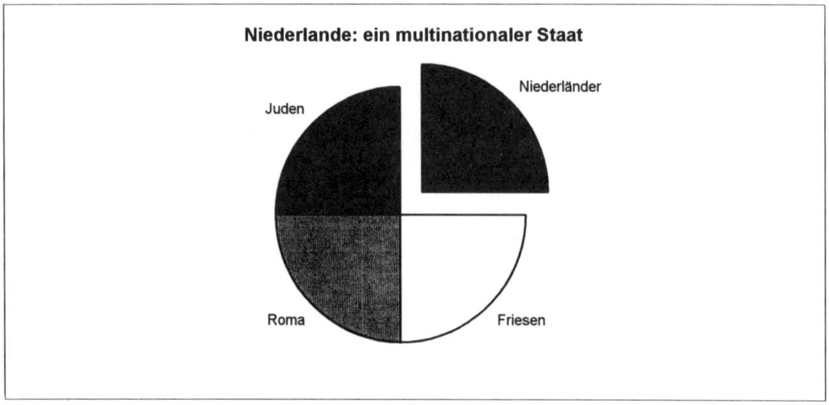
Niederlande: ein multinationaler Staat
Niederländer
Juden
Roma
Friesen

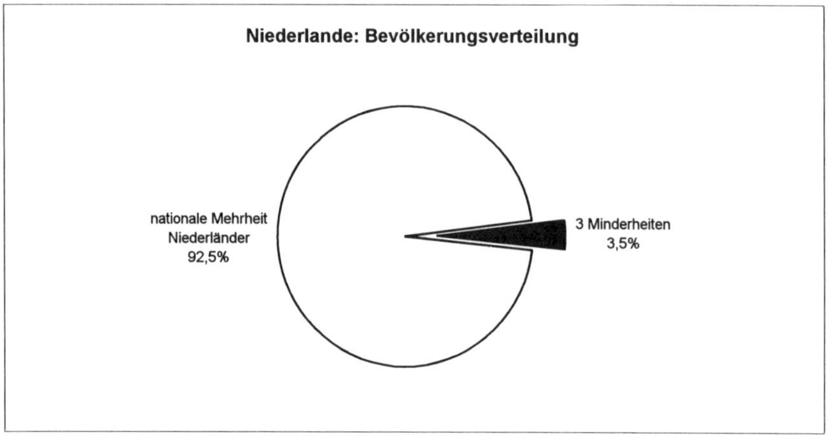
Niederlande: Bevölkerungsverteilung
nationale Mehrheit
Niederländer
92,5%
3 Minderheiten
3,5%

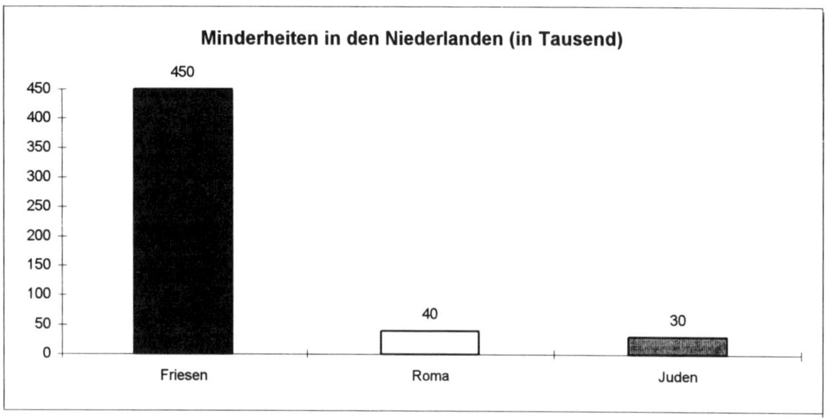
Minderheiten in den Niederlanden (in Tausend)
450
400
350
300
250
200
150
100
50
0
450
40
30
Friesen
Roma
Juden

RüWa (SVI)

Die Minderheit in den Niederlanden

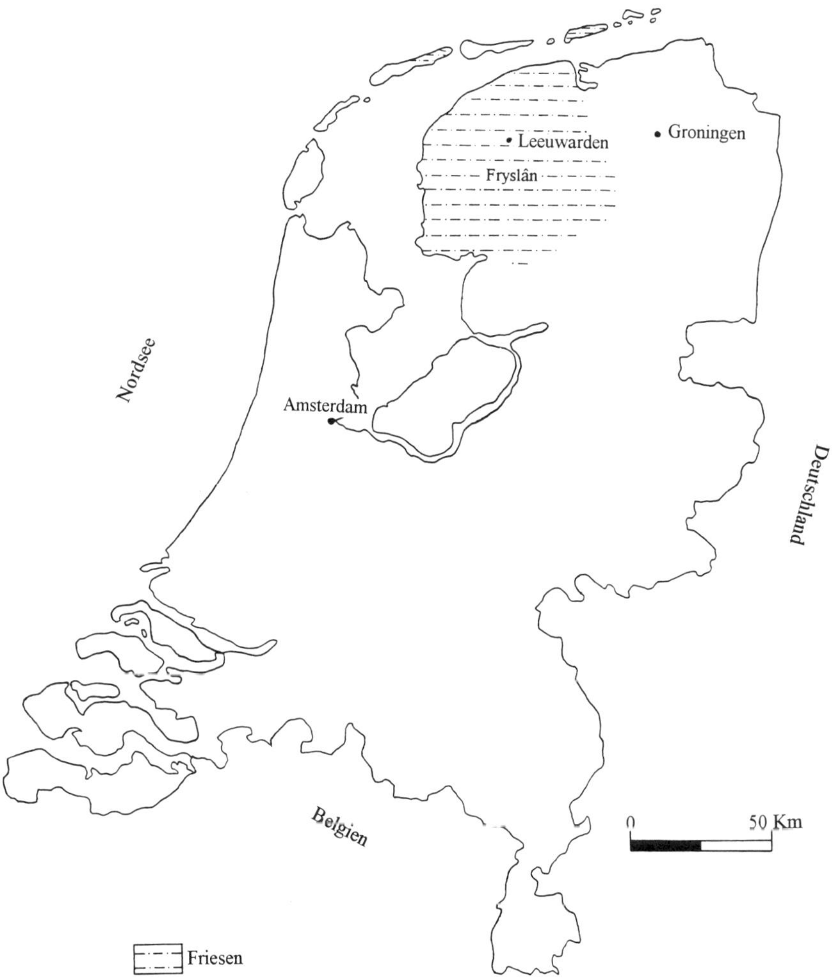

RüWa (SVI)

21. Norwegen

Bevölkerung (Z 1990)[139]	*4.241.000*	*100,0 %*
Norweger[140]	*4.100.000*	*96,7 %*
Volksgruppen/Minderheiten:		
1. Samen (Lappen)[141]	*40.000 - 60.000*	*1,4 %*
2. Finnen (Kvener)[142]	*12.000 - 20.000*	*0,5 %*
3. Roma[143]	*5.000*	*0,1 %*
	85.000	*2,0 %*
Ausländer[144]	*56.000*	*1,3 %*

---

[139] I.S.I.G.1997: 132.

[140] Als Differenz der Anzahl von Volksgruppenangehörigen und Ausländern zur Gesamtbevölkerung.

[141] European Bureau 1997: 3; andere Quellen nennen 40.000 (Weltalmanach '99: 541) oder 25.000 (I.S.I.G.1997: 132).

[142] Siehe Weltalmanach '99: 541 (12.000); I.S.I.G.1997: 132 (20.000).

[143] I.S.I.G.1997: 132.

[144] Darunter rd. 17.000 Dänen, 12.000 Briten, 12.000 Schweden, 12.000 Pakistani (Weltalmanach '99: 541) und 1.000 Juden (I.S.I.G.1997: 132).

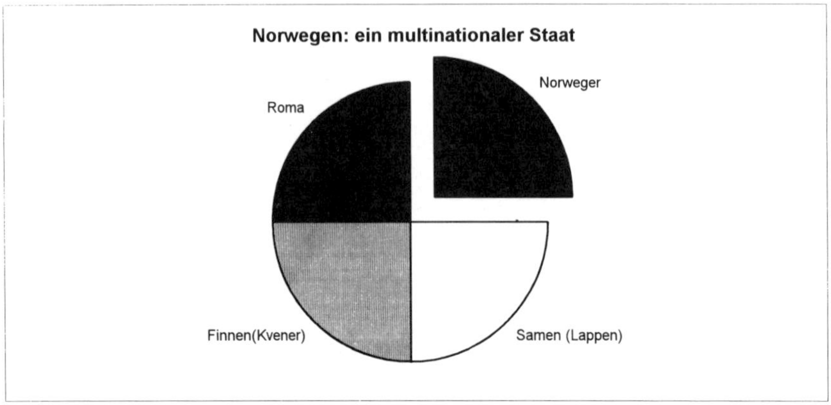
Norwegen: ein multinationaler Staat
Norweger
Roma
Finnen(Kvener)
Samen (Lappen)

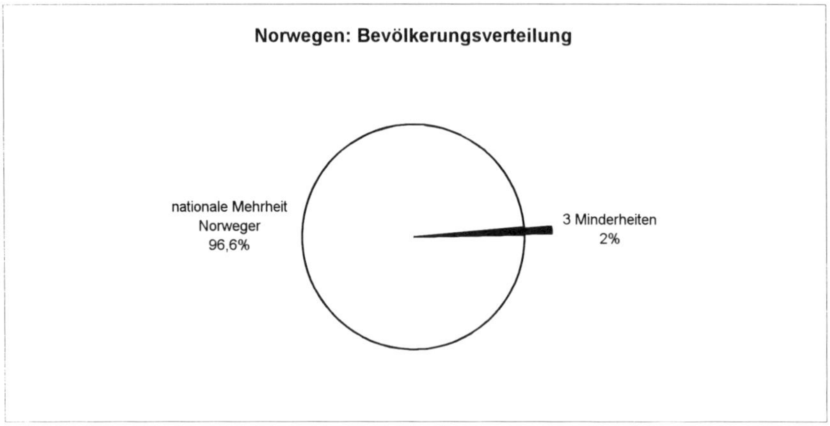
Norwegen: Bevölkerungsverteilung
nationale Mehrheit
Norweger
96,6%
3 Minderheiten
2%

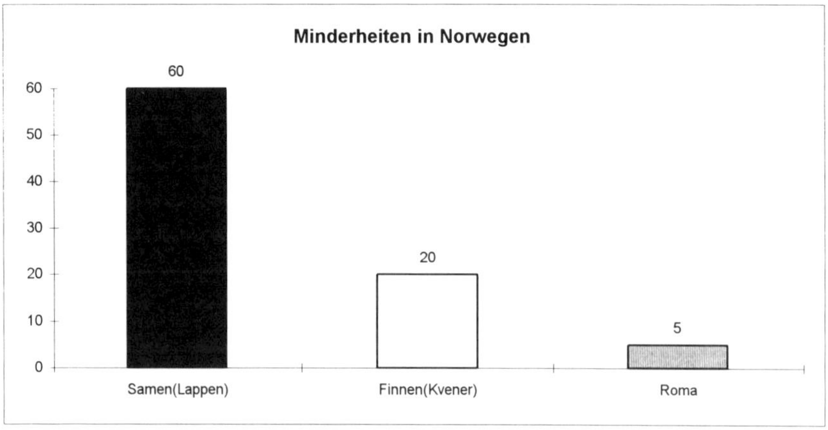
Minderheiten in Norwegen
60
20
5
0
10
20
30
40
50
60
Samen(Lappen)
Finnen(Kvener)
Roma

RüWa(SVI)

Die Minderheiten in Norwegen

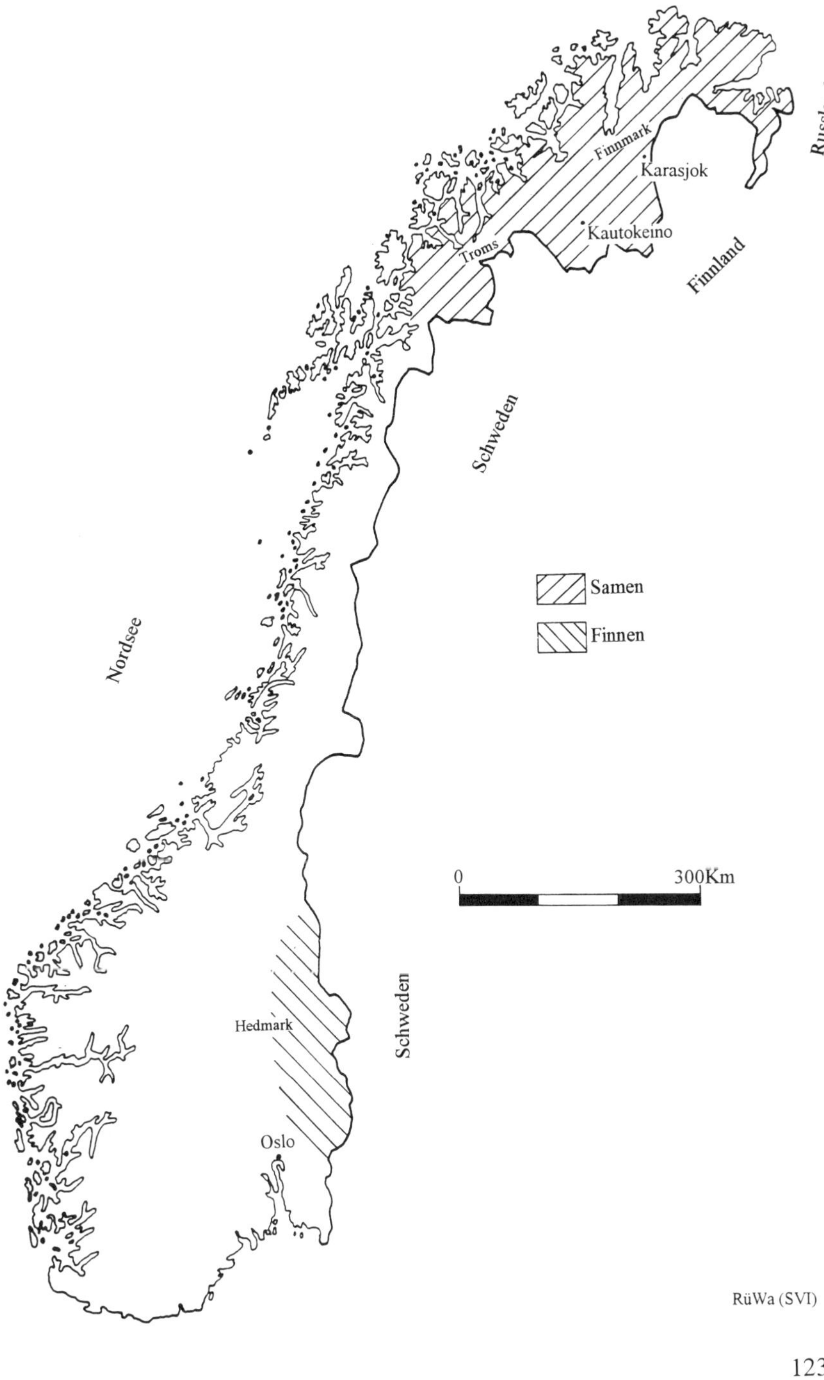

22. Österreich

Bevölkerung (Z 1991)[145]	*7.795.786*	*100,0%*
deutschsprachige Österreicher[146]	*7.107.411*	*91,2%*
Volksgruppen:[147]		
1. Kroaten[148]	*29.596*	*0,4%*
2. Ungarn[149]	*19.638*	*0,3%*
3. Slowenen[150]	*19.289*	*0,3%*
4. Tschechen[151]	*9.822*	*0,1%*
5. Roma-Sinti[152]	*5.000*	
6. Slowaken[153]	*1.015*	
	84.360	*1,1%*
andere[154]	*86.325*	*1,1%*
Ausländer[155]	*517.690*	*6,6%*

[145]Weltalmanach '99: 545.

[146]Council of Europe 1994a: 3.

[147]Amtliche Zählungsergebnisse aufgrund der erhobenen Umgangssprachen. Siehe Council Europe1994a: 3.

[148]Zu den rd. 30.000 Burgenlandkroaten kommen noch rd. 10.000 Kroaten mit ständigem Wohnsitz in Wien (Österreich Dokumentationen 1991: 14 f.). Näheres zur zahlenmäßigen Stärke der Burgenlandkroaten vgl. ÖVZ 1993b: 15 ff.

[149]Näheres zu Anzahl und Siedlungsgebiet der Ungarn im Burgenland vgl. ÖVZ 1992b: 15 ff.

[150]In einer Schätzung von 1984 werden die Slowenen auf 40.000 beziffert (Österreich Dokumentationen 1991: 15). Die slowenischen Zentralorganisationen gehen von 50.000 Kärntner Slowenen aus (ÖVZ 1993a: 21 f.). Die Zahl der Steirer Slowenen gemäß Zählung 1991 wird mit 1.695 angegeben (ÖVZ 1996: 147), eine andere Quelle beziffert diese auf 3.000 (Marauhn 1993b: 226). Hingegen wird vor allem von Seiten der Steiermärkischen Landesregierung die Existenz von Steirer Slowenen in Frage gestellt, vgl. dazu ÖVZ 1998: 47.

[151]Näheres zur zahlenmäßigen Stärke der Tschechen in Wien vgl. ÖVZ 1991: 19 f.

[152]ÖVZ 1992a: 18. Eine andere Quelle gibt die Zahl der Roma-Sinti in Österreich mit 7.000 bis 10.000 an (Klopcic / Polzer 1999: 2).

[153]Näheres zur zahlenmäßigen Stärke der Slowaken in Wien vgl. ÖVZ 1991: 20.

[154]Als Differenz der Anzahl von Deutschösterreichern und Volksgruppenangehörigen zur Gesamtzahl der Staatsbürger (7.278.096, siehe Council of Europe 1994a: 3); darunter etwa 13.000 Juden (I.S.I.G. 1997: 84).

[155]Als Differenz der Anzahl von Deutschösterreichern, Volksgruppenangehörigen und anderen zur Gesamtbevölkerung.

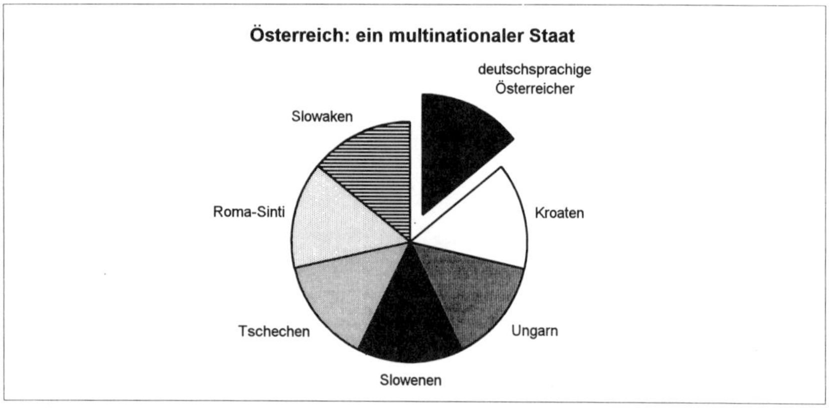
Österreich: ein multinationaler Staat
deutschsprachige Österreicher
Slowaken
Kroaten
Roma-Sinti
Ungarn
Tschechen
Slowenen

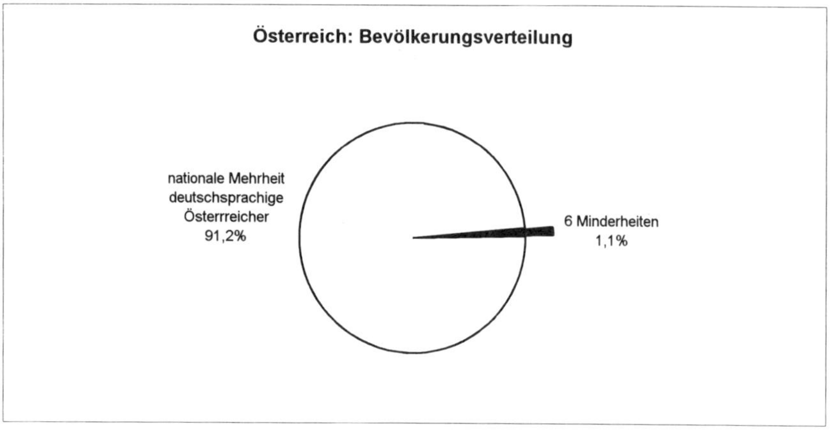
Österreich: Bevölkerungsverteilung
nationale Mehrheit deutschsprachige Österrreicher 91,2%
6 Minderheiten 1,1%

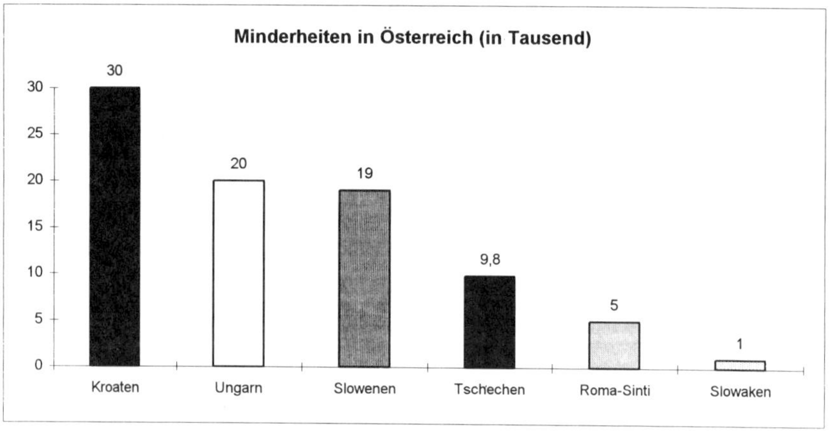
Minderheiten in Österreich (in Tausend)
30
25
20
15
10
5
0
30
20
19
9,8
5
1
Kroaten
Ungarn
Slowenen
Tschechen
Roma-Sinti
Slowaken

RüWa (SVI)

Die Minderheiten in Österreich

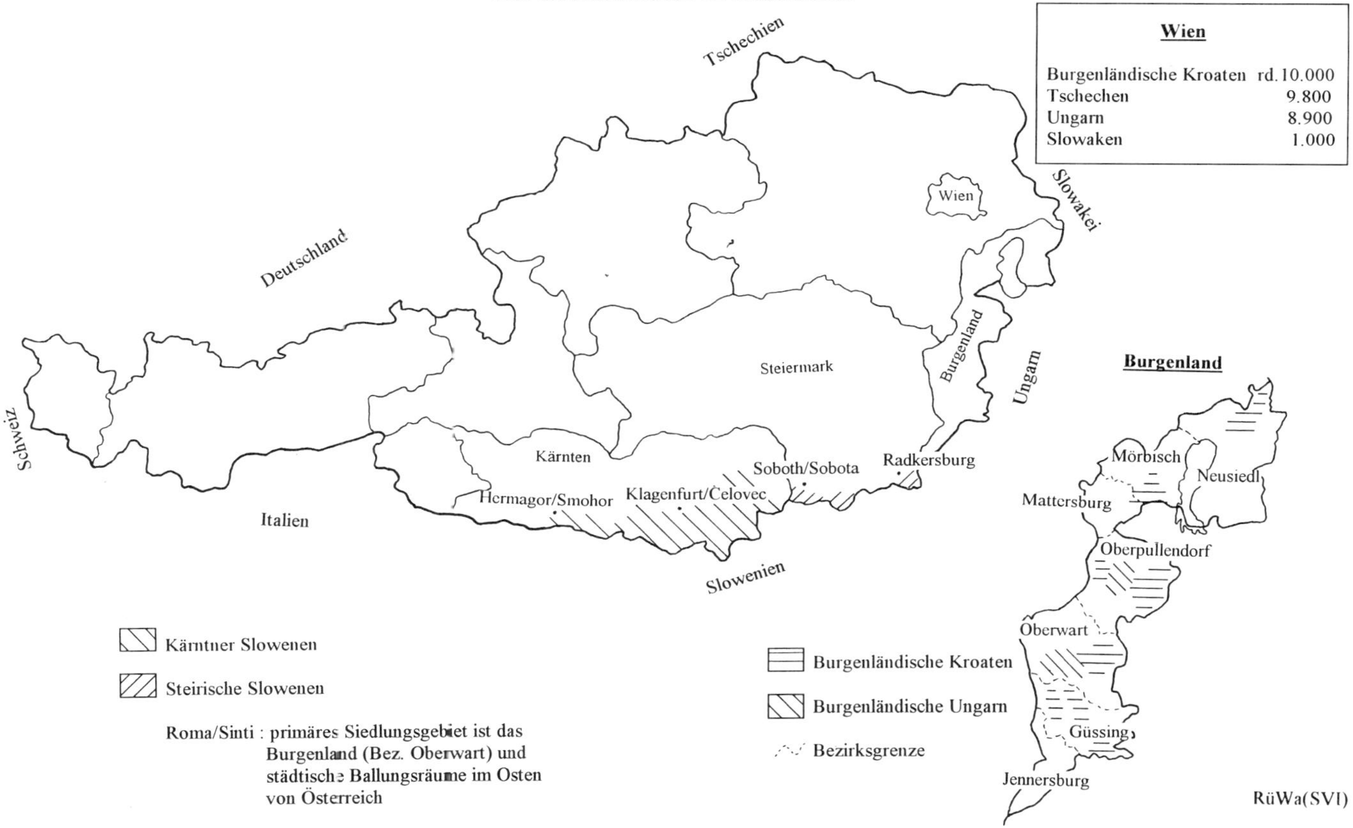

23. Polen

Bevölkerung[156]		*39.547.000*	*100,0 %*
Polen[157]		*38.451.000*	*97,2 %*
Volksgruppen/Minderheiten			
1.	*Deutsche*[158]	*250.000 - 400.000*	*1,0 %*
2.	*Ukrainer*[159]	*300.000*	*0,8 %*
3.	*Weißrussen*[160]	*200.000 - 250.000*	*0,6 %*
4.	*Roma*[161]	*40.000 - 50.000*	*0,1 %*
5.	*Litauer*[162]	*20.000 - 25.000*	
6.	*Slowaken*[163]	*21.000*	
7.	*Juden*	*15.000*	
8.	*Armenier*[164]	*15.000*	
9.	*Russen*[165]	*5.000*	
10.	*Griechen*	*4.500*	
11.	*Kaschuben*[166]	*4.500*	
12.	*Tschechen*	*3.000*	
13.	*Tataren*[167]	*2.000 - 3.000*	
14.	*Karaime*[168]	*400*	
		1.096.400	*2,8 %*

[156] I.S.I.G.1997: 134.
[157] Als Differenz der Anzahl von Minderheitsangehörigen zur Gesamtbevölkerung.
[158] Bis zu 800.000 lauten Zahlenangaben für die Deutschen (Mrowka 1994: 62).
[159] Nach einer anderen Schätzung 450.000 (Karp 1994: 77).
[160] Nach einer anderen Schätzung 300.000 - 500.000 (Karp 1994: 77).
[161] Eine andere Quelle gibt die Zahl der Roma in Polen mit 15.000 bis 50.000 an (Klopcic / Polzer 1999: 3).
[162] Nach einer anderen Schätzung 12.000 - 20.000 (Karp 1994: 77).
[163] Haarmann 1993: 67; nach anderen Quellen gab es 1992 nur noch 5.000 (I.S.I.G.1997: 136).
[164] Für 1990 (I.S.I.G.1997: 135).
[165] Für 1990 (I.S.I.G.1997: 135), für 1988 war ihre Anzahl noch mit 19.000 angegeben worden (Weltalmanach'94: 568).
[166] Haarmann 1993: 62; nach anderen Quellen soll ihre Anzahl 1984 noch 150.000 - 200.000 betragen haben (siehe I.S.I.G.1997: 134).
[167] I.S.I.G.1997: 136.
[168] I.S.I.G.1997: 135.

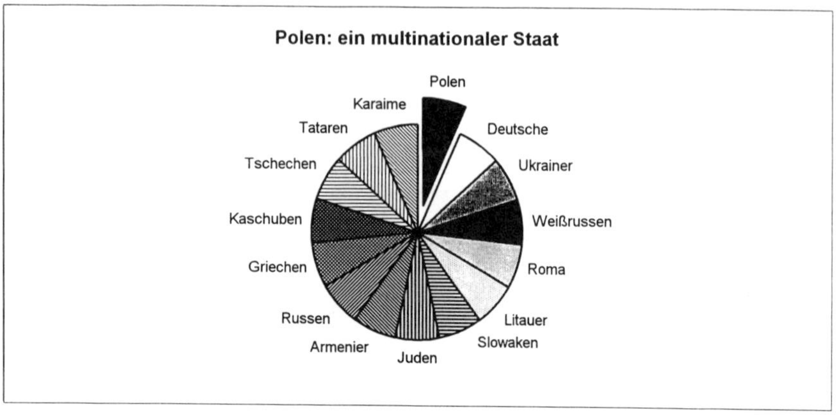

Polen: ein multinationaler Staat

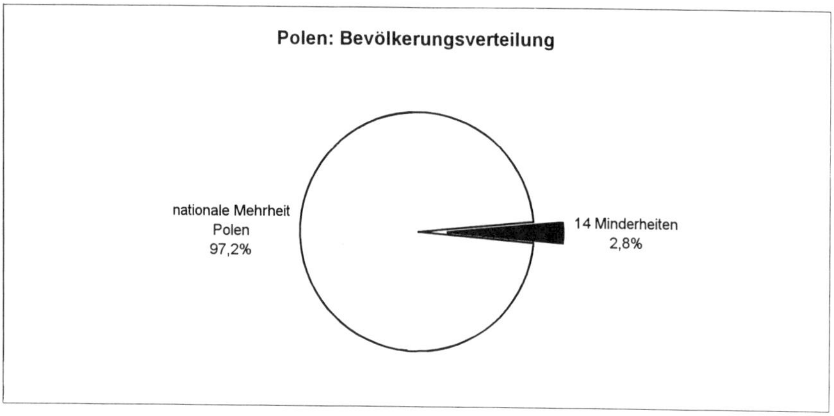

Polen: Bevölkerungsverteilung

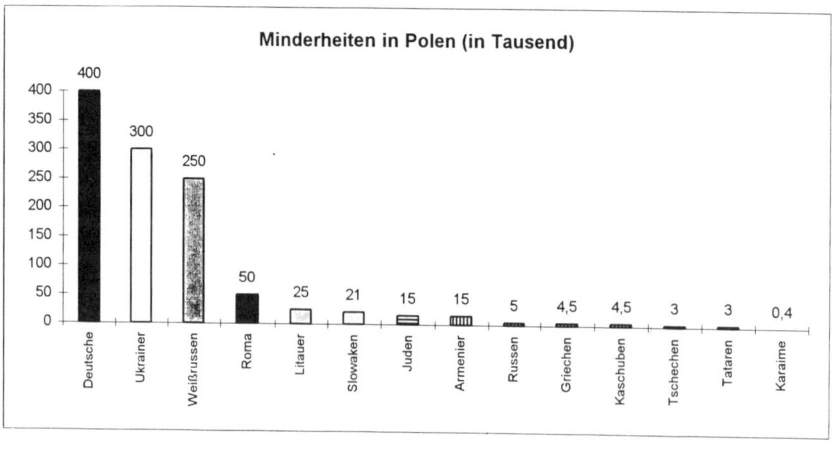

Minderheiten in Polen (in Tausend)

RüWa(SVI)

Die Minderheiten in Polen

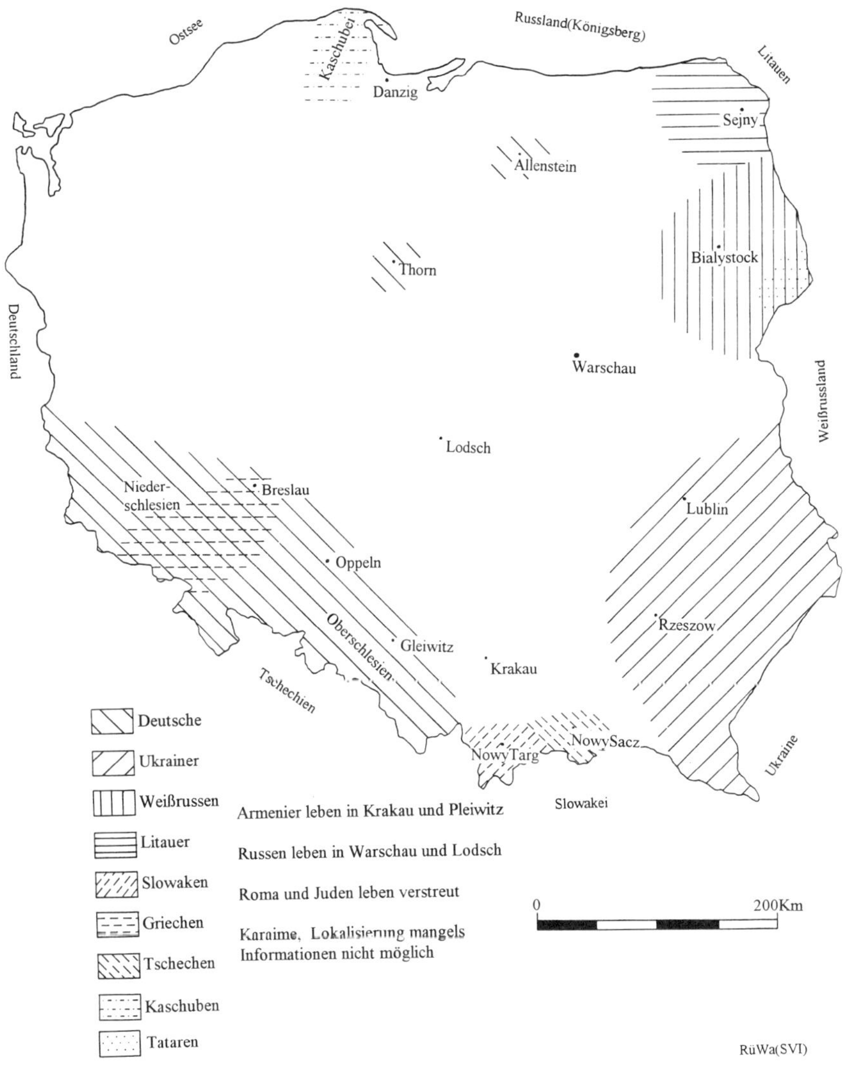

24. Portugal

Bevölkerung (Z 1991)[169]	*9.866.000*	*100,0 %*
Portugiesen[170]	*9.605.000*	*97,3 %*
Volksgruppen/Sprachminderheiten:		
1. Roma (1986)[171]	*105.000*	*1,1 %*
2. Mirandes-Sprecher[172]	*40.000*	*0,4 %*
3. Barranquenho-Sprecher[173]	*2.000*	____
	147.000	*1,5 %*
Ausländer[174]	*114.000*	*1,2 %*

[169]Weltalmanach '99: 584.

[170]Als Differenz der Anzahl von Angehörigen der Sprachminderheiten zur Gesamtbevölkerung.

[171]I.S.I.G.1997: 137.

[172]Council of Europe 1994a: 102. Mirandisch ist eine spanisch-asturische Regionalsprache.

[173]Council of Europe 1994a: 102. Barranquenho ist eine spanisch-andalusische Regionalsprache.

[174]Darunter 48.000 Afrikaner, über 12.000 Brasilianer, 9.000 Briten, 7.500 Spanier (Weltalmanach '99: 584).

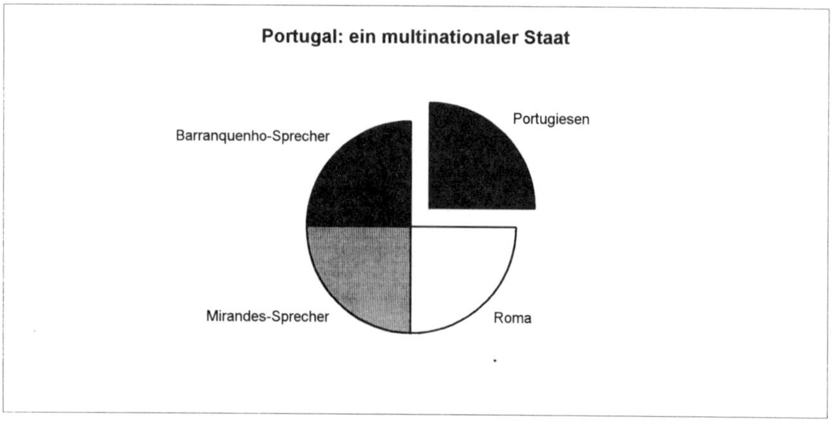
Portugal: ein multinationaler Staat
Barranquenho-Sprecher
Portugiesen
Mirandes-Sprecher
Roma

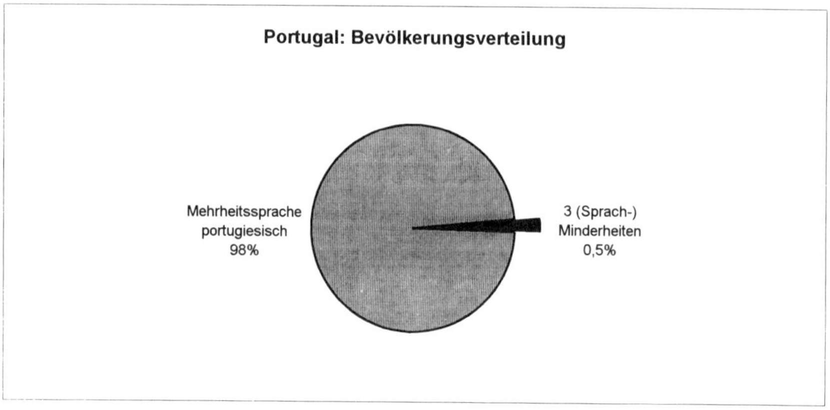
Portugal: Bevölkerungsverteilung
Mehrheitssprache
portugiesisch
98%
3 (Sprach-)
Minderheiten
0,5%

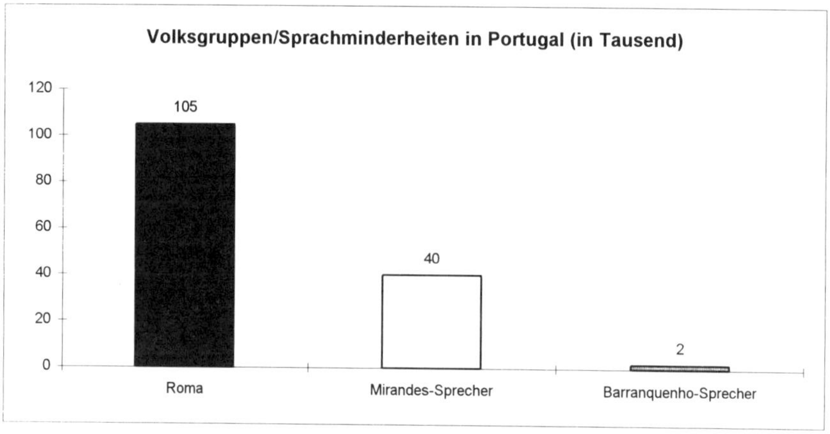
Volksgruppen/Sprachminderheiten in Portugal (in Tausend)
120
100
80
60
40
20
0
105
40
2
Roma
Mirandes-Sprecher
Barranquenho-Sprecher

RüWa(SVI)

Die Sprachminderheiten in Portugal

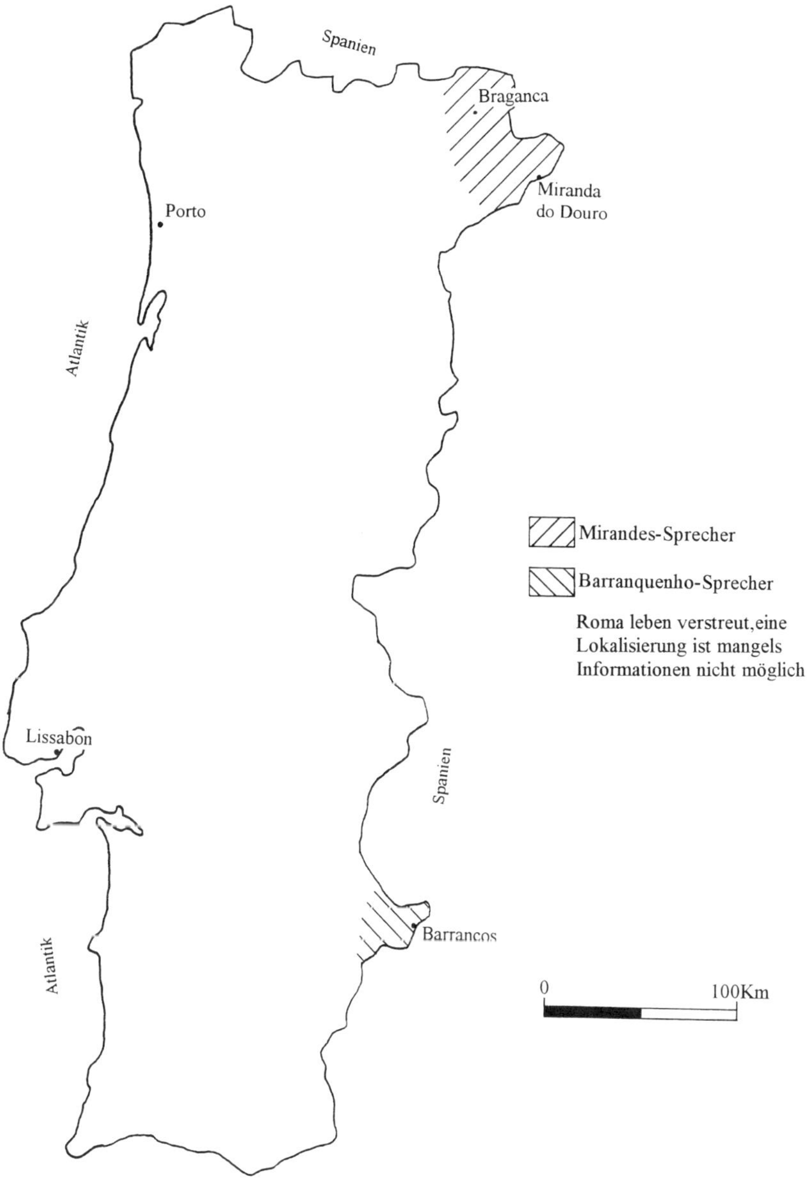

RüWa(SVI)

25. Rumänien

Bevölkerung (Z 1992)[175]		*22.760.449*	*100,0 %*
Rumänen[176]		*20.095.449*	*88,3 %*
Volksgruppen/Minderheiten:[177]			
1.	*Ungarn inkl. Szekler und Tschango*[178]	*1.622.364*	*7,1 %*
2.	*Roma*[179]	*409.723*	*1,8 %*
3.	*Wlachen (Aromunen) (1980)*[180]	*200.000 - 250.000*	*1,1 %*
4.	*Deutsche (Schwaben, Sachsen)*[181]	*119.436*	*0,5 %*
5.	*Ukrainer/Ruthenen*[182]	*66.833*	*0,3 %*
6.	*Lipowener/Russen*[183]	*38.688*	*0,1 %*
7.	*Türken*	*29.533*	*0,1 %*
8.	*Serben*	*29.080*	*0,1 %*
9.	*Tataren*	*24.649*	*0,1 %*
10.	*Slowaken*	*20.672*	*0,1 %*
11.	*Bulgaren*	*9.935*	

b.w.

---

[175]Ergebnisse der Volkszählung vom 7. Januar 1992 (Roumanie 1995: Annexe 1, vgl. auch Roumanie / Conseil de l'Europe 1999: 9 f.). Sofern nicht anders vermerkt, stammen die folgenden Zahlenangaben aus derselben Quelle.

[176]Als Differenz der Anzahl von Volksgruppenangehörigen und anderen zur Gesamtbevölkerung.

[177]Offiziell sind in Rumänien 18 Minderheiten anerkannt, nämlich die nachfolgend angeführten mit Ausnahme der Wlachen/Aromunen.

[178]Ministero dell'Interno 1994b: 169. Im einzelnen 1.619.368 Ungarn, 831 Szekler und 2.165 Tschango.

[179]Allgemein geht man davon aus, daß sich bei der Zählung von 1992 längst nicht alle in Rumänien lebenden Roma offiziell als solche deklariert haben. Hinsichtlich der tatsächlichen Zahlen reichen die Schätzungen von 1,41 bis 2,5 Millionen (Klopcic / Polzer 1999: 3). Von Roma-Verbänden selbst durchgeführte Zählungen geben eine Zahl von 2,3 Millionen an, vgl. dazu die Quellen bei Sewering-Wollanek 1994: 253 ff., 256 und Müller 1999: 67. Eine im Mai 1993 veröffentlichte Untersuchung Bukarester Soziologen schätzt die Zahl der „traditionell" lebenden Roma in Rumänien auf 1 Million (Müller 1999: 67).

[180]I.S.I.G.1997:143. Die Wlachen/Aromunen, die sich selbst als eine Minderheit betrachten, gelten derzeit – zum Unterschied von vor 20 Jahren – amtlich nicht als solche, sondern werden den Rumänen zugerechnet.

[181]Im einzelnen 111.301 „Deutsche", 6.292 Schwaben und 1.843 Sachsen (Ministero dell'Interno 1994b: 169).

[182]Ministero dell'Interno 1994b: 168, 169. Im einzelnen 66.483 Ukrainer und 350 Ruthenen.

[183]Im einzelnen 29.774 (russischsprachige) Lipowener und 8.914 Russen (Ministero dell'Interno 1994b: 168).

12.	*Juden*	*9.107*	
13.	*Makedonier*[184]	*6.999*	
14.	*Tschechen*	*5.800*	
15.	*Polen*	*4.247*	
16.	*Kroaten*	*4.180*	
17.	*Griechen*	*3.897*	
18.	*Karaschowener*[185]	*2.775*	
19.	*Armenier*	*2.023*	
		2.659.941	*11,7 %*
andere/keine Angabe[186]		*4.527*	

[184]Ministero dell'Interno 1994b: 168.

[185]Ministero dell'Interno 1994b: 169. Die Karaschowener sprechen ein südslawisches, dem Kroatischen nahestehendes Idiom und sind vorwiegend Katholiken.

[186]Ministero dell'Interno 1994b: 169.

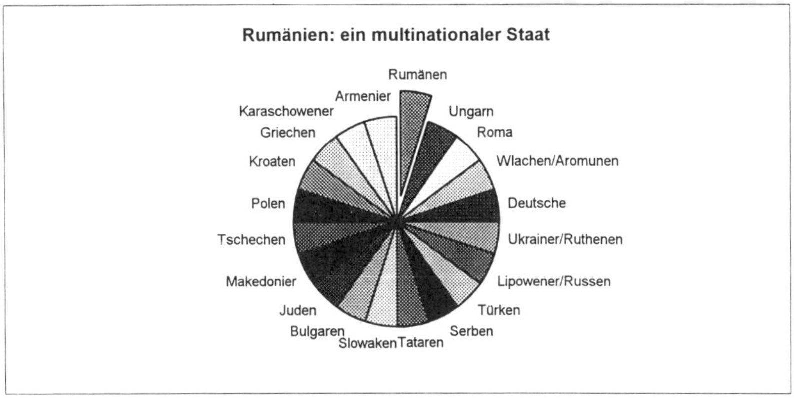
Rumänien: ein multinationaler Staat
Rumänen
Armenier
Karaschowener
Griechen
Kroaten
Polen
Tschechen
Makedonier
Juden
Bulgaren
Slowaken
Tataren
Serben
Türken
Lipowener/Russen
Ukrainer/Ruthenen
Deutsche
Wlachen/Aromunen
Roma
Ungarn

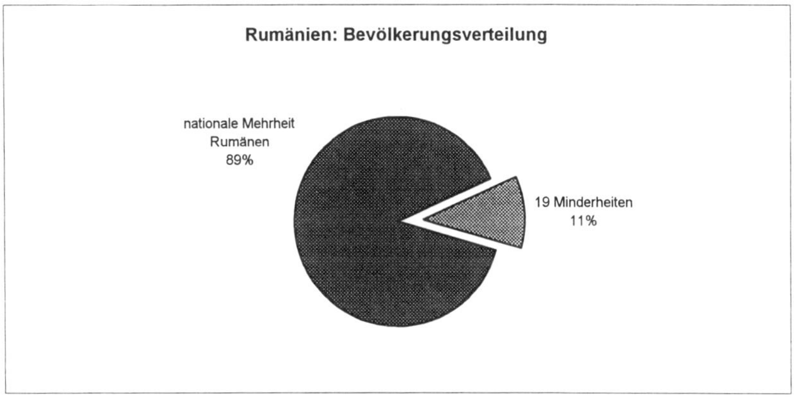
Rumänien: Bevölkerungsverteilung
nationale Mehrheit
Rumänen
89%
19 Minderheiten
11%

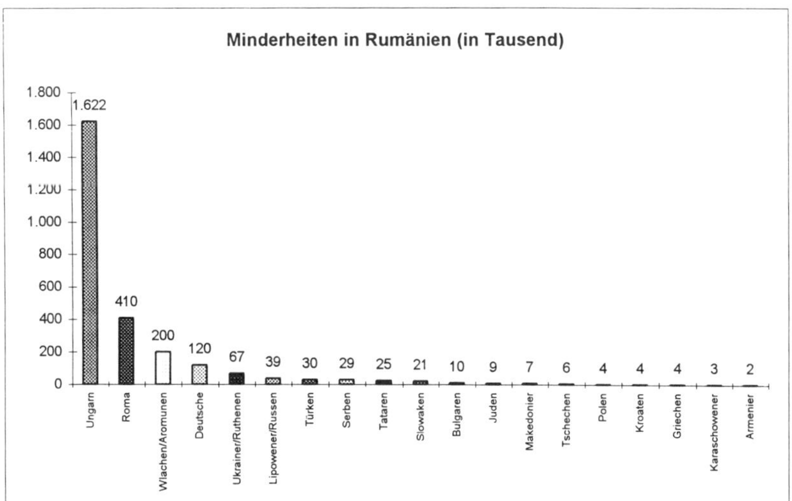
Minderheiten in Rumänien (in Tausend)
1.800
1.600
1.400
1.200
1.000
800
600
400
200
0
1.622
410
200
120
67
39
30
29
25
21
10
9
7
6
4
4
4
3
2
Ungarn
Roma
Wlachen/Aromunen
Deutsche
Ukrainer/Ruthenen
Lipowener/Russen
Türken
Serben
Tataren
Slowaken
Bulgaren
Juden
Makedonier
Tschechen
Polen
Kroaten
Griechen
Karaschowener
Armenier

RüWa(SVI)

Die Minderheiten in Rumänien

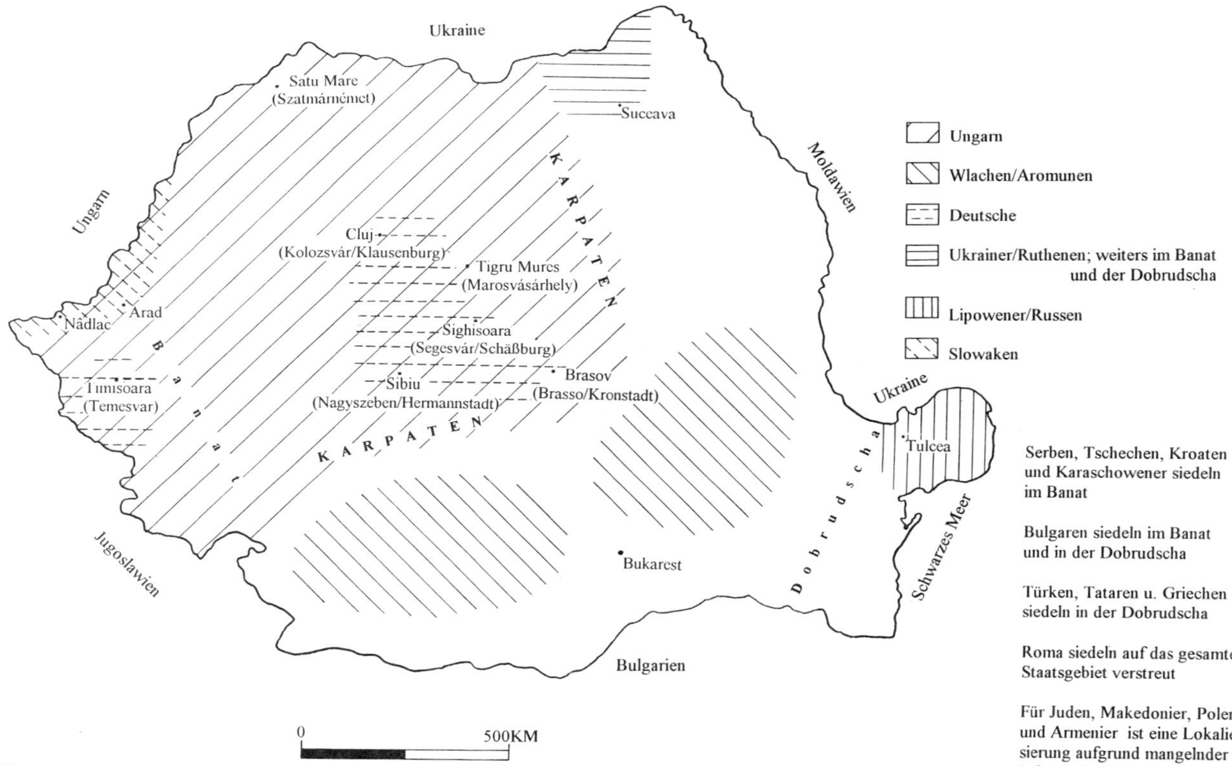

Serben, Tschechen, Kroaten und Karaschowener siedeln im Banat

Bulgaren siedeln im Banat und in der Dobrudscha

Türken, Tataren u. Griechen siedeln in der Dobrudscha

Roma siedeln auf das gesamte Staatsgebiet verstreut

Für Juden, Makedonier, Polen und Armenier ist eine Lokalisierung aufgrund mangelnder Informationen nicht möglich

RüWa(SVI)

26. Rußland

Bevölkerung (Z 1989)[187]	147.021.869	100,0 %
Russen[188]	112.939.000	76,8%
Bevölkerung nur europäischer Teil[189]	137.000.000	100,0 %
Russen europäischer Teil[190] ca.	112.939.700	82,4 %
Nationalitäten (europäischer Teil) [191]		
1. Agulier	18.000	
2. Assyrier	9.600	
3. Awaren	544.000	0,4 %
4. Balkaren	78.000	
5. Baschkiren	1.345.000	0,9 %
6. Darginer	353.000	0,3 %
7. Deutsche	842.000	0,6 %
8. Esten	19.000	
9. Finnen	47.000	
10. Gagausen	10.000	
11. Georgier/Grusinier	131.000	0,1 %
12. Griechen	92.000	0,1 %
13. Inguschen	215.000	0,2 %
14. Ischoren (Ingrier)	400	

b.w.

[187]Weltalmanach '99: 592.

[188]Weltalmanach '99: 592.

[189]Schätzung aufgrund folgender Angaben: 212 Mio Einwohner des europäischen Teils der UdSSR abzüglich 75 Mio Einwohner der Ukraine, Weißrußlands, Litauens, Lettlands, Estlands und Moldawiens = 137 Mio (Weltalmanach'92: 544).

[190]Als Differenz der Anzahl von Angehörigen der nichtrussischen Nationalitäten zur Gesamtbevölkerung im europäischen Teil Rußlands.

[191]Anstelle der Begriffe Volksgruppen/Minderheiten wird hier der offizielle Begriff Nationalitäten (= Völker, Volksgruppen) gebraucht. Die Anzahl der Nationalitäten in der Sowjetunion wurde zuletzt auf 120 - 140 geschätzt, die Linguisten zählten 130 gesprochene Sprachen (Mark 1989: 9). In der letzten sowjetischen Volkszählung 1989 wurden allein für Rußland über 118 Nationalitäten erfaßt. Für den europäischen Teil Rußlands konnten hier 45 in ihrem quantitativen Bestand ermittelt werden (Mark 1989: 29 ff.; weiter: I.S.I.G. 1997: 144 - 151). Aufgrund der Vielzahl der Nationalitäten und ihrer z.T. relativ geringen Bekanntheit außerhalb Rußlands erfolgt deren Aufzählung hier – entgegen der sonst befolgten Systematik – nicht nach ihrer zahlenmäßigen Größe, sondern alphabetisch.

15.	Juden[192]	556.000	0,4 %
16.	Kabardiner	386.000	0,3 %
17.	Kalmücken	166.000	0,1 %
18.	Karatschaier	150.000	0,1 %
19.	Karelier[193]	125.000	0,1 %
20.	Kasachen	636.000	0,5 %
21.	Komi (Syrjänen)[194]	336.000	0,2 %
22.	Komi-Permjaken	147.000	0,1 %
23.	Kumücken	277.000	0,2 %
24.	Lakken	106.000	0,1 %
25.	Lesgier	257.000	0,2 %
26.	Letten	20.000	
27.	Litauer	42.000	
28.	Mordwinen	1.073.000	0,8 %
29.	Nogaier	74.000	
30.	Osseten	402.000	0,3 %
31.	Roma	153.000	0,1 %
32.	Rutuler	20.000	
33.	Samen (Lappen)	1.800	
34.	Tabasaraner	94.000	0,1 %
35.	Tataren[195]	5.522.000	4,0 %
36.	Taten	19.000	
37.	Tsachurier	6.500	
38.	Tscheremissen (Mari)	644.000	0,5 %
39.	Tscherkessen (Adygejer)	174.000	0,1 %
40.	Tschetschenen	899.000	0,6 %
41.	Tschuwaschen	1.774.000	1,3 %
42.	Udmurten (Wotjaken)	715.000	0,5 %
43.	Ukrainer	4.363.000	3,2 %
44.	Weißrussen	1.206.000	0,9 %
45.	Wepsen	12.000	
		24.060.300	17,6 %

[192]Einschließlich 12.000 Bergjuden (Gorskie Evrei).

[193]Nach anderen Quellen 131.400 (Karelischer Verband 1996: 6).

[194]Komi-Syrjänen und Komi-Permjaken siedeln benachbart, stehen sich sprachlich sehr nahe und gehören mit den Udmurten zum permischen Zweig der finno-ugrischen Sprachfamilie (Müller 1998: 57).

[195]Einschließlich 21.000 Krimtataren.

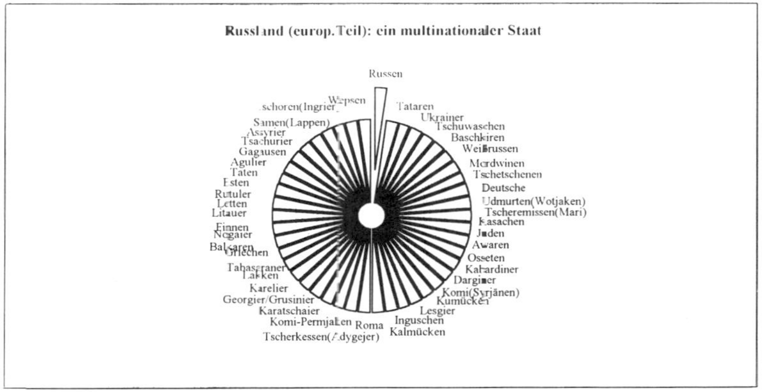
Russl nd (europ. Teil): ein multinationaler Staat
Russen
Tataren
Ukrainer
Tschuwaschen
Baschkiren
Weißrussen
Mordwinen
Tschetschenen
Deutsche
Udmurten(Wotjaken)
Tscheremissen(Mari)
Kasachen
Juden
Awaren
Osseten
Kabardiner
Darginer
Komi(Syrjänen)
Kumücken
Lesgier
Inguschen
Kalmücken
Roma
Tscherkessen(Adygejer)
Komi-Permjaken
Karatschaier
Georgier/Grusinier
Karelier
Lakken
Tabasaraner
Griechen
Balkaren
Nogaier
Finnen
Litauer
Letten
Rutuler
Esten
Taten
Agulier
Gagausen
Tsachurier
Assyrier
Samen(Lappen)
schoren(Ingrier)
Wepsen

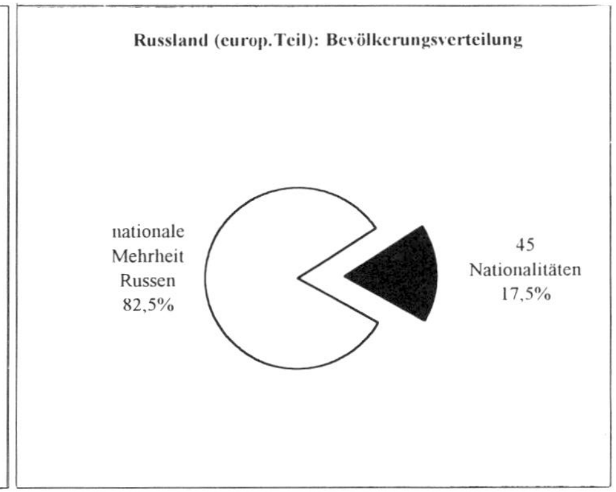
Russland (europ. Teil): Bevölkerungsverteilung
nationale Mehrheit Russen 82,5%
45 Nationalitäten 17,5%

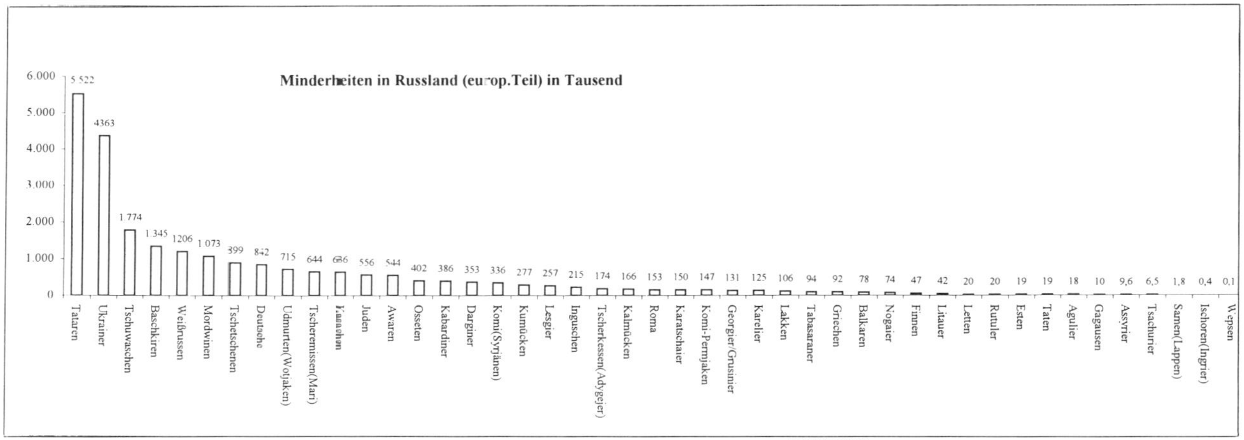
Minderheiten in Russland (eu-op.Teil) in Tausend
6.000
5.000
4.000
3.000
2.000
1.000
0
Tataren 5 522
Ukrainer 4363
Tschuwaschen 1 774
Baschkiren 1 345
Weißrussen 1206
Mordwinen 1 073
Tschetschenen 399
Deutsche 842
Udmurten(Wotjaken) 715
Tscheremissen(Mari) 644
Kasachen 636
Juden 556
Awaren 544
Osseten 402
Kabardiner 386
Darginer 353
Komi(Syrjänen) 336
Kumücken 277
Lesgier 257
Inguschen 215
Tscherkessen(Adygejer) 174
Kalmücken 166
Roma 153
Karatschaier 150
Komi-Permjaken 147
Georgier/Grusinier 131
Karelier 125
Lakken 106
Tabasaraner 94
Griechen 92
Balkaren 78
Nogaier 74
Finnen 47
Litauer 42
Letten 20
Rutuler 20
Esten 19
Taten 19
Agulier 18
Gagausen 10
Assyrier 9,6
Tsachurier 6,5
Samen(Lappen) 1,8
Ischoren(Ingrier) 0,4
Wepsen 0,1

RüWa(SVI)

Die Minderheiten in Rußland

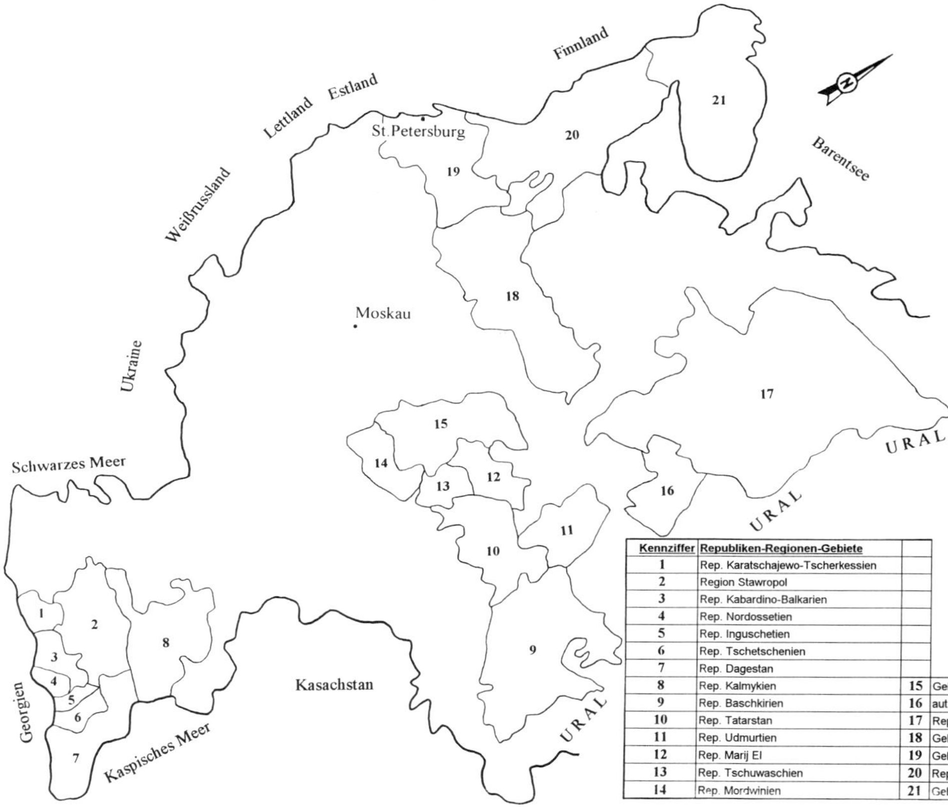

Nationalitäten	Kennziffer
Agulier	7
Assyrier	1,2,3,4,5,6,7
Awaren	7
Balkaren	3
Baschkiren	9
Darginer	7
Deutsche	verstreut
Finnen	20,19
Inguschen	6
Ischoren(Ingrier)	19
Juden	in Städten
Kabardiner	3
Kalmücken	8
Karatschaier	1
Karelier	20,15
Komi(Syrjänen)	17
Komi-Permjaken	16
Kumücken	7
Lakken	7
Lesgier	7
Mordwinen	14
Nogaier	7,6,2
Osseten	4
Roma	verstreut
Rutuler	7
Samen(Lappen)	21
Tabasaraner	7
Tataren	10
Taten	7
Tsachurier	7
Tscheremissen(Mari)	12,10,9
Tscherkessen(Adygejer)	1
Tschetschenen	6
Tschuwaschen	13
Udmurten(Wotjaken)	11,12,10,9
Wepsen	20,19,18

Kennziffer	Republiken-Regionen-Gebiete		
1	Rep. Karatschajewo-Tscherkessien		
2	Region Stawropol		
3	Rep. Kabardino-Balkarien		
4	Rep. Nordossetien		
5	Rep. Inguschetien		
6	Rep. Tschetschenien		
7	Rep. Dagestan		
8	Rep. Kalmykien	15	Gebiet Nischni Nowgorod
9	Rep. Baschkirien	16	aut. Bezirk der Komi-Permjaken
10	Rep. Tatarstan	17	Rep. Komi
11	Rep. Udmurtien	18	Gebiet Wologda
12	Rep. Marij El	19	Gebiet Leningrad
13	Rep. Tschuwaschien	20	Rep. Karelien
14	Rep. Mordwinien	21	Gebiet Murmansk

RüWa (SVI)

27. Schweden

Bevölkerung (Z 1990)[196]	8.585.907	100,0 %
Schweden (F 1991)[197]	7.760.000	90,4 %
Volksgruppen/Minderheiten:		
1. Finnen[198]	225.000	2,6 %
2. Samen[199]	20 - 25.000	0,3 %
	250.000	2,9 %
Ausländer[200]	576.000	6,7 %

---

[196] Weltalmanach '99: 626.

[197] Als Differenz der Anzahl von Minderheitsangehörigen und Ausländern zur Gesamtbevölkerung.

[198] Aufgrund der nationalen Union zwischen Schweden und Finnland für etwa 650 Jahre ist die finnische Sprache in Schweden traditionell verwurzelt. Ursprünglich war sie die zweite Sprache der Nation, doch in der ersten Hälfte des 20. Jahrhunderts war sie in den Schulen absolut verboten. Erst in den fünfziger Jahren wurde dieses Verbot aufgehoben und erst 1994 erfolgte schließlich die offizielle Anerkennung des Finnischen in Schweden (Kirjavainen 1996: 3 f.). Die zahlenmäßige Stärke der (noch nicht offiziell als nationale Minderheit anerkannten) finnischen Volksgruppe in Schweden wird auf 75.000 (Winsa 1996: 5) bis 225.000 geschätzt (Weltalmanach '99: 626), worin auch rd. 30.000 Karelier enthalten sein dürften (Karelischer Verband 1996: 6), während schwedische Regierungsstellen von 25.000 Finnen sprechen, außer welchen zusätzlich noch rd. 190.000 finnische Wanderarbeitnehmer bzw. deren Familienangehörige zu berücksichtigen seien (Council of Europe, a.a.O. S. 126).

[199] European Bureau 1997: 3.

[200] Weltalmanach '99: 626.

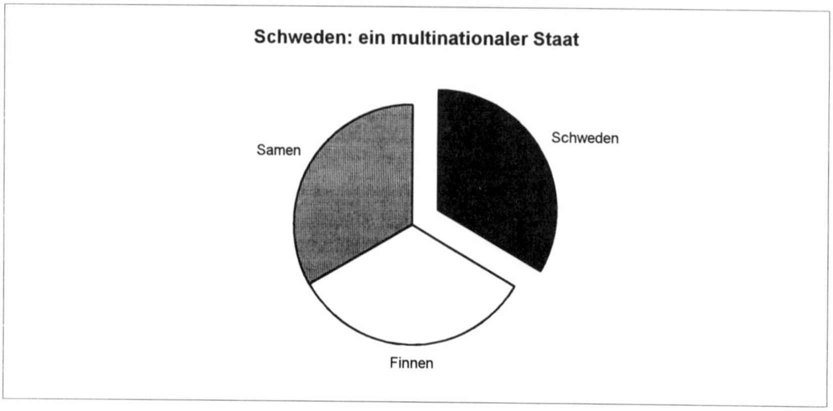
Schweden: ein multinationaler Staat
Samen
Schweden
Finnen

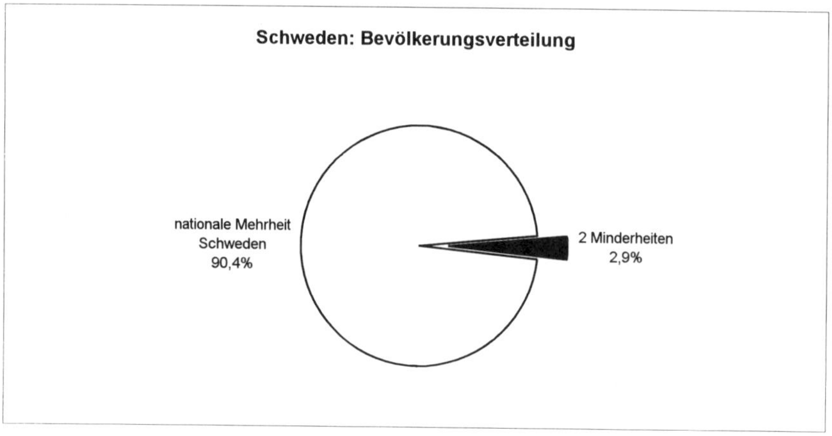
Schweden: Bevölkerungsverteilung
nationale Mehrheit
Schweden
90,4%
2 Minderheiten
2,9%

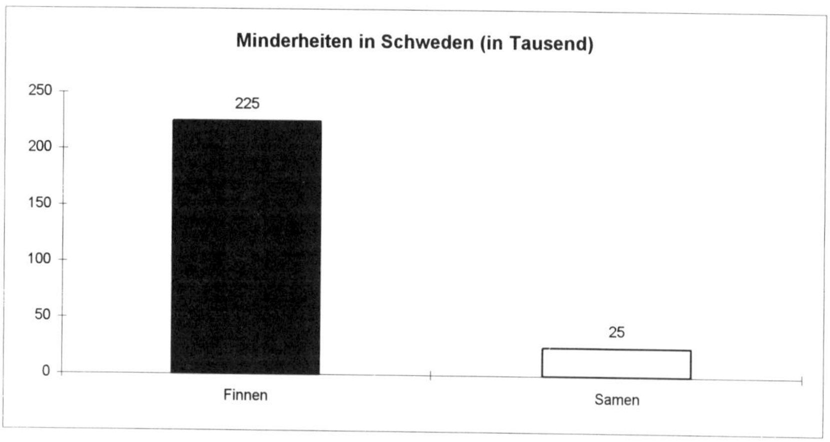
Minderheiten in Schweden (in Tausend)
250
200
150
100
50
0
225
25
Finnen
Samen

RüWa(SVI)

Die Minderheiten in Schweden

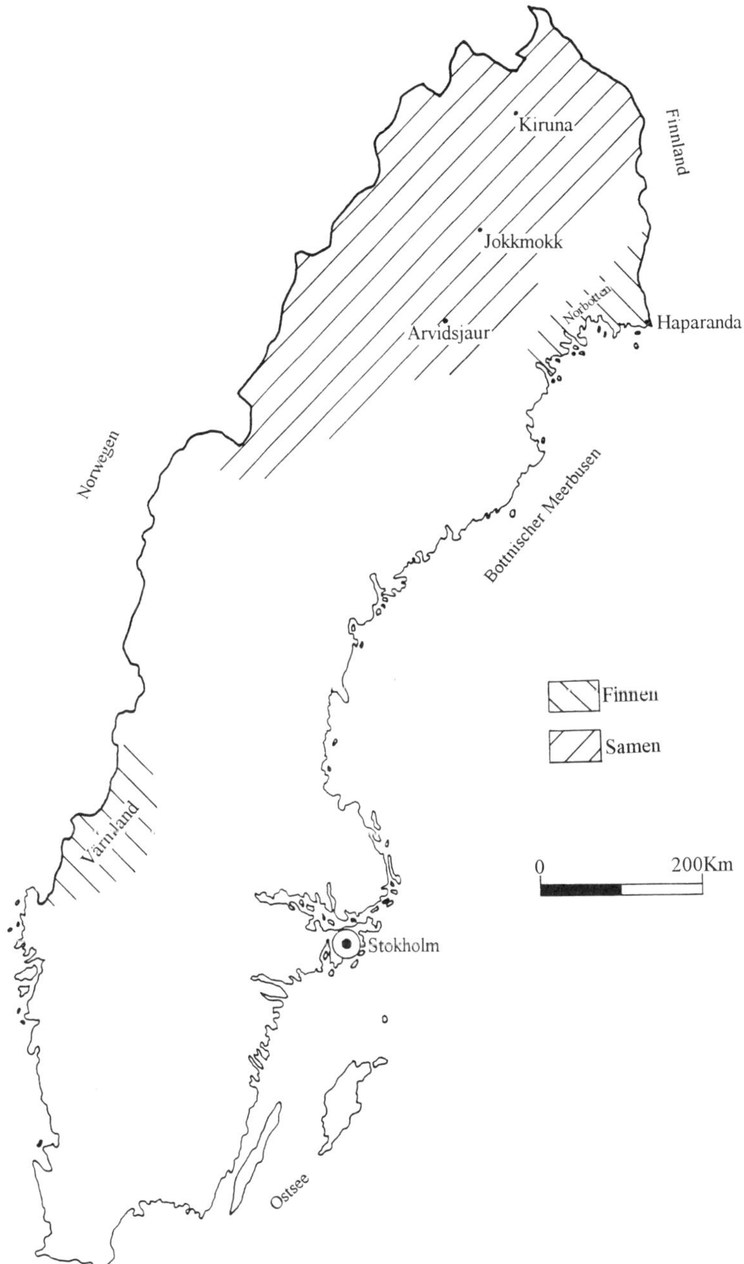

RüWa(SVI)

28. Schweiz

(Wohn-)Bevölkerung (Z 1990) [201]	6.873.687		100,0 %
Schweizer nach Sprachgruppen[202]:			80,8 %
1. Deutschschweizer	4.131.027	74,4 %	
2. Französischsprachige	1.155.683	20,8 %	
3. Italienischsprachige	229.090	4,1 %	
4. Rätoromanen[203]	38.454	0,7 %	
	5.554.254	100,0 %	
andere Sprachen	74.001		1,1 %
Ausländer[204]	1.245.432		18,1 %

[201] Weltalmanach '99: 629.

[202] Kolde / Näf 1996: 388. Die Unterteilung der Schweizer Bürger nach Sprachgruppen beruht auf dem Konzept der Mehrsprachigkeit und des gleichberechtigten Zusammenlebens verschiedener Ethnien als tragender Staatsidee (Näheres dazu bei Richter 1993: 308 ff.; Rossinelli 1992: 173 ff. sowie Furer 1992: 193 ff.); die Schweiz gilt als Prototyp des sog. Nationalitätenstaats.

[203] In der Schweiz werden alle zehn Jahre Volkszählungen durchgeführt, die auch die sprachliche Zugehörigkeit ermitteln. Unterschiedliche Fragestellungen zum Sprachgebrauch erlauben es aber nur beschränkt, die einzelnen Ergebnisse miteinander zu vergleichen. 1880 bis 1980 wurde nach der „Muttersprache" gefragt. 1990 wurden zwei Fragen gestellt:
– Welches ist die Sprache, in der Sie denken und die Sie am besten beherrschen?
– Welche Sprache(n) sprechen Sie regelmäßig a) zu Hause, mit Angehörigen; b) in der Schule, im Erwerbsleben, im Beruf.

Im Vergleich mit den vorangehenden Volkszählungen ermöglicht jene von 1990 eine weit detailliertere Analyse der sprachlichen Situation. Auch die jüngste Volkszählung vermag aber den Bedürfnissen des Rätoromanischen nicht gerecht zu werden. Die Romanen, die – abgesehen von einigen jüngeren Kindern – durchgehend zweisprachig sind, konnten bei der ersten Frage nur eine Sprache angeben. So kommt es nicht selten vor, daß sie das Deutsche als bestbeherrschte Sprache angeben mußten. Auch die zweite Frage erlaubt es nicht, den tatsächlichen Sprachgebrauch zu ermitteln: In vielen Bereichen, die von der Volkszählung nicht erfaßt wurden, wird das Rätoromanische regelmäßig verwendet. Eine offenere Fragestellung – ohne die Beschränkung auf die drei erhobenen Bereiche – hätte ein vollständigeres Bild ergeben und aufgezeigt, daß das Rätoromanische noch verbreiteter ist, als es die Resultate der Volkszählung darlegen. Vgl. dazu Lia Rumantscha 1996: 21 ff.; Furer 1997: 240 f.

[204] Kolde / Näf 1996: 388.

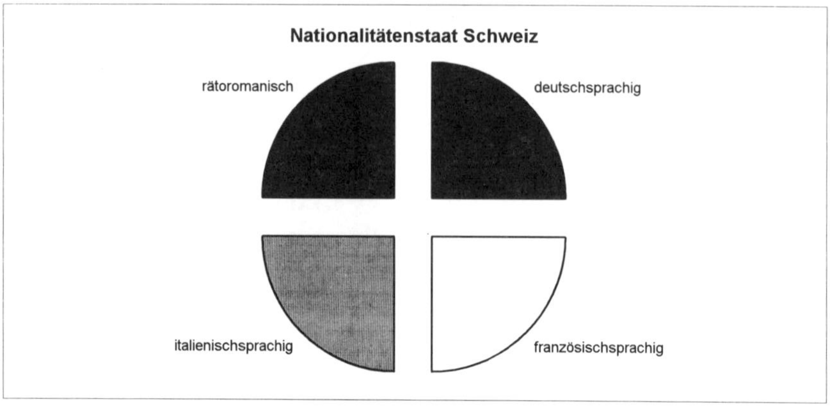
Nationalitätenstaat Schweiz
rätoromanisch
deutschsprachig
italienischsprachig
französischsprachig

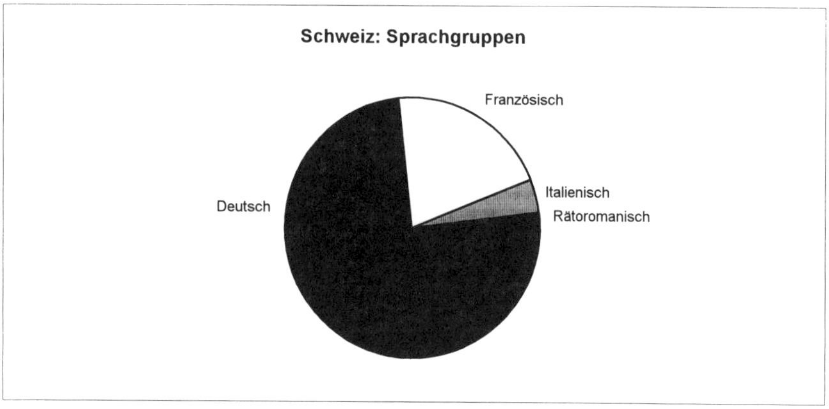
Schweiz: Sprachgruppen
Französisch
Italienisch
Rätoromanisch
Deutsch

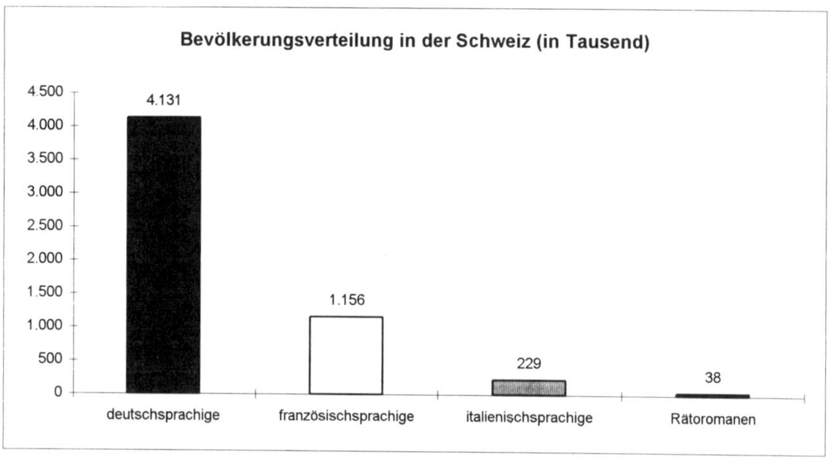
Bevölkerungsverteilung in der Schweiz (in Tausend)
4.500
4.000
3.500
3.000
2.500
2.000
1.500
1.000
500
0
4.131
1.156
229
38
deutschsprachige
französischsprachige
italienischsprachige
Rätoromanen

RüWa(SVI)

Nationalitätenstaat Schweiz

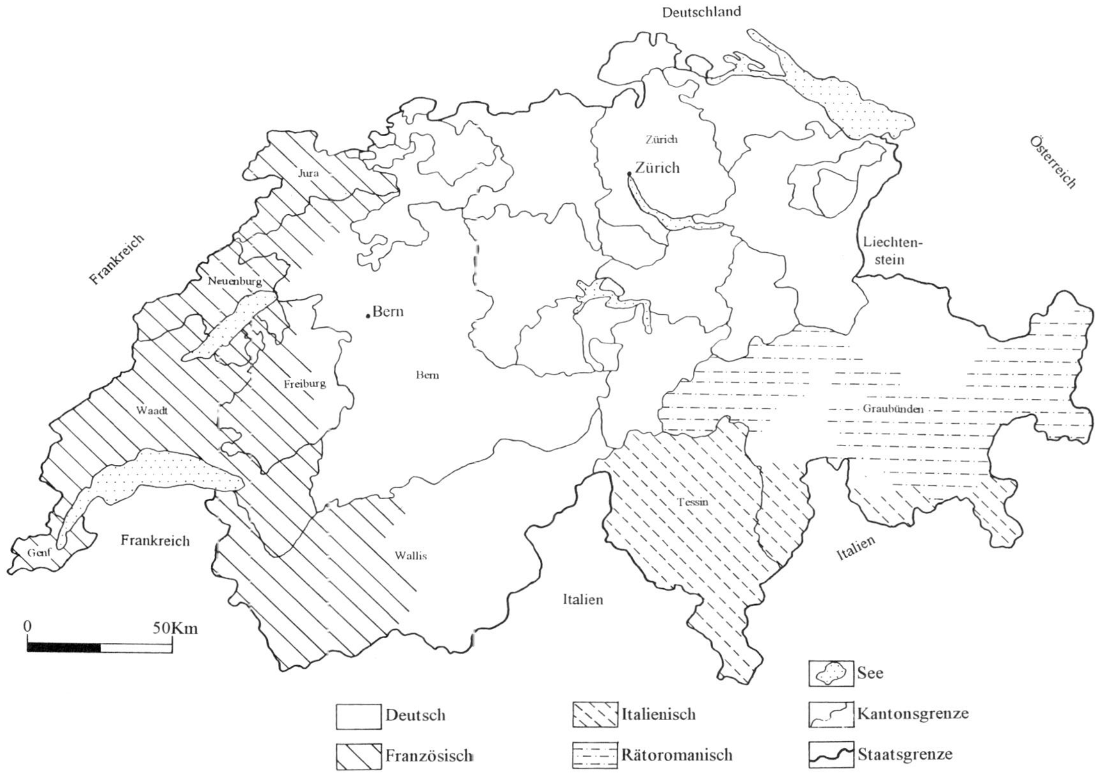

RüWa (SVI)

29. Slowakei

Bevölkerung (F 1997)[205]	5.356.207	100,0 %
Slowaken	4.590.100	85,7 %
andere Nationalitäten:		
1. Ungarn	568.714	10,6 %
2. Roma[206]	83.988	1,6 %
3. Tschechen[207]	57.654	1,1 %
4. Ruthenen[208]	17.277	0,3 %
5. Ukrainer	14.341	0,3 %
6. Deutsche	5.380	0,1 %
7. Polen	3.039	
	750.393	14,0 %
andere[209]	15.714	0,3 %

---

[205] Staatenbericht der Slowakei in: Slovak Republic / Council of Europe 1999: 6 f. Sofern nicht anders vermerkt, stammen die folgenden Zahlenangaben aus derselben Quelle.

[206] Bei der Volkszählung 1991 bestand erstmals die Möglichkeit, sich auch als Roma zu bekennen, doch wurde von dieser Möglichkeit offenbar nur zögernd Gebrauch gemacht. Die tatsächliche Anzahl der Roma wird inoffiziell auf 450.000 (Slovak Republic 1994: 5), 458.000 bis 520.000 (Klopcic / Polzer 1999: 3) bzw. bis auf ca. 700.000 (Brunner 1996: 180) geschätzt.

[207] Im einzelnen 51.293 Böhmen und 6.361 Mährer und Schlesier.

[208] Da die Ruthenen in der Slowakei als eigene Gruppe gelten, werden sie hier getrennt von den Ukrainern angeführt.

[209] Als Differenz der Anzahl von Slowaken und Volksgruppenangehörigen zur Gesamtbevölkerung, darunter 4.000 Kroaten, 3.500 Juden und 1.400 Bulgaren.

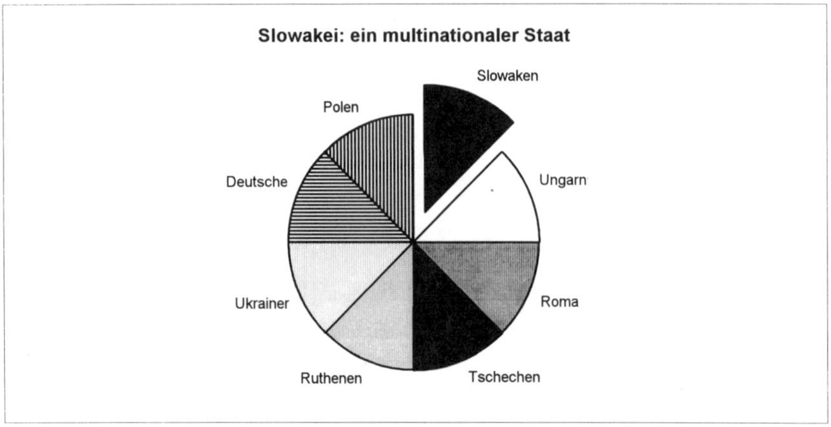
Slowakei: ein multinationaler Staat
Slowaken
Polen
Deutsche
Ungarn
Ukrainer
Roma
Ruthenen
Tschechen

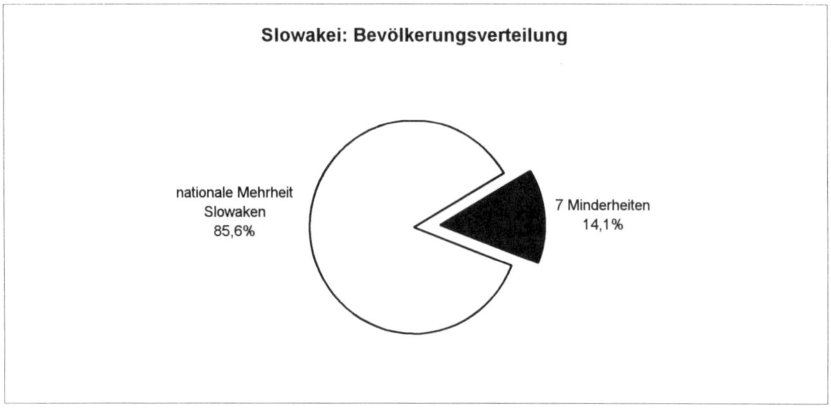
Slowakei: Bevölkerungsverteilung
nationale Mehrheit
Slowaken
85,6%
7 Minderheiten
14,1%

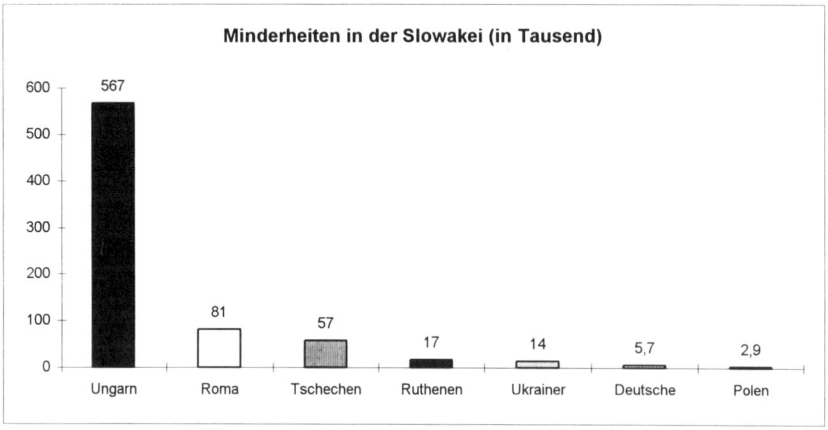
Minderheiten in der Slowakei (in Tausend)
600
500
400
300
200
100
0
567
81
57
17
14
5,7
2,9
Ungarn
Roma
Tschechen
Ruthenen
Ukrainer
Deutsche
Polen

RüWa(SVI)

Die Minderheiten in der Slowakei

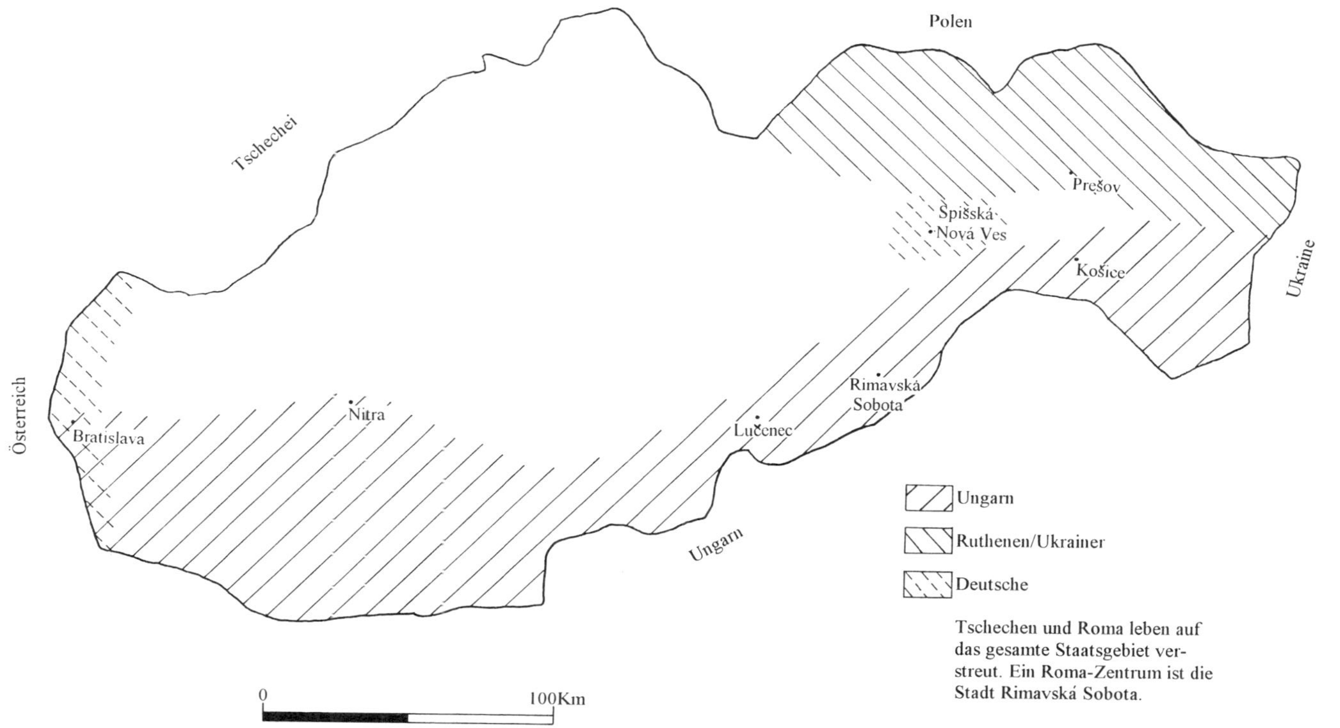

Tschechen und Roma leben auf das gesamte Staatsgebiet verstreut. Ein Roma-Zentrum ist die Stadt Rimavská Sobota.

RüWa(SVI)

30. Slowenien

Bevölkerung (Z 1991)[210]	1.965.986	100,0 %
Slowenen	1.727.018	87,8 %
Volksgruppen/Minderheiten:[211]		
1. Ungarn	8.503	0,4 %
2. Italiener	3.064	0,2 %
3. Roma[212]	2.293	0,1 %
4. Deutsche (inkl. Altösterreicher)[213]	745	0,1 %
	14.605	0,8 %
andere[214]	224.363	11,4 %

[210]Die letzte Zählung fand 1991 statt, also noch während der Zugehörigkeit Sloweniens zu Jugoslawien (Council of Europe 1994a: 111 ff., 113). Sofern nichts anderes vermerkt, stammen die folgenden Zahlenangaben sämtlich aus derselben Quelle.

[211]Rechtlich anerkannt und besonders geschützt sind nur die Minderheiten der Ungarn und Italiener, vgl. dazu Polzer-Srienz 1997: 115, 118 ff.; Marko 1994c 320, 325 ff.

[212]Eine andere Quelle gibt die Zahl der Roma in Slowenien mit 7.000 bis 10.000 an (Horvat 1999: 14).

[213]Deutsch als Muttersprache gaben 1991 insgesamt 1.543 Personen an. Eine vom Österreichischen Bundesministerium für auswärtige Angelegenheiten in Auftrag gegebene Studie beziffert die Anzahl der Deutschen bzw. Altösterreicher auf 1.813 (Karner 1998: 207), vgl. auch Krizman 1996b: 185 ff., 191.

[214]Als Differenz der Anzahl von Slowenen und Volksgruppenangehörigen zur Gesamtbevölkerung. Darunter Angehörige der „Nationen" und „Nationalitäten" aus den ehemaligen Republiken Jugoslawiens wie 54.212 Kroaten, 47.911 Serben, 26.842 ethnische Muslime, 4.432 Makedonier, 4.396 Montenegriner, 3.629 Albaner (Marko 1994c: 322 ff.), über 12.000 „Jugoslawen" (Eigenbezeichnung), über 5.000 Personen, die einer regionalen Zuordnung (z.B. „Istrianer") den Vorzug gaben und rd. 53.500 ohne nähere Angaben (Council of Europe 1994a: 113).

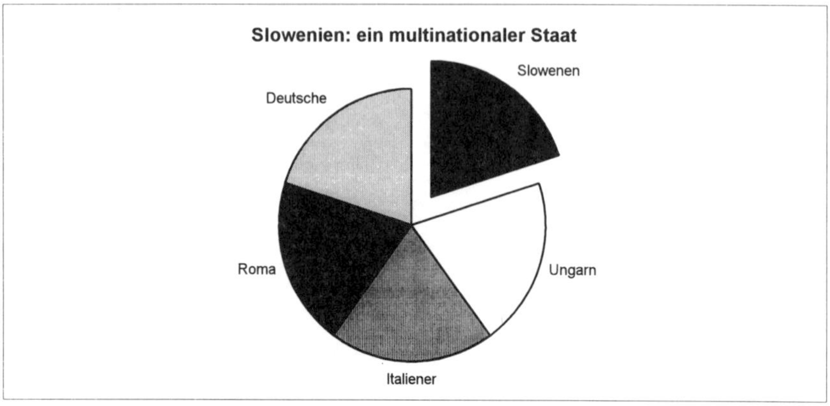

Slowenien: ein multinationaler Staat

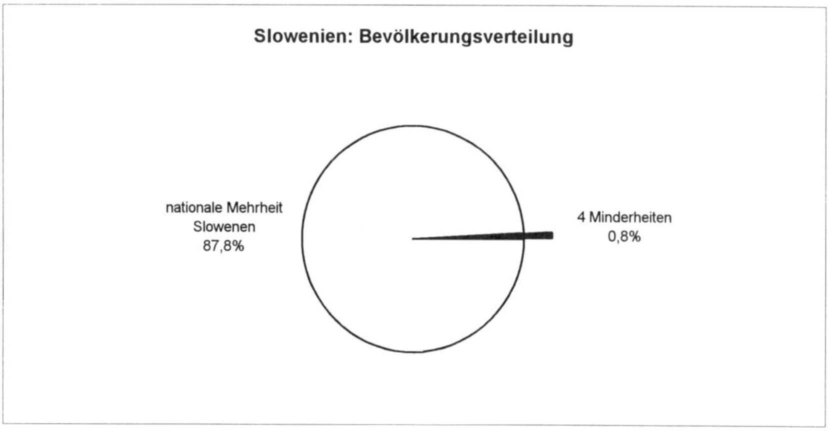

Slowenien: Bevölkerungsverteilung

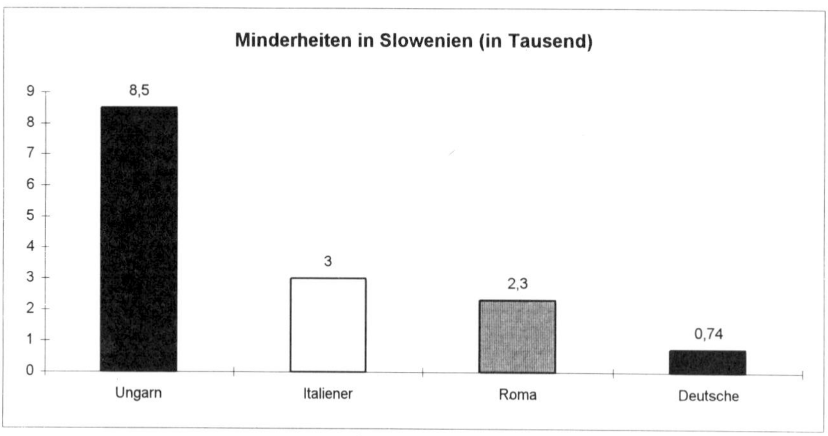

Minderheiten in Slowenien (in Tausend)

RüWa(SVI)

Die Minderheiten in Slowenien

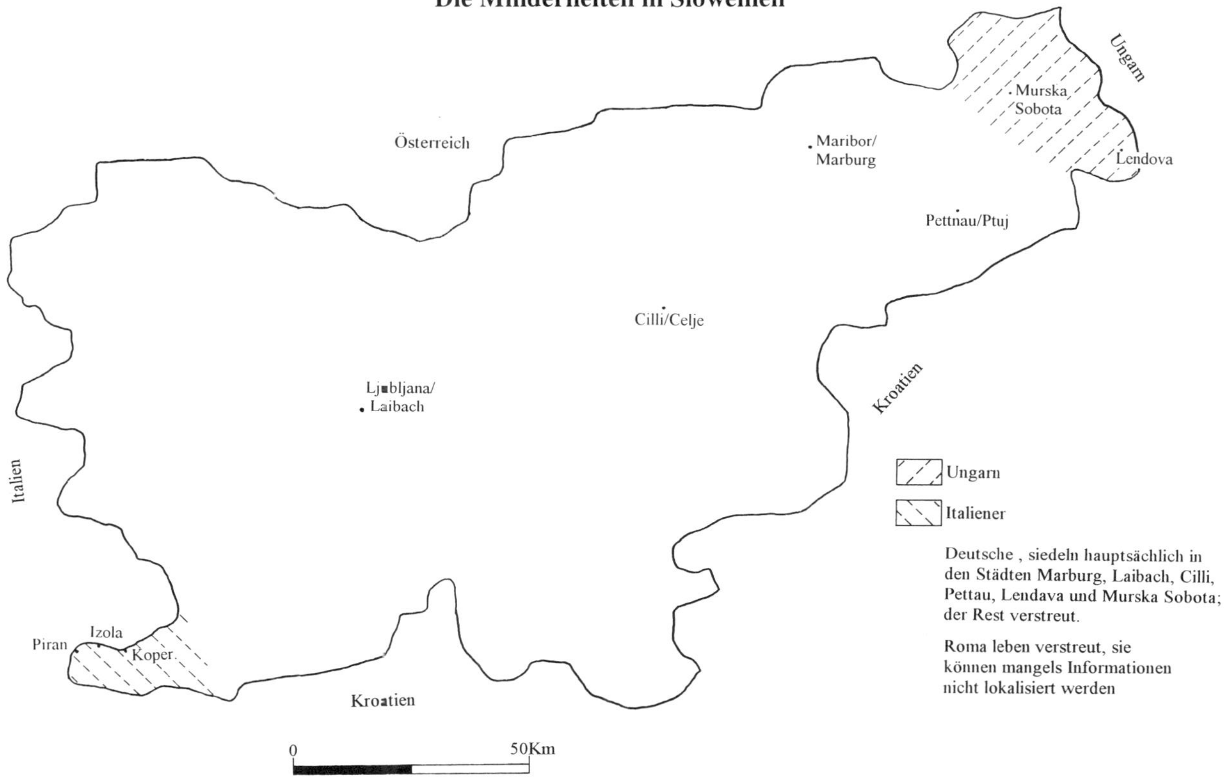

RüWa (SVI)

31. Spanien

Bevölkerung (Z 1991)[215]	38.872.268	100,0 %
Kastilischsprachige Spanier[216]	29.658.632	76,3 %
Nationalitäten/Minderheiten:[217]		
1. Katalanen[218]	4.194.202	10,8 %
2. Valencianer[219]	2.005.720	5,1 %
3. Galicier[220]	1.514.609	3,9 %
4. Basken	533.741	1,3 %
5. Gitanos (Roma)[221]	500.000	1,3 %
6. Okzitanen (Aranesen)[222]	4.000	
	8.752.272	22,5 %
Ausländer[223]	461.364	1,2 %

[215]Weltalmanach '99: 671.

[216]Als Differenz der Anzahl von Angehörigen anderer Nationalitäten und Ausländern zur Gesamtbevölkerung.

[217]Council of Europe 1994a: 123 ff. und ergänzend dazu Puig Moreno 1992: 271 ff. Näheres zum Sprachenrecht in Spanien vgl. Milian Massana 1992: 253 ff.

[218]Etwa 3.700.000 in der Region Katalonien und etwa 500.000 auf den Balearischen Inseln.

[219]In der Region Valencia besitzt Katalanisch den Status einer regionalen Amtssprache unter der offiziellen Bezeichnung Valencianisch.

[220]Außer den Galiciern, die den Portugiesen sprachlich sehr nahe stehen, scheint es noch eine kleine Gruppe von 3.600 Sprechern des Portugiesischen zu geben (Europäische Kommission 1996: Tabelle 3).

[221]Haarmann 1993: 65.

[222]Europäisches Parlament 1994: 29.

[223]Weltalmanach '99: 671.

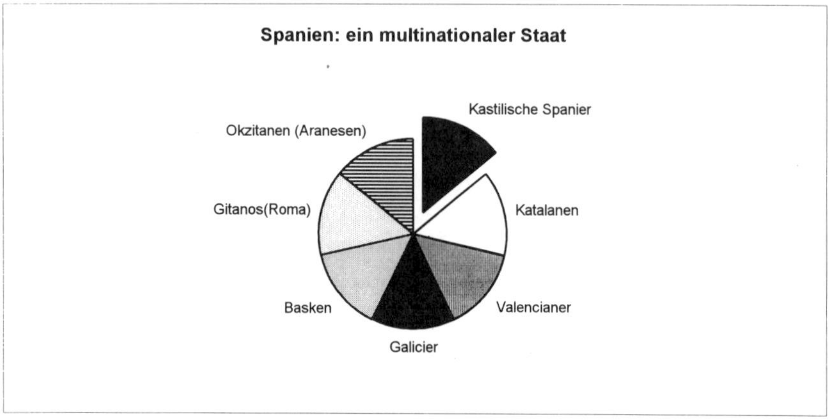
Spanien: ein multinationaler Staat
Kastilische Spanier
Okzitanen (Aranesen)
Gitanos(Roma)
Katalanen
Basken
Valencianer
Galicier

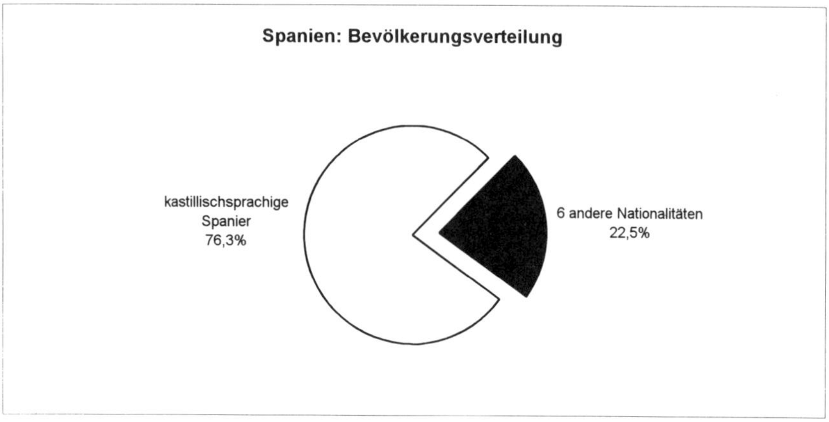
Spanien: Bevölkerungsverteilung
kastillischsprachige Spanier 76,3%
6 andere Nationalitäten 22,5%

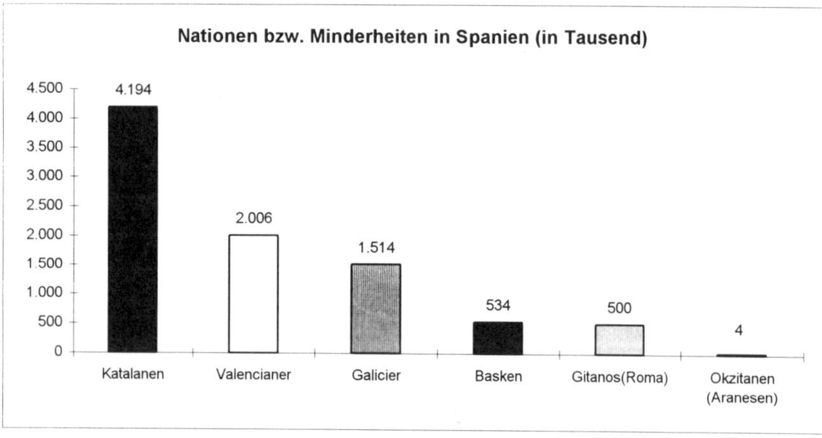
Nationen bzw. Minderheiten in Spanien (in Tausend)
4.500
4.000
3.500
3.000
2.500
2.000
1.500
1.000
500
0
4.194
2.006
1.514
534
500
4
Katalanen
Valencianer
Galicier
Basken
Gitanos(Roma)
Okzitanen (Aranesen)

RüWa (SVI)

Die Minderheiten in Spanien

32. Tschechien

Bevölkerung (Z 1991)[224]	10.302.215	100,0 %
Tschechen:	9.773.000	94,9 %
nach regionaler Zugehörigkeit:[225]		
Böhmen	8.373.000	81,3 %
Mährer	1.356.000	13,2 %
Schlesier	44.000	0,4 %
Volksgruppen/Minderheiten:[226]		
1. Slowaken	314.877	3,1 %
2. Polen	59.383	0,6 %
3. Deutsche (inkl. Altösterreicher)[227]	48.969	0,5 %
4. Roma[228]	32.903	0,3 %
5. Ungarn	19.932	0,2 %
6. Ukrainer/Ruthenen[229]	10.146	0,1 %
7. Russen	5.062	
8. Griechen	3.379	
	494.651	4,8 %
andere[230]	34.564	0,3 %

[224]Staatenbericht der Tschechischen Republik in: Czech Republic/Council of Europe 1999:7 f.

[225]Brunner 1996: 181.

[226]Staatenbericht der Tschechischen Republik in: Czech Republic/Council of Europe 1999:7 f.

[227]Im einzelnen 48.556 Deutsche und 413 Altösterreicher.

[228]In anderen Quellen wird die Zahl der Roma in Tschechien auf 150.000 bis 300.000 (Klopcic / Polzer 1999: 3) bzw. auf 300.000 (für 1998; Weltalmanach '99: 716) geschätzt.

[229]Im einzelnen 8.220 Ukrainer und 1.926 Ruthenen.

[230]Als Differenz der Anzahl von Tschechen und Volksgruppenangehörigen zur Gesamtbevölkerung, darunter 3.487 Bulgaren, 3.464 „Tschechoslowaken", 1.043 Rumänen und 218 Juden.

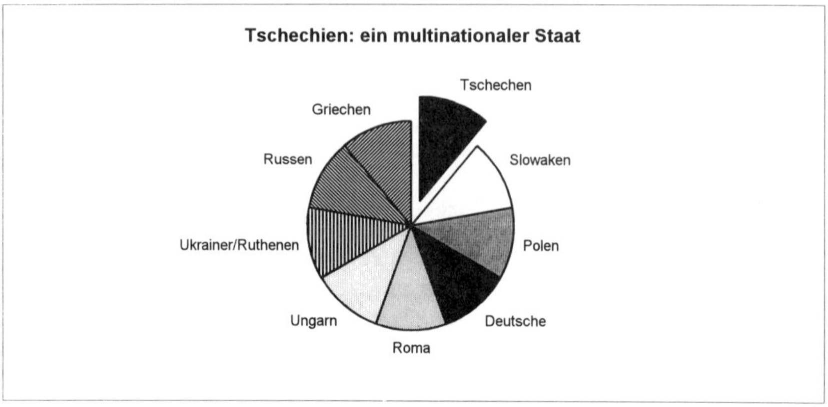
Tschechien: ein multinationaler Staat
Tschechen
Griechen
Russen
Slowaken
Ukrainer/Ruthenen
Polen
Ungarn
Deutsche
Roma

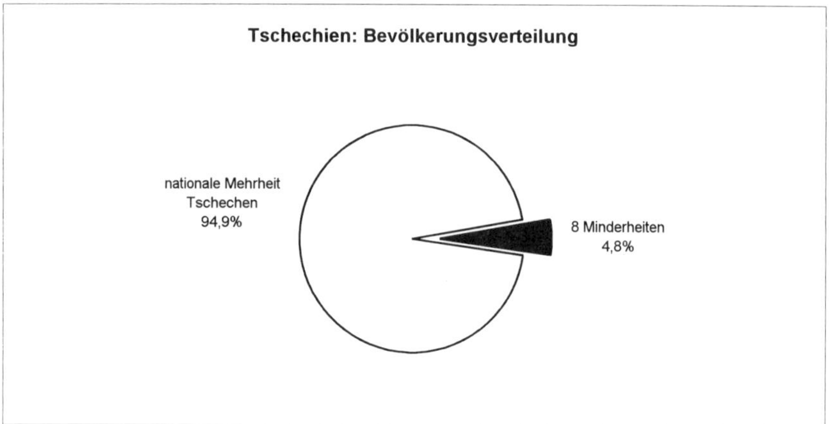
Tschechien: Bevölkerungsverteilung
nationale Mehrheit
Tschechen
94,9%
8 Minderheiten
4,8%

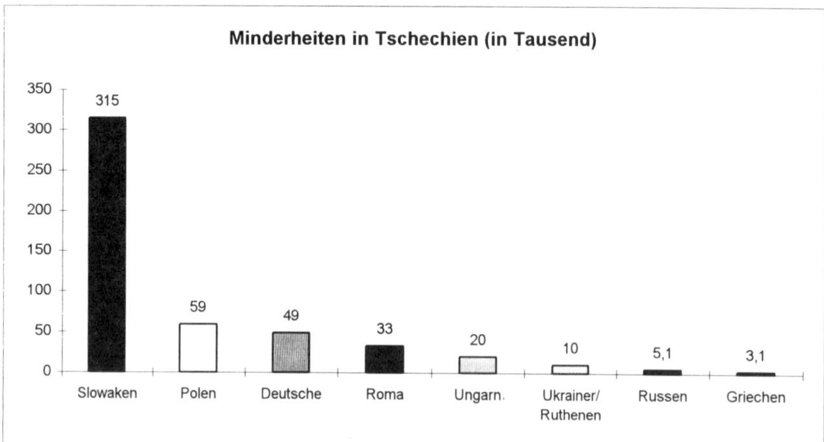
Minderheiten in Tschechien (in Tausend)
350
300
250
200
150
100
50
0
315
59
49
33
20
10
5,1
3,1
Slowaken
Polen
Deutsche
Roma
Ungarn.
Ukrainer/
Ruthenen
Russen
Griechen

RüWa(SVI)

Die Minderheiten in Tschechien

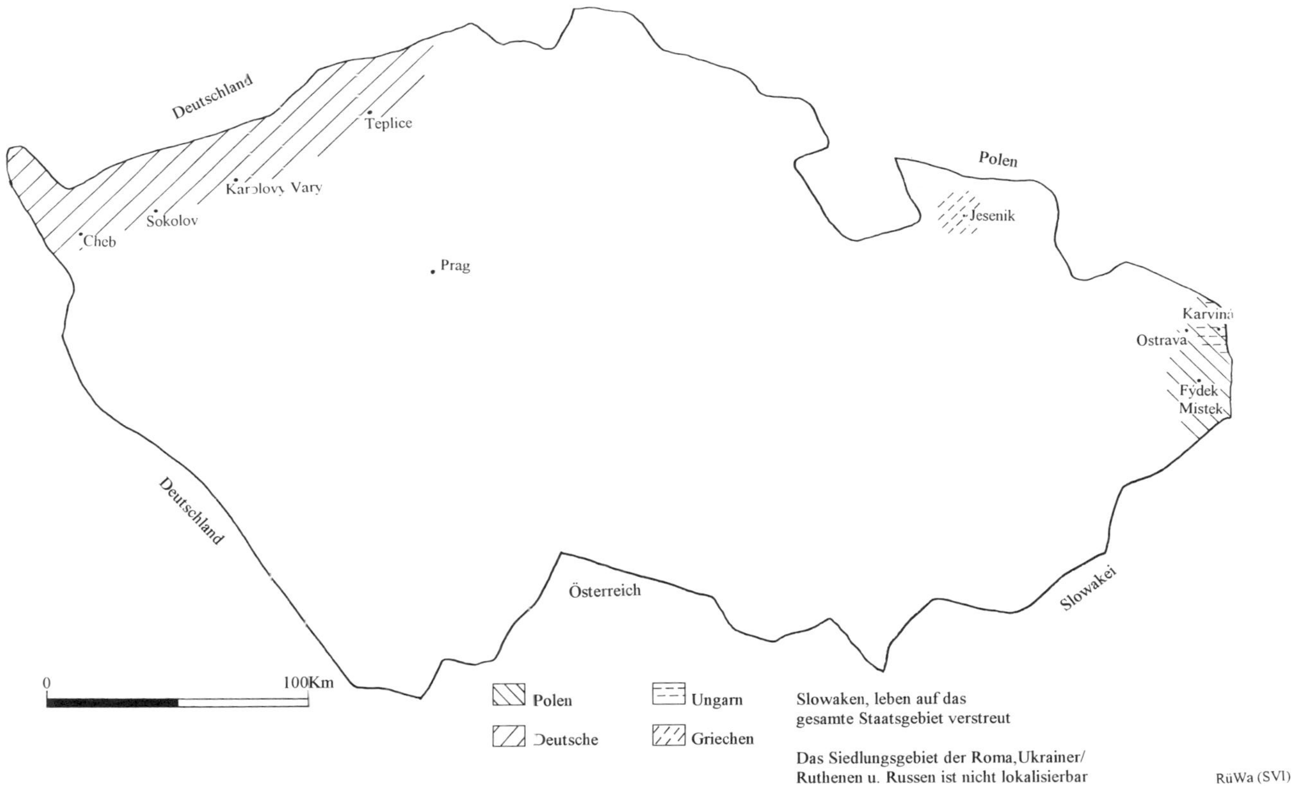

33. Türkei

Bevölkerung[231] (Z 1990)[232]		56.098.000	100,0 %
Türken[233]		48.741.000	86,9 %
Volksgruppen/Minderheiten:[234]			
1.	Kurden[235]	6.198.000	11,0 %
2.	Roma (Z 1965)	545.000	0,9 %
3.	Araber	365.000	0,6 %
4.	Tscherkessen (Z 1965)	58.000	0,1 %
5.	Armenier[236]	50.000	0,1 %
6.	Georgier (Z 1965)	34.000	0,1 %
7.	Juden[237]	27.300	
8.	Bulgaren (Z 1965)	27.000	
9.	Lasen (Z 1965)	26.000	
10.	Abasinen (Z 1965)	5.000	
11.	Griechen[238]	4.000	
		7.339.300	13,1 %
andere[239]		17.700	

[231]In der Türkei gibt es offiziell nur religiöse Minderheiten, deren Schutz sich aus dem Lausanner Vertrag von 1923 herleitet (Council of Europe 1994b: 3). Auch seit der neuen Verfassung von 1982 herrscht in der Türkei unverändert noch ein strikter Zentralismus, der auf einem strengen Staatsnationsbegriff und einem extremen Nationalismus beruht und der Existenz von nichttürkischen Ethnien kaum Spielraum gewährt (Rumpf 1993: 456). Zuletzt enthielt noch der Zensus von 1965 Fragen nach der Muttersprache, welche Rückschlüsse auf die ethnische Zuordnung der Bevölkerung erlauben. Im wesentlichen ist man daher beim Versuch einer ethnischen Zuordnung auf mehr oder weniger zuverlässige Schätzungen angewiesen.

[232]I.S.I.G.1997: 164.

[233]Als Differenz der Anzahl von Volksgruppenangehörigen und anderen zur Gesamtbevölkerung.

[234]Sofern nicht anders vermerkt, stammen die folgenden Angaben aus I.S.I.G.1997: 164.

[235]Derzeit könnte ihre Zahl hochgerechnet bei etwa 13.000.000 liegen (Rumpf 1993: 457).

[236]Council of Europe 1994b: 4. Vor 1915 betrug die Zahl der Armenier in der Türkei noch etwa 2 Mio, davon 1,5 Mio in Anatolien, laut Zensus 1965 noch rd. 70.000 (Rumpf 1993: 457).

[237]Council of Europe 1994 b: 4.

[238]Council of Europe 1994b: 4. Vor 1923 betrug die Zahl der Griechen in der Türkei noch 350.000, laut Zensus 1965 noch 130.000 (Rumpf 1993: 457).

[239]12.800 Albaner und 4.900 Deutsche.

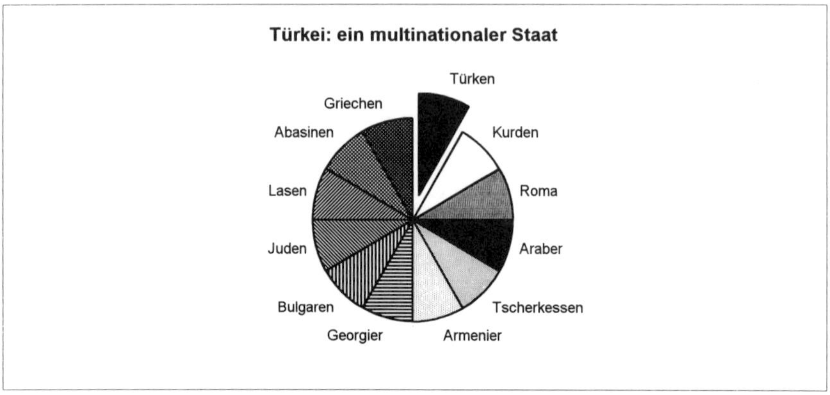
Türkei: ein multinationaler Staat
Türken
Kurden
Roma
Araber
Tscherkessen
Armenier
Georgier
Bulgaren
Juden
Lasen
Abasinen
Griechen

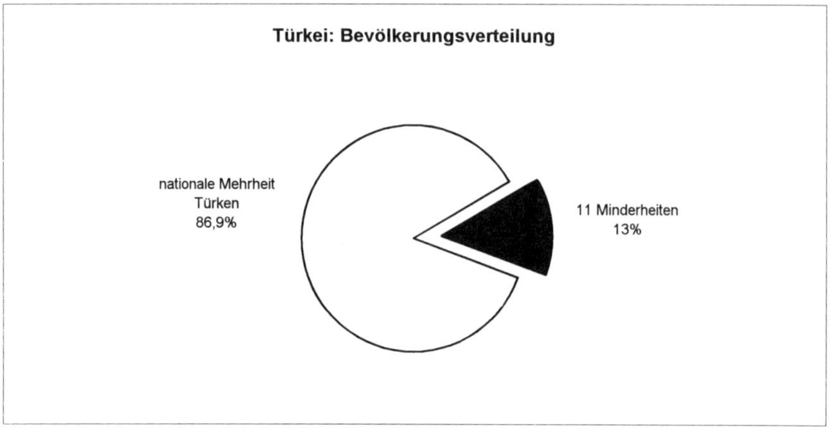
Türkei: Bevölkerungsverteilung
nationale Mehrheit
Türken
86,9%
11 Minderheiten
13%

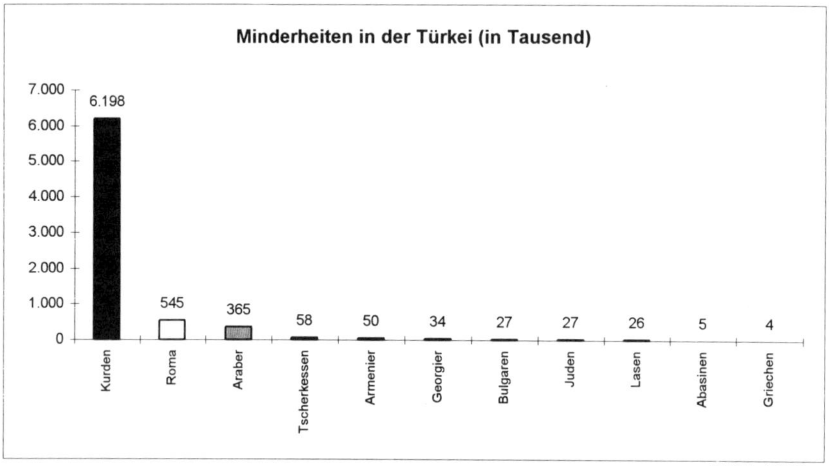
Minderheiten in der Türkei (in Tausend)
7.000
6.000
5.000
4.000
3.000
2.000
1.000
0
6.198
545
365
58
50
34
27
27
26
5
4
Kurden
Roma
Araber
Tscherkessen
Armenier
Georgier
Bulgaren
Juden
Lasen
Abasinen
Griechen

RüWa(SVI)

Die Minderheiten in der Türkei

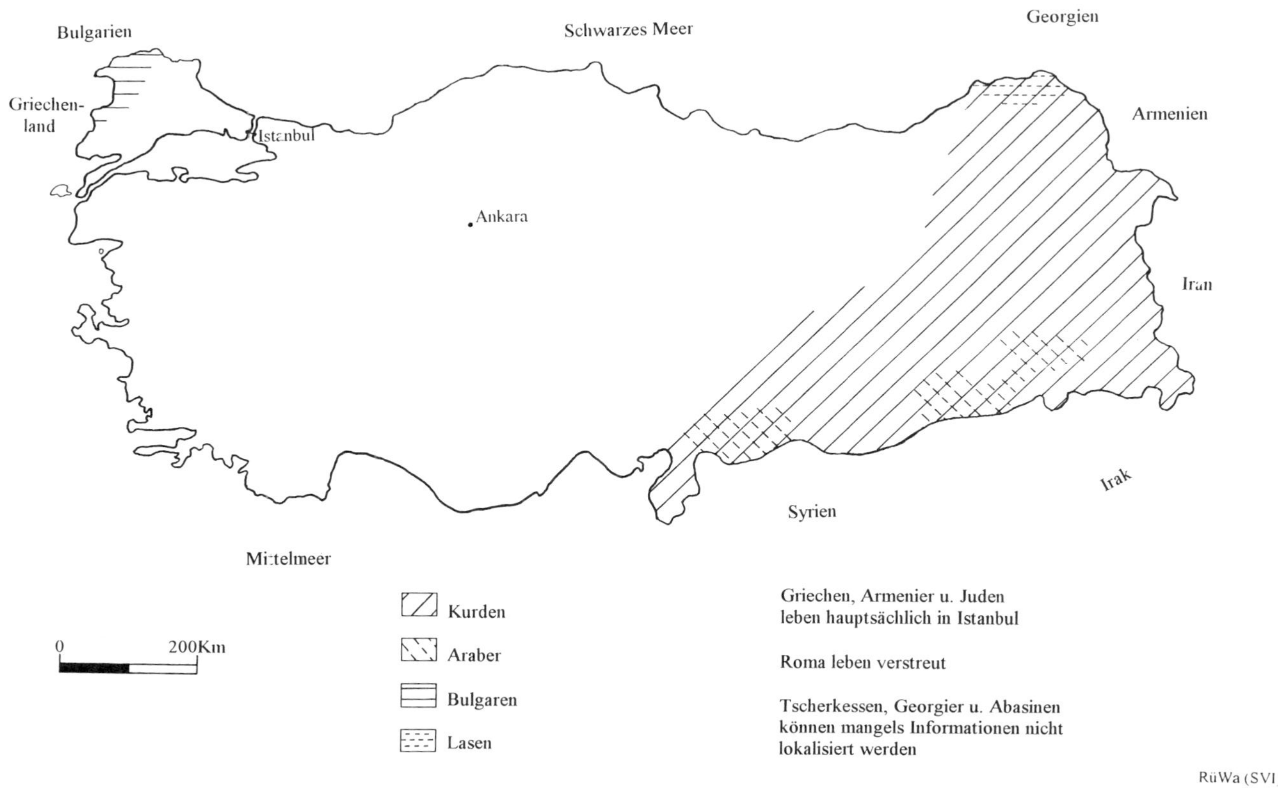

34. Ukraine

Bevölkerung (Z 1989)[240]	51.452.034	100.0 %
Ukrainer[241] (einschließlich Ruthenen)[242]	37.419.000	72,7 %

Volksgruppen/Minderheiten:[243]

1. Russen	11.355.582	22,1 %
2. Juden	486.326	0,9 %
3. Rumänen/Moldawier[244]	459.350	0,9 %
4. Weißrussen	440.045	0,9 %
5. Bulgaren	233.800	0,5 %
6. Polen	219.179	0,4 %
7. Ungarn	163.111	0,3 %
8. Tataren/Krimtataren[245]	133.682	0,3 %
9. Griechen	98.594	0,2 %
10. Armenier	54.200	0,1 %
11. Roma[246]	47.917	0,1 %
12. Deutsche	37.849	0,1 %
13. Aseris (Aserbeidschaner)	36.961	0,1 %

b.w.

[240]Die letzte Zählung fand 1989, also noch während der Zugehörigkeit der Ukraine zur Sowjetunion statt; zur Bevölkerungszahl siehe I.S.I.G.1997: 167.

[241]Brunner 1996: 196.

[242]„Ruthenien" war die frühere Bezeichnung für die Karpato-Ukraine, deren Bewohner in Altösterreich als Ruthenen („Kleinrussen") oder Huzulen, in Polen als Lemken und in Rußland als Boiken bezeichnet wurden. Die Karpato-Ukraine gehörte bis zum Ersten Weltkrieg zu Österreich-Ungarn (Oberungarn), wurde 1920 der Tschechoslowakei angegliedert, kam 1939 zu Ungarn und 1945 zur Sowjetunion (Oblast Transkarpatien). Seit 1991 ist sie Teil der Ukraine. Die Ruthenen werden daher aufgrund ihrer sprachlichen und ethnographischen Merkmale als eine Untergruppe der Ukrainer angesehen (Encyclopaedia Britannica 1965: 771 f.), sie gelten jedenfalls in der Ukraine selbst nicht als eigenständige ethnische Gruppe. Ruthenisch wäre somit bis auf weiteres als regionale Variante der ukrainischen Standardsprache anzusehen.

[243]I.S.I.G.1997: 167 f.

[244]Rumänen 134.825; Moldauer 324.525.

[245]Tataren 86.875; Krimtataren 46.807.

[246]Eine andere Quelle gibt die Zahl der Roma in der Ukraine mit 50.000 bis 60.000 an (Klopcic / Polzer 1999: 3).

14.	Gagausen	31.967	0,1 %
15.	Georgier[247]	23.500	
16.	Tschuwaschen[248]	20.500	
17.	Usbeken[249]	20.000	
18.	Tschechen[250]	18.000	
19.	Slowaken[251]	9.000	
20.	Albaner[252]	4.400	
21.	Karaime (Karäer)[253]	3.000	
		13.896.963	27,0 %
andere[254]		136.071	0,3 %

[247] Hoškova 1994b: 352.
[248] Hoškova 1994b: 353.
[249] Hoškova 1994b: 353.
[250] Mark 1989: 147.
[251] Mark 1989: 139.
[252] Mark 1989: 33.
[253] Vor allem auf der Krim; Mark 1989: 85.
[254] Als Differenz der Anzahl von Ukrainern und Volksgruppenangehörigen zur Gesamtbevölkerung.

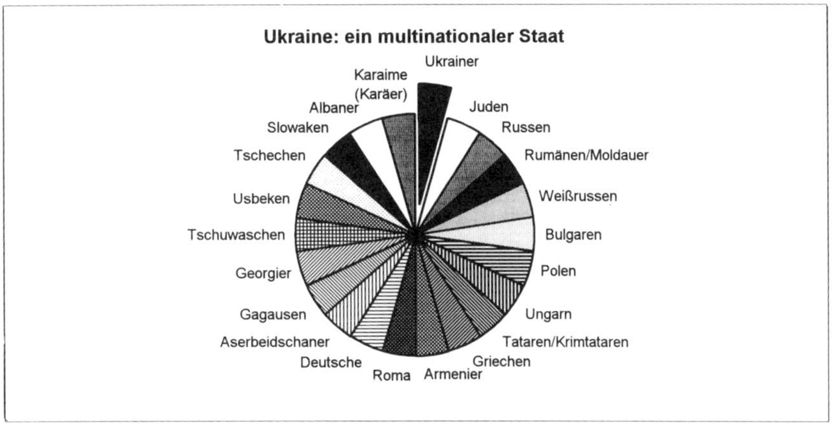
Ukraine: ein multinationaler Staat
Ukrainer
Juden
Russen
Rumänen/Moldauer
Weißrussen
Bulgaren
Polen
Ungarn
Tataren/Krimtataren
Griechen
Armenier
Roma
Deutsche
Aserbeidschaner
Gagausen
Georgier
Tschuwaschen
Usbeken
Tschechen
Slowaken
Albaner
Karaime (Karäer)

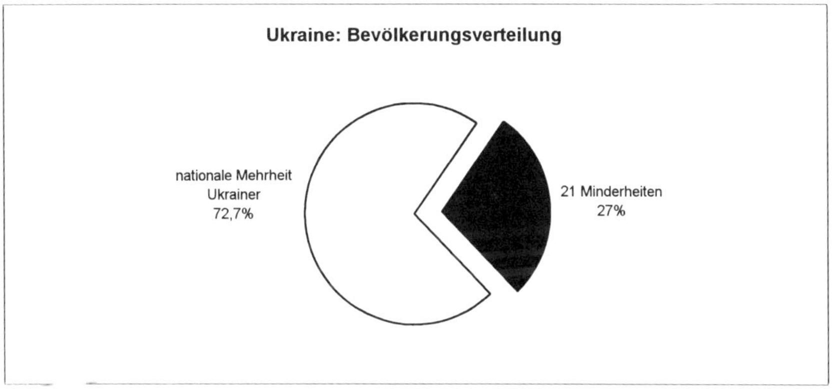
Ukraine: Bevölkerungsverteilung
nationale Mehrheit Ukrainer 72,7%
21 Minderheiten 27%

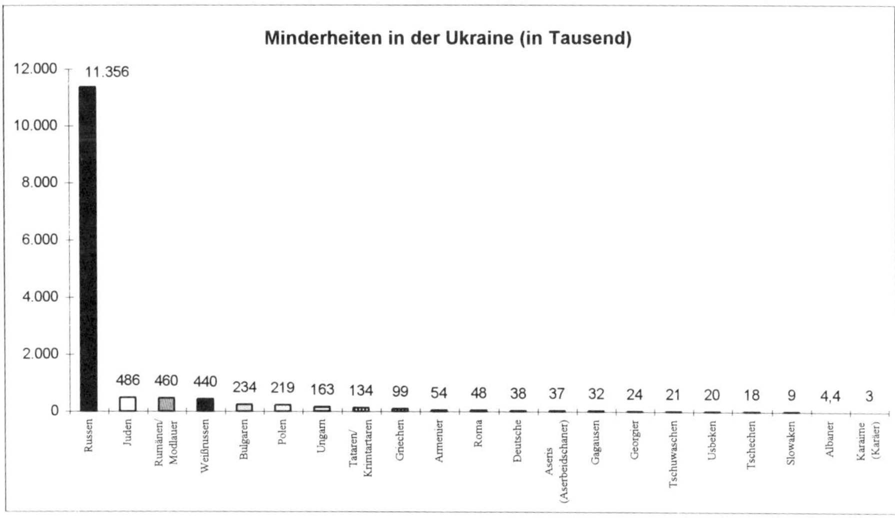
Minderheiten in der Ukraine (in Tausend)
12.000
10.000
8.000
6.000
4.000
2.000
0
11.356
486
460
440
234
219
163
134
99
54
48
38
37
32
24
21
20
18
9
4,4
3
Russen
Juden
Rumänen/ Modlauer
Weißrussen
Bulgaren
Polen
Ungarn
Tataren/ Krimtartaren
Griechen
Armenier
Roma
Deutsche
Aseris (Aserbeidschaner)
Gagausen
Georgier
Tschuwaschen
Usbeken
Tschechen
Slowaken
Albaner
Karaime (Karäer)

RüWa(SVI)

Die Minderheiten in der Ukraine

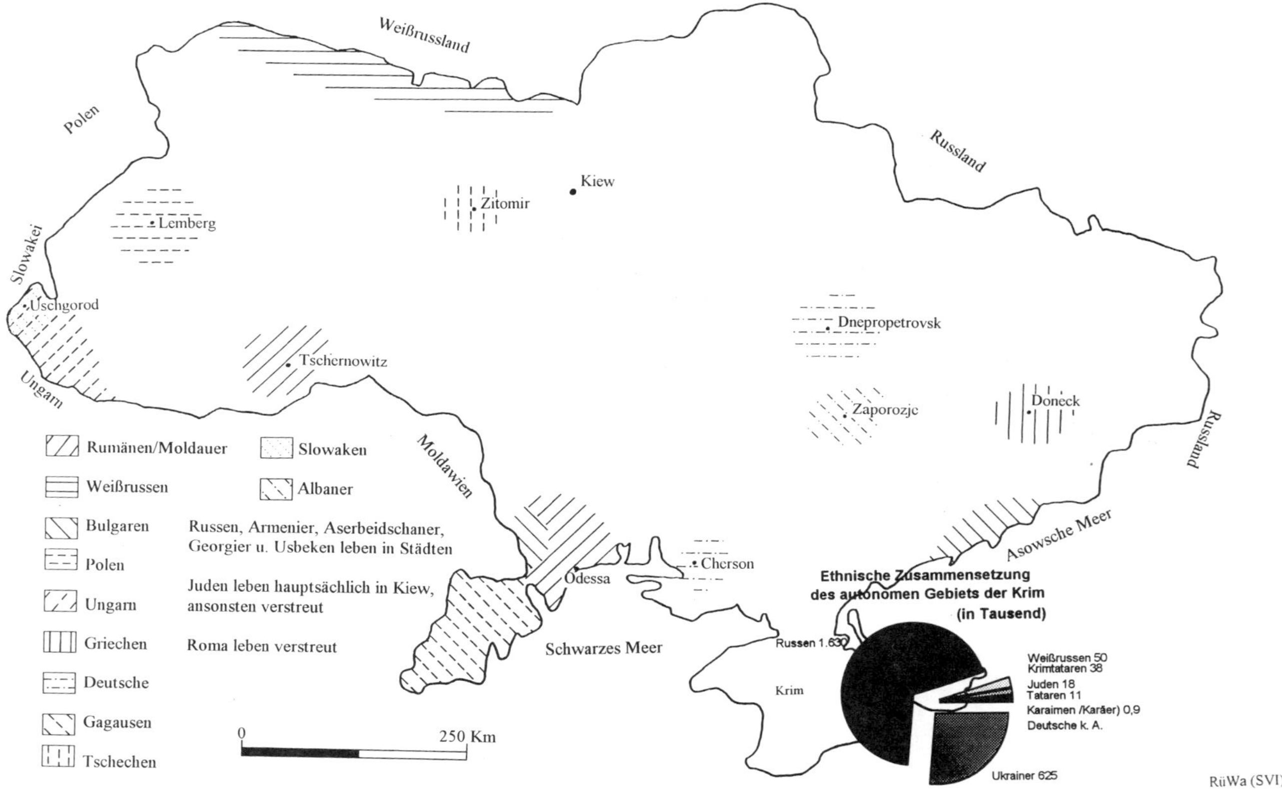

35. Ungarn

Bevölkerung (Z 1990)[255]		10.365.000	100,0 %
Ungarn[256]		9.269.000	89,4 %
Volksgruppen/Minderheiten:[257]			
1.	Roma[258]	400.000 - 600.000	5,8 %
2.	Deutsche	200.000 - 220.000	2,1 %
3.	Slowaken	100.000 - 110.000	1,1 %
4.	Kroaten	80.000 - 90.000	0,9 %
5.	Rumänen	25.000	0,2 %
6.	Polen	10.000	0,1 %
7.	Serben	5.000 - 10.000	0,1 %
8.	Armenier	3.500 - 10.000	0,1 %
9.	Ruthenen[259]	6.000	
10.	Slowenen	5.000	
11.	Griechen	4.000 - 4.500	
12.	Bulgaren	3.000 - 3.500	
13.	Ukrainer	2.000	
		1.096.000	10,6 %

[255] I.S.I.G 1997: 171.

[256] Als Differenz der Anzahl von Volksgruppenangehörigen zur Gesamtbevölkerung.

[257] Bei der Volkszählung 1990 wurde zwar u.a. auch nach der nationalen oder ethnischen Zugehörigkeit gefragt, doch wird die Bereitschaft zu einem solchen Bekenntnis zu diesem Zeitpunkt allgemein nicht als sehr hoch eingeschätzt, weshalb die ungarische Regierung selbst es vorzieht, vorsichtig die Selbsteinschätzung ihrer Minderheitenorganisationen zugrundezulegen (Nolte 1993: 502). Auf diese wird auch hier zurückgegriffen (Hungary 1999: 14). – Im Bericht der ungarischen Regierung an den Europarat (Council of Europe 1994a: 34) findet sich auch ein Hinweis auf schätzungsweise 80.000 bis 100.000 Juden in Ungarn, deren überwiegender Teil sich jedoch nicht als Volksgruppe bzw. Minderheit begreift, vgl. Golczewski 1994: 265 ff. Nur eine Gruppe von etwa 500 bis 1.000 der ungarischen Juden behält sich vor, Minderheitenrechte in Anspruch zu nehmen (Council of Europe 1994a: 34).

[258] Andere Schätzungen lauten auf 500.000 bis 700.000 (Council of Europe 1994a: 34) bzw. 550.000 bis 800.000 (Klopcic / Polzer 1999: 3).

[259] Da die Ruthenen in Ungarn als eigene Gruppe gelten, werden sie hier getrennt von den Ukrainern angeführt.

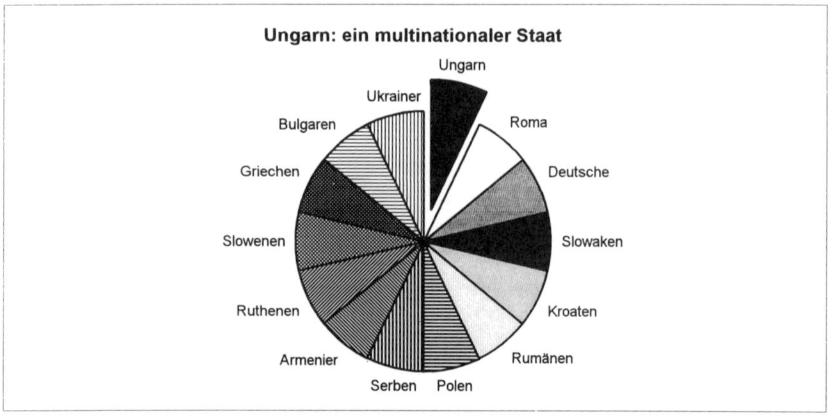
Ungarn: ein multinationaler Staat
Ungarn
Ukrainer
Roma
Bulgaren
Deutsche
Griechen
Slowenen
Slowaken
Ruthenen
Kroaten
Armenier
Rumänen
Serben
Polen

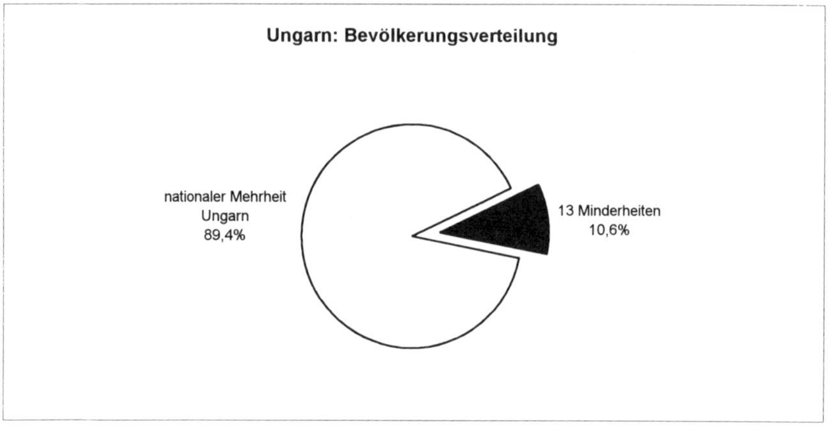
Ungarn: Bevölkerungsverteilung
nationaler Mehrheit
Ungarn
89,4%
13 Minderheiten
10,6%

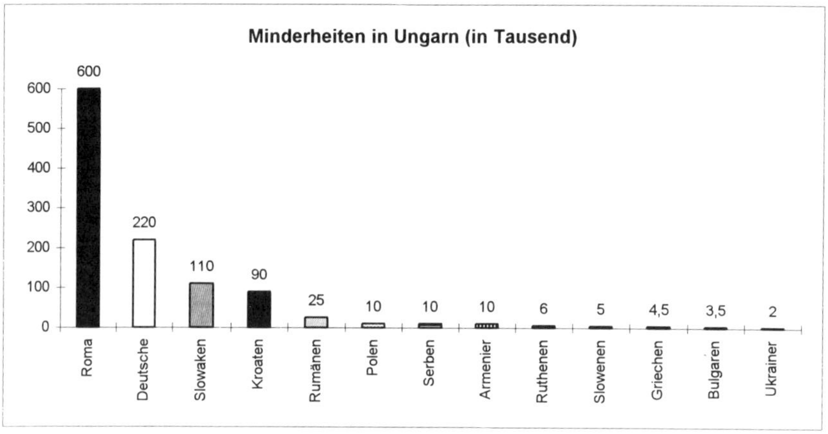
Minderheiten in Ungarn (in Tausend)
600
500
400
300
200
100
0
600
220
110
90
25
10
10
10
6
5
4,5
3,5
2
Roma
Deutsche
Slowaken
Kroaten
Rumänen
Polen
Serben
Armenier
Ruthenen
Slowenen
Griechen
Bulgaren
Ukrainer

RüWa (SVI)

Die Minderheiten in Ungarn

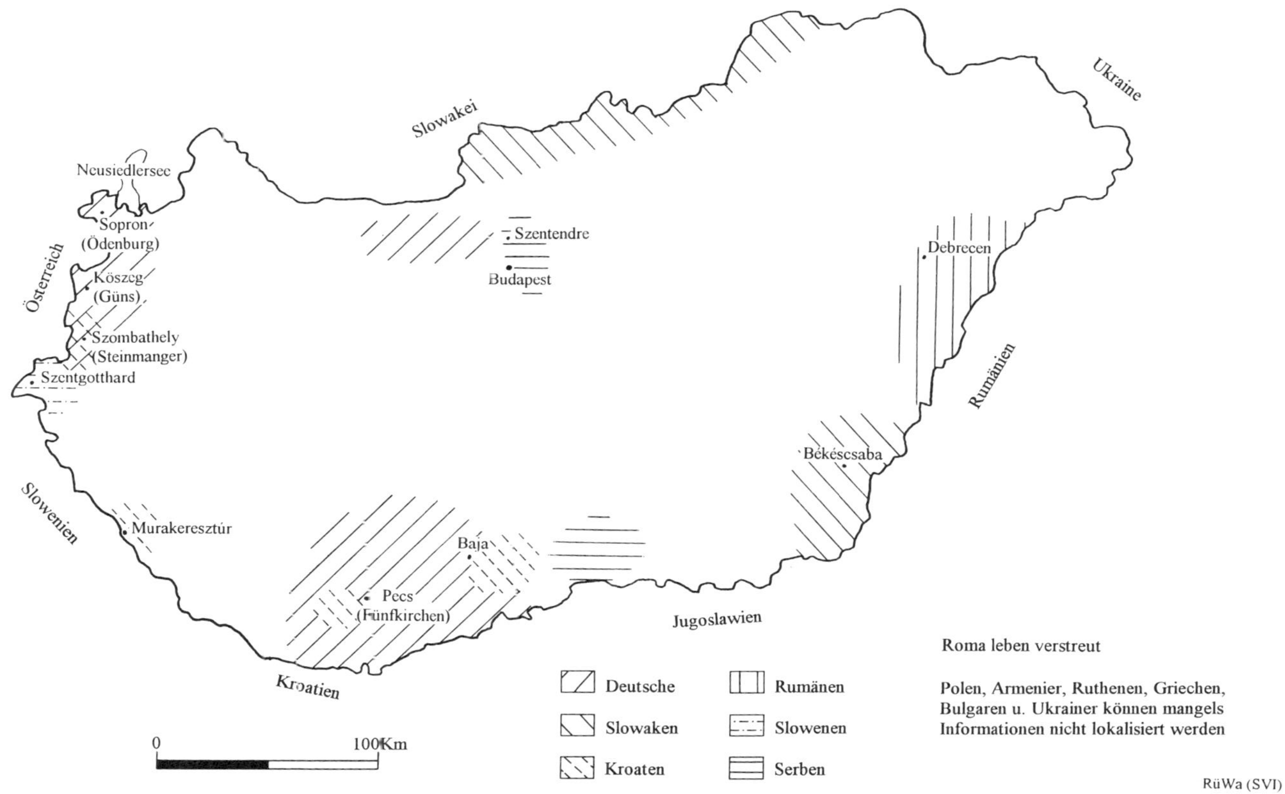

36. Weißrußland

Bevölkerung (Z 1989)[260]	10.151.806	100,0 %
Weißrussen[261]	7.905.000	77,9 %
Volksgruppen/Minderheiten:[262]		
1. Russen	1.342.099	13,2 %
2. Polen	417.720	4,1 %
3. Ukrainer	291.008	2,9 %
4. Juden	111.883	1,1 %
5. Roma[263]	10.000 - 15.000	
	2.177.710	21,4 %
andere[264]	69.096	0,7 %

[260]Die letzte Zählung fand 1989, also noch während der Zugehörigkeit Weißrußlands zur Sowjetunion statt; zur Bevölkerungszahl siehe Weltalmanach '99: 765.

[261]Brunner 1996: 197; vgl. auch Schmidt 1994: 141.

[262]I.S.I.G 1997: 90; vgl. auch Schmidt 1994: 141.

[263]Klopcic / Polzer 1999: 3.

[264]Als Differenz der Anzahl von Weißrussen und Volksgruppenangehörigen zur Gesamtbevölkerung.

Weissrussland: ein multinationaler Staat
Weissrussen
Roma
Russen
Juden
Ukrainer
Polen

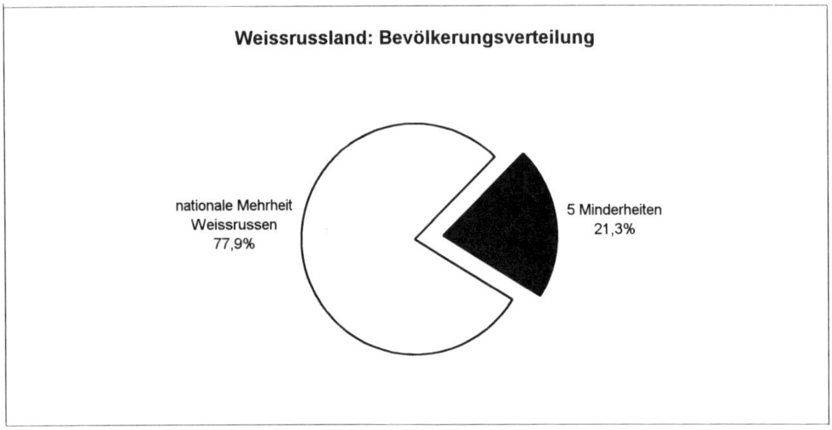
Weissrussland: Bevölkerungsverteilung
nationale Mehrheit
Weissrussen
77,9%
5 Minderheiten
21,3%

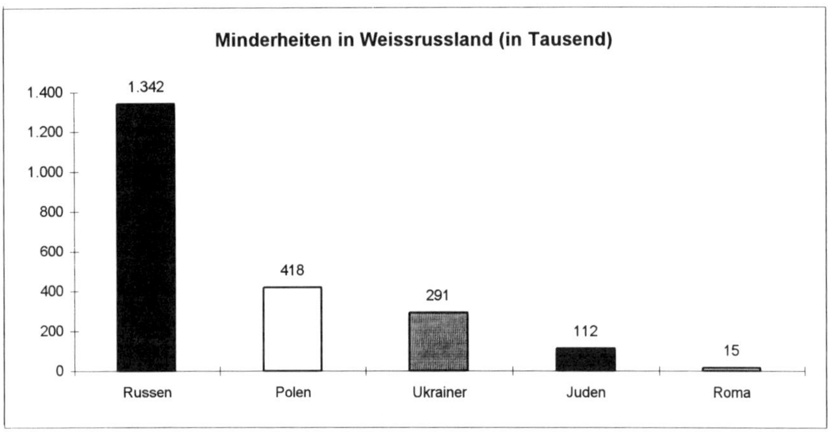
Minderheiten in Weissrussland (in Tausend)
1.400
1.200
1.000
800
600
400
200
0
1.342
418
291
112
15
Russen
Polen
Ukrainer
Juden
Roma

RüWa(SVI)

Die Minderheiten in Weißrußland

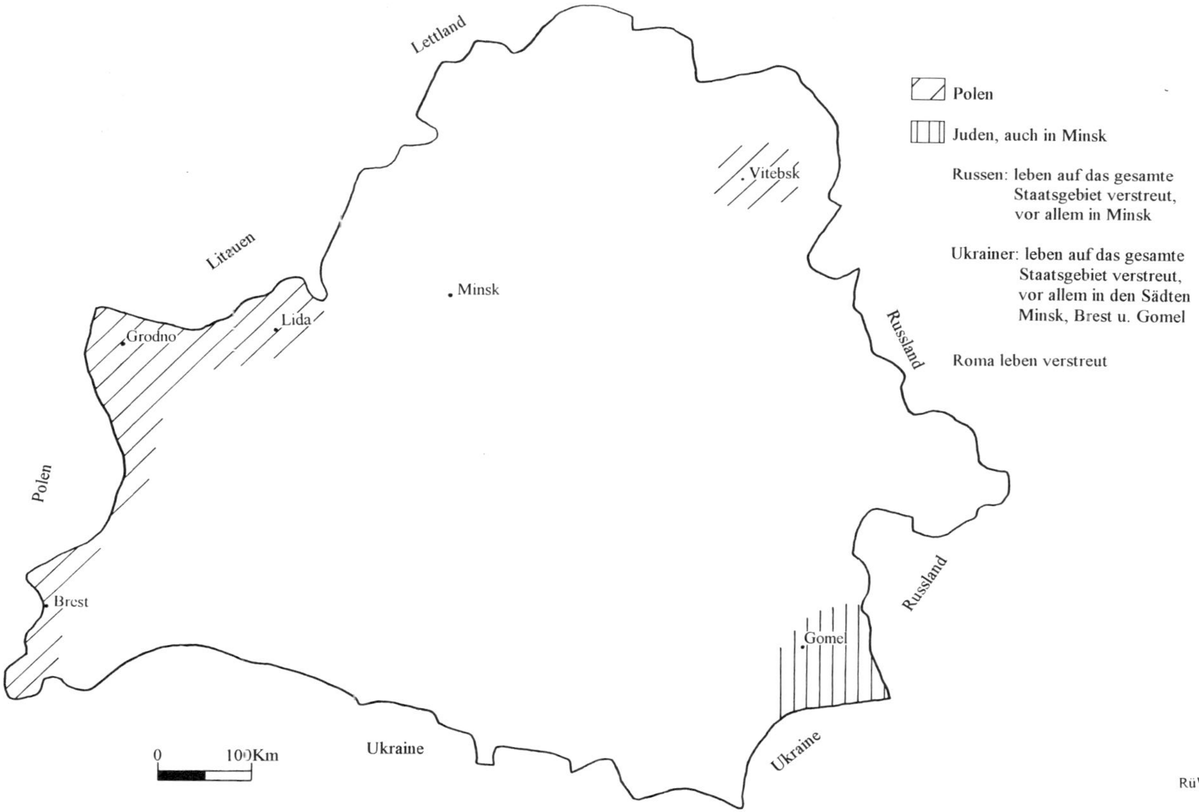

RüWa (SVI)

III. TEIL:
ERFORDERNISSE DES MINDERHEITENSCHUTZES IN EUROPA

1. Europäischer Minderheitenschutz im Rahmen von Menschenrechten, Demokratie und Rechtsstaatlichkeit

Menschenrechte, Demokratie und Rechtsstaatlichkeit bilden das fixe Koordinatensystem, innerhalb dessen sich eine Lösung des Volksgruppenproblems im neuen Europa zu bewegen hat[1].

Allgemeine Ansätze zu einem *menschenrechtlichen* Minderheitenschutz auf internationaler Ebene finden sich u.a. im Diskriminierungsverbot des Art. 14 der Europäischen Menschenrechtskonvention (EMRK) und im Gleichbehandlungsgebot Art. 27 des UN-Paktes über Bürgerliche und Politische Rechte (IPBPR).

Hier hat jedoch die bisherige Anwendungspraxis von demokratischer Rechtsstaatlichkeit und EMRK-System nicht ausreichend berücksichtigt, daß Angehörige von nationalen Minderheiten und nationalen Mehrheiten im Genuß der Menschenrechte und politischen Grundfreiheiten grundsätzlich unterschiedlichen Bedingungen unterworfen sind. Ihre rein *formelle Gleichbehandlung* ist deshalb nicht geeignet, das Diskriminierungsdilemma von Demokratie und Menschenrechten zu lösen, sondern führt im Gegenteil zu einer mehrheitsspezifischen Privilegierung, die dem Sinn und Zweck des Diskriminierungsverbots widerspricht[2].

Eine Ergänzung bzw. Korrektur des Systems von Menschenrechten, Demokratie und Rechtsstaatlichkeit durch Minderheitenrechte nach dem Prinzip des *positiven Volksgruppenschutzes* ist daher unerläßlich. Sie hat in zweierlei Hinsicht zu erfolgen, nämlich in menschenrechtlicher und in demokratiepolitischer Hinsicht.

1. Auf *menschenrechtlicher* Ebene sind *minderheitenspezifische Individual- und Gruppenrechte* festzuschreiben, um die *faktische Rechtsgleichheit* bzw. *Chancengleichheit* und damit den Ausgleich der systembedingten Benachteiligung von Angehörigen nationaler Minderheiten gegenüber den Angehörigen nationaler Mehrheiten im gesellschaftlichen Bereich herzustellen.
2. Auf *demokratiepolitischer* Ebene geht es vor allem um *gruppenrechtliche Schutzmaßnahmen* zum Zweck der Gestaltung „multinationaler“ Staaten nach dem Prinzip der Gleichheit der Völker und Ethnien.

Beide Ebenen können nur in ihrer Gesamtheit ein umfassendes und effektives Minderheitenschutz-System gewährleisten.

---

[1] Vgl. die KSZE 1990b.

[2] Vgl. die in fortlaufender Judikatur seit 1982 verwendete Formel des Europäischen Gerichtshofs, wonach in der gleichen Behandlung unterschiedlicher Sachverhalte die wahre Ursache tatsächlicher oder potentieller Diskriminierung liegt.

1.1. Ergänzungsbedarf des Menschenrechtssystems

Auf der Ebene der Menschenrechte ist in Europa 1950 die EMRK als universales Schutzinstrument entstanden. Sie hat mit Ausnahme des Grundsatzes der Nichtdiskriminierung in Art.14 die Frage der nationalen Minderheiten nicht unmittelbar berührt. Die EMRK ist daher im Hinblick auf die besonderen Bedürfnisse der nationalen Minderheiten vielfach zu vage oder zu weit gefaßt und bedarf der minderheitsspezifischen Ergänzung. Dieser Erkenntnis konnte sich der Europaratsgipfel von Wien vom 9. Oktober 1993 nicht entziehen, weshalb er das Ministerkomitee beauftragt hat, ein Zusatzprotokoll zu erarbeiten, das "die EMRK im kulturellen Bereich durch Bestimmungen" ergänzt, „die individuelle Rechte, insbesondere der Angehörigen nationaler Minderheiten, gewährleisten"[3].

Das Eingrenzen des Inhalts auf den kulturellen Bereich, so wie diese Vorgabe lautet, ist nicht eng zu verstehen. Kultur kann nicht auf Sprache und Bildung beschränkt verstanden werden, sondern umfaßt notwendig immer auch das geistige Substrat einer Gesellschaft (Volk, Volksgruppe) und die Gesamtheit der Institutionen, die den Angehörigen dieser Gesellschaft gemeinsam sind. Ein solches Minderheiten-Zusatzprotokoll müßte daher gemäß den hier dargelegten Grundsätzen die folgenden Minderheitenrechte zwingend umfassen:

a) *Recht auf Identität, Existenz und Schutz vor Bedrohung*
Hierzu gehören vor allem effektive Vorkehrungen des kollektiven Schutzes ethnischer Minderheiten vor Völkermord und Ethnozid sowie das Recht auf die Heimat.[4] Alle diese Rechte sind von der EMRK bisher nicht systematisch erfaßt.[5]

b) *Recht auf Gebrauch der Muttersprache*
Während es für Angehörige nationaler Mehrheiten ein selbstverständliches Recht darstellt, ihre Muttersprache privat und öffentlich jeweils in Wort und Schrift, auch im Verkehr mit öffentlichen Einrichtungen zu gebrauchen sowie – amtlich anerkannt – ihre Personennamen in der eigenen Sprache zu führen und schließlich öffentlich zugängliche Informationen (Ortsnamen, Hinweistafeln etc.) in der Muttersprache zu verwenden, gilt dies umgekehrt in vielen EMRK-Vertragsstaaten noch nicht automatisch für die Angehörigen nationaler Minderheiten!

Die EMRK sieht im Bereich des Sprachgebrauchs lediglich das spezielle Recht eines Festgenommenen bzw. Angeklagten auf Unterrichtung in einer ihm „verständlichen Sprache" vor.[6] Minderheitsangehörigen ist die Mehrheitssprache zumeist mehr oder weniger "verständlich" und deshalb

---

[3]Vgl. dazu Pan 1994: 25.

[4]Das Recht auf Heimat wird in einem eigenen Beitrag behandelt.

[5]Auf Verhütung und Bestrafung von Völkermord wird erstmals in der UN-Völkermordkonvention vom 9.12.1948 eingegangen, das Recht auf die Heimat ist völkerrechtlich nur partiell, der Ethnozid gar nicht erfaßt.

[6]Im einzelnen EMRK 1950: Art. 5 Abs.2 bzw. Art.6 Abs.3 lit.a und e.

sind sie in solchen Fällen auch gezwungen, sich auf die Sprache der Mehrheit und damit auf eine "Fremdsprache" einzulassen, was sie im Verhältnis zu den Mehrheitsangehörigen in der Regel in eine schwächere Position versetzt.

c) *Recht auf Unterricht der und in der Muttersprache*

Im öffentlichen Schul- und Ausbildungssystem eines Staates wird in der Regel die Mehrheitssprache verwendet. Der Unterricht in der Muttersprache ist somit für die Angehörigen nationaler Mehrheiten selbstverständlich, während er für die Angehörigen nationaler Minderheiten eine z.T. vielschichtige Problematik mit sich bringt, so daß sie sich oft mit ein wenig *Unterricht der Muttersprache* anstelle von vollem *Unterricht in der Muttersprache* begnügen müssen.

Die EMRK deckt im Protokoll Nr.1, 1952, Art.2 lediglich das Recht auf Bildung für den einzelnen ab, geht aber auf diese für jedermann bedeutsame Frage des Rechts auf Unterricht in der Muttersprache nicht ein.

d) *Recht auf Gründung eigener Organisationen einschließlich politischer Parteien*

Obwohl die EMRK in Art.11 Abs.1 allen Menschen das Vereinigungsrecht zubilligt, wird dieses Recht Angehörigen nationaler Minderheiten merkwürdigerweise zum Teil noch versagt. Dies gilt insbesondere auch im Hinblick auf die Gründung politischer Parteien. Das EMRK-Protokoll Nr.1, 1952, Art.3 schließt zwar nach der Rechtsprechung des EGMR auch die "Freiheit der politischen Parteien, d.h. deren Gründung, Bestehen und Betätigung" ein, dennoch gibt es EMRK-Vertragsstaaten wie z.B. Albanien, Bulgarien, Frankreich, Türkei, deren nationales Recht die Gründung politischer Parteien nationaler Minderheiten nicht zuläßt.[7]

Daraus wird ersichtlich, daß die EMRK in ihrer bisherigen Fassung zu allgemein ist, um alle Zweifel in diesen Punkten zu beheben.

e) *Recht auf Pflege ungehinderter Kontakte*

Angehörige der Mehrheitsbevölkerung bewegen sich mit Selbstverständlichkeit in einem größeren von ihrer Kultur und Sprache geprägten Umfeld; der ständige, breit angelegte gegenseitige Kontakt und Austausch von Ideen bietet eine gute Gewähr für den Bestand und die Fortentwicklung der "Mehrheitskultur". Im Gegensatz dazu bringt es die spezifische Situation nationaler Minderheiten mit sich, daß deren Kultur durch permanenten, zumindest indirekten (auch unbeabsichtigten) Assimilierungsdruck gefährdet ist. Die Angehörigen nationaler Minderheiten sind daher besonders auf Kontakte und Zusammenarbeit untereinander und auch mit Bürgern und Organen anderer Staaten angewiesen, mit denen sie eine gemeinsame Herkunft oder das kulturelle Erbe teilen.

Der Europarat hat die Bedeutung und Notwendigkeit des ungehinderten kulturellen Austauschs und der grenzüberschreitenden Zusammenarbeit in mehreren Erklärungen (Borken 1984, Saragossa 1987, Rovaniemi 1991) betont.

---

[7]Klebes 1993: 150. Vgl. hierzu auch Council of Europe 1998: 3,7.

Die EMRK enthält jedoch in ihrem Protokoll Nr.4 von 1963, Art.2 Abs.1 und 2 lediglich ein allgemeines Recht auf Freizügigkeit und Ausreise, das Thema der Kontakte und der grenzüberschreitenden Zusammenarbeit, oft ein großes Problem für Angehörige nationaler Minderheiten, ist nicht angesprochen.

f) *Recht auf Austausch und Verbreitung von Informationen in der Muttersprache, auch mittels Massenmedien*
Auch dieses Recht wird von Angehörigen nationaler Mehrheiten selbstverständlich ausgeübt, während es Minderheitsangehörigen nach wie vor häufig vorenthalten ist. Die EMRK gewährt dieses Recht, "Informationen und Ideen ohne Beeinträchtigung zu empfangen und weiterzugeben" (Art.10 Abs.1), ohne jedoch spezifisch auf die Sprachenfrage einzugehen.

1.2. Ergänzungsbedarf des Demokratiesystems

Auch das Demokratiesystem bedarf der Korrektur, vor allem durch bestimmte Gruppenrechte. Dabei ist zu berücksichtigen, daß die Grundbedürfnisse von Mehrheiten und Minderheiten und damit auch ihre Hauptinteressen zwar durchaus analog geartet sind, daß aber die nationalen Minderheiten bei der Wahrnehmung dieser Interessen gerade infolge des demokratischen Majoritätsprinzips andere und zum Teil auch wesentlich schwierigere Probleme zu bewältigen haben als die nationalen Mehrheiten. Je nach Art und Intensität des Interesses, welches nationale Mehrheiten und nationale Minderheiten an bestimmten Angelegenheiten nehmen, sind grundsätzlich drei Arten der Partizipation am politischen Entscheidungsprozeß zu unterscheiden, welche nationalen Minderheiten einzuräumen sind, um ihre faktische Gleichstellung mit der jeweiligen nationalen Mehrheit zu erreichen:

a) *Anteilsgemäße Mitbestimmung*
Wenn es um Angelegenheiten allgemeiner Art geht, an welchen die nationalen Mehrheiten und nationalen Minderheiten ein gleichwertiges Interesse besitzen (wie z.B. die Verkehrsordnung, Steuern etc.), dann ist den nationalen Minderheiten die Möglichkeit zu bieten, gleichberechtigt, d.h. ohne unangemessene Einschränkungen des Wahlrechts wie Grundmandats- oder Prozentklauseln, an der demokratischen Willensbildung teilzunehmen. Außerdem ist ihnen der anteilsmäßig gleiche Zugang zum öffentlichen Dienst, d.h. ein ihrem zahlenmäßigen Anteil an der Bevölkerung entsprechender Anteil an öffentlichen Ämtern und Stellen in Einrichtungen des öffentlichen Dienstes zu gewährleisten.

b) *Paritätische Mitbestimmung*
Wenn es um Angelegenheiten geht, welche sowohl für die nationale Mehrheit als auch für die nationale Minderheit von *existentiellem*, d.h. von *außerordentlich hohem* Interesse sind, wie z.B. im Falle der Einführung von Minderheitenrechten und deren innerstaatlicher Umsetzung, dann darf keine Seite der einseitigen Majorisierung durch die andere Seite ausgesetzt sein. Interessen von außerordentlicher Bedeutung erfordern in ihrer Wahr-

nehmung auch außerordentliche Verfahren, in diesem Fall die paritätische Mitbestimmung beider Seiten.

c) *Interne Selbstbestimmung (Autonomie)*
Handelt es sich schließlich um Angelegenheiten, welche *ausschließlich oder vorwiegend* nur im Interesse der nationalen Minderheiten liegen, so erfordert das – innerstaatlich angewandte – Selbstbestimmungsprinzip, daß diese von den nationalen Minderheiten selbstverantwortlich wahrgenommen werden. Hierzu bietet sich das Instrument der Autonomie in den drei Hauptanwendungsformen der Territorial-, der Kultur- und der Lokalautonomie (örtlichen Selbstverwaltung) an.

2. Autonomie als demokratiepolitisches Erfordernis[8]

2.1. Autonomie als Weg der „inneren" Selbstbestimmung

Mit der Wende in Europa und der Entstehung zahlreicher neuer Staaten läßt sich die Anwendung des externen Selbstbestimmungsrechts nicht mehr linear fortsetzen, ohne daß Europa völlig zerstört würde. Dafür aber hat sich umgekehrt die Tendenz verstärkt, in der Autonomie als integralem Bestandteil des Selbstbestimmungsrechts (innere Selbstbestimmung) den Ausweg zu sehen, weil damit die territoriale Integrität der Staaten unangetastet bleibt. So mehren sich in jüngster Zeit auf internationaler Ebene die Vorschläge zugunsten der Autonomie als Regelungskonzept des Minderheitenschutzes, zunächst unter sehr zurückhaltender Formulierung, doch allmählich an Deutlichkeit gewinnend:[9]

- Die KSZE/Kopenhagen 1990[10] nimmt lediglich „zur Kenntnis", daß die Einrichtung *lokaler oder autonomer Verwaltungen* eine der Möglichkeiten des Minderheitenschutzes darstellt.
- Das Europäische Parlament erkennt 1991[11] den Volksgruppen das Recht auf demokratische *Selbstverwaltung (kommunale und regionale Selbstverwaltung bzw. Selbstverwaltung einzelner Gruppen)* zu.

8

[9]Zum folgenden vgl. Pan 1995: 53 ff.

[10]KSZE 1990: Art.35 Abs.2: *"Die Teilnehmerstaaten nehmen die Bemühungen zur Kenntnis die [...] Identität bestimmter nationaler Minderheiten zu schützen und Bedingungen für ihre Förderung zu schaffen, indem sie als eine der Möglichkeiten zur Erreichung dieser Ziele geeignete lokale oder autonome Verwaltungen einrichten [...]"*

[11]Europäisches Parlament 1991: Art.3 lit.b): *"Die Union und ihre Mitgliedstaaten erkennen diesen Gruppen das Recht auf demokratische Selbstverwaltung zu. Um die Entfaltung der Identität von Volks- und Sprachgruppen, die seit jeher auf dem Hoheitsgebiet der Mitgliedsstaaten ansässig sind, und ein gutes Zusammenleben in den betreffenden Regionen zu fördern, verpflichten sich die Union und ihre Mitgliedstaaten zu besonderen Garantien zwecks Verwirklichung der Gleichbehandlung der Bürger und ergreifen besondere Vorkehrungen zum Schutz und zur Förderung der Minderheitensprachen, der kommunalen und regionalen Selbstverwaltung bzw. der Selbstverwal-*

- In einem NATO–Dokument von 1992[12] wird die *Autonomie*, in welcher Form auch immer, bereits als die für alle Parteien beste Möglichkeit bezeichnet.
- Die Europarat-Empfehlung 1201 (1993)[13] spricht sich für ein Recht von Minderheiten auf *lokale oder autonome Behörden* oder auf einen *besonderen Status* in Gebieten aus, wo diese eine Mehrheit stellen.
- Im Eide-Bericht der UNO 1993[14] wird sodann empfohlen, je nach Besonderheit der Situation folgende Anwendungsformen von Autonomie zu prüfen:
  -- *Selbstverwaltung (funktionelle Autonomie, Kulturautonomie)*;
  -- *Dezentralisierte oder lokale Formen von Regierung oder autonomer Regelungen auf territorialer Grundlage.*

Im Europarat-Rahmenübereinkommen 1994[15] ist allerdings von Autonomie direkt nicht mehr die Rede. Nur im Erläuternden Bericht ist darauf hingewiesen, daß die allgemeine Formulierung von Art.15 die Grundlage für Autonomie legen kann.

Andererseits sind auch die vorigen Ansätze bereits von der politischen Realität überholt. Nach Ausbruch der Jugoslawienkrise mit den bekannten Kriegsfolgen in Kroatien und in Bosnien-Herzegowina entwickelte sich nämlich von Seiten der internationalen Staatengemeinschaften UNO und EG/EU plötzlich eine weitgehende Konzessionsbereitschaft zur Autonomie. Die Haager Friedenskonferenz sah im Carrington-Plan weitreichende Autonomiebefugnisse für die von Serben besiedelten Gebiete in Kroatien vor[16], welche von

---

tung einzelner Gruppen sowie der interregionalen - auch grenzüberschreitenden - Zusammenarbeit."

[12]NATO 1992: Punkt 87, Bindestrich 2: *"[...] eine Autonomie welcher Form auch immer wird allgemein für alle Parteien die beste Möglichkeit sein, um so mehr, als die Forderung nach Unabhängigkeit oft aus der Unfähigkeit der Zentralmacht erwächst, sich mit dem Wunsch nach Autonomie rechtzeitig auseinanderzusetzen."* (hier inoffizielle Übersetzung).

[13]Europarat-Empfehlung 1201 (1993): Art.11: *"In Gebieten, in welchen sie eine Mehrheit stellen, haben die Angehörigen einer nationalen Minderheit das Recht auf Verfügung über geeignete lokale oder autonome Behörden oder auf einen besonderen Status, welche der besonderen geschichtlichen und territorialen Situation angepaßt sind und im Einklang mit der geltenden Rechtsordnung des Staates stehen."* (inoffizielle Übersetzung).

[14]UNO, Eide-Bericht 1993: Pkt.17, lit.c) und d): *"[...] Es wird empfohlen, daß Staaten und Minderheiten die folgenden Möglichkeiten, als ihrer besonderen Situation angemessen, prüfen: [...] Selbstverwaltung (funktionelle Autonomie, Kulturautonomie) auf nicht-territorialer Grundlage bei einer Minderheit für Angelegenheiten, die für ihre besondere Identität wesentlich sind, so wie die Entwicklung ihrer Sprache oder ihrer religiösen Riten; [...] Dezentralisierte oder lokale Formen von Regierung oder autonomer Regelungen auf territorialer und demokratischer Grundlage einschließlich Beratungs-, Gesetzgebungs- und Exekutivorganen, die durch freie und periodische Wahlen ohne Diskriminierung gebildet sind."* (inoffizielle Übersetzung).

[15]Europarat-Rahmenübereinkommen 1994: Art.15: *"Die Vertragsparteien haben die notwendigen Voraussetzungen für die wirksame Beteiligung von Angehörigen nationaler Minderheiten am kulturellen, sozialen und wirtschaftlichen Leben und an öffentlichen Angelegenheiten zu schaffen, insbesondere an denjenigen, die sie betreffen."*

[16]Haager Friedenskonferenz 1991: Kap.2 Abs.3 vierter Bindestrich: *"Angehörige einer nationalen oder ethnischen Gruppe, die keine Mehrheit in ihrem Siedlungsgebiet bilden, [...] welche fern von anderen derselben Herkunft leben, z.B. in isolierten Ortschaften, ist ein brauchbarer Grad von Selbstverwaltung zu gewährleisten."* (inoffizielle Übersetzung) und ibidem Abs.5:

der Genfer Friedenskonferenz mit dem Vance/Owen-Plan konsequent weiterentwickelt wurden.[17] Schließlich wurden diese Ansätze nach drei Jahren Krieg im Z-4-Plan der Bosnien-Kontaktgruppe (Großbritannien, Frankreich, Deutschland, USA, Russische Föderation) vom 18. Jänner 1995[18] noch erweitert und bis in Einzelheiten ausgeführt.

Nun birgt zwar das Thema Autonomie mit Sicherheit noch eine gehörige Portion politischer Brisanz in sich. Dennoch ist gerade Autonomie das geeignete Instrument, potentielle Spannungen zu entschärfen, weil es die Staatsgrenzenfrage nicht berührt. Daher war und ist es geboten, dieses heikle Thema der Autonomie aufzugreifen und gesamteuropäisch zur Diskussion zu stellen, um dringend erforderliche Klärungen herbeizuführen. Die Initiative hierzu hat die Föderalistische Union Europäischer Volksgruppen (FUEV) mit der Vorlage eines Diskussionsentwurfs über die Autonomierechte der Volksgruppen in Europa ergriffen.[19] Darin wird die Autonomie als Instrument des Volksgruppenschutzes definiert, welches unter Wahrung der territorialen Integrität der

---

"Siedlungsgebiete, in welchen die Angehörigen einer Gruppe die Mehrheit bilden, genießen einen besonderen Status (Autonomie). Dieser Status umfaßt

a) das Recht, eigene Embleme zu führen und zu zeigen;

b) das Recht der Angehörigen einer solchen Gruppe auf eine zweite Staatsbürgerschaft zusätzlich zur Staatsbürgerschaft der Republik;

c) ein Unterrichtswesen, welches die Werte und Bedürfnisse einer solchen Gruppe berücksichtigt;

d) i ein Gesetzgebungsorgan,
ii eine Verwaltungsstruktur, einschließlich einer regionalen Polizeieinheit,
iii sowie eine Richterschaft,
welche für die Angelegenheiten des betreffenden Gebietes verantwortlich sind und die Zusammensetzung der Bevölkerung dieses Gebietes widerspiegeln;

e) Maßnahmen für geeignete internationale Überwachung." (inoffizielle Übersetzung).

[17] Auf der Grundlage des Jugoslawien-Vorschlages der Haager Friedenskonferenz 1991 schlägt der Genfer Friedensplan (Cyrus Vance / Lord Owen) eine neue Verfassungsordnung für Bosnien-Herzegowina vor in Form eines dezentralisierten Staates mit einer noch festzulegenden Anzahl autonomer Provinzen, welchen bei der Aufteilung der Regierungsfunktionen folgende Verantwortung übertragen wird. Vgl Genfer Friedensplan 1992: Annex I., II. D., V. B.1.2:

"Die Provinzen haben allgemein die ausschließliche Verantwortung zu erhalten für:
a) ein Unterrichtssystem, einschließlich des höheren Unterrichts (d.h. Universitäten)
b) kulturelle Institutionen und Programme
c) Rundfunk und Fernsehen
d) die Ermächtigung zur Berufs- und Geschäftsausübung
e) natürliche Reichtümer, z.B. Landwirtschaft, Forstwesen, Jagd und Fischerei, Bergbau
f) Gesundheitswesen, Sozialwesen und -versicherung
g) Provinz-Kommunikationen, z.B. lokale Straßen, Flughäfen
h) Energieproduktion
i) die Kontrolle von Handelsbanken und Sparkassen und anderer Finanzeinrichtungen
j) Polizei
k) Steuern für Provinzzwecke [...]
[...] Die Provinzen [...] haben kein Recht auf Anerkennung als Völkerrechtssubjekt. [...]
Hinsichtlich Polizei ist vorgesehen, daß die gesamte uniformierte Polizei in die Zuständigkeit der autonomen Provinzen fällt, während die Verwaltungspolizei und Armee der nationalen Zuständigkeit vorbehalten bleibt." (inoffizielle Übersetzung).

[18] Z-4-Plan 1995.

[19] Verabschiedet von der FUEV-Delegiertenversammlung in Danzig am 12. Mai 1994 (Ermacora / Pan 1995).

Staaten ein Höchstmaß an innerer Selbstbestimmung und zugleich ein entsprechendes Mindestmaß an Fremdbestimmung durch die nationale Mehrheitsbevölkerung gewährleisten soll.

Zusammenfassend hat Autonomie als ergänzendes Korrektiv des Demokratiesystems den Sinn,

- die Angehörigen einer Volksgruppe vor der Majorisierung durch solche Mehrheitsentscheidungen zu schützen, die aus menschenrechtlicher und demokratiepolitischer Sicht nicht gerechtfertigt sind, und
- ihre Menschenrechte und Grundfreiheiten zu sichern, ohne die territoriale Integrität der betreffenden Staaten zu verletzen, um dadurch letztlich
- eine nationale Partnerschaft zwischen Mehrheit und Minderheit(en) zu verwirklichen.

2.2. *Typologie der Autonomie*

Grundsätzlich können drei Hauptanwendungsformen von Autonomie unterschieden werden, die auf jeweils unterschiedliche Ausgangsbedingungen zugeschnitten sind:

a) Die *Territorialautonomie* für jene Fälle, in welchen die Volksgruppe in ihrem Siedlungsgebiet die Mehrheit der Bevölkerung bildet;

b) die *Kulturautonomie* für jene Fälle, in welchen die Volksgruppe in ihrem Siedlungsgebiet nicht die Bevölkerungsmehrheit bildet;

c) die *örtliche Selbstverwaltung (Lokalautonomie)* für jene Fälle, in welchen Angehörige von Volksgruppen in isolierter Streulage siedeln und nur innerhalb einzelner Verwaltungseinheiten wie z.B. in einzelnen Bezirken, Gemeinden oder Teilen von Gemeinden die lokale Mehrheit der Bevölkerung bilden.

Die entscheidende Frage bei allen Formen der Autonomie ist die Abgrenzung ihres Wirkungsbereichs vom Wirkungsbereich des Staates. Als Orientierungslinie hierzu sind im FUEV-Entwurf jene Standards herangezogen, welche in den internationalen Friedenskonferenzen von den internationalen Staatengemeinschaften wie UNO oder Europäische Union (früher EG) festgelegt wurden.[20]

[20] Haager Friedenskonferenz 1991: Kap. 2.5; Genfer Friedenskonferenz 1992; Nahost-Friedenskonferenz 1993.

a) Territorialautonomie

Unter Territorialautonomie ist der einer Gebietseinheit verliehene Sonderstatus zu verstehen, der es den Einwohnern dieser Gebietseinheit ermöglicht, ihre ureigenen Angelegenheiten selbst zu regeln durch autonome Gesetzgebung, Regierung, Verwaltung und Rechtsprechung. Ein Souveränitätsanspruch ist damit nicht verbunden, die autonomen Befugnisse sind in der Rechtsordnung des jeweiligen Staates exakt festzuschreiben.

Grundsätzlich hat eine Territorialautonomie jene Sachzuständigkeiten zu umfassen, welche zur Wahrnehmung der eigenen Angelegenheiten der Volksgruppen erforderlich sind[21], wie z.B.

- die Führung eigener Embleme;
- die Mitsprache bei der Regelung der Frage einer allfälligen zweiten Staatsbürgerschaft;
- das Unterrichtswesen einschließlich des höheren Unterrichts (z.B. Universitäten), welches die Werte und Bedürfnisse der betreffenden Volksgruppe berücksichtigt;
- die kulturellen Institutionen und Programme;
- Rundfunk und Fernsehen;
- die Ermächtigung zur Berufs- und Geschäftsausübung;
- die natürlichen Reichtümer, z.B. Landwirtschaft, Forstwesen, Jagd, Fischerei, Bergbau;
- Gesundheits- und Sozialwesen einschließlich Sozialfürsorge;
- Gebietskommunikationen, z.B. lokale Straßen, Flughäfen;
- Energieproduktion;
- Kontrolle von Handelsbanken, Sparkassen und anderer Finanzierungsinstitute;
- Polizei;
- Steuern für Gebietszwecke.

Diese Standards sind in der Tat gemessen an einigen Fällen der real existierenden Autonomie wie z.B. in Südtirol vergleichsweise hoch angesetzt, was auf den ersten Blick zu überraschen vermag. Doch ist diesbezüglich zu beachten, daß das Minimum einer Autonomie jenes Maß ist, welches zur Erhaltung der Existenz und Identität einer Volksgruppe notwendig ist, während das Optimum soviel Autonomie wie möglich bedeutet, ohne die territoriale Integrität des Staates zu gefährden.[22] Zwischen dem Maß der international gesetzten Standards, an welchen sich der FUEV-Entwurf orientiert, und einem solchen Optimum besteht jedenfalls noch genügend Spielraum.

---

[21]Gemäß UNO-Entwurf über die Rechte eingeborener Völker 1992 (Teil V, Art.23) würde Autonomie eine Reihe besonderer Wirkungsbereiche umfassen wie: *"Unterricht, Information, Kultur, Religion, Gesundheit, Wohnbau, soziale Fürsorge, traditionelle und andere wirtschaftliche Tätigkeiten, Verwaltung des Bodens und der natürlichen Reichtümer, und Umwelt ebenso wie die interne Besteuerung zur Finanzierung dieser autonomen Wirkungsbereiche".* Das inoffizielle Muster dieses Vorschlags war ein europäisches, nämlich die dänische *Home Rule* - Gesetzgebung für Grönland (Dänisches Gesetz vom 29.11.1978 Nr.577).

[22]Vgl. dazu Murswiek 1993: 329.

Natürlich ist im Falle einer Territorialautonomie zu beachten, daß jene Bevölkerungsteile, welche im Wirkungsbereich einer Territorialautonomie zahlenmäßig die Minderheit bilden, im Genuß der allgemein anerkannten Menschenrechte und Grundfreiheiten nicht benachteiligt werden.

b) Kulturautonomie

Im Falle der Kulturautonomie wird im Unterschied zur Territorialautonomie der autonome Sonderstatus zur Wahrnehmung der eigenen Angelegenheiten nicht einer Gebietseinheit, sondern einem Personenverband verliehen, der sich in einer geeignet erscheinenden, möglichst öffentlich-rechtlichen Vereinigungsform bildet.[23]

Diese Form von Autonomie ist dann zweckdienlich, wenn Volksgruppen in den Gebieten, in denen sie siedeln, nicht die Mehrheit der Bevölkerung bilden, oder wenn Volksgruppen die Inanspruchnahme einer Territorialautonomie – aus welchen Gründen auch immer – nicht für sinnvoll erachten.

Wichtig ist, daß der mit Kulturautonomie ausgestattete Personenverband über ausreichende demokratische Repräsentativität verfügt, d.h. daß er zumindest den maßgeblichen Teil der Angehörigen einer betroffenen Volksgruppe umfaßt und die autonomen Befugnisse von demokratisch frei gewählten Organen ausgeübt werden.

Die Kulturautonomie hat alle Angelegenheiten zu umfassen, die für die Bewahrung, den Schutz und die Entfaltung der Identität der Volksgruppen wesentlich sind, jedenfalls so maßgebliche Bereiche wie[24]

- Kultur,
- Unterrichtswesen,
- Information einschließlich mittels Rundfunk und Fernsehen,
- Mitsprache bei der Regelung einer allfälligen zweiten Staatsbürgerschaft und
- Führung eigener Embleme,
- sonstige Sachbereiche, die nach Auffassung der Volksgruppe zur Wahrung und Ausübung der ihr zustehenden Schutzrechte zweckdienlich sind.

Die Kulturautonomie umfaßt zudem das Recht, Einrichtungen zu gründen und zu unterhalten, besonders auf dem Gebiet

- des Unterrichts,
- der Print- und elektronischen Medien,
- der Traditionspflege,
- des Bildungswesens,
- der Wahrnehmung wirtschaftlicher Tätigkeiten.

[23] Vgl. Ungarisches Minderheitengesetz vom 7. Juli 1993 Nr.77, § 17: *"Die Minderheiten können gesellschaftliche Organisationen [...] gründen."*

[24] Vgl. Ungarisches Minderheitengesetz vom 7. Juli 1993 Nr.77, §§ 31 - 39.

c) Lokalautonomie (Örtliche Selbstverwaltung)

Die Formen der klassischen Territorial- und der Kulturautonomie decken ein breites Spektrum des berechtigten Bedarfs an Selbstverwaltung der eigenen Angelegenheiten von Volksgruppen ab, lassen aber bestimmte Fälle offen, in welchen die Betroffenen von einer großflächigen Territorialautonomie keinesfalls und von der Kulturautonomie nur bedingt profitieren können. Dies betrifft vor allem Angehörige von Volksgruppen, welche in isolierter Streulage leben, dennoch aber in bestimmten Verwaltungseinheiten die Mehrzahl der Bevölkerung bilden, etwa in einzelnen Bezirken, Gemeinden oder in Teilen von Gemeinden. Für solche Fälle ist die örtliche Selbstverwaltung (Lokalautonomie) vorzusehen, die eine auf die unteren Verwaltungsebenen beschränkte Sonderform der Territorialautonomie darstellt.[25]

Mittels Lokalautonomie wird den Bewohnern einer Verwaltungseinheit die Möglichkeit gewährt, über die üblicherweise einer entsprechenden Verwaltungseinheit (Bezirk, Gemeinde, Fraktion) gesetzlich übertragenen Obliegenheiten hinaus zusätzlich noch (volksgruppen)eigene Angelegenheiten selbständig wahrzunehmen, und zwar im wesentlichen solche, die im ausschließlichen oder überwiegenden Interesse der örtlichen Gemeinschaft liegen.

In den Wirkungsbereich der örtlichen Selbstverwaltung (Lokalautonomie)[26] fallen daher insbesondere folgende Zuständigkeiten[27]:

- Regelung der institutionellen Zweisprachigkeit im Rahmen der lokalen Selbstverwaltung;
- Verwendung eigener Namen und Symbole;
- Regelung der örtlichen Bräuche und Feste;
- Schutz der örtlichen Denkmäler und Gedenkstätten:
- örtliche Sicherheits-, Verkehrs-, Gesundheits- und Baupolizei.

Die örtliche Selbstverwaltung (Lokalautonomie) soll zudem das Recht umfassen, immer im Rahmen der ihr gesetzlich zur Verfügung stehenden Mittel, Einrichtungen zu gründen und zu unterhalten, besonders auf dem Gebiet

- des örtlichen Unterrichts,
- der örtlichen Print- und elektronischen Medien,
- der Traditionspflege,
- des Bildungswesens,
- der Wahrnehmung wirtschaftlicher Tätigkeiten.

Außerdem wirken die Volksgruppen nach Maßgabe ihres Anteils an der Bevölkerung in allen sonstigen Verwaltungsangelegenheiten mit.

---

[25] Vgl. Ungarisches Minderheitengesetz vom 7. Juli 1993 Nr.77, § 17: *"Die Minderheiten können [...] Selbstverwaltungen auf örtlicher und Landesebene gründen."*

[26] Eine von mehreren Möglichkeiten hierzu wird von der Haager Friedenskonferenz 1991: Art.2.3, vierter Bindestrich für den Fall von Angehörigen einer nationalen Minderheit oder Volksgruppe, welche in ihrem Siedlungsgebiet nicht die Bevölkerungsmehrheit stellen, ansatzweise wie folgt beschrieben: *"Jenen Angehörigen derselben nationalen oder ethnischen Gruppe, welche entfernt von anderen derselben Herkunft leben, zum Beispiel in isolierten Ortschaften, ist ein brauchbarer Grad von Selbstverwaltung zu gewährleisten."* (inoffizielle Übersetzung).

[27] Vgl. Ungarisches Minderheitengesetz vom 7. Juli 1993 Nr.77, §§ 25 - 30.

d) Verwaltungseinteilung, finanzielle Ausstattung und Rechtsschutz

Im Zusammenhang mit Autonomie spielen die Verwaltungseinteilung, die finanzielle Ausstattung sowie der Rechtsschutz eine bedeutsame Rolle:

Zunächst sind bei der Einteilung des Staatsgebietes in politische, Verwaltungs-, Gerichts- und Wahlbezirke die Interessen der zu schützenden Volksgruppen zu berücksichtigen. Die jeweilige Verwaltungseinteilung ist daher einvernehmlich mit den direkt betroffenen Volksgruppen vorzunehmen.

Sodann sind die autonomen Körperschaften finanziell so auszustatten, daß sie in der Lage sind, ihre Zuständigkeiten wirksam auszuüben.

Im Finanzausgleich zwischen Staat und autonomen Territorialkörperschaften ist letzteren ein fester Anteil an allen einschlägigen Staatsausgaben zuzubilligen, und zwar im Verhältnis des Mittelwertes ihres Bevölkerungs- und Flächenanteils am Staat,[28] jedenfalls aber ein angemessener Anteil (etwa neun Zehntel) aller innerhalb des autonomen Territoriums eingehobenen Steuern und Abgaben. Dieser Anteil sollte im Einhebungsgebiet verbleiben und nur der der Staatskasse zustehende Betrag überwiesen werden.

In Fällen, in denen der Anteil einer autonomen Territorialkörperschaft am Steuer- und Abgabenaufkommen in ihrem Gebiet den ihr nach dem Finanzausgleich mit dem Staat zustehenden festen Anteil an allen einschlägigen Staatsausgaben unterschreitet, sollte die Staatskasse den Differenzbetrag an die autonome Körperschaft erstatten.

Schließlich sollten die Rechtsakte der autonomen Körperschaften ausschließlich der Rechtmäßigkeitskontrolle durch unabhängige Höchstgerichte unterliegen.

Es empfiehlt sich auch ein internationaler Schutzmechanismus, für den die Kontrollorgane des Europarates zuständig sein sollten. Als Schutzinstrumente können dabei in Anspruch genommen werden

- die Individual- und Staatenbeschwerde (EMRK-System),
- die Staatenberichte (UNO-System) und
- die gütliche Streitbeilegung (KSZE/OSZE-System).

[28] Beispiel: Bei einer autonomen Territorialkörperschaft, deren Fläche 1,5 % der Gesamtfläche und deren Bevölkerungsanteil 0,5 % der Gesamtbevölkerung des betreffenden Staates ausmacht, beträgt dieser Mittelwert 1 % (= 1,5 % + 0,5 % = 2 % : 2 = 1 %), so daß entsprechend 1 % der Staatsausgaben auf diese Körperschaft zu entfallen haben. Begründung: In der Regel befinden sich die Siedlungsgebiete von Volksgruppen / Minderheiten tendenziell nicht so sehr in zentraler, sondern eher in peripherer Lage. Dabei existiert meist ein Gefälle zwischen Zentren und Peripherie insofern, als in den peripheren Gebieten der Grad der Urbanisierung niedriger und damit die Dichte der infrastrukturellen Ausstattung und Versorgung mit Diensten geringer ist. Für die peripheren Gebiete bedeutet dieses in aller Regel eine Benachteiligung durch entsprechende Mehrkosten. So nehmen z.B. die Entfernungen zwischen Wohnstätten und Versorgungseinrichtungen für Bildung, Gesundheit (Schule, Krankenhaus) usw. zu, entsprechend höher sind die Aufwendungen für den Personenverkehr. Auch ein Kilometer Straßenbau kostet in peripherer Lage zwar gleich viel wie in zentraler Lage, doch benötigt die Peripherie in der Regel mehr Straßenkilometer als dichtbesiedelte Zentren. Der genannte Mittelwert zwischen Kopf- und Flächenquote dient dem Ausgleich gerade dieser durch die Siedlungslage bedingten Mehrkosten.

3. Das europäische Minderheitenschutzsystem

3.1. Entwicklung und Stand der Diskussion

Bis zum Ende des Zweiten Weltkrieges pflegten Sieger und Besiegte durch Kriege veränderte Macht- und Kräfteverhältnisse in der Regel über die Aneignung bzw. Abtretung ganzer Länder oder Landstriche zu sanktionieren. Solche Gebiete hatten die Funktion einer Kriegsbeute zu übernehmen, meist ohne daß die direkt Betroffenen gefragt wurden. Eine Ausnahme bildeten lediglich einige nach dem Ersten Weltkrieg abgehaltene Volksabstimmungen, z.B. bis 1921 in Schleswig, Allenstein und Marienwerder, Kärnten, Oberschlesien und Ödenburg sowie 1935 im Saargebiet. Als Folge des Wilson'schen Prinzips der Selbstbestimmung spielte hier erstmals der Wille der Betroffenen eine Rolle. In anderen wichtigen Fällen fand das Selbstbestimmungsrecht dagegen keine Anwendung (Sudetengebiet, Südtirol, Nordsiebenbürgen). Nach dem Zweiten Weltkrieg schließlich wurden mit Ausnahme der Saarabstimmung vom 23. Oktober 1955 keine Volksabstimmungen mehr durchgeführt.[29]

Mit der Verabschiedung der Europäischen Konvention zum Schutze der Menschenrechte und Grundfreiheiten vom 4. November 1950 (EMRK) müssen die althergebrachten Gepflogenheiten revidiert werden. Die Schaffung der EMRK bedeutet in dieser Hinsicht eine Zäsur, welche die Staaten zu einer grundlegenden Veränderung ihrer staatspolitischen Organisationsmuster zwingt:

Beim Erwerb von Gebieten geht es nicht mehr nur um den Faktor Territorium, dessen strategische Bedeutung und Ressourcenpotential – wozu auch die Einwohner als Arbeitskräfte oder Soldaten zählen – im Vordergrund stehen. Vielmehr ist jetzt vor allem der Faktor Mensch zu berücksichtigen, dessen Rechte international anerkannt und geschützt sind. Wer somit Hoheitsrechte über ein bestimmtes Territorium erwirbt und ausübt, hat die Menschenrechte der Bewohner dieses Territoriums zu achten, speziell auch der Menschen, die dort seit jeher beheimatet sind. Er übernimmt dabei eine innerstaatlich verankerte und sogar international anerkannte Verpflichtung.[30]

Diese weitere Kodifizierung der Menschenrechte bestimmt von nun an auch den Umgang mit der quantitativen Diskrepanz zwischen Völkern und Staaten, mit in der Praxis im wesentlichen zwei Folgen:

Erstens gibt man sich absichtlich oder unabsichtlich der Fiktion hin, daß das Minderheitenproblem mit der Verwirklichung von Menschenrechten und Demokratie automatisch gelöst sei, weshalb Minderheitenschutz, wenn überhaupt, vorwiegend nur noch individualrechtlich gedacht wird.[31]

---

[29] Vgl. dazu Pan 1996b: 86 ff.

[30] Vgl. dazu Pan 1997: 137 f.

[31] Zu den völkerrechtlichen Entwicklungen hinsichtlich Individual- und Gruppenschutz von Minderheiten vgl. auch Pfeil 1998: 18 f.

Zweitens wird nicht selten versucht, das Minderheitenproblem durch Assimilationspolitik zu umgehen. Diese kann nicht nur aktiv, sondern auch passiv betrieben werden, nämlich durch Unterlassung positiver Schutzmaßnahmen. Nun ist aber Assimilation eine subtilere Form der ethnischen Säuberung und steht nicht minder im Gegensatz zu den Menschenrechten.

Beide Tendenzen haben die Nachkriegszeit in Europa geprägt. Nur in wenigen Fällen wie z.B. in Südtirol, im Baskenland oder in Nordirland hat man sich nicht daran gehalten, doch – wie es so schön heißt – bestätigen Ausnahmen eben die Regel.

Erst die Wende in Europa 1989/90 hat eine neue, für das europäische Minderheitenschutzsystem günstige Dynamik ausgelöst, welche der neuen menschenrechtlichen Dimension in den Beziehungen zwischen Staaten und Völkern Rechnung trägt.[32] Die ersten wichtigen Impulse kamen aus dem KSZE-Prozeß, insbesondere aus dem Kopenhagener Dokument.[33] In diesem wurde die Schutzbedürftigkeit ethnischer, kultureller, sprachlicher oder religiöser Minderheiten hervorgehoben und die Forderung aufgestellt, daß die Staaten deren Identität schützen und fördern sollten. Der Katalog von Minderheitenrechten des Kopenhagener Dokuments ist deshalb von so großer Bedeutung, weil sich hier erstmals eine größere Gruppe von über 30 Staaten in einem völkerrechtlich weitestgehend ungeregelten Bereich auf einheitliche Prinzipien und Normen für Minderheiten geeinigt hat. Dieses Ergebnis des KSZE-Prozesses[34] besitzt zwar keine Rechtsverbindlichkeit, dafür aber politischen Leitcharakter.

Seit dem Europaratsgipfel von Wien im Oktober 1993 bewegt sich die Entwicklung auf ein mehrteiliges Minderheitenschutzsystem zu, wovon 2 Teile bereits geschaffen sind. Die Bearbeitung eines weiteren (3.) Teiles ist vorläufig ausgesetzt und die Auseinandersetzung über einen zusätzlichen 4. Teil hat politisch erst noch in Gang zu kommen. Im einzelnen sind dies 1. die Sprachencharta, 2. das Rahmenübereinkommen, 3. das Zusatzprotokoll zur EMRK und 4. eine Autonomiekonvention.

a) Die *Europäische Charta der Regional- oder Minderheitensprachen* wurde nach mehreren Jahren zähflüssiger Bemühungen im Juni 1992 vom Europarat verabschiedet[35] und konnte schließlich am 1. März 1998 in Kraft treten. Mittlerweile haben 20 Staaten die Charta unterzeichnet[36], 8 davon (Deutschland, Finnland, Kroatien, Liechtenstein, Niederlande, Norwegen, Schweiz, Ungarn) haben sie auch ratifiziert (Stand: 20. Juni 1999). Ihr

---

[32] Vgl. dazu Pan 1996a: 131 ff. sowie Pan 1999: 109 ff.

[33] KSZE 1990a.

[34] KSZE 1990a, KSZE 1990b, KSZE 1991a, KSZE 1991b.

[35] Angesichts der Zähflüssigkeit der vorangegangenen Verhandlungen kam die Verabschiedung am 22. Juni 1992 etwas plötzlich. Mitte Mai 1992 war in Cottbus von der Europäischen Volksgruppen-Union (FUEV) der Bozner Entwurf verabschiedet worden. Es gibt Beobachter, die zwischen beiden Ereignissen einen Zusammenhang dahingehend sehen, daß der unerwartet plötzliche Abschluß der Verhandlungen über die Sprachencharta dem viel weitergehenden Bozner FUEV-Entwurf den Wind aus den Segeln nehmen sollte.

[36] Unterzeichnet haben: Dänemark, Deutschland, Finnland, Frankreich, Island, Kroatien, Liechtenstein, Luxemburg, Makedonien, Malta, Niederlande, Norwegen, Österreich, Rumänien, Schweiz, Slowenien, Spanien, Ukraine, Ungarn, Zypern.

Überwachungsmechanismus ist schwach und ein Hauptproblem liegt im "à la carte-System", welches bedeutet, daß die Vertragspartner aus etwa 100 Bestimmungen selbst jene 35 auswählen können, zu deren Einhaltung sie sich verpflichten.

b) Das im November 1994 vom Ministerkomitee des Europarates verabschiedete *Rahmenübereinkommen zum Schutz nationaler Minderheiten* ist seit dem 1. Februar 1998 in Kraft. Es ist inzwischen von 36 der insgesamt 41 Europarat-Mitgliedstaaten unterzeichnet[37] und von 27 davon[38] auch ratifiziert worden. Dazu kommt noch Armenien, das als erster Nichtmitgliedstaat ebenfalls unterzeichnet und ratifiziert hat (Stand: 28. September 1999). Das Übereinkommen enthält eine Reihe von nicht präzise definierten Zielen und Grundsätzen, stellt die Definition von nationalen Minderheiten, also des zu schützenden Subjekts, den Vertragsstaaten anheim und enthält einen schwachen Überwachungsmechanismus. Dieses Instrument ist zweischneidig: Mit gutem Willen kann viel daraus gemacht werden, im gegenteiligen Fall kann ein Staat es auch nutzen, um sich auf legale Weise dem Minderheitenschutz zu entziehen.

c) Weiter zu verfolgen ist der Plan zur Schaffung eines *Minderheiten-Zusatzprotokolls zur EMRK*, dessen Verwirklichung im ersten Anlauf Mitte Januar 1996 gescheitert ist. Dabei sind grundsätzlich drei verschiedene Varianten denkbar, nämlich
   - jene des Europarat-Ministerkomitees für "kulturelle Minderheitenrechte" als Minimalvariante,
   - jene der Europäischen Volksgruppen-Union, die nach dem Europaratsgipfel von Wien im Bozner FUEV-Entwurf überarbeitet und aktualisiert 1994 wieder vorgelegt wurde, als Maximalvariante,
   - jene der Parlamentarischen Versammlung des Europarates mit dem in der Empfehlung 1201/1993 enthaltenen Referenztext als möglichem Kompromiß.

d) Eine *Sonder-Konvention über die Autonomierechte* der Minderheiten in Europa ist als ergänzendes Instrument unverzichtbar. Ein erster Diskussionsentwurf hierzu ist im aktualisierten Bozner FUEV-Entwurf von 1994 enthalten.

Zu nennen ist in diesem Zusammenhang außerdem die *Europäische Charta der lokalen Selbstverwaltung* vom Oktober 1985, die seit September 1988 in Kraft ist und mittlerweile von 32 Europarat-Mitgliedstaaten ratifiziert wurde (Stand November 1999). In ihr sind bestimmte föderalistische Grundprinzipien für die lokale Verwaltungsebene festgeschrieben, die zwar nicht minderheitenspezifisch sind, jedoch gerade für Minderheiten von besonderer Relevanz sein können. Überschneidungen und Parallelen ergeben sich insbesondere mit dem

---

[37]Bisher nicht gezeichnet haben: Andorra, Belgien, Frankreich, die Türkei sowie Georgien, das erst 1999 dem Europarat als 41. Mitgliedsstaat beigetreten ist.

[38]Albanien, Bulgarien, Dänemark, Deutschland, Estland, Finnland, Großbritannien, Irland, Island, Italien, Kroatien, Liechtenstein, Makedonien, Malta, Moldawien, Norwegen, Österreich, Rumänien, Rußland, San Marino, Schweiz, Slowakei, Slowenien, Spanien, Ukraine, Ungarn, Zypern.

Konzept der Lokalautonomie. Das hierin liegende synergetische Potential ist noch auszuschöpfen, es gilt die föderalistische Gestaltung von Lokalkörperschaften mit den Prinzipien des Minderheitenschutzes optimal zu kombinieren. Dies um so mehr , als viele Minderheiten nicht kompakt, sondern in Streulage siedeln, so daß allein die lokale Ebene einen sinnvollen Anknüpfungspunkt für spezifische Schutzvorkehrungen bieten kann.

Insbesondere dem 4. Teil des europäischen Minderheitenschutzsystems stehen allerdings noch große politische Bedenken von Seiten vieler Staaten entgegen, da sie in der autonomen Selbstverwaltung die mögliche Vorstufe zu einer späteren Sezession sehen, während umgekehrt von der Befürworterseite das Argument in den Vordergrund gestellt wird, politische Autonomie stelle die Anwendung des internen Selbstbestimmungsrechts dar, welches im Gegensatz zum externen Selbstbestimmungsrecht die territoriale Integrität der Staaten nicht antaste und somit als beste Prävention gegen Sezession gelten könne.

Jedenfalls handelt es sich hierbei um eine der noch heikelsten Fragen angesichts der besonderen Sensibilität der Staaten gegenüber möglichen Bedrohungen ihrer territorialen Integrität. Gerade deshalb ist die jüngere Entwicklung im ehemaligen Osteuropa von besonderem Interesse, wo das Instrument der Autonomie bereits von einigen Staaten eingeführt wurde, so die Kulturautonomie in Slowenien[39] und Lettland 1991[40], in Estland[41] und in Ungarn[42] 1993, oder die Territorialautonomie, welche Moldawien 1994 für Gagausien[43] und 1997 für Transnistrien[44] eingeführt hat.

Einen völlig anderen Verlauf hat die Autonomiefrage im Falle des Kosovo genommen. Die Autonomie, welche diese Provinz im ehemaligen Jugoslawien genoß, wurde 1989 durch einseitigen Akt der serbischen Teilrepublik aufgehoben. Nach jahrelangen vergeblichen Versuchen des gewaltlosen Widerstandes von Seiten der zu über 80 % albanischen Bewohner des Kosovo spitzte sich der Konflikt 1998/99 derart zu, daß eine internationale Staatengemeinschaft, die NATO, erstmals in Europa mit Waffengewalt eingreifen mußte, um die albanische Volksgruppe vor dem Genozid durch die jugoslawisch-serbische Armee zu schützen. Dabei hätten unendlich viel menschliches Leid und unermeßliche Schäden vermutlich vermieden werden können, wenn es rechtzeitig zu einer völkerrechtlichen Einigung über die Autonomierechte von Volksgruppen gekommen wäre.

---

[39]Mit der neuen Verfassung von 1991 (Art. 64) sowie mit Gesetz 1994 (Einrichtung der Selbstverwaltungsgemeinschaften der ungarischen und italienischen Minderheit).

[40]Gesetz über die freie Entwicklung der nationalen und ethnischen Gruppen Lettlands und deren Recht auf Kulturautonomie vom 19.03.1991 Nr. 21/22.

[41]Estnisches Gesetz über die Kulturautonomie für nationale Minderheiten mit Wirkung vom 28.11.1993, welches das Vorgängergesetz von 1989 ablöst.

[42]Ungarisches Minderheitengesetz vom 7. Juli 1993 Nr. 77.

[43]Moldawisches Gesetz über die besondere Rechtsstellung von Gagausien (Gagauz-Yeri) vom 23.12.1994 Nr. 3/4.

[44]Moskauer Memorandum zur Beilegung des Konflikts, unterzeichnet am 8.5.1997 vom moldawischen Präsident Lucinschi und dem Separatistenführer Smirnow in Anwesenheit der Präsidenten Rußlands und der Ukraine sowie eines Vertreters der OSZE.

Kritiker werfen der NATO vor, in der Kosovo-Krise nicht völkerrechtskonform vorgegangen zu sein. Tatsächlich aber war infolge des historisch-traditionellen Bündnisses zwischen Serbien und Rußland eine einstimmige Resolution des UNO-Sicherheitsrats ausdrücklich zugunsten eines militärischen Eingreifens politisch völlig illusorisch. Andererseits bestand kein Zweifel, daß die von Jugoslawien-Serbien gegen die albanischen Kosovaren eingeleitete „ethnische Säuberung“ ein völkerrechtlich indiziertes Verbrechen gegen die Menschlichkeit darstellte und daher gestoppt werden mußte. Es stellte sich somit das Problem, zwischen formalem Völkerrecht und völkerrechtlich sanktionierter Moral, d.h. zwischen Recht und Gerechtigkeit zu entscheiden. Die NATO entschied sich bekanntlich für letzteres. Die NATO-Luftschläge zwangen dann Jugoslawien-Serbien zur Kapitulation im Kosovo und es kam schließlich zur erforderlichen Resolution im UNO-Sicherheitsrat ohne Veto, womit der formalrechtlichen Seite des Völkerrechts wieder Genüge getan war.

3.2. Übersicht über das Europarat-Instrumentarium

Die 4 Hauptinstrumente

a) *Europäische Charta der Regional- oder Minderheitensprachen*
verabschiedet 1992, in Kraft getreten 1998
b) *Rahmenübereinkommen zum Schutz nationaler Minderheiten*
verabschiedet 1994, in Kraft getreten 1998
c) *Minderheiten-Zusatzprotokoll zur Europäischen Menschenrechtskonvention (EMRK)*
in Auftrag gegeben 1993
erster Entwurf vom November 1995 für nicht geeignet befunden
Bearbeitung wurde 1996 auf unbestimmte Zeit ausgesetzt
d) *Sonder-Konvention über Autonomie*
Diskussionsentwurf vorgelegt 1994

a) Europäische Charta der Regional- oder Minderheitensprachen

⇒ *verabschiedet*: 22. Juni 1992
⇒ *in Kraft getreten* (nach erforderlichen 5 Ratifizierungen): 1. März 1998

⇒ *Unterzeichnungen* (Stand 20.06.1999): 20 Mitgliedstaaten
Dänemark, Deutschland, Finnland, Frankreich, Island, Kroatien, Liechtenstein, Luxemburg, Malta, Makedonien, Niederlande, Norwegen, Österreich, Rumänien, Schweiz, Slowenien, Spanien, Ukraine, Ungarn, Zypern
⇒ *Ratifizierungen* (Stand 20.06.1999): 8 Mitgliedstaaten
Deutschland, Finnland, Kroatien, Liechtenstein, Niederlande, Norwegen, Schweiz, Ungarn

VORTEIL:
Im Rahmen des Kontrollmechanismus gewisse Mitwirkungsmöglichkeiten „rechtmäßig eingetragener Organisationen bzw. Verbände", d.h. auch von Volksgruppenorganisationen und unabhängigen NGOs.

NACHTEILE:
1. Nur indirekter Minderheitenschutz, da in erster Linie auf Minderheitensprachen, nicht auf deren Sprecher bezogen!
2. Großer Umsetzungsspielraum der Vertragsstaaten, v.a. durch „à la carte" - System:
Bezüglich des konkreten Maßnahmenkatalogs in Teil III der Charta können diese
- die Sprachen, auf die dieser Teil anwendbar sein soll, selbst festlegen und dabei
- aus den ca. 100 Einzelmaßnahmen jene 35 auswählen, die sie verbindlich umsetzen wollen.
3. Schwacher Kontrollmechanismus: Berichtssystem.

b) Rahmenübereinkommen zum Schutz nationaler Minderheiten

⇒ *verabschiedet:* 10. November 1994
⇒ *in Kraft getreten* (nach erforderlichen 12 Ratifizierungen): 1. Februar 1998

⇒ *Unterzeichnungen* (Stand 28.09.1999): 36 Mitgliedstaaten, 1 Nichtmitgliedstaat (Armenien)
(nicht unterzeichnet haben: Andorra, Belgien, Frankreich, Georgien, Türkei)
⇒ *Ratifizierungen* (Stand 28.09.1999): 27 Mitgliedstaaten + 1 Nichtmitgliedstaat, nämlich
Mitgliedstaaten: Albanien, Bulgarien, Dänemark, Deutschland, Estland, Finnland, Großbritannien, Irland, Italien, Kroatien, Liechtenstein, Malta, Makedonien, Moldawien, Norwegen, Österreich, Rumänien, Rußland, San Marino, Schweiz, Slowakei, Slowenien, Spanien, Tschechien, Ukraine, Ungarn, Zypern,
Nichtmitgliedstaat: Armenien

VORTEILE:
1. Erstes multilaterales völkerrechtliches Abkommen, das eigens dem Schutz „nationaler Minderheiten“ gewidmet ist.
2. Grundlage für die Bildung eines weiteren Netzwerks bilateraler Minderheitenschutzverträge zwischen einzelnen Vertragsstaaten (Erneuerung des Stabilitätspaktes).
3. Enthält Ansätze zur „positiven Diskriminierung“.

NACHTEILE:
1. Enthält keine Definition des Begriffs „nationale Minderheit“, sondern überläßt diesen – und damit die Bestimmung der zu schützenden Minderheiten – dem staatlichen Belieben.
2. Enthält keine direkten Gruppenrechte für nationale Minderheiten als solche, lediglich die Möglichkeit der Rechtsausübung von Individuen „gemeinsam mit anderen“.
3. Allgemein großer Umsetzungsspielraum der Vertragsstaaten durch unpräzise, vage und vielfach einschränkende Formulierung der einzelnen Bestimmungen.
4. Schwacher Kontrollmechanismus: Berichtssystem.

⇓

Zweischneidigkeit:
- *Positiv:* bei gutem Willen brauchbare und entwicklungsfähige Grundlage.
- *Negativ:* bei mangelndem guten Willen ein Instrument zur legalen Verhinderung des Minderheitenschutzes.

c) Minderheiten-Zusatzprotokoll zur Europäischen Menschenrechtskonvention (EMRK)

⇒ in Auftrag gegeben beim Europaratsgipfel von Wien am 9. Oktober 1993

⇒ erstes Ergebnis vom November 1995 wurde vom Ministerkomitee im Januar 1996 als „ungeeignet" erachtet, weshalb die Arbeiten „bis auf weiteres" ausgesetzt wurden

VORTEILE:
1. Einbeziehung von Minderheitenrechten in das EMRK-System. (Bei Staaten, die nicht EMRK-Vertragsstaaten sind: Organleihe.)
2. Direkte Einklagbarkeit der betreffenden Rechte vor dem Europäischen Gerichtshof für Menschenrechte (Voraussetzung: ausdrückliche Unterwerfung der Vertragsstaaten unter die Gerichtsbarkeit des EGMR).
3. Beschwerdebefugt sind dabei nicht nur die Vertragsstaaten, sondern auch Individuen und Personenvereinigungen.

NACHTEILE:
1. Nur direkt einklagbare Rechte können in den Katalog von Minderheitenrechten aufgenommen werden.
2. EMRK-System ist in erster Linie auf Individualrechte ausgerichtet.

MÖGLICHE VARIANTEN:
1. Minimalvariante: Recht jedes Individuums auf Sprache und Bildung. (Kein spezifischer Bezug zu Minderheiten!)
2. Maximalvariante: Bozner Entwurf für ein Zusatzprotokoll zur EMRK über die Grundrechte der Angehörigen von Volksgruppen in Europa vom 12. Mai ^{2}1994 (^{1}1992).
3. Möglicher Kompromiß: Referenztext in Empfehlung 1201(1993) der Parlamentarischen Versammlung des Europarates.

d) Sonder-Konvention über Autonomie

⇒ Bozner Diskussionsentwurf einer Sonder-Konvention über die Autonomierechte der Volksgruppen in Europa vom 12. Mai 1994

⇒ 3 mögliche Formen von Autonomie:

1. Territorialautonomie
2. Kulturautonomie (Personalautonomie)
3. Lokalautonomie (Örtliche Selbstverwaltung)

bzw. Kombinationsmöglichkeiten

KONTROVERSE:

⇒ Autonomie als 1. Schritt zur Sezession?

⇒ Autonomie als Prävention von Sezession?

DISKUSSIONSBEGINN:

- Europarat-Seminar April 1996 in Lausanne/ CH
- Europarat-Seminar Oktober 1996 in Cividale/ I
- Seminar der Zentraleuropäischen Initiative September 1998 in Gorizia-Görz/ I

IV. TEIL: WESENTLICHE VORAUSSETZUNGEN DES EUROPÄISCHEN MINDERHEITENSCHUTZES

1. Das Recht auf die Heimat[1]

„Jeder Mensch hat ein Recht auf die Heimat." – Eine Formel dieser Art ist bisher weder in der Allgemeinen Erklärung der Menschenrechte der Vereinten Nationen noch in einer völkerrechtlichen Konvention zu finden. Dennoch geht man heute überwiegend davon aus, daß es ein völkerrechtliches Recht auf die Heimat gibt.

1. 1 Der Begriff Heimat

Was ist „Heimat"? Was verbinden wir persönlich damit? Manche stehen diesem Begriff vielleicht eher gleichgültig oder auch skeptisch gegenüber. Bei anderen weckt er positive Assoziationen: Gedanken an Geborgenheit und Vertrautes, das eigene Zuhause, die Gemeinde oder Stadt, in der sie leben, die umgebende Landschaft und Region – und manchmal auch der Staat, dessen Angehörige sie sind. Außerdem: Familie, Freunde, Bekannte und vertraute Menschen in der Umgebung. – Meist liefern die Antworten auf die Frage nach der „Heimat" ein buntes Kaleidoskop von verschiedenen Aspekten des Heimatbegriffs und Ansichten hierzu.

Auch ein Sprachenvergleich deutet auf die Vielschichtigkeit und eine gewisse Subjektivität des Begriffs Heimat hin. Von mancher Seite ist zu vernehmen, das Wort Heimat und die Kenntnis seines Bedeutungsgehalts finde sich nur im deutschen Sprachraum. Tatsächlich verfügen aber auch einige andere, vor allem slawische Sprachen (z.B. slowenisch/kroatisch *domovina*; serbisch *domowina*; tschechisch *domov*) oder z.B. das Ungarische (*haza*) über einen entsprechenden Begriff. Die meisten Sprachen greifen demgegenüber auf mehrere, oft zusammengesetzte Begriffe zurück (englisch *homeland, native country* oder *land of their ancestors;* französisch *foyer, pays d'origine, pays natal, foyer des ancêtres* oder gegebenenfalls *patrie;* italienisch *paese nativo* oder gegebenenfalls *patria*).[2] Allein die Existenz dieser Umschreibungen zeigt, daß auch bei den Sprechern dieser Sprachen eine bestimmte „heimatliche" Vorstellungswelt vorhanden sein muß.

Die Komplexität des Heimatbegriffs spiegelt sich in einer fast unendlich scheinenden Vielzahl von Definitionsansätzen und -versuchen wider. Einen soziologisch fundierten, differenzierten und zugleich inhaltlich faßbaren Definitionsansatz liefert Otto Kimminich. Danach kann Heimat „als ein Feld von Beziehungen betrachtet werden, die auf den verschiedenen Ebenen des Raumes und der Zeit liegen und den Einzelmenschen sowohl mit anderen Menschen als auch mit Dingen verbinden."[3] Für den Einzelnen ist mit der Vertraut-

---

[1]Überarbeitete Fassung von Pfeil 1999.

[2]Vgl. Kimminich 1989: 23.

[3]Kimminich 1989: 42.

heit dieser gewachsenen Beziehungen meist ein – auch unbewußtes – Gefühl von Sicherheit verbunden.

Heimat setzt sich also aus objektiven wie subjektiven Elementen zusammen. Sie umspannt die drei Dimensionen

- Ort/Raum,
- Zeit und
- Mensch (Einzelmenschen und Gruppen)

und die Beziehungen zwischen diesen Größen.[4]

1.2 Das Recht auf die Heimat im Völkerrecht

In der Praxis werden Rufe nach dem Recht auf die Heimat vor allem dann laut, wenn Vertreibungen[5] oder Deportationen[6] von Menschen stattfinden. Auch die gezielte Veränderung der demographischen Zusammensetzung eines Gebiets mittels Seßhaftmachung auswärtiger Siedler, z.B. nach vorangegangener Vertreibung oder in Siedlungsgebieten ethnischer Minderheiten, berührt einen wichtigen Aspekt des Rechts auf die Heimat. Hauptsächlich in Fällen von Grenzverschiebungen zwischen zwei Staaten wurden in der Vergangenheit häufig auch völkerrechtliche Umsiedlungs- oder Bevölkerungsaustauschverträge[7] abgeschlossen.

Deportationen oder Vertreibungen von Menschen, auch im Rahmen von Umsiedlungsverträgen, verletzen zahlreiche Bestimmungen des Völkerrechts, so in der Regel

im Aufenthaltsrecht

- das Verbot von Kollektivausweisungen (Art. 3 I und Art. 4 des 4. ZP zur EMRK),
- das Verbot der Einzelausweisung von Staatsangehörigen (Art. 3 I des 4. ZP zur EMRK),
- das Gebot, Ausländer nur auf der Grundlage rechtsstaatlich geregelter Verfahren auszuweisen (Art. 13 IPBPR),

---

[4]Vgl. Kimminich 1989: 48.

[5]„Vertreibung" (auch: „Austreibung", „Aussiedlung") meint die zwangsweise Verbringung einer Bevölkerungsgruppe über Grenzen hinweg in ein Gebiet *außerhalb* ihres Wohnsitzstaates. Dies kann direkt geschehen, z.B. durch kollektiven behördlichen Ausweisungsbefehl, oder auch durch mittelbaren Druck, der die Betroffenen zur Flucht zwingt (vgl. Blumenwitz 1995: 43). Letzteres geschieht häufig durch die Zerstörung der Lebensgrundlagen der Betroffenen („Politik der verbrannten Erde") und / oder durch massive Menschenrechtsverletzungen.

[6]„Deportation" (auch: „Zwangsumsiedlung") bedeutet die zwangsweise Verbringung von Menschen *innerhalb* der betreffenden Staatsgrenzen oder des staatlichen Machtbereichs, z.B. auch in ein besetztes Gebiet. Ist die Deportation auf Dauer angelegt, d.h. bleibt den Betroffenen jegliche Rückkehrmöglichkeit verwehrt, so spricht man von „Verschleppung" (vgl. Blumenwitz 1995: 42 f.).

[7]„Umsiedlungs-" oder „Bevölkerungsaustauschverträge", die zwischen zwei oder mehreren Staaten abgeschlossen werden, haben die Verpflanzung bestimmter Bevölkerungsgruppen vom Wohnsitzstaat in ihren Mutterstaat zum Gegenstand. Sie enthalten meist noch weitere Regelungen, z.B. zum Staatsangehörigkeitswechsel, zur Durchführung der Transporte oder zur Liquidierung und Überführung der Vermögen der betroffenen Personen (vgl. Blumenwitz 1995: 44).

- das Recht eines Staatsangehörigen auf Rückkehr bzw. Einreise in sein Land (Art. 12 IV IPBPR, Art. 3 II des 4. ZP zur EMRK, vgl. Art. 13 II AEMR);
- das Recht des Menschen auf Freizügigkeit und freie Wahl seines Wohnsitzes innerhalb eines Staates (Art. 12 I IPBPR, vgl. Art. 13 I AEMR),

im Kriegsvölkerrecht (gilt nur während Krieg und Besatzung)

- die Pflicht der Besatzungsmacht, die öffentliche Ordnung und das öffentliche Leben wiederherzustellen bzw. aufrechtzuerhalten (Art. 43 HLKO),
- das Verbot der Deportation („Kriegsverbrechen", Art. 6 b des Nürnberger IMT-Statuts),
- das Verbot der Verschleppung von Zivilbevölkerung („Verbrechen gegen die Menschlichkeit", Art. 6 c des Nürnberger IMT-Statuts),
- das Verbot von Einzel- oder Massenzwangsverschickungen und Verschleppungen sowie das Verbot, Teile der eigenen Zivilbevölkerung in ein besetztes Gebiet zu verschicken oder zu verschleppen (Art. 49 des IV. Genfer Abkommens).

Darüber hinaus bestehen Zusammenhänge

- zum völkerrechtlichen Gewaltverbot (Völkergewohnheitsrecht, vgl. Art. 2 Ziff. 7 UN-Charta) und vor allem auch
- zum Selbstbestimmungsrecht der Völker (vgl. Art. 1 II und Art. 55 der UN-Charta sowie die jeweiligen Art. 1 der UN-Menschenrechtspakte[8]) sowie
- zu Regelungen des Schutzes von Volksgruppen und Minderheiten, die in völkerrechtlichen Verträgen[9] oder in multilateralen völkerrechtlichen Konventionen[10] verankert sind.

Mit dem Selbstbestimmungsrecht von Völkern – und gegebenenfalls von Volksgruppen – ist deren Recht verbunden, frei über ihren politischen Status zu entscheiden und in Freiheit ihre wirtschaftliche, soziale und kulturelle Entwicklung zu gestalten. Damit müßte es den Wohnsitzstaaten dieser Gruppen zugleich verwehrt sein, sie aus ihrer angestammten Heimat zu entfernen.[11] Ähnlich verhält es sich im Bereich Volksgruppenschutz. Der konsequente Schutz von Volksgruppen bzw. Minderheiten setzt voraus, daß diese jeweils in ihrem traditionellen Siedlungsraum verbleiben können. [12]

Die geschilderten Zusammenhänge verdeutlichen, weshalb die Existenz eines Rechts auf die Heimat heutzutage überwiegend bejaht wird, obwohl, wie oben angedeutet, das Wort „Heimat" bzw. „homeland" oder Ähnliches im zwingenden Völkerrecht bisher an keiner Stelle zu finden ist: Das Recht auf die Heimat in seiner aktuellen Ausprägung „stellt sich als ein Komplex dar, der

---

[8]Art. 1 IPBPR und Art. 1 IPWSR.

[9]Z.B. im sog. Gruber-Degasperi-Abkommen zwischen Österreich und Italien vom 5. September 1946 zum Schutz der deutschsprachigen Südtiroler, das dem Pariser Friedensvertrag zwischen Italien und den Alliierten und Assoziierten Mächten vom 10. Februar 1947 als Anlage IV beigefügt wurde.

[10]Z.B. in Art. 27 IPBPR oder im Europarat-Rahmenübereinkommen zum Schutz nationaler Minderheiten; vgl. auch die UN-Erklärung vom 18.12.1992 über die Rechte von Personen, die nationalen oder ethnischen, religiöser und sprachlichen Minderheiten angehören.

[11]Vgl. de Zayas 1997: 14. Näheres dazu bei Kimminich 1989: 169 ff.

[12]Näheres dazu bei Kimminich 1989: 159 ff.

aus einer Reihe von Einzelrechten zusammengesetzt ist".[13] Dabei bezweckt es sowohl den Schutz einzelner Menschen als auch den Schutz bestimmter, auch ethnischer, Gruppen als solche[14], es enthält also neben einer individuellen auch eine kollektive Komponente.

Mit Verletzungen des Rechts auf die Heimat gehen in der Regel zahlreiche weitere eklatante Menschenrechtsverletzungen einher, die von Eigentumsverletzungen, Verletzungen der persönlichen Freiheit und der körperlichen Unversehrtheit bis zu Mord und Völkermord reichen.

1.3 Verletzungen des Rechts auf die Heimat im „Jahrhundert der Vertreibungen" und ihre Ursachen

> [...] Nach Berichten von Flüchtlingen, die diese Deportationen überlebt haben, wurden Hunderte von Frauen, Kindern und alten Menschen bei drückender Hitze in Güterwaggons zusammengepfercht. Die Fahrten nach Zentralbosnien dauerten drei Tage, oft länger. 'Es gab kein Essen, kein Wasser und keine frische Luft', berichtet Began Fazlic. 'Es gab keine Toiletten, nur Löcher im Boden, um die herum sich die Exkremente häuften.' Zahllose Menschen, vor allem Kinder und Alte, seien während der Deportationen gestorben. 'Man konnte nur die Hände der Menschen sehen, die durch die winzigen Belüftungslöcher herausragten', erinnert sich ein Mitglied der muslimischen Partei (SDA) aus Banja Luka. 'Aber wir durften uns den Waggons nicht nähern. Es war wie bei der Deportation der Juden nach Auschwitz.'[...][15]

Was bisher abstrakt aus rechtlicher Perspektive umrissen wurde, ist für die einzelnen Betroffenen konkrete, grausame Wirklichkeit, die nicht nur deren materielle Existenz betrifft, sondern ihr weiteres Leben auch in psychisch-geistiger Hinsicht nachhaltig prägen kann. Die buchstäbliche Entwurzelung , das gewaltsame Herausreißen von Menschen aus ihrer vertrauten Umgebung und ihren gewachsenen und prägenden menschlichen Bindungen und Beziehungen kann zu schwerwiegenden Identitätskrisen führen, Traumata auslösen, die nur schwer zu verarbeiten sind. Ganze Völker und Volksgruppen samt ihrer Kulturen und Sprachen wurden und werden auf diese Weise in ihren Lebensgrundlagen beschnitten oder dieser gar völlig beraubt. – Für die Aufnahmeländer bedeuten größere Flüchtlingsströme außerdem oft extreme Belastungen, die insbesondere Entwicklungsländer an den Rand des politischen und wirtschaftlichen Ruins treiben können.

Die obige Schilderung der Deportation von ethnischen Muslimen während des Krieges in Bosnien-Herzegowina (1992-1995) gleicht mehr oder weniger vielen anderen Berichten über Vertreibungen, die vor allem im 20. Jahrhundert rund um den Erdball stattgefunden haben und immer noch stattfinden. Nicht ohne Grund ist diese Ära schon jetzt als das „Jahrhundert der Flüchtlinge"[16] in die Geschichte eingegangen. Neben Faktoren wie Armut, Hunger, Wasser-

---

[13]Felix Ermacora, zitiert nach Kimminich 1989: 193.
[14]Vgl. Kimminich 1989: 19.
[15]Gutman 1993: 112.
[16]Vgl. Weber 1998: 4, Kimminich 1989: 12.

mangel, Umweltzerstörung, Naturkatastrophen oder Bevölkerungsexplosion spielen dabei insbesondere erzwungene Bevölkerungstransfers, Verletzungen des Rechts auf die Heimat, eine entscheidende Rolle. Insofern ist auch vom „Jahrhundert der Vertreibungen" die Rede. – Was sind die Ursachen der massiven Verletzungen des Rechts auf die Heimat gerade im 20. Jahrhundert?

Grundsätzlich können drei „Spielarten" von erzwungenen Bevölkerungstransfers unterscheiden werden, nämlich solche

- mit ethnischem Hintergrund,
- mit politisch-ideologischem Hintergrund und
- mit wirtschaftlichem Hintergrund.

Oft stehen diese Motive nicht selbständig nebeneinander, sondern sind ineinander verflochten.

a) Erzwungene Bevölkerungstransfers mit vorwiegend ethnischem Hintergrund

Ethnisch motivierte Vertreibungen und Deportationen spielen im 19. und vor allem im 20. Jahrhundert eine besonders herausragende Rolle, gelangen zu trauriger Berühmtheit. Zu den Ursachen im folgenden ein Erklärungsversuch:

Kämpfe verschiedener Personen und Personengruppen um Macht, um Territorien und wirtschaftliche Ressourcen haben zu jeder Zeit Konflikte, Kriege und Bürgerkriege und mit diesen auch Flüchtlingswellen ausgelöst. In der neuen Ära werden solche Konflikte jedoch vielfach besonders nach ethnischen oder auch nach religiösen Kriterien ausgetragen. Die hierbei entstehenden Bevölkerungsbewegungen und -umschichtungen sind häufig keine bloßen, teils vorübergehenden, Begleiterscheinungen der gewaltsamen Auseinandersetzungen, sondern Kriegsziel. Sie sind Teil umfassender Strategien „ethnischer Säuberung". Hintergrund dieser Entwicklungen ist die im 19. Jahrhundert in Europa aufgekommene Nationalstaatsideologie, die mit ihrem Postulat „Jede Nation Ein Staat." (Bluntschli 1886) die Weltpolitik maßgeblich bestimmt hat und noch immer bestimmt. Theoretisches Ziel der Verfechter dieser Ideologie war es ursprünglich, bestehende Staatsgrenzen den jeweils vorhandenen ethnischen Gegebenheiten anzupassen und auf diese Weise ethnisch homogene sogenannte Nationalstaaten zu schaffen.[17]

Schon aufgrund der weltweit überwiegend ethnisch gemischten Siedlungsstrukturen ist dieser Ansatz von vornherein meist eine unrealistische Fiktion geblieben. In seiner Folge beginnen jedoch – überwiegend blutige – Konkurrenzkämpfe verschiedener Ethnien um den jeweils „eigenen" Nationalstaat. Viele Eroberungskriege, Grenzkonflikte sowie Unabhängigkeitsbestrebungen, die teils zum Zerfall bedeutender Vielvölkerstaaten wie dem Osmanischen Reich und der Habsburger Donaumonarchie (beide zum Ende des 1. Weltkrieges) beigetragen haben, können in diesen Zusammenhang gestellt werden. Zugleich werden groß angelegte Prozesse der ethnischen „Entmischung" durch

[17] Vgl. Pan 1997: 136 f.

Vertreibungen, Deportationen und Bevölkerungsaustausch in Gang gesetzt. In Europa erreichen diese Prozesse durch den 2. Weltkrieg ihren Höhepunkt, nicht zuletzt auch als Folge nationalsozialistisch-faschistischen Rassenwahns.

AUS DER GESCHICHTE:[18]

* Im Laufe des Zerfalls des Osmanischen Reiches werden 1912/13 und 1919 hunderttausende Albaner und Sandschak-Muslime aus Serbien vertrieben. Türken flüchten aus Griechenland, Serbien, Bulgarien und Rumänien; Griechen werden aus der Türkei ausgewiesen. 1914-23 flüchten 350.000 Armenier vor dem türkischen Völkermord aus dem Osmanischen Reich. 1923 regelt der Vertrag von Lausanne den „Austausch" von 350.000 Türken aus Griechenland gegen 1,5 Millionen Griechen aus der Türkei.
* Im Vorfeld des Holocaust verlassen 1933-39 über 350.000 Juden Deutschland aus Angst vor Verfolgung durch das Nazi-Regime. (Die „Deportationen" ab 1939 münden unmittelbar in den Holocaust-Völkermord, betreffen insofern nicht das Thema „Vertreibungen".)
* Während des 2. Weltkriegs annektiert das Deutsche Reich 1939/40 die Westgebiete Polens. In der Folge werden etwa 1 Million Polen sowie rund 300.000 Juden in das deutsch verwaltete „Generalgouvernement" (Ostpolen) abgeschoben. Etwa 56.000 in Polen ansässige Ukrainer und Weißrussen flüchten in die SU.
* Bis in die 1940er Jahre läßt Stalin ganze Völkerschaften der Sowjetunion (SU) deportieren, darunter Karatschaier und Kalmücken, Tschetschenen, Inguschen und Balkaren sowie Krimtataren. Auch rund 400.000 Wolgadeutsche und 150.000 in Wolhynien (heute Nordukraine) ansässige Deutsche werden nach Zentralasien und Sibirien deportiert. 1939/40 werden 1,5 Millionen Polen aus Ostpolen in die SU zwangsumgesiedelt. Nach der Annexion der baltischen Staaten und des finnischen Karelien durch die SU (1940 bzw. 1944) werden 180.000 Balten in die SU deportiert und etwa 410.000 Karelier vertrieben.
* 1940 annektiert Bulgarien die Süddobrudscha vom Nachbarland Rumänien. Im darauffolgenden „Entmischungsprozeß" gelangen etwa 110.000 Rumänen in die rumänische Norddobrudscha und etwa 62.000 Bulgaren in die Süddobrudscha.

Die nunmehr zum Teil vergrößerten, neu entstandenen oder wiederbegründeten (National-) Staaten erweisen sich jedoch überwiegend gerade nicht als ethnisch homogen. Um so mehr werden dort beheimatete Volksgruppen und Minderheiten vielfach als Störfaktoren betrachtet, deren man sich durch (erneute) Vertreibungen, aber auch andere grausame Varianten "ethnischer Säuberung", allen voran durch Genozid[19] sowie durch Ethnozid[20], Unterdrückung, Zwangsassimilierung und Unterwanderung zu entledigen versucht.[21] Als Folge dieser Unterdrückungsstrategien entwickeln oder verstärken sich bei manchen der betroffenen Minderheiten separatistische Tendenzen.

[18]Zu diesen und allen folgenden Beispielen „aus der Geschichte" siehe Putzger 1984 sowie Bayerischer Schulbuch-Verlag 1981: 88 f.

[19] Völkermord.

[20] Kultureller Völkermord.

[21]Vgl. Pan 1997: 136.

AUS DER GESCHICHTE:

* Nach dem 1. Weltkrieg müssen Juden und Deutsche die neu entstandenen Staaten im Baltikum, Polen und die Tschechoslowakei sowie das vergrößerte Rumänien verlassen, ungarische Optanten verlassen die neu entstandenen Staaten Jugoslawien, Rumänien und die Tschechoslowakei.
* Nach dem 2. Weltkrieg werden mindestens 12 Millionen Deutsche aus fast allen Teilen Osteuropas nach West- und Ostdeutschland (ab 1949 Bundesrepublik Deutschland bzw. Deutsche Demokratische Republik) vertrieben – es entsteht die bisher größte Flüchtlingsbewegung der Weltgeschichte. In den auf diese Weise z.B. „gesäuberten" Gebieten des Sudetenlandes, Südböhmens und Südmährens (Tschechoslowakei) werden in der Folge über 100.000 Tschechen und Slowaken aus der Karpato-Ukraine (bis 1939 Teil der Tschechoslowakei, 1944 von der SU annektiert) angesiedelt.
* 1945/46 werden etwa 1,5 Millionen Polen aus den ehemals ostpolnischen, an die SU gefallenen Gebieten zwangsweise in den von Deutschland hinzugewonnenen Gebieten Ostpreußen und Schlesien sowie in Westpreußen angesiedelt. Im so „gesäuberten" Ostpolen werden im Gegenzug etwa 518.000 Ukrainer, Weißrussen und Litauer aus Polen sowie Ruthenen aus der Tschechoslowakei angesiedelt, dazu Tschechen und Slowaken aus der (ehemals tschechoslowakischen, jetzt sowjetischen) Karpato-Ukraine.
* Aus dem während des 2. Weltkriegs vorübergehend wieder Ungarn angegliederten Siebenbürgen, aus der südlichen Slowakei und aus der zu Jugoslawien gehörenden Vojvodina werden nach Kriegsende etwa 300.000 Ungarn vertrieben.
* 1945-50 werden zwischen 100.000 und 200.000 Italiener aus den nach dem Ersten Weltkrieg italienischen, jetzt jugoslawischen Gebieten von Istrien und Dalmatien vertrieben.
* Nach Aufgabe des britischen Vizekönigtums auf dem indischen Subkontinent 1947 entstehen dort zwei unabhängige Staaten: das überwiegend hinduistische Indien und das mehrheitlich muslimische Pakistan. In der Folge werden etwa 10 Millionen Muslime zur Flucht nach Pakistan, etwa 9 Millionen Hindus zur Flucht nach Indien gezwungen.

Große Konfliktpotentiale bergen in diesem Zusammenhang auch viele ehemalige Kolonialstaaten. Hier haben die Kolonisatoren u.a. dadurch unselige Spuren hinterlassen, daß sie eine organisch gewachsene Staatenbildung nicht zuließen. Die Grenzen dieser Staaten wurden zudem meist willkürlich und unter völliger Außerachtlassung tribaler Traditionen gezogen[22], vielfach verschiedene Ethnien machtpolitisch gegeneinander ausgespielt.

b) Erzwungene Bevölkerungstransfers mit vorwiegend politisch-ideologischem Hintergrund

Politisch-ideologisch motivierte Verfolgungen und Vertreibungen sind ein typisches Phänomen vor allem in totalitären Herrschaftssystemen bzw. Diktaturen, an denen das 20. Jahrhundert ebenfalls in besonderer Weise krankt. Die Machthaber solcher Systeme stützen ihren Herrschaftsanspruch gewöhnlich

[22] Vgl. Weber 1998: 5 f.

auf eine bestimmte, extremistische („rechte“ oder „linke“, auch fundamentalistisch-religiöse) Ideologie. In der Folge gilt jeglicher politische Pluralismus als herrschaftsgefährdend, werden grundlegende Menschenrechte, allen voran das Recht auf freie Meinungsäußerung, mißachtet oder gar geleugnet. Andersdenkende, Regimekritiker und -gegner und andere Gruppen, die nicht dem propagierten ideologischen Raster entsprechen, geraten auf diese Weise zum „Dorn im Auge“ der Herrschenden, den es zu „entfernen“ gilt.

AUS DER GESCHICHTE:
* Von 1917-22 verlassen etwa 1,5 Millionen Russen, Ukrainer und Weißrussen die sich bildende kommunistische SU in Richtung westliches Ausland. 1926-39 läßt Stalin über 3 Millionen Personen, vor allem aus der „besitzenden Klasse“, nach Sibirien und in den Fernen Osten deportieren.
* Nach der Gründung der kommunistischen Volksrepublik China 1949 fliehen etwa 3 Millionen Menschen vor den neuen Machthabern nach Taiwan und Hongkong.
* Infolge der Niederschlagung des Aufstandes gegen die kommunistische Herrschaft in Ungarn 1956 müssen etwa 200.000 Menschen zunächst ihre Heimat verlassen.
* Die Niederschlagung des sog. Prager Frühlings in der Tschechoslowakei 1968/69 kostet etwa 170.000 Tschechen und Slowaken ihre Heimat.
* 1980/81 fliehen etwa 250.000 Polen vor Kriegsrecht und politischer Unterdrükkung.
* Der sog. Ost-West-Gegensatz (1945 bis ca. 1991) ist vom politisch-ideologische Ringen von USA und SU um Machtausweitung begleitet. Er führt v.a. in der Dritten Welt zu vielen „Stellvertreterkriegen“ und in deren Gefolge zu großen Flüchtlingsströmen

c) Erzwungene Bevölkerungstransfers mit vorwiegend wirtschaftlichem Hintergrund

> In unserer Sprache gibt es kein Wort für ‘Umsiedlung’. Umgesiedelt zu werden bedeutet für uns, diese Welt zu verlassen und nie mehr gesehen zu werden
> Pauline Whitesinger von den Western Shoshoni, USA.[23]

Im Namen wirtschaftlicher Entwicklung werden Bevölkerungstransfers vorwiegend zum Zweck der Ausbeutung von Bodenschätzen durchgeführt.[24] Mit Blick auf das Recht auf die Heimat sind diese insbesondere dann problematisch, wenn sie ohne freie Zustimmung der Betroffenen oder ohne rechtsstaatlich geordnetes Verfahren und Gewährung geeigneten Ersatzlandes bzw. ausreichende Entschädigung erfolgen. Besonders im Fall charakteristischer Siedlungsgebiete alteingesessener Minderheiten und kleinerer indigener Völker sind diese Voraussetzungen oft schon im Ansatz nicht erfüllbar. So gibt es gerade für diese, mit ihrem Land besonders verwurzelten Völker selten angemessene Ausweichmöglichkeiten im benachbarten Umfeld.

[23] Zitiert nach Has 1993: 23.
[24] Vgl. Selmeci 1998: 46.

Flüchtlingsaufkommen nach Kontinenten: [25]

Kontinent	Flüchtlinge	Binnenvertriebene	Gesamt
Afrika	7.801.400	5.692.000	13.493.400
Asien	5.968.900	1.699.100	7.668.000
Europa	6.077.900	1.611.100	7.689.000
Lateinamerika	203.900	8.000	211.900
Nordamerika	1.335.400	–	1.335.400
Ozeanien	53.600	–	53.600
SUMME	**21.441.100**	**9.010.200**	**30.451.300**

Hinter den in der Tabelle angegebenen (Mindest-)Zahlen verbirgt sich das weltweite Flüchtlingselend der Gegenwart: über 30 Millionen Entwurzelte, als Flüchtlinge in fremden Staaten oder als Binnenvertriebene im eigenen Land!

Derartige Zahlen bedeuten aber immer nur Momentaufnahmen täglich sich verändernder Flüchtlingsströme. Jederzeit können weitere schwelende Konflikte sich entladen, können Hunger und Umweltzerstörung neue Flüchtlinge „produzieren". Manchen gelingt auch, z.T. mit internationaler Hilfe, die Rückkehr. Ein Problemfall mit stetig zunehmender Bedeutung ist dagegen die erzwungene Rückkehr von Flüchtlingen (sog. forced relocation), z.B. in jetzt verwüstete oder unter anderer Souveränität stehende Gebiete.

Vielen vom Flüchtlingsschicksal Betroffenen ist ihre ethnische Zugehörigkeit zum Verhängnis geworden, sie sind Opfer ganz gezielter, beabsichtigter Verletzungen des Rechts auf die Heimat. Allein nach dem Zerfall der Sowjetunion 1991 sind viele ungelöste ethnische Konflikte in Form von Minderheiten- und Grenzkonflikten wieder zum Ausbruch gekommen, in deren Folge ca. 9 Millionen Menschen[26] fliehen mußten. Dabei scheint vor allem das Virus der „ethnischen Säuberung" auf fast allen Kontinenten dieser Erde Zuhause zu sein. Im folgenden ein Blick auf einige wenige der zahlreichen Krisenherde und Flüchtlingsgebiete der neueren Zeit:

SUDAN (östliches Afrika):[27] Die Bevölkerung teilt sich in etwa 50% islamische Araber und 40% schwarzafrikanische Ethnien, die Anhänger des Christentums oder verschiedener Naturreligionen sind. Letztere leben vorwiegend im rohstoffreichen Süden des Landes und sind der permanenten Islamisierungs- und Arabisierungspolitik der herrschenden radikalen National Islamic Front (NIF, 1998 umbenannt in National Congress/ NC) ausgesetzt. Diese versucht die Autonomiebestrebungen der Sudanesischen Volksbefreiungsarmee (SPLA) des Südens im Keim zu ersticken und ihre politischen und wirtschaftlichen Interessen im übrigen durch die gezielte Ausrottung und Verdrängung der dortigen Bevölkerung durchzusetzen. Friedensverhandlungen, die u.a. ein Unabhängigkeitsreferendum des Südens bzw. eine Föderalisierung des Sudan zum

[25] UNHCR vom 01.10.1996, entnommen aus: Weber 1998: 13.
[26] Vgl. Weber 1998: 5.
[27] Vgl. Weber 1997: 13, Kugler / Endres 1997: 34 ff., Weltalmanach 2000: 761 f.

Gegenstand haben, sind bisher ergebnislos verlaufen.
⇨„Politik der verbrannten Erde“ durch die Zerstörung von Dörfern und die Vernichtung von Ernten und Lebensmitteln, Folter, Verschleppungen, Versklavungen, politisch begründete Verhaftungen
⇨seit 1983 ca. 1,9 Mio Tote, 6 Mio vom Hungertod Bedrohte, 4 Mio Binnenvertriebene, 400.000 Flüchtlinge

Kenia (östliches Afrika):[28] Ethnisch ausgetragener Konflikt um Landrechte im ressourcenreichen Gebiet Rift Valley. Die politisch einflußreichen Kalenjin fürchten um ihren politisch-ökonomischen Besitzstand, 1995 wird daher die Vertreibung von zugewanderten Kikuyu und Luo behördlich angeordnet.
⇨von 1992-95 etwa 2.000 Tote und 250.000 Vertriebene

Guatemala (Lateinamerika):[29] Die extrem ungerechte Landverteilung zwischen der herrschenden Ladino-Oberschicht (2% der Bevölkerung, besitzt 65% des fruchtbaren Bodens) und der indianischen Bevölkerungsmehrheit (v.a. Mayas) ist Anlaß für einen über 30 Jahre dauernden Bürgerkrieg. Ab 1980 kämpft die Rebellenorganisation Unidad Revolucionaria Nacional Guatemala (UNRG) für eine gerechtere Landverteilung und demokratische Partizipation. Die guatemaltekische Armee zielt dagegen auf die Ausrottung und Verdrängung der indigenen Bevölkerung durch die Zerstörung der wirtschaftlichen und kulturellen Autonomie der jeweiligen Gemeinschaften. 1996 formale Beendigung des Krieges, der Friedensvertrag sieht u.a. die Rückkehr von (nur) 46.000 Auslandsflüchtlingen vor, dessen Einhaltung ist aber noch nicht gesichert.
⇨„Politik der verbrannten Erde“ durch die Zerstörung von Dörfern und die Vernichtung von Ernten und Lebensmitteln, zahlreiche Menschenrechtsverletzungen
⇨seit 1954 ca. 120.000 Tote, 40.000 Verschwundene, ca. 1,5 Mio Flüchtlinge (viele inzwischen zurückgekehrt, evtl. infolge Friedensvertrag demnächst weitere Rückkehrer)

Palästinenser (Israel / Jordanien / Syrien / Libanon – Vorder-Asien):[30] Mit der Gründung des Staates Israel 1948 und der damit verbundenen Verdrängung von etwa 2,7 Mio. auf diesem Gebiet ansässigen Palästinensern beginnt eine der größten und langandauerndsten Flüchtlingstragödien der Weltgeschichte. Im Sechstagekrieg 1967 besetzt Israel den ägyptischen Gazastreifen, das jordanische Westjordanland und die syrischen Golanhöhen, was eine weitere große Flüchtlingswelle auslöst. Viele Betroffene müssen so ein zweites Mal fliehen. Seit 1948 bzw. 1967 existieren in Gaza, dem Westjordanland, in Jordanien, Syrien und im Südlibanon Flüchtlingslager, in denen Millionen Palästinenser unter meist erbärmlichen Bedingungen hausen. Das Westjordanland und der Gazastreifen bleiben auch nach dem Verzicht Jordaniens bzw. Ägyptens zugunsten der Palästinenser (1974/1979) israelisch besetzt, das Flüchtlingsproblem ist bis heute ungelöst. Auf die israelische Verdrängungs- und Marginalisierungspolitik reagieren die Palästinenser mit der „Intifada“ (Aufstand). Die Abkommen zwischen Israel und der Palästinensischen Befreiungsorganisation (PLO) von 1993, 1995 und 1998/1999 sollen den Palästinensern eine Teilautonomie in Gaza und dem Westjordanland bringen, 1995 finden außerdem erstmals informelle Gespräche über die Rückkehr der Flüchtlinge von 1948 statt. Die weitere Verwirklichung der Palästinenserautonomie und damit auch eine Lösung der Flüchtlingsproblematik steht immer noch aus.

---

[28]Vgl. Weber 1997: 12.
[29]Vgl. von Borries / Bitter 1996: 32 f., Bidla 1997: 83 f., Weltalmanach 98: 325 f.
[30]Vgl. Putzger 1984: 148 f., Weltalmanach ‘99: 368 ff., 377f., Weltalmanach 2000: 374 ff.

⇨Zerstörung palästinensischer Wohnhäuser, Ausbau jüdischer Siedlungen, wirtschaftliche Marginalisierung der Palästinenser (extrem hohe Arbeitslosigkeit), Terrorismus und Menschenrechtsverletzungen auf beiden Seiten

⇨unzählige Tote auf beiden Seiten, 1,3 Mio palästinensische Flüchtlinge in den besetzen Gebieten, weitere 2,3 Mio im benachbarten Ausland, ein Drittel bis die Hälfte von ihnen leben in Lagern und sind auf Versorgung durch die UN (UNRWA) angewiesen

Kurden (Türkei / Iran / Irak / Syrien / Armenien / Aserbaidschan – Vorder-Asien):[31] Kurdistan, das Siedlungsgebiet von über 20 Mio Kurden, ist durch vielerlei Staatsgrenzen zerschnitten. Insbesondere in der Türkei, im Iran und im Irak werden die Kurden als gefährlicher machtpolitischer Störfaktor betrachtet, ihre Unabhängigkeits- bzw. Autonomiebestrebungen durch eine gezielte Ausrottungs- und Verdrängungspolitik bekämpft. Diese Politik umfaßt u.a. die andauernde Unterdrückung der kurdischen kulturellen Identität einschließlich der Leugnung ihrer Existenz (in der Türkei werden sie als „Bergtürken" bezeichnet), das Verbot der kurdischen Sprache und deren gezielte sozioökonomische Unterentwicklung, die sie zur Landflucht zwingen soll. Auf der kurdischen Seite kämpfen militante Rebellenorganisationen wie z.B. die Kurdische Arbeiterpartei (PKK) in der Türkei gegen die jeweilige Unterdrückungspolitik in ihrem Staat, z.T. sind sie zerstritten, kämpfen gegeneinander und werden von ihren Wohnsitzstaaten gegeneinander ausgespielt. Nach dem Chemiewaffeneinsatz des Diktators Saddam Hussein gegen die irakischen Kurden im Golfkrieg 1991 richten die Alliierten unter Führung der USA im Nordirak eine Schutzzone für die Kurden ein. Dennoch werden diese mehrfach von irakischer, türkischer und iranischer Seite angegriffen. Die verfeindeten irakischen Kurdenparteien, die Patriotische Union Kurdistans (PUK) und die Demokratische Partei Kurdistans (DPK), schließen 1998 in Washington ein Friedensabkommen, das u.a. die Rückkehr von Flüchtlingen vorsieht. Die Umsetzung des Abkommens kommt jedoch kaum voran. In der Türkei erklärt die PKK-Führung nach der Verhaftung und dem Todesurteil gegen ihren Führer Abdullah Öcalan im September 1999 den bewaffneten Kampf der PKK für beendet.

⇨Genozid/Ethnozid, eklatante Menschenrechtsverletzungen, Zwangsumsiedlungen, Zerstörung kurdischer Dörfer, Aushungern der Bevölkerung, Schließung von Schulen und Krankenhäusern, auf der anderen Seite kurd.-extremistischer Terror

⇨unzählige Tote, allein in der Türkei seit 1984 ca. 3 Mio Flüchtlinge

Armenien / Aserbaidschan (Vorder-Asien):[32] Zwischen den beiden mit dem Zerfall der SU 1991 unabhängig gewordenen Kaukasusrepubliken schwelt ein Konflikt um die armenische Enklave Berg-Karabach in Aserbaidschan. 1979 leben dort etwa 125.000 Armenier und 37.000 Aseris (Aserbaidschaner). Mit der politischen Öffnung der SU (Perestrojika) beginnen Unabhängigkeitsbestrebungen der Armenier in Berg-Karabach, 1991 erfolgt eine Unabhängigkeitserklärung, begleitet von Pogromen gegen die in Berg-Karabach ansässigen Aseris (seit 1988/89). Umgekehrt sind die im übrigen Aserbaidschan lebenden Armenier seit 1988 Pogromen ausgesetzt. 1992 startet Aserbaidschan eine Großoffensive gegen die armenischen Separatisten, bei Gegenangriffen werden weite Gebiete um Berg-Karabach armenisch besetzt, bis 1994 sind praktisch alle Aseris von dort vertrieben. Die armenische Regierung ist offiziell nicht am Krieg

---

[31] Vgl. Trines 1997a: 45 f und Weltalmanach 2000: 362. (Kurden im Irak), Trines 1997b: 48 f. (Kurden im Iran), Schmitt 1997: 56 f. und Weltalmanach 2000: 800f. (Kurden in der Türkei). Zum Ganzen vgl. auch Has 1993: 30 f.

[32] Vgl. Clasen 1997: 32 f. und Weltalmanach 2000: 86.

beteiligt, unterstützt die armenischen Kämpfer jedoch indirekt. Zugleich werden Aseris aus Armenien vertrieben. Seit 1994 herrscht ein Waffenstillstand, der Status Berg-Karabachs ist nach wie vor ungeklärt.

⇨im Krieg 1989-94 etwa 50.000 Tote, Greueltaten auf beiden Seiten, 900.000 aserische Flüchtlinge aus den Gebieten in und um Berg-Karabach (viele noch in Lagern), 200.000 aus Armenien, 300.000 armenische Flüchtlinge aus dem übrigen Aserbaidschan

MYANMAR (BIRMA/BURMA) (Südost-Asien):[33] Seit der Unabhängigkeit des Landes 1948 kämpfen über 20 ethnisch und / oder politisch motivierte Gruppen um die ökonomischen Ressourcen des Landes bzw. um Unabhängigkeit oder Autonomie. Alle Bestrebungen werden auch von der seit 1988 herrschenden Militärregierung in einem blutigen Anti-Guerillakrieg unterdrückt, der auch auf die Ausrottung und Verdrängung der Zivilbevölkerung als „Basis" der Rebellen abzielt. Die trotz ihres gemeinsamen Dachverbandes (DAB) oft konkurrierenden Rebellenorganisationen werden gegeneinander ausgespielt. Seit 1993 gewisse Ansätze einer Demokratisierung (Freilassung der Nobelpreisträgerin Aung San Suu Kyi – zugleich aber weitere Festnahmen von Oppositionellen), dennoch weiterhin Militäroperationen gegen ethnische Minderheiten und Zwangsumsiedlungen, 1996-98 sind vor allem die Shan, Mon, Akha und Lahu betroffen.

⇨„Politik der verbrannten Erde" durch Zerstörung von Dörfern und Vernichtung von Reisfeldern, Zwangsumsiedlungen, Massaker, Folter, Vergewaltigungen

⇨unzählige Tote, über 1 Mio Binnen-, 215.000 Auslandsflüchtlinge (v.a. Thailand)

EX-JUGOSLAWIEN (Europa)[34]: Mit dem Zerfall des sozialistischen Jugoslawien (YU) beginnt die größte Kriegs- und Flüchtlingstragödie auf europäischem Boden seit 1945: Seit 1974 ist YU formal ein Föderalstaat, aufgegliedert in 6 Republiken und 2 autonome Provinzen. Faktisch herrscht eine serbisch dominierte sozialistische Nomenklatur, die mit beginnender Auflösung des „Ostblocks" um ihre Macht fürchten muß. 1989/90 veranlaßt der serbische Präsident Miloševic´ die Aufhebung der Autonomien des Kosovo und der Vojvodina und stärkt dadurch das serbische Übergewicht im Staatspräsidium. Die übrigen Teilrepubliken verlangen eine Reorganisation des Staates, Verhandlungen scheitern am serbischen Widerstand. In der Folge erklären sich Slowenien und Kroatien im Juni 1991 für unabhängig, worauf die serbisch dominierte Bundesarmee (JVA) in beiden Republiken einmarschiert. – **Mazedonien** erklärt sich im Sept. 1991 für unabhängig. – In **Slowenien,** wo nur 2,2% Serben leben, endet der Konflikt schon im Juli 1991. – In **Kroatien** proklamiert die serbische Minderheit in der Krajina und in Slawonien eine eigene Republik, es beginnt ein blutiger Krieg. Vermittlungsversuche der EG scheitern mehrfach. Slowenien und Kroatien werden im Januar 1992 von der EG volkerrechtlich anerkannt. Bis zum Waffenstillstand im März 1994 erobern die kroatischen Serben mit Unterstützung der JVA 26% des Landes, die betreffenden Gebiete werden großteils von „Nichtserben" „ethnisch gesäubert". Im Mai bzw. August 1995 erobert Kroatien die Krajina und Westslawonien zurück, dabei werden serbische Zivilisten vertrieben. – Im Februar 1992 entscheidet sich auch die Bevölkerung der

[33]Vgl. Placzek 1997: 61 f. und Weltalmanach 2000: 546.

[34]Vgl. Weltalmanach '92: 90 ff., Weltalmanach '93: 34 ff., 87 ff., 106 f., 112, Weltalmanach '94: 38 ff., 125 ff., 135 f., Weltalmanach '96: 107 ff., 375 ff., 413 ff, Weltalmanach '97: 87 f., 76 ff., 346 ff., 388 ff., Weltalmanach '98: 116 ff., 445 ff., Weltalmanach '99: 401 ff., Weltalmanach 2000: 413 ff., zum Ganzen vgl. auch Zülch 1993 und Gutman 1994, zum Kosovo vgl. Gesellschaft für bedrohte Völker 1998, Rauert 1999.

Vielvölkerrepublik **Bosnien-Herzegowina (BIH)** (1991: 44% Muslime, 32% Serben, 17% Kroaten) – mit Ausnahme eines Teils der Serben – gegen einen Verbleib im jugoslawischen Staatsverband. Im April wird BIH von der EG völkerrechtlich anerkannt, kurz darauf proklamieren bosnische Serben unter Führung Karadzics eine „Serbische Republik“ auf bosnischem Gebiet und beginnen mit Unterstützung „Rest-Jugoslawiens“ (bestehend aus Serbien und Montenegro) einen Kampf zur Verwirklichung der „großserbischen“ Idee. In dessen Gefolge werden vor allem die Muslime Bosniens Opfer eines Völkermords. Die Lage kompliziert sich, als kroatische Separatisten im Juli 1992 eine Republik („Herceg-Bosna“) auf bosnischem Boden ausrufen und in ihrem Kampf von Kroatien unterstützt werden. Von nun an kämpfen bosnische Kroaten abwechselnd auf serbischer Seite für „Großkroatien“ und auf muslimischer Seite zur Verteidigung von BIH. Unzählige Vermittlungsversuche im Rahmen von EG/EU und UN scheitern, bis im August und September 1995 auf Initiative der USA einige Tage NATO-Bombardements auf serbische Stellungen dem über drei Jahre andauernden Krieg ein Ende setzen – und den Weg für den Ende 1995 von YU, Kroatien und BIH unterzeichneten Friedensvertrag von Dayton freimachen. – In der ehemals autonomen jugoslawischen Provinz **Vojvodina** finden ab September 1992 „ethnische Säuberungen“ vor allem gegen die ungarische, die muslimische und albanische Minderheit statt. – Bei der zu 90% albanischen Bevölkerung des **Kosovo** rühren sich Ende 1997, nach über 8 Jahren vorwiegend friedlichen Widerstandes gegen die Aufhebung der Kosovo-Autonomie und die serbische Unterdrückungs- und Marginalisierungspolitik, Bestrebungen zu einem bewaffneten Kampf. Die Befreiungsarmee des Kosovo (UCK) tritt für die Unabhängigkeit von Serbien und einen evtl. Anschluß an Albanien ein. Anfang März 1998 beginnt eine jugoslawische Großoffensive gegen Rebellen und Zivilbevölkerung, die zu zahlreichen Toten und Flüchtlingselend führt. Mehrfache Vermittlungsversuche der internationalen Gemeinschaft scheitern. Unter Berufung auf die UN-Resolution 1199 beginnt die NATO im März 1999 die erste militärische Intervention ihrer Geschichte, die u.a. das Ende der serbischen „ethnischen Säuberungen“ gegen die Kosovo-Albaner und die Rückkehr aller Flüchtlinge sowie letztlich die (Wieder-) Errichtung einer „substantiellen Autonomie“ des Kosovo unter Wahrung der territorialen Integrität Jugoslawiens zum Ziel hat. YU reagiert zunächst mit einer Intensivierung der „ethnischen Säuberungen“. Im Juni 1999 schließlich stimmt YU einem Friedensplan der G8-Staaten formell zu, der durch eine weitere UN-Resolution abgesichert wird. In der Folge richten die UN eine Übergangsverwaltung bei gleichzeitiger „internationaler Sicherheitspräsenz“ (KFOR-Truppen) im Kosovo ein. Mit der Massenrückkehr albanischer Flüchtlinge setzt eine Fluchtwelle von Kosovo-Serben und -Roma ein, die teils von albanischen Gewalttaten begleitet wird.

⇨ in BIH und Kroatien Genozid vor allem an bosnischen Muslimen: Massenhinrichtungen, Massenvergewaltigungen, systematische Folter von Zivilisten in Internierungslagern, Zerstörung von Dörfern, Belagerung großer Städte zwecks Aushungern der Bevölkerung; (mehr oder weniger auf allen Seiten:) weitere eklatante Menschenrechtsverletzungen, Massenvertreibungen, Zwangsumsiedlungen, seit Kriegsende Verhinderung der im Friedensvertrag vorgesehenen Rückkehr von Flüchtlingen der jeweils anderen Ethnie

⇨ im Kosovo systematische „ethnische Säuberungen“ gegen Albaner durch Massenhinrichtungen, Massenvertreibungen, Vergewaltigungen und Zerstörung von Dörfern; nach Ende der jugoslawischen Angriffe teils Gewaltakte von Albanern gegen Serben und Roma

⇨ zahllose Tote und Vertriebene, allein in BIH etwa 270.000 Tote und bis zu 2,8 Mio Flüchtlinge (50% der Bevölkerung, Rückkehrprozeß noch im Gange); aus Kroatien werden 1995 etwa 120.000. Serben vertrieben (Rückkehr steht aus); im Kosovo zahlreiche Tote (allein ca. 11.000 in Massengräbern) und Vertriebene, bis März 1999 flüchten ca. 440.000 Menschen, überwiegend Albaner, bis Mai 1999 steigt die Flüchtlingszahl auf insgesamt 1,3 Mio Menschen (fast 70% der Bevölkerung des Kosovo), nach Kriegsende setzt eine Massenrückkehr von Albanern ein, zugleich flüchten 72.000 (von 200.000) Serben sowie Roma aus dem Kosovo

1.5 Aufgaben der Zukunft

Die Realität des 20. Jahrhunderts ist eine Realität der millionenfachen Vertreibungen, des millionenfachen Elends von Heimatlosen. Wieder und wieder haben solche Vertreibungen gewaltsame, friedensbedrohliche Kettenreaktionen ausgelöst. Dieser Vertreibungs-Realität steht die Theorie eines kümmerlichen und relativ zahnlosen Heimatrechts gegenüber. Kümmerlich und zahnlos ist das Recht auf die Heimat in seiner derzeitigen Form schon deshalb, weil es sich nur aus einer Vielzahl der unterschiedlichsten Rechtsnormen gleichsam zusammenstückeln läßt, die teilweise einen – örtlich wie sachlich – relativ eingeschränkten Geltungsbereich, teilweise eine nur schwache oder keine Bindungswirkung haben.

Für die Zukunft dringend vonnöten wäre darum die systematische und umfassende Kodifizierung eines möglichst weltweit gültigen und einklagbaren[35] Rechts auf die Heimat in einer völkerrechtlichen „Heimatschutzkonvention" oder einer „Konvention zur Verhinderung und Wiedergutmachung von Vertreibungsverbrechen", z.B. im Rahmen der Vereinten Nationen. Dabei ist u.a. zu berücksichtigen, daß Menschen häufig allein schon aufgrund ihrer Zugehörigkeit zu einer bestimmten, meist ethnischen Gruppe Opfer von brutalen Vertreibungen werden können. Zur effektiven Bekämpfung dieser besonderen Vertreibungsverbrechen im Rahmen von „ethnischen Säuberungen" müßte ein völkerrechtliches Heimatrecht gerade auch diese Gruppenkomponente berücksichtigen. Auch auf einen effektiven Überwachungs- und Durchsetzungsmechanismus wäre größten Wert zu legen. Einen solchen enthält beispielsweise das EMRK-System des Europarates.

Nachdem andererseits auch kodifizierte Rechte weltweit vielfach mit Füßen getreten werden, stellt sich in diesem Zusammenhang die – berechtigte – Frage nach dem Sinn einer Kodifizierung. Hier ist auch das grundsätzliche Problem berührt, daß die Einhaltung von Völkerrecht großteils immer noch vom politischen Willen einzelner souveräner Staaten abhängig ist und eine „Völkerrechtspolizei" im eigentlichen Sinn (noch?) nicht existiert. Dennoch bedeutet die Verrechtlichung eines politischen Problems immer einen ersten wichtigen Schritt zu seiner Lösung, sie verhindert nicht wenige Konflikte schon im Vorfeld. Allein das „Ethos des Rechts" besitzt einen nicht zu unterschätzenden Einfluß auf das öffentliche und politische Bewußtsein. Völkermord z.B. ist heute durch die UN-Konvention von 1948 als eines der abscheulichsten Verbrechen gegen die Menschlichkeit im öffentlichen Bewußtsein

[35] D.h. rechtlich durchsetzbaren.

verankert, während unmittelbar nach dem Holocaust (!) noch viele die Ansicht vertraten, es bedürfe hierfür keiner gesonderten Konvention. Auch beim Recht auf die Heimat gilt es noch viele Tabus zu durchbrechen. Mittelbar hilfreich ist in diesem Zusammenhang auch die Fortentwicklung eines konsequenten Volksgruppen- und Minderheitenrechts. In akuten Fällen von Heimatrechtsverletzungen sind außerdem humanitäre Hilfsmaßnahmen auf internationaler Ebene nach wie vor unverzichtbar, vor allem im Bereich der Rückführung von Vertriebenen und des wirtschaftlichen Wiederaufbaus.

Ein großer Hoffnungsschimmer für ein künftig umfassendes Heimatrecht bedeutet der im April 1998 von der UN-Menschenrechtskommission verabschiedete „Bericht über Menschenrechte und Bevölkerungstransfers". Der darin enthaltene „Entwurf einer Erklärung über Bevölkerungstransfers und die Seßhaftmachung von Siedlern" [36] enthält nahezu alle für die Schaffung eines effektiven Heimatrechts wesentlichen Aspekte. Auch wenn dieser Entwurf nicht die Bindungswirkung einer völkerrechtlichen Konvention erreichen kann, so ist doch auf seine Billigung durch die UN-Generalversammlung zu hoffen, da ihm diese ein noch stärkeres Gewicht verleihen würde. – Wie auch immer die völkerrechtlichen Entwicklungen im einzelnen fortschreiten werden, sicher ist jedenfalls, daß es im Interesse von Gerechtigkeit und Frieden ein funktionierendes Recht auf die Heimat dringend braucht!

2. Die politische Organisation nationaler Minderheiten als Voraussetzung für demokratische Mitbestimmung

2.1. Organisationsbedarf der repräsentativen Demokratie

Der Demokratisierungsprozeß ist gekennzeichnet von einem Wandel der Stellung des Einzelmenschen vom reinen Machtobjekt des sogenannten Untertanenstaates zum Machtsubjekt, das an den Entscheidungen des demokratischen Rechtsstaates verantwortlich mitbeteiligt ist (Volk als Souverän). Doch zählt der Einzelne im demokratischen Prozeß der Massendemokratie, welcher in letzter Instanz vom Majoritätsprinzip geregelt wird, d.h. vom eisernen Gesetz der größeren Zahl, praktisch gar nichts, es sei denn, er vereinigt sich mit anderen gleicher Gesinnung oder Interessen zu einer hinreichend großen Anzahl von Bürgern und Stimmen, die im politischen Kräftefeld ins Gewicht fällt. In der Demokratie besteht also ein systemimmanenter Bedarf an Organisation, damit sich ähnliche oder gleichartige politische Interessen zusammenfinden und zu politischen Einflußströmen verdichten können, die das Gemeinwesen gestalten.

Ein zweiter Aspekt ist nicht zu übersehen: Das moderne Demokratieverständnis beruht im Unterschied zum klassischen auf der Erkenntnis, daß nicht

[36] UN-ECOSOC 1997: Annex II.

das Volk als solches die Streitfragen stellen und direkt entscheiden kann, sondern daß diese stellvertretend für das Volk gestellt und entschieden werden müssen, und zwar von Volksvertretern, die vom Volk zu diesem Zweck in freien Wahlen bestimmt werden. Denn der sogenannte Volkswille, Rousseaus *volonté générale,* ist in Wirklichkeit eine Fiktion und keine inhaltlich jederzeit anrufbare und zu Einzelentscheidungen fähige Instanz. Dies bedeutet, daß moderne Massendemokratien indirekte, mittelbare „Repräsentativ"-Demokratien sind, in welchen die Herrschaft durch eine zu alternativer Führung tendierende Kombination konkurrierender Gruppen im Auftrag und unter der Kontrolle des Volkes ausgeübt wird.

Diese mittelbare Demokratie stellt zusätzliche Anforderungen organisatorischer Art. Dies hat zur Herausbildung und Entwicklung von besonderen Organisationstypen hauptsächlich in Form von politischen Parteien und Interessenverbänden geführt, welche den solcherart demokratisch bedingten Organisationsbedarf institutionell abdecken.

Dabei ist es kein Zufall, daß der im Europa des 19. Jahrhunderts z.T. revolutionär geführte Kampf um die demokratisch-rechtsstaatliche Verfassung nicht nur das allgemeine und gleiche Wahlrecht, sondern auch Rechte wie die Freiheit von Presse und Meinung, die Freiheit der Versammlung und Vereinigung einschließlich der Freiheit der sozialen und politischen Gruppenbildung einschloß. Gerade die Gewährleistung der zuletzt genannten Freiheiten ist nämlich eine wesentliche Voraussetzung für die Entstehung von Parteien und Verbänden als organisatorische Grundlage für die pluralistische Machtverteilung.

2.2 Parteien und Verbände als Grundformen politischer Organisation

Mit dem Übergang vom absoluten bzw. Ständestaat zu demokratischen Herrschaftstypen nimmt die Entstehung der politischen Parteien ihren Anfang. *„Je connais ni de bottes rouges, ni de talons rouges, je suis national"* konnte zu Beginn des 19. Jahrhunderts Napoleon noch sagen. Politische Parteien im eigentlichen Sinne treten erst in der zweiten Hälfte dieses Jahrhunderts in die mitteleuropäische Geschichte ein. Ihre Entwicklung ist mit der Durchsetzung des allgemeinen Wahlrechts und der steigenden Bedeutung des Parlaments verbunden. Mit der aktiven Beteiligung der Bevölkerung an der Staatsführung, mindestens aber mit der Aussicht auf Mitbestimmung bei politischen Entscheidungen ist die Voraussetzung gegeben, daß politische Parteien entstehen können. Daß dieser Prozeß allerdings nicht reibungslos vor sich ging, ist aus dem Verlauf der Geschichte allgemein bekannt und z.B. auch unschwer aus der Bemerkung Bismarcks zu entnehmen, die später Kaiser Wilhelm II. in den Mund gelegt wurde: *„Ich kenne keine Parteien, ich kenne nur Deutsche!"*

Die Beziehungen zwischen den Bürgern und der Staatsgewalt sind nicht unmittelbar, sondern werden durch eine Vielzahl von Organisationen vermittelt. Im demokratischen Rechtsstaat sind dies u.a. die politischen Parteien und die Interessenverbände. Ursache für die Entstehung dieser besonderen Formen der

Interessenwahrnehmung und -vertretung ist die Tatsache, daß jede Einzelperson zwar bestimmte Interessen mit anderen gemeinsam hat, diese Interessen aber durch einzelne allein gerade bei demokratischer Willensbildung nicht durchgesetzt werden können. (Interessen-)Verbände sind daher ebenso wie politische Parteien eine typische Erscheinung der hochgradig arbeitsteiligen Industrie- oder Dienstleistungsgesellschaft mit dem politischen Überbau der modernen Demokratie rechtsstaatlicher Art.

Zwischen Parteien und Verbänden bestehen einige wesentliche Unterschiede. Erstens streben Parteien gesellschaftspolitisch globale Ziele an, Verbände zumeist nur partikulare. Zweitens ist die Mitgliedschaft bei Parteien in der Regel an keine bestimmten Voraussetzungen gebunden, bei Verbänden hingegen sehr wohl (wie z.B. an die Berufszugehörigkeit). Drittens streben Parteien unmittelbar nach Regierungsverantwortung, Verbände dagegen nicht. Während daher Parteien allgemein als notwendige und wesentliche Elemente demokratischer Regierungsformen anerkannt sind, ist die Rolle der Verbände im politischen Prozeß nicht unumstritten. Es ist bekannt, daß Verbände viele politische Entscheidungen maßgeblich beeinflussen. Gegenstand der Kritik ist aber nicht so sehr die Tatsache, daß diese politisch Einfluß nehmen, sondern vielmehr der Umstand, daß Verbände gelegentlich anstelle von demokratisch legitimierten Institutionen in das politische Geschehen eingreifen, ohne entsprechend legitimiert und auch wirksam kontrolliert zu sein.

Parteien und Verbände stehen nicht in einem hierarchischen Verhältnis zueinander, sondern in einem Verhältnis des komplementären Nebeneinander, was sie befähigt, den demokratisch bedingten Organisationsbedarf flächendeckend wahrzunehmen.

2. 3. Ethnizität als demokratiepolitisches Phänomen

Ebenso wie politische Parteien und Interessenverbände im Gefolge der Demokratisierung entstanden sind, ist weitgehend auch die Bewußtwerdung der Ethnizität ein Produkt und zugleich ein Erfordernis des Demokratisierungsprozesses. So erfordert das Freiheits- und Gleichheitsprinzip der Französischen Revolution nicht nur die Miteinbeziehung des einzelnen Staatsbürgers in die Mitgestaltung und Mitverantwortung politischer Entscheidungen, sondern auch die diesbezügliche Gleichbehandlung aller Nationalitäten bzw. ethnischen Gruppen, die sich zusammen ein Staatswesen teilen. Der Demokratisierungsprozeß umfaßt also neben einem individualistischen zugleich auch einen korporativen Aspekt insofern, als es tatsächlich vor allem um zwei wesentliche Fragen geht: erstens um die Wandlung des Einzelmenschen vom Machtobjekt zum Machtsubjekt, und zweitens um die Emanzipation ethnischer Gruppen von der Bevormundung bzw. Unterdrückung durch andere.

Napoleons Streben nach der Vorherrschaft Frankreichs in Europa hatte die anderen Nationen alarmiert, diese verbündeten sich und nahmen den Abwehrkampf auf. Erfolgreich, wie sich zeigen sollte, doch infolge des damit verbundenen Siegeszugs der Nationalstaatsidee (*„eine Nation (=ein Volk), ein*

Staat") verlor der Staat als politische Organisation der Gesellschaft seine ethnische Unschuld. Die Nationalstaatsidee prägt von nun an maßgeblich und bis in unsere Zeit herauf die politische Entwicklung. In der Folge besannen sich die Menschen nach dem demokratischen Motto *„gleiches Recht für alle"* ihrer eigenen Ethnizität (*„Nationalität"*) und verlangten ihren eigenen Staat oder, falls dies außerhalb der Realität lag, zumindest Gleichberechtigung mit der führenden Nation ihres Staatswesens. In der Romantik wurde dieser Vorgang treffend mit dem Begriff des *Völkererwachens* beschrieben.

2.4 Nationale Minderheiten und ihr Mitbestimmungsanspruch

Volksgruppen und Minderheiten sind ein Faktum in Europa, das zunehmend mehr erkannt und auch anerkannt wird. Doch ist inzwischen auch klar geworden, daß bei über 80 Völkern und 36 Staaten in Europa[37]

- nicht jedes Volk seinen eigenen Staat haben kann und die Anzahl der Staaten nicht beliebig vermehrbar ist,[38]
- die Anzahl der Staaten immer kleiner sein wird als jene der Völker, und eine völlige Übereinstimmung zwischen Staatsgrenzen und ethnographischen Siedlungsgrenzen niemals verwirklicht werden kann, weshalb
- in der Regel mehrere ethnische Gruppen sich einen Staat teilen müssen und dieses Problem der Kohabitation friedlich im Rahmen von Menschenrechten, Demokratie und Rechtstaatlichkeit zu lösen haben.

Tatsächlich ist die Bevölkerung der Staaten Europas nur in unbedeutenden Ausnahmefällen wie z.B. in Island monoethnisch, in der Regel ist sie jedoch polyethnisch. Dies bedeutet, daß in den meisten Staaten Europas, nämlich in 33 von insgesamt 45, jeweils eine nationale Mehrheit, die als Titularnation fungiert, mit einer kleineren oder größeren Anzahl nationaler Minderheiten die jeweilige Staatsbevölkerung bildet. Abgesehen von den drei Nationalitätenstaaten Schweiz, Belgien und Bosnien-Herzegowina, deren Konstruktion von vornherein auf die ethnische Diversität der Bevölkerung und auf das partnerschaftliche Zusammenleben ethnisch differenter Volksgruppen ausdrücklich Bedacht genommen hat, sowie mit Ausnahme einiger Zwergstaaten[39], welche aufgrund ihrer Kleinheit dieses Problems enthoben sind[40], findet sich in allen

[37] Während unter „Staat" die politische Organisation einer Gesellschaft zu verstehen ist, bedeutet „Volk" deren ethnische Konkretisierung. Von daher leitet sich in unzulässiger Verkürzung die Fehlannahme ab, daß Staats- und Volksgrenzen deckungsgleich sein müßten (Nationalstaatsidee). In Wirklichkeit jedoch sind die traditionellen Siedlungsgebiete der Völker aus historischen Gründen sehr oft stark miteinander vermengt oder verzahnt, so daß die verschiedenen ethnischen Komponenten räumlich nicht trennbar sind und in der Regel daher nur gemeinsam einen Staat bilden können. Dazu kommt, daß Staaten, um lebensfähig zu sein, eine bestimmte Mindestgröße voraussetzen, welche Bedingung vor allem kleine Volksgruppen allein nicht erfüllen können.

[38] Abgesehen von den Zwergstaaten, die hier nicht in Betracht zu ziehen sind, gab es 1914 in Europa 22 Staaten, 1939 waren es 29, 1992 bereits 36.

[39] Wie Andorra, Island, Liechtenstein, Luxemburg, Malta, Monaco, San Marino, Vatikan und Zypern.

[40] Für das geteilte Zypern gelten andere Gründe.

übrigen Staaten Europas, und dies ist die überwältigende Mehrheit, der Gegensatz „nationale Mehrheit" und „nationale Minderheit" als gesellschaftliches Grundmuster und damit auch als wesentliches Unterscheidungsmerkmal für die Interessenlage der Bevölkerung.

So lassen sich die rd. 767 Mio Europäer zu 86 % (664 Mio) den nationalen Mehrheiten zurechnen, während mindestens 14 % (103 Mio) Angehörige von Volksgruppen und Minderheiten sind, von denen es nicht weniger als rd. 307 gibt.

Es gibt allgemeine Interessen wie z.B. Sicherheit nach außen und Ordnung im Inneren, welche Volksgruppen und Minderheiten politisch durchaus mit der nationalen Mehrheit gemeinsam haben. Doch darüber hinaus haben Volksgruppen und Minderheiten noch viele Interessen, deren Wahrnehmung – anders als bei der nationalen Mehrheit – Probleme verursacht. Dies ergibt sich aus ihrer besonderen Situation. Im wesentlichen sind dies:

a) Anerkennung ihrer Identität,
b) Nichtdiskriminierung und formelle Gleichbehandlung,
c) Chancengleichheit durch positiven Schutz.

Es liegt auf der Hand, daß diese Grundinteressen, die für Volksgruppen und Minderheiten von existentieller Bedeutung sind, von diesen selbst wahrzunehmen sind und ihnen nicht aus der Hand genommen werden dürfen. So ist es zutiefst undemokratisch und widerspricht dem Geist des Subsidiaritätsgedankens, wenn Fragen, die für Volksgruppen und Minderheiten von so grundlegender Bedeutung sind, über deren Köpfe hinweg von anderen und nicht von den direkt Interessierten selbst entschieden werden. In der Tat haben sie sich auch im Verlauf des Demokratisierungsprozesses zunehmend mehr zu Wort gemeldet, ihren Mitbestimmungsanspruch angemeldet und zum Teil auch bereits wirksam durchgesetzt.

2.5 Das Recht auf politische Vertretung und Mitbestimmung

Das Recht auf politische Vertretung und Mitbestimmung gehört zu den bürgerlichen Grundrechten.[41] Nun steht *„jedermanns"* (jedes Staatsbürgers) Grundrecht natürlich auch den Angehörigen von Volksgruppen und Minderheiten zu. Die Ausübung dieses Grundrechts ist jedoch an bestimmte zwingende Voraussetzungen geknüpft, die gerade für Minderheitsangehörige vielfach noch nicht erfüllt sind. Die Wahrnehmung des Mitsprache- und Mitbestimmungsrechts erfordert nämlich eine politische Vertretung, deren Vorhandensein bei Volksgruppen und Minderheiten nicht so selbstverständlich ist wie ihr Bedarf. Der politischen Organisation von Volksgruppen sind nämlich auf mehrfache Weise Grenzen gesetzt:

---

[41]UN-IPBPR 1966, Art.25 lit.a): *„Jeder Staatsbürger hat das Recht und die Möglichkeit [...] ohne unangemessene Einschränkungen a) an der Gestaltung der öffentlichen Angelegenheiten unmittelbar oder durch frei gewählte Vertreter teilzunehmen.[...]"*

- Zunächst ist es noch gar nicht so lange her, daß in mehreren europäischen Staaten die Volksgruppen und Minderheiten ganz einfach kein Thema und offiziell nicht anerkannt waren. Dieser archaisch anmutende Zustand wurde letztlich erst mit der Unterzeichnung des Rahmenübereinkommens zum Schutz nationaler Minderheiten durch 36 Staaten Europas innerhalb 1997 und mit dessen Inkrafttreten am 1. Februar 1998 überwunden.[42] Dennoch gibt es immer noch Länder wie z.B. Albanien, Bulgarien, Frankreich oder die Türkei, in welchen die nationale Gesetzgebung die Bildung politischer Organisationen auf ethnischer Grundlage untersagt.[43] Weiter kommt es nicht selten vor, daß in Ländern, in welchen Volksgruppen und Minderheiten bislang noch über keine eigenen politischen Organisationen verfügten, die Bestrebungen zur Errichtung von solchen als Emanationen des Nationalismus, als „nationalistisch“, diffamiert werden.
- Ein weiteres Hemmnis liegt oft in der zahlenmäßigen Kleinheit vieler nationaler Minderheiten.[44] Die Einteilung von politischen und Verwaltungs-Bezirken sowie von Wahlkreisen ist in der Regel auf die Größenverhältnisse der nationalen Mehrheit abgestimmt und nimmt keine Rücksicht auf die „Untergrößen“ der Minderheiten. Das nationale Wahlrecht mancher Staaten wurde auch im übrigen noch nicht den jüngsten völkerrechtlichen Errungenschaften wie z.B. dem Rahmenübereinkommen zum Schutz nationaler Minderheiten angepaßt. Die Existenz von Volksgruppen und Minderheiten als eigenständige Gruppen wird also vielfach immer noch ignoriert, diese werden lediglich als Summe von Individuen wahrgenommen, die keiner besonderen Rücksichtnahme bedürfen. Doch sind eben die beiden herkömmlichen Wahlrechtstypen, nämlich das Mehrheitswahlrecht und das Verhältniswahlrecht, ohne spezifische Vorkehrungen zugunsten der Volksgruppen und Minderheiten nur bedingt minderheitentauglich.

Um das nationale Wahlrecht minderheitenverträglich zu gestalten, ist es folgenden Erfordernissen anzupassen:[45]

a) Das nationale Wahlrecht darf keine unangemessenen Einschränkungen wie Grundmandats- oder Prozentklauseln enthalten;[46]
b) ist die Anzahl der Angehörigen einer Volksgruppe zu gering für ein eigenes Mandat in den Gesetzgebungsorganen auf regionaler oder nationaler

---

[42] Europarat-Rahmenübereinkommen 1994: Art.7: *„Die Vertragsparteien stellen sicher, daß das Recht aller Angehörigen einer nationalen Minderheit, sich friedlich zu versammeln und sich frei zusammenzuschließen, [...] geachtet“ wird.* Art.15: *„Die Vertragsparteien schaffen die notwendigen Voraussetzungen für die wirksame Teilnahme von Angehörigen nationaler Minderheiten am kulturellen, sozialen und wirtschaftlichen Leben und an öffentlichen Angelegenheiten, insbesondere denjenigen, die sie betreffen.“*

[43] Vgl. dazu Council of Europe 1998 sowie Klebes 1993: 150.

[44] Gut die Hälfte der über 300 Volksgruppen und Minderheiten Europas zählen weniger als 50.000 Angehörige.

[45] Siehe dazu Ermacora / Pan (1995): Art. 12, S. 39 f.

[46] Vgl. dazu UNO, Eide-Bericht 1993, Pkt.17 lit.e): *„[...] In Verhältniswahlsystemen kann auf Mindestschwellen verzichtet werden, wenn Minderheiten betroffen sind.“*

Ebene, so ist solchen Volksgruppen das Recht auf mindestens ein Mandat zuzubilligen;[47]

c) die Einteilung der politischen und Verwaltungseinheiten und der Wahlkreise hat außerdem in einer Weise zu erfolgen, daß die bürgerlichen und politischen Rechte der Volksgruppen und Minderheiten diesen weder vorenthalten noch geschmälert werden. Zu diesem Zwecke sind grundsätzlich Volksgruppenwahlkreise zu bilden;

d) bei der personellen Zusammensetzung von öffentlich-rechtlichen Entscheidungs- oder Beratungsorganen ist darauf zu achten, daß Volksgruppen und Minderheiten das Recht auf Beteiligung nach Maßgabe ihres Anteils an der Bevölkerung einzuräumen ist. Reicht die Zahl für einen vollen Sitz nicht aus, so ist sie nach oben aufzurunden.

Ist die politische Vertretung erst einmal gewährleistet, dann stellt sich unmittelbar die Frage nach der Mitbestimmung, d.h. nach den spezifischen Kompetenzen der solcherart demokratisch konstituierten Minderheitenorganisationen.

Beim Kopenhagener KSZE-Treffen zur menschlichen Dimension war 1990 lediglich die Verpflichtung der Staaten *„zur Kontaktnahme mit Organisationen oder Vereinigungen solcher Minderheiten in Fragen, die sie betreffen“*,[48] vereinbart worden. Ebenfalls 1990 ging der Europarat schon etwas weiter, als er ein *Mitbestimmungsrecht* für Volksgruppen und Minderheiten forderte in *Fragen, die ihre Identität betreffen.*[49] Noch weiter ging 1991 die Haager Friedenskonferenz, die das *Mitbestimmungsrecht* der nationalen Minderheiten auf *alle Fragen* ausweitete, *welche sie betreffen.*[50] Die UNO-Erklärung über die Rechte von Angehörigen nationaler Minderheiten von 1992 schließlich sprach von *einem Recht*, *auf nationaler oder* eventuell *auch auf regionaler Ebene an minderheitsrelevanten Entscheidungen teilzunehmen.*[51] Im Bozner Konventionsentwurf für die Grundrechte der Volksgruppen Europas wird 1992 (in dritter Fassung) und dann 1994 (in vierter Fassung) ohne Wenn und Aber das *Recht auf Mitbestimmung* gefordert *in allen Angelegenheiten, die sie* [d.h. die Volksgruppen] *unmittelbar oder mittelbar betreffen.*[52]

---

[47]Wie dies z.B. für die dänische Minderheit in Deutschland im Landtag von Schleswig-Holstein der Fall ist oder für die italienische und die ungarische Minderheit in Slowenien, denen beiden je ein Sitz im Parlament vorbehalten ist.

[48]KSZE 1990a, Pkt.33.

[49]Europarat-Empfehlung 1134 (1990): Art.11, iv): *„Nationale Minderheiten müssen das Recht haben, sich in vollem Umfang an Entscheidungen über die Erhaltung und Weiterentwicklung ihrer Identität sowie an der Umsetzung dieser Entscheidungen zu beteiligen.“*

[50]Haager Friedenskonferenz 1991: Art.2 Abs.4: *„[...]auf der Ebene der Zentralregierung haben sie* (d.h. Angehörige einer nationalen oder ethnischen Gruppe) *in der Lage zu sein, bei der Entscheidungsfindung der Zentralregierung in ihren Angelegenheiten mitzuwirken.“* (inoffizielle Übersetzung)

[51]UNO-Erklärung 1992: Art.2 Abs.3: *„Angehörige von Minderheiten haben das Recht, auf staatlicher und, wo angemessen, regionaler Ebene in einer mit der staatlichen Gesetzgebung nicht unverträglichen Weise wirksam an Entscheidungen teilzunehmen, welche die Minderheit betreffen, der sie angehören, oder Gebiete, in welchen sie leben.“*

[52] Ermacora / Pan (1995): Art.12 Abs.1, S. 39: *"Die Angehörigen von Volksgruppen haben das Recht, an der Gestaltung öffentlicher Angelegenheiten in voller Gleichberechtigung teilzunehmen, insbesondere auch an solchen Entscheidungen, die Gebiete betreffen, in denen sie siedeln oder Sachbereiche, die sie berühren.“* Art. 15 Abs.1, S. 45: *„Die Angehörigen von Volksgruppen*

1992 gab es beim Europarat bereits einmal den Gedanken einer *„europäischen Kommission für Minderheiten“*[53] mit dem Ziel der Miteinbeziehung von Volksgruppen und Minderheiten in Entscheidungen auf internationaler Ebene. Bei der UNO wurde dann 1993 die Errichtung einer *Arbeitsgruppe für Minderheitenfragen* empfohlen, für welche der Zugang von Vertretern beider Seiten, der Regierungen und Minderheiten vorgesehen war.[54] Schon bald darauf, 1995, wurde mit der Umsetzung dieser Empfehlung im Ansatz begonnen. Im schon erwähnten Bozner Konventionsentwurf war 1994 die Errichtung eines *eigenen und zusätzlichen Organs beim Europarat* vorgeschlagen worden, in welchem die nationalen Minderheiten ihre eigenen Interessen koordinieren und wahrnehmen sollten.[55]

2.6 Die politische Organisation von Minderheiten

Während die nationalen Mehrheiten zum Zwecke der Wahrnehmung ihrer politischen Interessen besondere Organisationsformen wie Parteien oder Verbände entwickelt haben, die auf eine mehr als hundertjährige Geschichte zurückblicken können, stehen Volksgruppen und Minderheiten bei der Schaffung von Organisationen zur Vertretung ihrer Interessen, mit Ausnahme einiger weniger Fälle, erst am Anfang der Entwicklung.

In diesem Zusammenhang stellt sich die berechtigte Frage nach dem Verhältnis von Ursache und Wirkung. Hat etwa die jahrzehntelange Vernachlässigung bzw. Leugnung des Nationalitätenproblems durch die Staaten dazu geführt, daß Volksgruppen und Minderheiten sich politisch nicht wirksam organisieren konnten? Oder hat umgekehrt das Versäumnis vieler Volksgruppen und Minderheiten, sich auf regionaler, nationaler oder internationaler Ebene politisch wirksam zu organisieren, dazu geführt, daß ihre existentiellen Interessen so lange vernachlässigt wurden? Wahrscheinlich trifft beides zu:

- In den totalitären Systemen des ehemaligen Ostblocks schloß die monistische Machstruktur eine pluralistische Verteilung politischer Macht aus.
- In den freiheitlichen Demokratien westlichen Typs hingegen gab es einige wenige offiziell anerkannte nationale Minderheiten[56], denen es möglich war, sich politisch zu organisieren. In der Regel haben diese ihre Möglichkeiten auch genutzt und gerade dadurch ihre politischen Ziele erreicht, was in ihrem gegenwärtigen Rechtsstatus zum Ausdruck kommt.

---

haben im nationalen Bereich das Recht bei der Umsetzung der in diesem Protokoll niedergelegten Rechte und Grundfreiheiten mitzuwirken im Hinblick auf einvernehmliche Regelungen. Die Staaten haben geeignete Voraussetzungen dafür zu schaffen.“

[53]Europarat-Richtlinie 474 (1992): Pkt.5.

[54]UNO, Eide-Bericht 1993: Pkt.44.

[55]Ermacora / Pan (1995): Art.15 Abs.2, S. 45: *„Sie haben außerdem das Recht durch Schaffung eines gemeinsamen eigenen Vertretungsorgans beim Europarat an der Gestaltung aller Angelegenheiten, die sie unmittelbar oder mittelbar betreffen, mitzuwirken.“*

[56]Z.B. die Schweden in Finnland, die Südtiroler in Italien, die Deutschen in Belgien und in Dänemark, die Dänen in Deutschland, die Katalanen, Galicier und Basken in Spanien.

- Viele Minderheiten waren jedoch auch im ehemaligen Westeuropa nur geduldet und offiziell nicht anerkannt, so daß ihnen solche Möglichkeiten versagt blieben. Sich politisch zu organisieren war zwar zumeist nicht ausdrücklich verboten, aber auch nicht erwünscht. Es dennoch zu tun, hätte daher eine unstatthafte Provokation gegenüber der nationalen Mehrheit – wenn nicht gar eine direkte Konfrontation mit dieser – bedeutet und unter Umständen auch die Bereitschaft zum Abtauchen in den Untergrund erfordert.
- So begnügten sich viele Volksgruppen und Minderheiten, insbesondere die kleineren oder solche ohne international anerkannte Schutzmacht, mit der Errichtung von unverfänglichen, weil apolitischen Kulturverbänden. In Ermangelung eigener politischer Organisationen fungieren diese vielfach noch in der Gegenwart als Ansprechpartner auch für politische Fragestellungen, freilich ohne hierfür demokratisch legitimiert zu sein.

Doch da seit dem Inkrafttreten des Rahmenübereinkommens zum Schutz nationaler Minderheiten offizielle Widerstände gegen die politische Organisation von Minderheiten zumindest in den Vertragsstaaten entfallen, werden viele Minderheiten spätestens mit der Umsetzung dieses Rahmenübereinkommens vor die unausweichliche Notwendigkeit gestellt, sich politisch zu organisieren, um ihre berechtigten Interessen selbst vertreten zu können.[57] Je früher sie sich diesem Erfordernis stellen, um so besser wird es sein, denn die nationale Umsetzung des Rahmenübereinkommens in konstruktiver Zusammenarbeit zwischen Staat und betroffenen Minderheiten ist aus demokratiepolitischer Sicht unbestritten die bessere Lösung gegenüber einer Polarisierung von gegensätzlichen Standpunkten. Außerdem wird künftig für Volksgruppen und Minderheiten mehr denn je gelten: Wer politisch nicht organisiert ist, zählt in der Demokratie nicht! Die durch viele Jahrzehnte der Untätigkeit und Unterlassung ohnehin schon reduzierten Überlebenschancen vieler Volksgruppen und Minderheiten werden ohne politische Selbstorganisation noch geringer werden.

2.7 Probleme und Möglichkeiten der politischer Organisation von Minderheiten

Fest steht, daß ein Großteil der über 300 nationalen Minderheiten in Europa, welchen mit rd. 103 Mio Menschen etwa ein Siebtel der Europäer angehört, gegenwärtig, d.h. am Ende des 20. Jahrhunderts, politisch unterorganisiert ist. Einerseits ist dieser Mangel an politischer Organisation bei vielen nationalen

[57] So ist im Erläuternden Bericht zum Europarat-Rahmenübereinkommen 1994 bezüglich Art.15 davon die Rede, daß zur Schaffung der tatsächlichen Gleichheit zwischen Angehörigen nationaler Minderheiten und Angehörigen nationaler Mehrheiten bei der wirksamen Teilnahme an öffentlichen Angelegenheiten Maßnahmen zu fördern sind wie u.a. die Anhörung von Minderheitsangehörigen mittels geeigneter Verfahren und *insbesondere ihrer repräsentativen Einrichtungen*, oder die wirksame Beteiligung dieser an Entscheidungsprozessen und gewählten Gremien sowohl auf nationaler als auch auf kommunaler Ebene.

Minderheiten als umständehalber bedingte zeitliche Verzögerung anzusehen, andererseits handelt sich jedoch dabei auch um ein strukturelles Problem.

Die beiden Hauptformen politischer Organisation, nämlich politische Parteien und Interessenverbände, stehen grundsätzlich, wie es scheint, den Volksgruppen und Minderheiten ebenso wie den nationalen Mehrheiten zur Verfügung, und zwar in zweifacher Weise, nämlich

- zum einen über den Weg der Teilnahme der Angehörigen von Minderheiten an den entsprechenden Organisationsformen der nationalen Mehrheit,
- oder zum anderen über den Weg der Schaffung eigener, minderheitenspezifischer Organisationen.

Doch dieser Schein trügt. Die Alternative der Einrichtung eigener Organisationen gibt es für viele Volksgruppen und Minderheiten nicht wirklich. Dies aus folgenden Gründen:

a) Bei vielen Minderheiten scheitert dies ganz einfach schon daran, daß sie entweder zahlenmäßig zu klein sind,[58] daß sie nicht kompakt genug[59] oder gar gestreut[60] siedeln oder an alldem zugleich.

b) Anstatt spiegelbildlich zur nationalen Mehrheit eigene, minderheitenspezifische Organisationen zu errichten, scheint es zunächst unkomplizierter und zugleich vernünftiger zu sein, daß die partei- oder verbandspolitisch aktiven Angehörigen von Volksgruppen und Minderheiten an den entsprechenden Organisationen der nationalen Mehrheit teilnehmen. Es besteht daher schon von vornherein ein so starker Erwartungsdruck zugunsten dieser Lösung, daß sich Minderheiten diesem oft nicht zu widersetzen vermögen.[61]

Tatsächlich ist jedoch der zweite Weg über die minderheitenspezifische Selbstorganisation der erfolgreichere. Zwar wird auch innerhalb mancher „Mehrheitsorganisationen" gelegentlich ein Minderheitsangehöriger zum Minderheitssprecher oder Minderheitsbeauftragten ernannt und dadurch der Eindruck erweckt, die Interessen der Volksgruppen und Minderheiten würden hochrangig eingestuft und ausreichend berücksichtigt. Eine vollständige Integration von Minderheiteninteressen in das politische Programm von „Mehr-

---

[58] So zählen mehr als die Hälfte der Volksgruppen Europas, nämlich 168 von insgesamt rd. 307, weniger als 50.000 Angehörige. In den Staaten Europas (ohne Rußland) entfallen aber im Durchschnitt rd. 60.000 Einwohner auf einen gewählten Volksvertreter. Dies bedeutet, daß über die Hälfte der europäischen Minderheiten aus eigener Kraft keinen Parlamentssitz erringen könnten.

[59] Beispielsweise zählt die albanische Volksgruppe in Italien rd. 100.000 Angehörige, die zwar z.T. kompakt siedeln, sich aber räumlich auf die 7 Regionen Abruzzen, Apulien, Basilicata, Kalabrien, Kampanien, Molise und Sizilien verteilen. Diese räumliche Splitterung erschwert natürlich eine die gesamte Volksgruppe umfassende politische Organisation

[60] Als Beispiel sei hier die tschechische Minderheit in der Slowakei angeführt, die mit rd. 57.000 Angehörigen nur 1,1 % der Bevölkerung beträgt und sich auf das gesamte Staatsgebiet verteilt.

[61] So setzen sich Minderheiten, die den Weg der eigenständigen Organisation wählen, häufig dem ebenso oberflächlichen wie unbegründeten Vorwurf des Nationalismus, Separatismus bzw. des Rassismus aus. Den Südtirolern, die diesen Weg seit 1946 eingeschlagen haben, wird immer wieder stereotyp vorgehalten, sie betrieben eine Politik der Apartheid und der Errichtung von „ethnischen Käfigen".

heitsorganisationen" im Geiste einer fairen Juniorpartnerschaft ist jedoch schon aus sachlichen Gründen nicht möglich. So sind die Interessen von nationaler Mehrheit und nationalen Minderheiten nur zum Teil gleichartig, in einigen wesentlichen Punkten bestehen dagegen schon a priori und definitionsgemäß starke Unterschiede. Eine entscheidende Grundlage des Zusammenschlusses einzelner zu Parteien oder Verbänden besteht aber gerade in der Gemeinsamkeit bestimmter Ziele und Interessen. Die Wahrnehmung minderheitenspezifischer Interessen über die Mitgliedschaft von Minderheitenpolitikern in „Mehrheitsorganisationen" erweist sich damit als problematisch. Die parteiinterne Durchsetzung solcher Interessen bleibt ausschließlich vom Wohlwollen der Mehrheitsangehörigen abhängig und führt im Zweifel zur Unterordnung der Minderheiteninteressen unter jene der Mehrheit. Neben diese sachliche Abhängigkeit tritt die persönliche Abhängigkeit der einzelnen Minderheitenpolitiker, die in ihrer Bestellung, Bestätigung oder Wiederwahl ebenfalls von der Zustimmung der Mitglieder der Organisation abhängen, die natürlich mehrheitlich wieder Angehörige der nationalen Mehrheit sind. Die demokratische Legitimation solcher Minderheitenpolitiker, die ihre Aktivität im Rahmen von „Mehrheitsorganisationen" entfalten, krankt daher daran, daß es sich um keine *„Eigenlegitimation"*, sondern um eine *„Fremdlegitimation"* handelt, weil sie sich nicht von der eigenen, sondern von der Fremdgruppe ableitet.

Es sind nur sehr wenige Minderheiten, welche sich diesen offenkundigen Nachteilen entziehen und den anderen Weg der eigenständigen Selbstorganisation durch Herausbildung gesonderter Parteiensysteme einschlagen konnten.[62]

Nun sind aber Volksgruppen in der Regel zahlenmäßig zu klein, um sich ein eigenes Zwei- oder Mehrparteiensystem analog zu jenem der jeweiligen nationalen Mehrheit leisten zu können. Deshalb haben sie, um ihre Kräfte nicht unnötig zu zersplittern, einen besonderen Parteityp in Form der *Sammelpartei*[63] entwickelt, welche auf der Strategie der *Geschlossenheit nach außen bei gleichzeitiger Differenzierung nach innen* beruht. Zu den Minderheiten, welche diese Strategie erfolgreich genutzt haben, gehören u.a. die rd. 300.000 Südtiroler, die rd. 2 Mio Ungarn in Rumänien und die rd. 600.000 Ungarn in der Slowakei:

- Die Südtiroler haben 1945 die *Südtiroler Volkspartei* als *Sammelpartei* gegründet, die seitdem stets 80 - 90 % der deutschen Volksgruppe in Südtirol legitim repräsentieren konnte. Diese Geschlossenheit nach außen hat wesentlich zum Erfolg beigetragen, welchen die Südtiroler inzwischen unbestritten erringen konnten. Die Ladiner, welche ursprünglich die Option

[62]Zu diesen gehören z.B. die Südtiroler, Franco-Provenzalen (Union Valdotaine) und Slowenen (Slovenska Skupnost) in Italien, die Basken und Katalanen in Spanien, die Ungarn in Rumänien und in der Slowakei, die Polen in Litauen, die Ungarn und Italiener in Slowenien, die Serben, Ungarn, Albaner, Muslime und Roma in Kroatien.

[63]Die *Sammelpartei* (englisch: *umbrella party;* italienisch*: partito di raccolta*) ist nicht zu verwechseln mit dem Typus der *Einheitspartei,* welche das Einparteiensystem der ehemaligen östlichen Volksdemokratien verkörperte. Ein solches Einparteiensystem steht natürlich in krassem Widerspruch zur Demokratie freiheitlich-westlicher Art.

der politischen Selbstorganisation der deutschsprachigen Südtiroler in Form einer Sammelpartei weitgehend mitgetragen haben, sind nun seit Beginn der 90er Jahre ihrerseits um die Errichtung einer eigenen ladinischen Sammelpartei bemüht.[64]

- Als zweiter erfolgreicher Fall der politischen Selbstorganisation in Form einer Sammelbewegung ist die ungarische Volksgruppe in Rumänien anzuführen, die 1990 in Anlehnung an das Beispiel der Südtiroler den *Demokratischen Verband der Ungarn Rumäniens (RMDSZ)*[65] als Sammelbewegung gründete. Dieser konnte bisher bei politischen Wahlen stets ein dem Bevölkerungsanteil der Ungarn in Rumänien entsprechendes Wahlergebnis von rd. 7 % erzielen. Es war schließlich dieser Geschlossenheit der Ungarn zu verdanken, daß dem postkommunistischen Regime Iliescu 1996 ein Ende bereitet, dem demokratischen Oppositionsbündnis unter Constantinescu zum Durchbruch verholfen[66] und der RMDSZ seitdem an der neuen Regierung beteiligt ist.
- Der dritte Fall dieser Art ist die ungarische Volksgruppe in der Slowakei. Auch bei ihr wurde 1990 nach Südtiroler Vorbild die Errichtung einer politischen Sammelbewegung (*Együttélés/Coexistentia/Zusammenleben)*[67] angestrebt, die alle Minderheiten in der Slowakei sowie alle ungarischen Kräfte vereinigen sollte. Doch dies gelang nicht zur Gänze und es kam innerhalb der ungarischen Volksgruppe zur Gründung von noch drei weiteren politischen Parteien, nämlich einer christdemokratischen, einer sozialdemokratischen und einer bürgerlich-konservativen. Aber bereits 1992 schlossen sich diese insgesamt 4 politischen Bewegungen zu einem gemeinsamen Wahlverband zusammen, der seitdem einen dem ungarischen Bevölkerungsanteil von rd. 11 % entsprechenden Anteil an Parlamentssitzen zu halten vermochte mit dem Ergebnis, daß das autoritäre Regime von Vladimír Meciar 1998 zu Fall gebracht und den oppositionellen Kräften der Wahlsieg ermöglicht wurde. Folgerichtig ist die ungarische Volksgruppe seit Ende 1998 auch an der neuen Regierung beteiligt.

Eine andere Art der Problemlösung haben die deutschen Nordschleswiger in Dänemark gefunden. Mit rd. 15.000 - 20.000 Angehörigen ist ihre Anzahl viel zu klein, um auch nur einen einzigen Sitz im dänischen Parlament erlangen zu können.[68] So unterhält der *Bund der Nordschleswiger,* die Vereinigung der

---

[64]Die Partei *Ladins* konnte erstmals bei den Landtagswahlen 1993 eines von insgesamt 35 Mandaten im Südtiroler Landtag erringen. Bei den darauffolgenden Landtagswahlen 1998 konnte dieses Mandat gehalten werden, wobei bereits etwa die Hälfte der Ladiner in Südtirol dieser ihrer politischen Verselbständigung den Vorzug gab gegenüber einem weiteren Verbleib innerhalb der zu rd. 98 % deutschsprachigen *Südtiroler Volkspartei.*

[65]Romániai Magyar Demokrata Szövetség.

[66]Bei der Präsidentenwahl am 2. 11.1996 konnte keiner der Kandidaten die absolute Mehrheit der Stimmen auf sich vereinigen. Doch lag der amtierende Präsident Ion Iliescu mit 32,3 % noch deutlich vor dem Oppositionsführer Emil Constantinescu mit 29 %. Bei der Stichwahl am 17. 11. konnte dann Constantinescu (54 %) den Favoriten Iliescu (46 %) mit einem Vorsprung von 8 % schlagen, welcher weitestgehend von der ungarischen Volksgruppe (7 %) beschafft wurde.

[67]Együttélés Politikai Mozgalom (Politische Bewegung Zusammenleben).

[68]Das dänische Parlament zählt 179 Sitze, wovon je zwei den Grönländern und Färingern vorbehalten sind. Somit trifft es rd. 30.000 Einwohner auf einen der restlichen 175 Sitze im Folketing.

Deutschen in Dänemark mit vorwiegend kulturellen Zielen, in Kopenhagen ein *Sekretariat*, welches die Interessen der deutschen Minderheit bei der dänischen Regierung und beim Parlament politisch vertritt. Wenn daher die deutsche Minderheit für ein eigenes Mandat im Parlament auch viel zu klein ist, so reicht beim dänischen Vielparteiensystem ihre Zahl auf regionaler Ebene doch aus, um gelegentlich das Zünglein an der Waage spielen und damit Anreize für die Minderheitenfreundlichkeit konkurrierender Politiker und Parteien bieten zu können.

Eine dritte Variante der Problemlösung hat Ungarn praktiziert. Dort wurde mit dem Minderheitengesetz Nr.77 vom 7. Juli 1993 den 12 nationalen oder ethnischen Minderheiten eine Art Kulturautonomie gewährt, zu deren Verwaltung das Instrument der *„Landesselbstverwaltung"* geschaffen wurde. Jede der 12 Minderheiten verfügt über eine solche und damit über eine eigene Dachorganisation, die ausschließlich von ihren eigenen Angehörigen getragen und gestaltet wird. Innerhalb dieser Dachorganisation ist wiederum eine ideologische Differenzierung parteipolitischer Art möglich, die gegebenenfalls auch das Parteienspektrum auf der Staatsebene widerspiegeln kann.

Ein anderer interessanter Ansatz findet sich bei der griechischen Minderheit in Italien. Ein Großteil dieser Minderheit (rd. 12.000 - 15.000 Personen) lebt seit Jahrtausenden auf der salentinischen Halbinsel der Region Apulien und bildet in neun Gemeinden der Provinz Lecce einen wesentlichen Anteil der Bevölkerung.[69] Diese haben sich zu einem Gemeindekonsortium zusammengeschlossen, das als Forum der gemeinsamen Interessenwahrnehmung dienen kann und zugleich hinreichend mit demokratischer Eigenlegitimation ausgestattet ist.

2.8. Die Minderheitenvertretung auf nationaler und internationale Ebene

So sind die Minderheiten in der Regel *zahlenmäßig zu klein*, um allein auf nationaler Ebene Einfluß nehmen zu können, andererseits sind sie innerhalb eines Staates *zahlenmäßig* betrachtet in der Regel *zu viele*, um nicht Gefahr zu laufen, sich mangels gemeinsamer Abstimmung und Koordinierung gegenseitig zu behindern oder sogar gegeneinander ausgespielt zu werden. Neben das Problem der politischen Selbstorganisation tritt also noch ein weiteres Problem, nämlich jenes der *Organisation*. Es gibt vor allem zwei Gründe, warum sich die Organisationen der verschiedenen Minderheiten eines Staates zur besseren Vertretung ihrer Interessen auf *nationaler Ebene* zusammenschließen sollten: erstens die Zahl und zweitens nochmals die Zahl *zweiten Grades* auf nationaler Ebene.

Wie es scheint, besteht auch diesbezüglich noch Nachholbedarf, denn über die fallweise stattfindende Kooperation zwischen Organisationen einzelner

[69] Calimera, Castrignano dei Greci, Corigliano d'Otranto, Martano, Martignano, Melpignano, Soleto, Sternatía, Zollino.

Minderheiten hinaus ist auch eine auf Dauer angelegte, institutionalisierte Form der *gemeinsamen, minderheitenspezifischen Wahrnehmung von Interessen* erforderlich. Hierbei ist zu unterscheiden zwischen der bisher noch kaum genutzten Möglichkeit des *freiwilligen Zusammenschlusses* von Organisationen mehrerer Minderheiten auf privatrechtlicher Grundlage zu einem Dachverband auf nationaler Ebene, und einem von mehreren Staaten mittlerweile gewählten Ansatz, der einen *Minderheitenbeirat* als offiziell errichtetes Konsultativorgan vorsieht.[70]

Dabei geht es nicht um ein *Entweder-Oder*, sondern um ein *Sowohl-Als Auch*, denn grundsätzlich bedarf es beider Arten der Interessenwahrnehmung, der *privatrechtlichen* wie der *öffentlich-rechtlichen*, die sich gegenseitig sehr gut ergänzen. Doch ist bei der öffentlich-rechtlichen Form nicht zu übersehen, daß *Beraten* nur die Vorstufe zum *Entscheiden* ist, weshalb bloße *Beratungsorgane* zu *Entscheidungsorganen* weiterzuentwickeln sind. Weiter kommt es darauf an, wie deren *Besetzung* erfolgt: mittels *freier Wahl* durch die betroffenen Minderheiten selbst oder durch *Ernennung* von Seiten der jeweiligen Regierung. Künftig wird nur mehr die Eigenlegitimation den Ansprüchen von Demokratie und Rechtstaatlichkeit genügen können.

Im Zeitalter der Globalisierung gewinnt die politische Vertretung der Minderheiten auch auf *internationaler Ebene* zunehmend an Bedeutung. Es ist noch gar nicht so lange her, daß in Fragen der Volksgruppen und Minderheiten das völkerrechtliche Grundprinzip der *Nichteinmischung* in die inneren Angelegenheiten eines Staates ausschließliche Geltung beanspruchte. Ausnahmen davon bildeten nur jene Fälle von Volksgruppen, welche über eine international anerkannte Schutzmacht verfügten. Seit 1991 hat sich jedoch der Grundsatz durchgesetzt, daß *Minderheitenschutz* ein fundamentaler Bestandteil *des internationalen Schutzes* der Menschenrechte und daher *als ein berechtigtes internationales Anliegen nicht ausschließlich eine interne Angelegenheit des jeweiligen Staates ist.*[71]

Mit der Wende in Europa 1989/90 gelangt der Minderheitenschutz erstmals seit der Völkerbundära der Zwischenkriegszeit wieder wirklich auf die Tagesordnung der internationalen Staatengemeinschaften, und zwar zunächst bei der Konferenz über die menschliche Dimension der KSZE in Kopenhagen im Juni 1990. Zwar war schon 1978 bei der UNO ein Entwurf Jugoslawiens zu einer Minderheitenerklärung eingebracht worden, doch fehlte es am entsprechenden politischen Willen, so daß die UNO erst 1992, d.h. 14 Jahre später, eine entsprechende Minderheitenerklärung verabschieden konnte.[72] Jedenfalls setzen ab 1990 unentwegt internationale Bemühungen um den Minderheitenschutz

---

[70]Beispielsweise das „Samen-Parlament" in Finnland, die „Volksgruppenbeiräte" in Österreich, der „Runde Tisch" von 1993 in Estland, der „Minderheitenrat" in Rumänien, der „Konsultativrat der Nationalitäten" in Lettland, der „Minderheitenausschuß" in Litauen.

[71]Vgl. dazu KSZE 1991a: II. Abs.3; KSZE 1991b: Abs.9; KSZE 1992a: Pkt. 8; KSZE 1992b: Beschlüsse, 2. Abschnitt, Abs. 7. Erstmals in völkerrechtlich verbindlicher Form findet sich diese Norm im Europarat-Rahmenübereinkommen 1994: Art. 1.

[72]UNO-Erklärung 1992.

ein, zuerst um gemeinsame Leitlinien vor allem bei der KSZE/OSZE, dann um eine internationale Rechtsgrundlage beim Europarat. Die Ergebnisse dieser Bemühungen gipfelten bisher u.a. in der Errichtung eines Hochkommissariats für nationale Minderheiten bei der OSZE in Den Haag, in der Europäischen Charta für Regional- oder Minderheitensprachen und im Rahmenübereinkommen zum Schutz nationaler Minderheiten sowie im – inzwischen ausgesetzten – Vorhaben zu einem Minderheitenprotokoll zur EMRK.

All dies macht deutlich, daß die Interessen der nationalen Minderheiten mittlerweile unbedingt auch auf internationaler Ebene wahrzunehmen und zu vertreten sind. Und wie sieht es tatsächlich damit aus?

Auf internationaler Ebene agieren auf Seiten der Minderheiten bzw. in deren Namen u.a. die folgenden zwei Nichtregierungsorganisationen (NGOs):

a) die Föderalistische Union Europäischer Volksgruppen (FUEV)[73] mit Sitz in Flensburg, Deutschland und
b) das Europäische Büro für Sprachminderheiten (EBLUL)[74] mit Sitz in Brüssel und Dublin.

Die FUEV wurde 1949 in Versailles als internationale Organisation auf privatrechtlicher Grundlage gegründet. Sie hat sich in den Dienst der Volksgruppen Europas gestellt, um die Eigenart, Sprache, Kultur und Lebensrechte der europäischen Volksgruppen zu erhalten, ein europäisches Volksgruppenrecht zu schaffen und – *nach erteilter Vollmacht* – die Interessen der Volksgruppen insbesondere auch vor internationalen Organisationen zu vertreten, die mit dem Schutz von Minderheiten im Rahmen der Menschenrechte befaßt sind.[75] Ihr gehören mittlerweile über 100 Mitgliedorganisationen in 27 Staaten an, innerhalb und außerhalb der Europäischen Union. Der finanzielle Aufwand der FUEV wird aus Mitgliedsbeiträgen, Stiftungen sowie Zuwendungen von Förderern bestritten. Die Satzung sieht drei verschiedene Kategorien von Mitgliedern vor, wovon nur eine, nämlich jene der „*ordentlichen Mitglieder*", mit Stimmrecht in der Delegiertenversammlung ausgestattet ist.[76] Als ordentliche Mitglieder können dabei nur solche Organisationen aufgenommen werden, die einen wesentlichen Teil einer Volksgruppe als Mitglieder haben und repräsentativ die Interessen ihrer Volksgruppe vertreten.[77] Nur etwa ein Drittel der Mitgliedorganisationen der FUEV gehört dieser Kategorie an.

Das EBLUL wurde 1982, ebenfalls als internationale Organisation auf privatrechtlicher Grundlage, zum Zweck der Förderung und Verteidigung der Regional- und Minderheitensprachen in den Ländern der Europäischen Union gegründet. Es wird aus Komitees gebildet, die in einem Rat zusammengeschlossen sind. Diese sogenannten nationalen Komitees in den Mitgliedstaaten

---

[73] *Federal Union of European Nationalities* (FUEN); *Union Fédérale des Communautés Éthniques Européennes* (UFCE); *Unione Federalistica delle Communità Etniche Europee* (UFCE).

[74] European Bureau for Lesser Used Languages / Bureau Européen pour les Langues Moins Répandues.

[75] FUEV-Satzung Art.1 und 3.

[76] FUEV-Satzung Art. 13.

[77] FUEV-Satzung Art. 5.

der Europäischen Union setzen sich zusammen aus Personen, die im kulturellen oder sprachlichen Bereich tätig sind. Die finanziellen Grundlagen des EBLUL bestehen zur Hauptsache aus Zuschüssen der Europäischen Kommission.

Beide Organisationen können jedoch, trotz einiger anerkennenswerter Aktivitäten und Erfolge, den objektiv erforderlichen Organisationsbedarf der nationalen Minderheiten auf internationaler Ebene nicht abdecken, weder einzeln noch zusammen:

a) Die FUEV, die von der statutarischen Zweckbestimmung her dafür befugt wäre, besitzt keine ausreichende Legitimation hierfür von Seiten der Minderheiten, denn unter ihren mehr als 100 Mitgliedorganisationen sind nur etwa zwei Dutzend, die tatsächlich politisch repräsentativ für eine Minderheit zu agieren bevollmächtigt sind. Diese stellen außerdem nicht einmal ein Zehntel der Volksgruppen Europas dar.
b) Das EBLUL hingegen ist weder von der Zweckbestimmung noch von seiner Mitgliederstruktur her in der Lage, die europäischen Volksgruppen demokratisch legitim zu repräsentieren und es erhebt diesen Anspruch erst gar nicht. Da es zu großen Teilen von der Europäischen Kommission und damit von der Staatenseite her finanziert wird, mangelt es zudem auch an der notwendigen Unabhängigkeit des EBLUL.

So läßt sich zusammenfassend auch hier ein akuter Nachholbedarf feststellen, der durch Reorganisation bzw. Reform der bestehenden Organisationen und/oder durch Schaffung geeigneter neuer Strukturen abzudecken ist.

2.9 Politische Organisation als Überlebensfrage

Die Vitalität einer Volksgruppe bestimmt sich maßgeblich vor allem nach den folgenden zwei Variablen:

- nach der Aktivität, die im demokratischen Rechtstaat letztlich die politische Organisation einer Minderheit zur Voraussetzung hat, und
- nach der demographischen Größe, deren Schwellenwert bei etwa 300.000 zu liegen scheint.[78] Darüber nimmt die Überlebensfähigkeit einer Minderheit in der Regel signifikant zu, darunter entsprechend ab.

Nun uberschreitet nur etwa ein Fünftel, nämlich 65 der insgesamt 307 europäischen Volksgruppen und Minderheiten diesen kritischen Schwellenwert von 300.000 Angehörigen, während umgekehrt vier Fünftel, das sind rd. 240 Volksgruppen und Minderheiten, zum Teil erheblich darunter liegen. Andererseits beträgt die Anzahl der Angehörigen von Volksgruppen und Minderheiten mit einer Bevölkerungsgröße von über 300.000 Personen rd. 91 Mio, was

[78] So die These in einer Studie zur Überlebensfähigkeit von Sprachgemeinschaften (Europäische Kommission 1996: 34).

einem Anteil von knapp 90 % an der Gesamtzahl der Minderheitsangehörigen in Europa entspricht.

Dies bedeutet, daß die Überlebenschancen, von der demographischen Größe her gesehen, für etwa ein Fünftel der Volksgruppen und Minderheiten mit rd. 90 % der Minderheitenangehörigen in Europa relativ gut stehen, vorausgesetzt sie organisieren sich politisch in hinreichender Form. Dies bedeutet aber auch weiter, daß bei vier Fünftel, d.h. beim Großteil der Volksgruppen und Minderheiten in Europa, die diesen kritischen Schwellenwert nicht erreichen, die Überlebenschancen letztlich nur von ihrer Fähigkeit und der Möglichkeit abhängen, sich politisch zu organisieren.

Die Deckung des Organisationsbedarfs von Volksgruppen und Minderheiten erfordert Mittel, die diese in der Regel nicht haben. Da sich dieser Organisationsbedarf aber, wie zu zeigen versucht wurde, aus dem System von Demokratie und Rechtstaatlichkeit ergibt, sollte man nicht zögern, seine finanzielle Abdeckung analog zur Parteienfinanzierung auch aus Mitteln der öffentlichen Haushalte zu bestreiten, handelt es sich doch um ein vergleichbares Problem. Angehörige von Volksgruppen und Minderheiten sind als Staatsbürger ebenso Steuerzahler wie die Angehörigen der nationalen Mehrheit, insofern ist es nur folgerichtig, wenn öffentliche Mittel zur Befriedigung auch ihrer berechtigten Ansprüche herangezogen werden.

ANHANG

1. Europäische Charta der Regional- oder Minderheitensprachen (Europarat)[1]

am 1. März 1998 in Kraft getreten

Präambel

„Die Mitgliedstaaten des Europarats, die diese Charta unterzeichnen –

in der Erwägung, daß es das Ziel des Europarats ist, eine engere Verbindung zwischen seinen Mitgliedern herbeizuführen, um insbesondere die Ideale und Grundsätze, die ihr gemeinsames Erbe bilden, zu wahren und zu fördern;

in der Erwägung, daß der Schutz der geschichtlich gewachsenen Regional- oder Minderheitensprachen Europas, von denen einige allmählich zu verschwinden drohen, zur Erhaltung und Entwicklung der Traditionen und des kulturellen Reichtums Europas beiträgt;

in der Erwägung, daß das Recht, im privaten und öffentlichen Leben eine Regional- oder Minderheitensprache zu benutzen, ein unveräußerliches Recht in Übereinstimmung mit den im Internationalen Pakt der Vereinten Nationen über bürgerliche und politische Rechte enthaltenen Grundsätzen darstellt und dem Geist der Konvention des Europarats zum Schutze der Menschenrechte und Grundfreiheiten entspricht;

eingedenk der im Rahmen der KSZE geleisteten Arbeit und insbesondere der Schlußakte von Helsinki von 1975 und des Dokuments des Kopenhagener Treffens von 1990;

unter Betonung des Wertes der grenzüberschreitenden kulturellen Beziehungen und der Mehrsprachigkeit sowie in der Erwägung, daß der Schutz und die Förderung der Regional- oder Minderheitensprachen sich nicht nachteilig auf die Amtssprachen und die Notwendigkeit, sie zu erlernen, auswirken sollte;

in dem Bewußtsein, daß der Schutz und die Stärkung der Regional- oder Minderheitensprachen in den verschiedenen Ländern und Regionen Europas einen wichtigen Beitrag zum Aufbau eines Europas darstellen, das auf den Grundsätzen der Demokratie und der kulturellen Vielfalt im Rahmen der nationalen Souveränität und der territorialen Unversehrtheit beruht;

unter Berücksichtigung der besonderen Verhältnisse und der geschichtlich gewachsenen Traditionen in den verschiedenen Regionen der Staaten Europas –

sind wie folgt übereingekommen:

TEIL I

Allgemeine Bestimmungen

Artikel 1
Begriffsbestimmungen

Im Sinne dieser Charta

a) bezeichnet der Ausdruck „Regional- oder Minderheitensprachen" Sprachen,

[1] Quelle: EUGRZ 20 (1993): 154 ff.

i) die herkömmlicherweise in einem bestimmten Sprachraum eines Staates von Angehörigen dieses Staates benutzt werden, die eine Gruppe bilden, die zahlenmäßig der übrigen Bevölkerung des Staates unterlegen ist,

ii) die sich von der (den) Amtssprache(n) dieses Staates unterscheiden;

er umfaßt weder Dialekte der Amtssprache(n) des Staates noch die Sprachen von Zuwanderern;

b) bezeichnet der Ausdruck „Sprachraum, in dem die Regional- oder Minderheitensprache benutzt wird," das geographische Gebiet, in dem die betreffende Sprache das Ausdrucksmittel einer Zahl von Menschen ist, welche die Annahme der in dieser Charta vorgesehenen verschiedenen Schutz- und Fördermaßnahmen rechtfertigt;

c) bezeichnet der Ausdruck „Sprachen ohne eigenen Sprachraum" von Angehörigen des Staates benutzte Sprachen, die sich von der (den) von den übrigen Einwohnern des Staates benutzten Sprache(n) unterscheiden, jedoch, obwohl sie herkömmlicherweise im Hoheitsgebiet des betreffenden Staates benutzt werden, keinem bestimmten Gebiet innerhalb dieses Staates zugeordnet werden können.

Artikel 2
Verpflichtungen

(1) Jede Vertragspartei verpflichtet sich, Teil II auf alle in ihrem Hoheitsgebiet gesprochenen, der Begriffsbestimmung in Artikel 1 entsprechenden Regional- oder Minderheitensprachen anzuwenden.

(2) Jede Vertragspartei verpflichtet sich, hinsichtlich jeder nach Artikel 3 im Zeitpunkt der Ratifikation, Annahme oder Genehmigung bezeichneten Sprache mindestens fünfunddreißig aus Teil III ausgewählte Absätze oder Buchstaben anzuwenden, darunter mindestens je drei aus den Artikeln 8 und 12 und je einen aus den Artikeln 9, 10, 11 und 13.

Artikel 3
Praktische Regelungen

(1) Jeder Vertragsstaat bezeichnet in seiner Ratifikations-, Annahme- oder Genehmigungsurkunde jede Regional- oder Minderheitensprache oder in seinem gesamten Hoheitsgebiet oder einem Teil desselben weniger verbreitete Amtssprache, auf welche die nach Artikel 2 Absatz 2 ausgewählten Bestimmungen angewendet werden.

(2) Jede Vertragspartei kann jederzeit danach dem Generalsekretär notifizieren, daß sie die Verpflichtungen übernimmt, die sich aus anderen Bestimmungen der Charta ergeben, die sie nicht bereits in ihrer Ratifikations-, Annahme- oder Genehmigungsurkunde bezeichnet hat, oder daß sie Absatz 1 auf andere Regional- oder Minderheitensprachen oder in ihrem gesamten Hoheitsgebiet oder einem Teil desselben weniger verbreitete andere Amtssprachen anwenden wird.

(3) Die in Absatz 2 vorgesehenen Verpflichtungen gelten als Bestandteil der Ratifikation, Annahme oder Genehmigung und entfalten mit dem Tag ihrer Notifikation dieselbe Wirkung.

Artikel 4
Bestehende Schutzregelungen

(1) Diese Charta ist nicht so auszulegen, als beschränke oder beeinträchtige sie Rechte, die durch die Europäische Menschenrechtskonvention gewährleistet sind.

(2) Diese Charta läßt in einer Vertragspartei bereits bestehende oder in einschlägigen zwei- oder mehrseitigen

Übereinkünften vorgesehene günstigere Bestimmungen über den Status der Regional- oder Minderheitensprachen oder die Rechtsstellung der Minderheiten angehörenden Personen unberührt.

Artikel 5
Bestehende Verpflichtungen

Diese Charta ist nicht so auszulegen, als gewähre sie das Recht, eine Tätigkeit auszuüben oder eine Handlung vorzunehmen, die gegen die Ziele der Charta der Vereinten Nationen oder sonstige völkerrechtliche Verpflichtungen einschließlich des Grundsatzes der Souveränität und territorialen Unversehrtheit der Staaten verstößt.

Artikel 6
Unterrichtung

Die Vertragsparteien verpflichten sich, dafür zu sorgen, daß die betroffenen Behörden, Organisationen und Personen von den in dieser Charta festgelegten Rechten und Pflichten in Kenntnis gesetzt werden.

TEIL II

Ziele und Grundsätze in Übereinstimmung mit Artikel 2 Absatz 1

Artikel 7
Ziele und Grundsätze

(1) Hinsichtlich der Regional- oder Minderheitensprachen legen die Vertragsparteien in den Sprachräumen, in denen solche Sprachen benutzt werden, entsprechend der Lage, in der sich jede Sprache befindet, ihrer Politik, Gesetzgebung und Praxis folgende Ziele und Grundsätze zugrunde:

a) die Anerkennung des Bestehens der Regional- oder Minderheitensprachen als Ausdruck des kulturellen Reichtums;

b) die Achtung des geographischen Gebiets jeder Regional- oder Minderheitensprache, um sicherzustellen, daß bestehende oder neue Verwaltungsgliederungen kein Hindernis für die Förderung der betreffenden Regional- oder Minderheitensprache darstellen;

c) die Notwendigkeit entschlossener Maßnahmen zur Förderung von Regional- oder Minderheitensprachen, um diese zu schützen;

d) die Erleichterung der Benutzung von Regional- oder Minderheitensprachen in Wort und Schrift im öffentlichen und privaten Leben und/oder die Ermutigung zu einer solchen Benutzung;

e) die Erhaltung und Entwicklung von Verbindungen in den von dieser Charta erfaßten Bereichen zwischen Gruppen, die eine Regional- oder Minderheitensprache benutzen, und anderen Gruppen in demselben Staat, die sich einer in gleicher oder ähnlicher Form benutzten Sprache bedienen, sowie die Aufnahme kultureller Beziehungen zu anderen Gruppen in dem Staat, die andere Sprachen benutzen;

f) die Bereitstellung geeigneter Formen und Mittel für das Lehren und Erlernen von Regional- oder Minderheitensprachen auf allen geeigneten Stufen;

g) die Bereitstellung von Einrichtungen, die es Personen, die eine Regional- oder Minderheitensprache nicht sprechen, aber in dem Gebiet leben, in dem sie benutzt wird, ermöglichen, sie zu erlernen, wenn sie dies wünschen;

h) die Förderung des Studiums und der Forschung im Bereich der Regional- oder Minderheitensprachen an Universitäten oder in gleichwertigen Einrichtungen;

i) die Förderung geeigneter Formen- des grenzüberschreitenden Austausches in den von dieser Charta erfaßten Bereichen für Regional- oder Minderheitensprachen, die in zwei oder mehr Staaten in gleicher oder ähnlicher Form benutzt werden.

(2) Die Vertragsparteien verpflichten sich, sofern dies noch nicht geschehen ist, jede ungerechtfertigte Unterscheidung, Ausschließung, Einschränkung oder Bevorzugung zu beseitigen, welche die Benutzung einer Regional- oder Minderheitensprache betrifft und darauf gerichtet ist, die Beibehaltung oder Entwicklung einer Regional- oder Minderheitensprache zu unterdrücken oder zu gefährden. Die Annahme besonderer Maßnahmen zugunsten der Regional- oder Minderheitensprachen, welche die Gleichberechtigung zwischen den Benutzern dieser Sprachen und der übrigen Bevölkerung fördern sollen oder welche ihre besondere Lage gebührend berücksichtigen, gilt nicht als diskriminierende Handlung gegenüber den Benutzern weiter verbreiteter Sprachen.

(3) Die Vertragsparteien verpflichten sich, durch geeignete Maßnahmen das gegenseitige Verstehen unter allen Sprachgruppen des Landes und insbesondere die Einbeziehung von Achtung, Verständnis und Toleranz gegenüber den Regional- oder Minderheitensprachen in die Ziele der in ihren Ländern vermittelten Bildung und Ausbildung sowie die Ermutigung der Massenmedien zur Verfolgung der gleichen Ziele zu fördern.

(4) Bei der Festlegung ihrer Politik in bezug auf Regional- oder Minderheitensprachen berücksichtigen die Vertragsparteien die Bedürfnisse und Wünsche, die von den Gruppen, die solche Sprachen benutzen, zum Ausdruck gebracht werden. Sie werden ermutigt, erforderlichenfalls Gremien einzusetzen, welche die Behörden in allen Angelegenheiten der Regional- oder Minderheitensprachen beraten sollen.

(5) Die Vertragsparteien verpflichten sich, die in den Absätzen 1 bis 4 aufgeführten Grundsätze sinngemäß auf Sprachen ohne eigenen Sprachraum anzuwenden. Jedoch werden hinsichtlich dieser Sprachen Art und Umfang der Maßnahmen, die getroffen werden, um dieser Charta Wirksamkeit zu verleihen, flexibel festgelegt, wobei die Bedürfnisse und Wünsche der Gruppen, die diese Sprachen benutzen, berücksichtigt und ihrer Traditionen und Eigenarten geachtet werden.

TEIL III

Maßnahmen zur Förderung der Benutzung von Regional- oder Minderheitensprachen im öffentlichen Leben im Einklang mit den nach Artikel 2 Absatz 2 eingegangenen-Verpflichtungen

Artikel 8
Bildung

(1) Im Bereich der Bildung verpflichten sich die Vertragsparteien, in dem Sprachraum, in dem solche Sprachen benutzt werden, entsprechend der Lage, in der sich jede dieser Sprachen befindet, und ohne Beeinträchtigung des Unterrichts der Amtssprache(n) des Staates

a) i) die Vorschulerziehung in den betreffenden Regional- oder Minderheitensprachen anzubieten,
ii) einen erheblichen Teil der Vorschulerziehung in den betreffenden Regional- oder
iii) eine der unter den Ziffern i und ii vorgesehenen Maßnahmen zumindest auf diejenigen Schüler anzuwenden, deren Familien dies beantragen, wobei die Zahl

der Schüler als genügend groß angesehen werden muß, oder

iv) für den Fall, daß die staatlichen Stellen keine unmittelbare Zuständigkeit im Bereich der Vorschulerziehung haben, die Anwendung der unter den Ziffern i bis iii bezeichneten Maßnahmen zu begünstigen und/oder dazu zu ermutigen;

b) i) den Primarschulunterricht in den betreffenden Regional- oder Minderheitensprachen anzubieten,

ii) einen erheblichen Teil des Primarschulunterrichts in den betreffenden Regional- oder Minderheitensprachen anzubieten,

iii) innerhalb des Primarschulunterrichts den Unterricht der betreffenden Regional- oder Minderheitensprachen als Bestandteil des Lehrplans vorzusehen oder

iv) eine der unter den Ziffern i bis iii vorgesehenen Maßnahmen zumindest auf diejenigen Schüler anzuwenden, deren Familien dies beantragen, wobei die Zahl der Schüler als genügend groß angesehen werden muß;

c) i) den Sekundarschulunterricht Minderheitensprachen anzubieten, in den betreffenden Regional- oder Minderheitensprachen anzubieten,

ii) einen erheblichen Teil des Sekundarschulunterrichts in den betreffenden Regional- oder Minderheitensprachen anzubieten,

iii) innerhalb des Sekundarschulunterrichts den Unterricht der betreffenden Regional- oder Minderheitensprachen als Bestandteil des Lehrplans vorzusehen oder

iv) eine der unter den Ziffern i bis iii vorgesehenen Maßnahmen zumindest auf diejenigen Schüler anzuwenden, die oder jedenfalls deren Familien dies wünschen, wobei deren Zahl als genügend groß angesehen werden muß;

d) i) die berufliche Bildung in den betreffenden Regional- oder Minderheitensprachen,

ii) einen erheblichen Teil der beruflichen Bildung in den betreffenden Regional- oder Minderheitensprachen anzubieten,

iii) innerhalb der beruflichen Bildung den Unterricht der betreffenden Regional- oder Minderheitensprachen als Bestandteil des Lehrplans vorzusehen oder

iv) eine der unter den Ziffern i bis iii vorgesehenen Maßnahmen zumindest auf diejenigen Schüler anzuwenden, die oder gegebenenfalls deren Familien dies wünschen, wobei deren Zahl als genügend groß angesehen werden muß;

e) i) Universitäts- und Hochschulunterricht in den Regional- oder Minderheitensprachen anzubieten,

ii) Möglichkeiten für das Studium dieser Sprachen als Universitäts- und Hochschulfächer anzubieten oder

iii) für den Fall, daß wegen der Rolle des Staates in bezug auf Hochschuleinrichtungen die Ziffern i und ii nicht angewendet werden können, die Bereitstellung von Universitäts- und Hochschulunterricht in Regional- oder Minderheitensprachen oder von Möglichkeiten zum Studium dieser Sprachen als Universitäts- oder Hochschulfächer anzuregen und/oder zuzulassen;

f)i) dafür zu sorgen, daß in der Erwachsenen- und Weiterbildung Kurse angeboten werden, die überwiegend oder ganz in den Regional- oder Minderheitensprachen durchgeführt werden,

ii) solche Sprachen als Fächer der Erwachsenen- und Weiterbildung anzubieten oder

iii) für den Fall, daß die staatlichen Stellen keine unmittelbare Zuständigkeit im Bereich der Erwachsenenbildung haben, das Angebot solcher Sprachen als Fächer der Erwachsenen- und Weiterbildung zu begünstigen und/oder dazu zu ermutigen;

g) für den Unterricht der Geschichte und Kultur, die durch die Regional- oder Minderheitensprache zum Ausdruck gebracht werden, Sorge zu tragen;

h) für die Grund- und Weiterbildung der Lehrer zu sorgen, die zur Durchführung derjenigen Bestimmungen der Buchstaben a bis g erforderlich sind, welche die Vertragspartei angenommen hat;

i) ein oder mehrere Aufsichtsorgane einzusetzen, die für die Überwachung der bei der Einführung oder dem Ausbau des Unterrichts der Regional- oder Minderheitensprachen getroffenen Maßnahmen und erzielten Fortschritte sowie für die Ausarbeitung diesbezüglicher regelmäßiger Berichte, die veröffentlicht werden, verantwortlich sind.

(2) Im Bereich der Bildung und hinsichtlich anderer Sprachräume als derjenigen, in denen die Regional- oder Minderheitensprachen herkömmlicherweise benutzt werden, verpflichten sich die Vertragsparteien, wenn die Zahl der Benutzer einer Regional- oder Minderheitensprache dies rechtfertigt, Unterricht der Regional- oder Minderheitensprache oder Unterricht in dieser Sprache auf allen geeigneten Bildungsstufen zuzulassen, anzuregen oder anzubieten.

Artikel 9
Justizbehörden

(1) Die Vertragsparteien verpflichten sich, bezüglich derjenigen Gerichtsbezirke, in denen die Zahl der Einwohner, welche die Regional- oder Minderheitensprachen benutzen, die nachstehenden Maßnahmen rechtfertigt, entsprechend der Lage, in der sich jede dieser Sprachen befindet, und unter der Bedingung, daß die Nutzung der durch diesen Absatz gebotenen Möglichkeiten nach Auffassung des Richters eine ordentliche Rechtspflege nicht behindert,

a) in Strafverfahren

i) dafür zu sorgen, daß die Gerichte auf Antrag einer der Parteien das Verfahren in den Regional- oder Minderheitensprachen durchführen,

ii) sicherzustellen, daß der Angeklagte das Recht hat, seine Regional- oder Minderheitensprache zu benutzen,

iii) dafür zu sorgen, daß Anträge und Beweismittel, gleichviel ob schriftlich oder mündlich, nicht allein aus dem Grund als unzulässig angesehen werden, daß sie in einer Regional- oder Minderheitensprache abgefaßt sind, und/oder

iv) auf Verlangen mit Gerichtsverfahren zusammenhängende Schriftstücke in der betreffenden Regional- oder Minderheitensprache abzufassen,

erforderlichenfalls durch Inanspruchnahme von Dolmetschern und Übersetzungen, durch die den Betroffenen keine zusätzlichen Kosten entstehen;

b) in zivilrechtlichen Verfahren

i) dafür zu sorgen, daß die Gerichte auf Antrag einer der Parteien das Verfahren in den Regional- oder Minderheitensprachen durchführen;

ii) zuzulassen, daß eine Prozeßpartei, wenn sie persönlich vor Gericht erscheinen muß, ihre Regional- oder Minderheitensprache benutzen kann, ohne daß ihr dadurch zusätzliche Kosten entstehen, und/oder

iii) zuzulassen, daß Urkunden und Beweismittel in den Regional- oder Minderheitensprachen vorgelegt werden,

erforderlichenfalls durch Inanspruchnahme von Dolmetschern und Übersetzungen;

c) in Verfahren vor Gerichten für Verwaltungssachen

i) dafür zu sorgen, daß die Gerichte auf Antrag einer der Parteien das Verfahren in den Regional- oder Minderheitensprachen durchführen,

ii) zuzulassen, daß eine Prozeßpartei, wenn sie persönlich vor Gericht erscheinen muß, ihre Regional- oder Minderheitensprache benutzen kann, ohne daß ihr dadurch zusätzliche Kosten entstehen, und/oder

iii) zuzulassen, daß Urkunden und Beweismittel in den Regional- oder Minderheitensprachen vorgelegt werden,

erforderlichenfalls durch Inanspruchnahme von Dolmetschern und Übersetzungen;

d) Schritte zu unternehmen, um sicherzustellen, daß den Betroffenen durch die Anwendung des Buchstabens b Ziffern i und iii und des Buchstabens c Ziffern i und iii sowie eine etwa erforderliche Inanspruchnahme von Dolmetschern und Übersetzungen keine zusätzlichen Kosten entstehen.

(2) Die Vertragsparteien verpflichten sich

a) die Rechtsgültigkeit von im Inland abgefaßten Rechtsurkunden nicht allein aus dem Grund zu verneinen, daß sie in einer Regional- oder Minderheitensprache abgefaßt sind,

b) die Rechtsgültigkeit von im Inland abgefaßten Rechtsurkunden im Verhältnis zwischen den Parteien nicht allein aus dem Grund zu verneinen, daß die Urkunden in einer Regional- oder Minderheitensprache abgefaßt sind und vorzusehen, daß sie gegen beteiligte Dritte, die diese Sprachen nicht benutzen, unter der Bedingung angeführt werden können, daß ihnen der Inhalt der Urkunden von der (den) Person(en), welche die Urkunden anführt (anführen), zur Kenntnis gebracht worden ist, oder

c) die Rechtsgültigkeit von im Inland abgefaßten Rechtsurkunden im Verhältnis zwischen den Parteien nicht allein aus dem Grund zu verneinen, daß die Urkunden in einer Regional- oder Minderheitensprache abgefaßt sind.

(3) Die Vertragsparteien verpflichten sich, die wichtigsten Gesetzestexte des Staates sowie diejenigen, welche sich besonders auf Benutzer dieser Sprachen beziehen, in den Regional- oder Minderheitensprachen zur Verfügung zu stellen, sofern sie nicht anderweitig vorhanden sind.

Artikel 10

Verwaltungsbehörden und öffentliche Versorgungsleistungen

(1) Innerhalb der Verwaltungsbezirke des Staates in denen die Zahl der Einwohner, die Regional- oder Minderheitensprachen benutzen, die nach-

stehenden Maßnahmen rechtfertigt, und entsprechend der Lage, in der sich jede Sprache befindet verpflichten sich die Vertragsparteien, im Rahmen des Zumutbaren

a) i) sicherstellen daß die Verwaltungsbehörden die Regional- oder Minderheitensprachen benutzen,

ii) sicherstellen, daß diejenigen ihrer Bediensteten, die Kontakt mit dem Publikum haben, die Regional- oder Minderheitensprachen in ihrem Umgang mit Personen benutzen, die sich in diesen Sprachen an sie wenden,

iii) sicherzustellen, daß Benutzer von Regional- oder Minderheitensprachen in diesen Sprachen mündliche oder schriftliche Anträge stellen und eine Antwort erhalten können,

iv) sicherzustellen, daß Benutzer von Regional- oder Minderheitensprachen in diesen Sprachen mündliche oder schriftliche Anträge stellen können, oder

v) sicherzustellen, daß Benutzer von Regional- oder Minderheitensprachen in diesen Sprachen abgefaßte Urkunden rechtsgültig vorlegen können;

b) allgemein verwendete Verwaltungsbestimmungen und -formulare für die Bevölkerung in den Regional- oder Minderheitensprachen oder zweisprachig anzubieten;

c) zuzulassen, daß die Verwaltungsbehörden Schriftstücke in einer Regional- oder Minderheitensprache aufsetzen.

(2) Hinsichtlich der Kommunal- und Regionalbehörden, in deren Bezirken die Anzahl der Einwohner, die Regional- oder Minderheitensprachen benutzen, so groß ist, daß die nachstehenden Maßnahmen gerechtfertigt sind, verpflichten sich die Vertragsparteien, folgendes zuzulassen und/oder anzuregen:

a) die Benutzung von Regional- oder Minderheitensprachen innerhalb der Regional- oder Kommunalbehörde;

b) die Möglichkeit, daß Benutzer von Regional- oder Minderheitensprachen mündliche oder schriftliche Anträge in diesen Sprachen stellen;

c) die Veröffentlichung der amtlichen Schriftstücke durch die Regionalbehörden auch in den betreffenden Regional- oder Minderheitensprachen;

d) die Veröffentlichung der amtlichen Schriftstücke durch die Kommunalbehörden auch in den betreffenden Regional- oder Minderheitensprachen;

e) die Benutzung von Regional- oder Minderheitensprachen durch Regionalbehörden in ihren Ratsversammlungen, ohne jedoch die Benutzung der Amtssprache(n) des Staates auszuschließen;

f) die Benutzung von Regional- oder Minderheitensprachen durch die Kommunalbehörden in ihren Ratsversammlungen, ohne jedoch die Benutzung der Amtssprache(n) des Staates auszuschließen;

g) die Benutzung oder Annahme der herkömmlichen und korrekten Formen von Ortsnamen in Regional- oder Minderheitensprachen, erforderlichenfalls in Verbindung mit dem Namen in der (den) Amtssprache(n).

(3) Hinsichtlich der öffentlichen Versorgungsleistungen, die von den Verwaltungsbehörden oder in ihrem Namen handelnden anderen Personen erbracht werden, verpflichten sich die Vertragsparteien, in dem Sprachraum, in dem Regional- oder Minderheiten-

sprachen benutzt werden, entsprechend der Lage, in der sich jede Sprache befindet, und im Rahmen des Zumutbaren

a) sicherzustellen, daß die Regional- oder Minderheitensprachen bei der Erbringung der Leistung benutzt werden;

b) zuzulassen, daß Benutzer von Regional- oder Minderheitensprachen in diesen Sprachen einen Antrag stellen und eine Antwort erhalten, oder

c) zuzulassen, daß Benutzer von Regional- oder Minderheitensprachen in diesen Sprachen einen Antrag stellen.

(4) Die Vertragsparteien verpflichten sich, eine oder mehrere der folgenden Maßnahmen zu treffen, um die von ihnen angenommenen Bestimmungen der Absätze 1, 2 und 3 in Kraft zu setzen:

a) Übersetzen oder Dolmetschen je nach Bedarf;

b) Einstellung und erforderlichenfalls Ausbildung der erforderlichen Beamten und sonstigen Angehörigen des öffentlichen Dienstes;

c) nach Möglichkeit Erfüllung der Wünsche von Angehörigen des öffentlichen Dienstes, die über Kenntnisse in einer Regional- oder Minderheitensprache verfügen, in dem Sprachraum eingesetzt zu werden, in dem diese Sprache benutzt wird.

(5) Die Vertragsparteien verpflichten sich, die Benutzung oder Annahme von Familiennamen in den Regional- oder Minderheitensprachen auf Antrag der Betroffenen zuzulassen.

Artikel 11
Medien

(1) Die Vertragsparteien verpflichten sich, für die Benutzer von Regional- oder Minderheitensprachen in den Sprachräumen, in denen diese Sprache gesprochen werden, entsprechend der Lage, in der sich jede Sprache befindet, und soweit die staatlichen Stellen in diesem Bereich unmittelbar oder mittelbar Zuständigkeit, Befugnisse oder Einfluß haben, unter Achtung des Grundsatzes der Unabhängigkeit und Autonomie der Medien folgende Maßnahmen zu treffen:

a) soweit Hörfunk und Fernsehen eine öffentliche Aufgabe erfüllen,

i) die Schaffung mindestens eines Hörfunksenders und eines Fernsehkanals in den Regional- oder Minderheitensprachen sicherzustellen,

ii) zur Schaffung mindestens eines Hörfunksenders und eines Fernsehkanals in den Regional- oder Minderheitensprachen zu ermutigen und/oder sie zu erleichtern oder

iii) angemessene Vorkehrungen dafür zu treffen, daß Rundfunkveranstalter Sendungen in Regional- oder Minderheitensprachen anbieten;

b) i) zur Schaffung mindestens eines Hörfunksenders in den Regional- oder Minderheitensprachen zu ermutigen und/oder sie zu erleichtern oder

ii) zur regelmäßigen Ausstrahlung von Hörfunksendungen in den Regional- oder Minderheitensprachen zu ermutigen und/oder sie zu erleichtern;

c) i) zur Schaffung mindestens eines Fernsehkanals in den Regional- oder Minderheitensprachen zu ermutigen und/oder sie zu erleichtern oder

- ii) zur regelmäßigen Ausstrahlung von Fernsehsendungen in den Regional- oder Minderheitensprachen zu ermutigen und/oder sie zu erleichtern;

d) zur Produktion und Verbreitung von Audio-Werken und audiovisuellen Werken in den Regional- und Minderheitensprachen zu ermutigen und/oder sie zu erleichtern;

e) i) zur Schaffung und/oder Erhaltung mindestens einer Zeitung in den Regional- oder Minderheitensprachen zu ermutigen und/oder sie zu erleichtern oder

- ii) zur regelmäßigen Veröffentlichung von Zeitungsartikeln in den Regional- oder Minderheitensprachen zu ermutigen und/ oder sie zu erleichtern;

f) i) die zusätzlichen Kosten derjenigen Medien zu decken, die Regional- oder Minderheitensprachen benutzen, wenn das Recht allgemein eine finanzielle Hilfe für die Medien vorsieht;

- ii) die bestehenden Maßnahmen für finanzielle Hilfe auch auf audiovisuelle Produktionen in Regional- oder Minderheitensprachen anzuwenden;

g) die Ausbildung von Journalisten und anderem Personal für Medien zu unterstützen, die Regional- oder Minderheitensprachen benutzen.

(2) Die Vertragsparteien verpflichten sich, den freien direkten Empfang von Hörfunk- und Fernsehsendungen aus Nachbarländern in einer Sprache zu gewährleisten, die in gleicher oder ähnlicher Form wie die Regional- oder Minderheitensprache benutzt wird, und die Weiterverbreitung von Hörfunk- und Fernsehsendungen aus Nachbarländern in einer solchen Sprache nicht zu behindern. Sie verpflichten sich ferner, sicherzustellen, daß die Freiheit der Meinungsäußerung und die freie Verbreitung von Informationen in der Presse in einer Sprache, die in gleicher oder ähnlicher Form wie eine Regional- oder Minderheitensprache benutzt wird, keiner Einschränkung unterworfen werden. Da die Ausübung dieser Freiheiten Pflichten und Verantwortung mit sich bringt, kann sie bestimmten Formvorschriften, Bedingungen, Einschränkungen oder Strafen unterworfen werden, wie sie vom Gesetz vorgeschrieben und in einer demokratischen Gesellschaft im Interesse der nationalen Sicherheit, der territorialen Unversehrtheit oder der öffentlichen Sicherheit, der Aufrechterhaltung der Ordnung und der Verbrechensverhütung, des Schutzes der Gesundheit und der Moral, des Schutzes des guten Rufes oder der Rechte anderer, um die Verbreitung vertraulicher Nachrichten zu verhindern oder das Ansehen und die Unparteilichkeit der Rechtsprechung zu gewährleisten, unentbehrlich sind.

(3) Die Vertragsparteien verpflichten sich, sicherstellen, daß die Interessen der Benutzer von Regional- oder Minderheitensprachen innerhalb etwaiger im Einklang mit dem Gesetz gegründeter Gremien, die für die Gewährleistung von Freiheit und Pluralismus der Medien verantwortlich sind, vertreten oder berücksichtigt werden.

Artikel 12

Kulturelle Tätigkeiten und Einrichtungen

(1) In bezug auf kulturelle Einrichtungen und Tätigkeiten - insbesondere Bibliotheken, Videotheken, Kulturzentren, Museen, Archive, Akademien, Theater und Kinos sowie literarische Werke und Filmproduktionen, volkstümliche Formen des kulturellen

Ausdrucks, Festspiele und die Kulturindustrien, einschließlich des Einsatzes neuer Technologien - verpflichten sich die Vertragsparteien, in dem Sprachraum, in dem solche Sprachen benutzt werden, soweit die staatlichen Stellen in diesem Bereich Zuständigkeit, Befugnisse oder Einfluß haben.

a) den Regional- oder Minderheitensprachen eigene Arten des Ausdrucks und der Initiative sowie die verschiedenen Zugangsmöglichkeiten zu den in diesen Sprachen geschaffenen Werken zu fördern;

b) die verschiedenen Zugangsmöglichkeiten zu den in Regional- oder Minderheitensprachen geschaffenen Werken in anderen Sprachen zu fördern, indem sie Tätigkeiten auf dem Gebiet der Übersetzung, Synchronisation, Nachsynchronisation und Untertitelung unterstützen und ausbauen;

c) den Zugang in Regional- oder Minderheitensprachen zu Werken zu fördern, die in anderen Sprachen geschaffen worden sind, indem sie Tätigkeiten auf dem Gebiet der Übersetzung, Synchronisation, Nachsynchronisation und Untertitelung unterstützen und ausbauen;

d) sicherzustellen, daß die für die Durchführung oder Unterstützung kultureller Tätigkeiten verschiedener Art verantwortlichen Gremien bei den Unternehmungen, die sie ins Leben rufen oder unterstützen, in angemessener Weise dafür sorgen, daß die Kenntnis und Benutzung von Regional- oder Minderheitensprachen und -kulturen berücksichtigt werden;

e) Maßnahmen zu unterstützen, um sicherzustellen, daß die für die Durchführung oder Unterstützung kultureller Tätigkeiten verantwortlichen Gremien über Personal verfügen, das die betreffende Regional- oder Minderheitensprache sowie die Sprache(n) der übrigen Bevölkerung beherrscht;

f) die unmittelbare Mitwirkung von Vertretern der Benutzer einer bestimmten Regional- oder Minderheitensprache bei der Bereitstellung von Einrichtungen und der Planung kultureller Tätigkeiten anzuregen;

g) die Schaffung eines oder mehrerer Gremien anzuregen und/oder zu erleichtern, die für die Sammlung, Aufbewahrung und Aufführung oder Veröffentlichung von in den Regional- oder Minderheitensprachen geschaffenen Werken verantwortlich sind;

h) erforderlichenfalls Übersetzungs- und Terminologieforschungsdienste zu schaffen und/oder zu fördern und zu finanzieren, insbesondere im Hinblick auf die Erhaltung und Entwicklung geeigneter Terminologie in jeder Regional- oder Minderheitensprache für die Bereiche Verwaltung, Handel, Wirtschaft, Gesellschaft, Technik oder Recht.

(2) Hinsichtlich anderer Sprachräume als derjenigen, in denen die Regional- oder Minderheitensprachen herkömmlicherweise benutzt werden, verpflichten sich die Vertragsparteien, wenn die Zahl der Benutzer einer Regional- oder Minderheitensprache dies rechtfertigt, geeignete kulturelle Tätigkeiten und Einrichtungen in Übereinstimmung mit Absatz 1 zuzulassen, anzuregen und/oder anzubieten.

(3) Die Vertragsparteien verpflichten sich, bei der Verfolgung ihrer Kulturpolitik im Ausland Regional- oder Minderheitensprachen und die in ihnen zum Ausdruck kommenden Kulturen angemessen zu berücksichtigen.

Artikel 13
Wirtschaftliches und soziales Leben

(1) In bezug auf wirtschaftliche und soziale Tätigkeiten verpflichten sich die Vertragsparteien, im ganzen Land

a) aus ihrem Recht jede Bestimmung zu entfernen, welche die Benutzung von Regional- oder Minderheitensprachen in Urkunden betreffend das wirtschaftliche oder soziale Leben, insbesondere Arbeitsverträgen, sowie in technischen Schriftstücken wie Gebrauchsanweisungen für Erzeugnisse oder Anlagen ohne triftigen Grund verbietet oder einschränkt;

b) die Aufnahme von Klauseln, welche die Benutzung von Regional- oder Minderheitensprachen ausschließen oder einschränken, in innerbetriebliche Vorschriften und Privaturkunden zumindest zwischen Benutzern derselben Sprache zu verbieten;

c) Praktiken entgegenzutreten, die von der Benutzung von Regional- oder Minderheitensprachen im Zusammenhang mit wirtschaftlichen oder sozialen Tätigkeiten abhalten sollen;

d) die Benutzung von Regional- oder Minderheitensprachen durch andere als die unter den Buchstaben a bis c genannten Mittel zu erleichtern und/oder dazu zu ermutigen.

(2) In bezug auf wirtschaftliche und soziale Tätigkeiten verpflichten sich die Vertragsparteien, soweit die staatlichen Stellen zuständig sind, in dem Sprachraum, in dem die Regional- oder Minderheitensprachen benutzt werden, im Rahmen des Zumutbaren

a) in ihre Finanz- und Bankvorschriften Bestimmungen aufzunehmen, die unter Bedingungen, welche mit den Handelsbräuchen vereinbar sind, die Benutzung von Regional- oder Minderheitensprachen beim Ausstellen von Zahlungsanweisungen (Schecks, Wechseln usw.) oder sonstigen Finanzdokumenten ermöglichen, oder gegebenenfalls die Durchführung solcher Bestimmungen sicherstellen;

b) in den ihrer unmittelbaren Kontrolle unterstehenden Wirtschafts- und Sozialbereichen (öffentlicher Sektor) Maßnahmen zur Förderung der Benutzung von Regional- oder Minderheitensprachen durchzuführen

c) sicherzustellen, daß soziale Einrichtungen wie Krankenhäuser, Altersheime und Heime die Möglichkeit bieten, Benutzer einer Regional- oder Minderheitensprache, die aufgrund von Krankheit Alter oder aus anderen Gründen der Betreuung bedürfen, in deren eigener Sprache aufzunehmen und zu behandeln;

d) durch geeignete Mittel sicherzustellen, daß Sicherheitsvorschriften auch in Regional- oder Minderheitensprachen zugänglich sind;

e) dafür zu sorgen, daß von den zuständigen staatlichen Stellen zur Verfügung gestellte Informationen über die Rechte der Verbraucher in Regional- oder Minderheitensprachen erhältlich sind.

Artikel 14
Grenzüberschreitender Austausch

Die Vertragsparteien verpflichten sich,

a) bestehende zwei- und mehrseitige Übereinkünfte anzuwenden, die sie mit den Staaten verbinden, in denen dieselbe Sprache in gleicher oder ähnlicher Form benutzt wird, oder sich erforderlichenfalls um den Abschluß solcher Übereinkünfte zu bemühen, um dadurch Kontakte zwischen den Benutzern derselben Sprache in den betreffenden Staaten in den Bereichen Kultur, Bildung, Information, Berufsbildung und Weiterbildung zu fördern;

b) zugunsten von Regional- oder Minderheitensprachen die grenzüberschreitende Zusammenarbeit insbesondere zwischen Regional- oder Kommunalbehörden zu erleichtern und zu fördern, in deren Bezirken dieselbe Sprache in gleicher oder ähnlicher Form benutzt wird.

TEIL IV

Anwendung der Charta

Artikel 15

Regelmäßige Berichte

(1) Die Vertragsparteien legen dem Generalsekretär des Europarats in einer vom Ministerkomitee zu bestimmenden Form in regelmäßigen Abständen einen Bericht über ihre in Übereinstimmung mit Teil II verfolgte Politik und über die in Anwendung der von ihnen angenommenen Bestimmungen des Teiles III getroffenen Maßnahmen vor. Der erste Bericht wird innerhalb des Jahres vorgelegt, das auf das Inkrafttreten der Charta für die betreffende Vertragspartei folgt, die weiteren Berichte in Abständen von drei Jahren nach Vorlage des ersten Berichts.

(2) Die Vertragsparteien veröffentlichen ihre Berichte.

Artikel 16

Prüfung der Berichte

(1) Die dem Generalsekretär des Europarats nach Artikel 15 vorgelegten Berichte werden durch einen nach Artikel 17 eingesetzten Sachverständigenausschuß geprüft.

(2) In einer Vertragspartei rechtmäßig gegründete Organisationen oder Vereinigungen können den Sachverständigenausschuß auf Fragen aufmerksam machen, die sich auf die von der betreffenden Vertragspartei nach Teil III eingegangenen Verpflichtungen beziehen. Nach Konsultierung der betroffenen Vertragspartei kann der Sachverständigenausschuß diese Angaben bei der Ausarbeitung des in Absatz 3 genannten Berichts berücksichtigen. Diese Organisationen oder Vereinigungen können außerdem Erklärungen zu der von einer Vertragspartei in Übereinstimmung mit Teil II verfolgten Politik vorlegen.

(3) Auf der Grundlage der in Absatz 1 genannten Berichte und der in Absatz 2 erwähnten Angaben arbeitet der Sachverständigenausschuß einen Bericht für das Ministerkomitee aus. Diesem Bericht werden die Stellungnahmen, um welche die Vertragsparteien ersucht wurden, beigefügt; er kann vom Ministerkomitee veröffentlicht werden.

(4) Der in Absatz 3 genannte Bericht enthält insbesondere die Vorschläge des Sachverständigenausschusses an das Ministerkomitee für die Ausarbeitung der etwa erforderlichen Empfehlungen des Ministerkomitees an eine oder mehrere Vertragsparteien.

(5) Der Generalsekretär des Europarats erstattet der Parlamentarischen Versammlung alle zwei Jahre ausführlich Bericht über die Anwendung der Charta.

Artikel 17

Sachverständigenausschuß

(1) Der Sachverständigenausschuß besteht aus einem Mitglied je Vertragspartei, das vom Ministerkomitee aus einer Liste von durch die betreffende Vertragspartei vorgeschlagenen Persönlichkeiten von höchster Integrität und anerkannter Sachkenntnis in

den durch die Charta erfaßten Angelegenheiten ausgewählt wird.

(2) Die Mitglieder des Ausschusses werden für die Dauer von sechs Jahren ernannt; Wiederernennung ist zulässig. Kann ein Mitglied seine Amtszeit nicht beenden, so wird es nach dem in Absatz 1 festgelegten Verfahren abgelöst; das an seine Stelle tretende Mitglied vollendet die Amtszeit seines Vorgängers.

(3) Der Sachverständigenausschuß gibt sich eine Geschäftsordnung. Sein Sekretariat wird durch den Generalsekretär des Europarats versehen.

TEIL V

Schlußbestimmungen

Artikel 18

Diese Charta liegt für die Mitgliedstaaten des Europarats zur Unterzeichnung auf. Sie bedarf der Ratifikation, Annahme oder Genehmigung. Die Ratifikations-, Annahme oder Genehmigungsurkunden werden beim Generalsekretär des Europarats hinterlegt.

Artikel 19

(1) Diese Charta tritt am ersten Tag des Monats in Kraft, der auf einen Zeitabschnitt von drei Monaten nach dem Tag folgt, an dem fünf Mitgliedstaaten des Europarats nach Artikel 18 ihre Zustimmung ausgedrückt haben, durch die Charta gebunden zu sein.

(2) Für jeden Mitgliedstaat, der später seine Zustimmung ausdrückt, durch die Charta gebunden zu sein, tritt sie am ersten Tag des Monats in Kraft, der auf einen Zeitabschnitt von drei Monaten nach Hinterlegung der Ratifikations-, Annahme- oder Genehmigungsurkunde folgt.

Artikel 20

(1) Nach Inkrafttreten dieser Charta kann das Ministerkomitee des Europarats jeden Nichtmitgliedstaat des Europarats einladen, der Charta beizutreten.

(2) Für jeden beitretenden Staat tritt die Charta am ersten Tag des Monats in Kraft, der auf einen Zeitabschnitt von drei Monaten nach Hinterlegung der Beitrittsurkunde beim Generalsekretär des Europarats folgt.

Artikel 21

(1) Jeder Staat kann bei der Unterzeichnung oder bei der Hinterlegung seiner Ratifikations-, Annahme-, Genehmigungs- oder Beitrittsurkunde einen oder mehrere Vorbehalte zu Artikel 7 Absätze 2 bis 5 anbringen. Weitere Vorbehalte sind nicht zulässig.

(2) Jeder Vertragsstaat, der einen Vorbehalt nach Absatz 1 angebracht hat, kann ihn durch eine an den Generalsekretär des Europarats gerichtete Notifikation ganz oder teilweise zurücknehmen. Die Rücknahme wird mit dem Eingang der Notifikation beim Generalsekretär wirksam.

Artikel 22

(1) Jede Vertragspartei kann diese Charta jederzeit durch eine an den Generalsekretär des Europarats gerichtete Notifikation kündigen.

(2) Die Kündigung wird am ersten Tag des Monats wirksam, der auf einen Zeitabschnitt von sechs Monaten nach Eingang der Notifikation beim Generalsekretär folgt.

Artikel 23

Der Generalsekretär des Europarats notifiziert den Mitgliedstaaten des Rates und jedem Staat, der dieser Charta beigetreten ist,

a) jede Unterzeichnung;

b) jede Hinterlegung einer Ratifikations-, Annahme-, Genehmigungs- oder Beitrittsurkunde;

c) jeden Zeitpunkt des Inkrafttretens dieser Charta nach den Artikeln 19 und 20;

d) jede nach Artikel 3 Absatz 2 eingegangene Notifikation;

e) jede andere Handlung, Notifikation oder Mitteilung im Zusammenhang mit dieser Charta.“

2. Rahmenübereinkommen zum Schutz nationaler Minderheiten (Europarat)

am 1. Februar 1998 in Kraft getreten

Die Mitgliedstaaten des Europarates und die anderen Staaten, die dieses Rahmenübereinkommen unterzeichnen -

in der Erwägung, daß es das Ziel des Europarats ist, eine engere Verbindung zwischen seinen Mitgliedern herbeizuführen, um die Ideale und Grundsätze, die ihr gemeinsames Erbe bilden, zu wahren und zu fördern;

in der Erwägung, daß eines der Mittel zur Erreichung dieser Ziele in der Wahrung und in der Entwicklung der Menschenrechte und Grundfreiheiten besteht;

in dem Wunsch, die Wiener Erklärung der Staats- und Regierungschefs der Mitgliedstaaten des Europarats vom 9. Oktober 1993 in die Tat umzusetzen;

entschlossen, in ihrem jeweiligen Hoheitsgebiet das Bestehen nationaler Minderheiten zu schützen;

in der Erwägung, daß die geschichtlichen Umwälzungen in Europa gezeigt haben, daß der Schutz nationaler Minderheiten für Stabilität, demokratische Sicherheit und Frieden auf diesem Kontinent wesentlich ist;

in der Erwägung, daß eine pluralistische und wahrhaft demokratische Gesellschaft nicht nur die ethnische, kulturelle, sprachliche und religiöse Identität aller Angehörigen einer nationalen Minderheit achten, sondern auch geeignete Bedingungen schaffen sollte, die es ihnen ermöglichen, diese Identität zum Ausdruck zu bringen, zu bewahren und zu entwickeln;

in der Erwägung, daß es notwendig ist ein Klima der Toleranz und des Dialogs zu schaffen, damit sich die kulturelle Vielfalt für jede Gesellschaft als Quelle und Faktor nicht der Teilung, sondern der Bereicherung erweisen kann;

in der Erwägung, daß die Entwicklung eines toleranten und blühenden Europa nicht allein von der Zusammenarbeit zwischen den Staaten abhängt, sondern auch der grenzüberschreitenden Zusammenarbeit zwischen lokalen und regionalen Gebietskörperschaften unter Achtung der Verfassung und der territorialen Unversehrtheit eines jeden Staates bedarf;

im Hinblick auf die Konvention zum Schutze der Menschenrechte und Grundfreiheiten und der Protokolle dazu;

im Hinblick auf die den Schutz nationaler Minderheiten betreffenden Verpflichtungen, die in Übereinkommen und Erklärungen der Vereinten Nationen und in den Dokumenten der Konferenz über Sicherheit und Zusammenarbeit in Europa, insbesondere dem Kopenhagener Dokument vom 29. Juni 1990 enthalten sind;

entschlossen, die zu achtenden Grundsätze und die sich aus ihnen ergebenden Verpflichtungen festzulegen, um in den Mitgliedstaaten und in den anderen Staaten, die Vertragsparteien dieser Übereinkunft werden, den wirksamen Schutz nationaler Minderheiten sowie der Rechte und Freiheiten der Angehörigen dieser Minderheiten unter Achtung der Rechtstaatlichkeit, der territorialen Unversehrtheit und der nationalen Souveränität der Staaten zu gewährleisten;

gewillt, die in diesem Rahmenübereinkommen niedergelegten Grundsätze mittels innerstaatlicher Rechtsvorschriften und geeigneter Regierungspolitik zu verwirklichen –

sind wie folgt übereingekommen:

Abschnitt I

Artikel 1

Der Schutz nationaler Minderheiten und der Rechte und Freiheiten von Angehörigen dieser Minderheiten ist Bestandteil des internationalen Schutzes der Menschenrechte und stellt als solcher einen Bereich der internationalen Zusammenarbeit dar.

Artikel 2

Die Bestimmungen dieses Rahmenübereinkommens sind nach Treu und Glauben, im Geiste der Verständigung und Toleranz und in Übereinstimmung mit den Grundsätzen guter Nachbarschaft, freundschaftlicher Beziehungen und der Zusammenarbeit zwischen den Staaten anzuwenden.

Artikel 3

(1) Jede Person, die einer nationalen Minderheit angehört, hat das Recht, frei zu entscheiden, ob sie als solche behandelt werden möchte oder nicht; aus dieser Entscheidung oder der Ausübung der mit dieser Entscheidung verbundenen Rechte dürfen ihr keine Nachteile erwachsen.

(2) Angehörige nationaler Minderheiten können die Rechte und Freiheiten, die sich aus den in diesem Rahmenübereinkommen niedergelegten Grundsätzen ergeben, einzeln sowie in Gemeinschaft mit anderen ausüben und genießen.

Abschnitt II

Artikel 4

(1) Die Vertragsparteien verpflichten sich, jeder Person, die einer nationalen Minderheit angehört, das Recht auf Gleichheit vor dem Gesetz und auf gleichen Schutz durch das Gesetz zu gewährleisten. In dieser Hinsicht ist jede Diskriminierung aus Gründen der Zugehörigkeit zu einer nationalen Minderheit verboten.

(2) Die Vertragsparteien verpflichten sich, erforderlichenfalls angemessene Maßnahmen zu ergreifen, um in allen Bereichen des wirtschaftlichen, sozialen, politischen und kulturellen Lebens die vollständige und tatsächliche Gleichheit zwischen den Angehörigen einer nationalen Minderheit und den Angehörigen der Mehrheit zu fördern. In dieser Hinsicht berücksichtigen sie in gebührender Weise die besonderen Bedingungen der Angehörigen nationaler Minderheiten.

(3) Die in Übereinstimmung mit Absatz 2 ergriffenen Maßnahmen werden nicht als Diskriminierung angesehen.

Artikel 5

(1) Die Vertragsparteien verpflichten sich, die Bedingungen zu fördern, die es Angehörigen nationaler Minderheiten ermöglichen, ihre Kultur zu pflegen und weiterzuentwickeln und die wesentlichen Bestandteile ihrer Identität, nämlich ihre Religion, ihre Sprache, ihre Traditionen und ihr kulturelles Erbes zu bewahren.

(2) Unbeschadet der Maßnahmen, die im Rahmen ihrer allgemeinen Integrationspolitik getroffen werden, sehen die Vertragsparteien von Zielsetzungen oder Praktiken ab, die auf die Assimilierung von Angehörigen nationaler Minderheiten gegen deren Willen gerichtet sind, und schützen

diese Personen vor jeder auf eine solche Assimilierung gerichteten Maßnahme.

Artikel 6

(1) Die Vertragsparteien fördern den Geist der Toleranz und des interkulturellen Dialogs und treffen wirksame Maßnahmen zur Förderung der gegenseitigen Achtung und des gegenseitigen Verständnisses sowie der Zusammenarbeit zwischen allen in ihrem Hoheitsgebiet lebenden Menschen unabhängig von deren ethnischer, kultureller, sprachlicher oder religiöser Identität, und zwar insbesondere in den Bereichen Bildung, Kultur und Medien.

(2) Die Vertragsparteien verpflichten sich, geeignete Maßnahmen zu treffen, um Menschen zu schützen, die wegen ihrer ethnischen, kulturellen, sprachlichen oder religiösen Identität diskriminierenden, feindseligen oder gewalttätigen Handlungen oder der Androhung solcher Handlungen ausgesetzt sein können.

Artikel 7

Die Vertragsparteien stellen sicher, daß das Recht aller Angehörigen einer nationalen Minderheit, sich friedlich zu versammeln und sich frei zusammenzuschließen, sowie ihr Anspruch auf freie Meinungsäußerung und auf Gedanken-, Gewissens und Religionsfreiheit geachtet werden.

Artikel 8

Die Vertragsparteien verpflichten sich anzuerkennen, daß jede Person, die einer nationalen Minderheit angehört, das Recht hat, ihre Religion oder Weltanschauung zu bekunden, sowie religiöse Einrichtungen, Organisationen und Vereinigungen zu gründen.

Artikel 9

(1) Die Vertragsparteien verpflichten sich anzuerkennen, daß das Recht jeder Person, die einer nationalen Minderheit angehört, auf freie Meinungsäußerung die Freiheit der Meinung und die Freiheit zum Empfang und zur Mitteilung von Nachrichten oder Ideen in der Minderheitensprache ohne Eingriffe öffentlicher Stellen und ohne Rücksicht auf Landesgrenzen einschließt. Die Vertragsparteien stellen im Rahmen ihrer Rechtsordnung sicher, daß Angehörige einer nationalen Minderheit in bezug auf ihren Zugang zu den Medien nicht diskriminiert werden.

(2) Absatz 1 schließt nicht aus, daß die Vertragsparteien Hörfunk-, Fernseh- oder Lichtspielunternehmen einem Genehmigungsverfahren ohne Diskriminierung und auf der Grundlage objektiver Kriterien unterwerfen.

(3) Die Vertragsparteien hindern Angehörige nationaler Minderheiten nicht daran, Printmedien zu schaffen und zu nutzen. Innerhalb des gesetzlichen Rahmens für Hörfunk und Fernsehen stellen sie so weit wie möglich und unter Berücksichtigung des Absatzes 1 sicher, daß Angehörigen nationaler Minderheiten die Möglichkeit gewährt wird, eigene Medien zu schaffen und zu nutzen.

(4) Die Vertragsparteien ergreifen im Rahmen ihrer Rechtsordnung angemessene Maßnahmen, um Angehörigen nationaler Minderheiten den Zugang zu den Medien zu erleichtern sowie Toleranz zu fördern und kulturellen Pluralismus zu ermöglichen.

Artikel 10

(1) Die Vertragsparteien verpflichten sich anzuerkennen, daß jede Person, die einer nationalen Minderheit angehört, das Recht hat, ihre Minderheiten-

sprache privat und in der Öffentlichkeit, mündlich und schriftlich, frei und ungehindert zu gebrauchen.

(2) In Gebieten, die von Angehörigen nationaler Minderheiten traditionell oder in beträchtlicher Zahl bewohnt werden, bemühen sich die Vertragsparteien, sofern die Angehörigen dieser Minderheiten dies verlangen und dieses Anliegen einem tatsächlichen Bedarf entspricht, so weit wie möglich die Voraussetzungen dafür sicherzustellen, daß im Verkehr zwischen den Angehörigen dieser Minderheiten und den Verwaltungsbehörden die Minderheitensprache gebraucht werden kann.

(3) Die Vertragsparteien verpflichten sich, das Recht jeder Person, die einer nationalen Minderheit angehört, zu gewährleisten, in möglichst kurzer Frist in einer ihr verständlichen Sprache über die Gründe ihrer Festnahme und über die Art und den Grund der gegen ihn erhobenen Beschuldigungen in Kenntnis gesetzt zu werden sowie sich in dieser Sprache, erforderlichenfalls unter unentgeltlicher Beiziehung eines Dolmetschers, zu verteidigen.

Artikel 11

(1) Die Vertragsparteien verpflichten sich anzuerkennen, daß jede Person, die einer nationalen Minderheit angehört, das Recht hat, ihren Familiennamen (Vaternamen) und ihre Vornamen in der Minderheitensprache zu führen, sowie das Recht auf amtliche Anerkennung dieser Namen, wie dies nach der Rechtsordnung der jeweiligen Vertragsparteien vorgesehen ist.

(2) Die Vertragsparteien verpflichten sich anzuerkennen, daß jede Person, die einer nationalen Minderheit angehört, das Recht hat, für die Öffentlichkeit sichtbar Schilder, Aufschriften und Inschriften sowie andere Mitteilungen privater Art in ihrer Minderheitensprache anzubringen.

(3) In Gebieten, die traditionell von einer beträchtlichen Zahl von Angehörigen einer nationalen Minderheit bewohnt werden, bemühen sich die Vertragsparteien im Rahmen ihrer Rechtsordnung, einschließlich eventueller Übereinkünfte mit anderen Staaten, und unter Berücksichtigung ihrer besonderen Gegebenheiten, traditionelle Ortsnamen, Straßennamen und andere für die Öffentlichkeit bestimmte topographische Hinweise auch in der Minderheitensprache anzubringen. wenn dafür ausreichende Nachfrage besteht.

Artikel 12

(1) Die Vertragsparteien treffen erforderlichenfalls Maßnahmen auf dem Gebiet der Bildung und der Forschung, um die Kenntnis der Kultur, Geschichte, Sprache und Religion ihrer nationalen Minderheiten wie auch der Mehrheit zu fördern.

(2) In diesem Zusammenhang stellen die Vertragsparteien unter anderem angemessene Möglichkeiten für die Lehrerausbildung und den Zugang zu Lehrbüchern bereit und erleichtern Kontakte unter Schülern und Lehrern aus unterschiedlichen Bevölkerungsgruppen.

(3) Die Vertragsparteien verpflichten sich, die Chancengleichheit von Angehörigen nationaler Minderheiten beim Zugang zu allen Bildungsstufen zu fördern.

Artikel 13

(1) Im Rahmen ihres jeweiligen Bildungssystems erkennen die Vertragsparteien an, daß Angehörige einer nationalen Minderheit das Recht haben, eigene private Bildungs- und

Ausbildungseinrichtungen zu gründen und zu betreiben.

(2) Die Ausübung dieses Rechts bringt für die Vertragsparteien keine finanziellen Verpflichtungen mit sich.

Artikel 14

(1) Die Vertragsparteien verpflichten sich anzuerkennen, daß jede Person, die einer nationalen Minderheit angehört, das Recht hat, ihre Minderheitensprache zu erlernen.

(2) In Gebieten, die von Angehörigen nationaler Minderheiten traditionell oder in beträchtlicher Zahl bewohnt werden, bemühen sich die Vertragsparteien, wenn ausreichende Nachfrage besteht, so weit wie möglich und im Rahmen ihres Bildungssystems sicherzustellen, daß Angehörige dieser Minderheiten angemessene Möglichkeiten haben, die Minderheitensprache zu erlernen oder in dieser Sprache unterrichtet zu werden.

(3) Absatzes 2 wird angewendet, ohne daß dadurch das Erlernen der Amtssprache oder der Unterricht in dieser Sprache berührt wird.

Artikel 15

Die Vertragsparteien schaffen die notwendigen Voraussetzungen für die wirksame Teilnahme von Angehörigen nationaler Minderheiten am kulturellen, sozialen und wirtschaftlichen Leben und an öffentlichen Angelegenheiten, insbesondere denjenigen, die sie betreffen.

Artikel 16

Die Vertragsparteien sehen von Maßnahmen ab, die das Bevölkerungsverhältnis in von Angehörigen nationaler Minderheiten bewohnten Gebieten verändern und darauf gerichtet sind, die Rechte und Freiheiten einzuschränken, die sich aus den in diesem Rahmenübereinkommen niedergelegten Grundsätzen ergeben.

Artikel 17

(1) Die Vertragsparteien verpflichten sich, nicht in das Recht von Angehörigen nationaler Minderheiten einzugreifen, ungehindert und friedlich Kontakte über Grenzen hinweg zu Personen herzustellen und zu pflegen, die sich rechtmäßig in anderen Staaten aufhalten, insbesondere zu Personen mit derselben ethnischen, kulturellen, sprachlichen oder religiösen Identität oder mit demselben kulturellen Erbe.

(2) Die Vertragsparteien verpflichten sich, nicht in .das Recht von Angehörigen nationaler Minderheiten auf Teilnahme an der Tätigkeit nichtstaatlicher Organisationen sowohl auf nationaler als auch auf internationaler Ebene einzugreifen.

Artikel 18

(1) Die Vertragsparteien bemühen sich, erforderlichenfalls, zwei- und mehrseitige Übereinkünfte mit anderen Staaten, insbesondere Nachbarstaaten, zu schließen, um den Schutz von Angehörigen der betroffenen nationalen Minderheiten sicherzustellen.

(2) Gegebenenfalls treffen die Vertragsparteien Maßnahmen zur Förderung der grenzüberschreitenden Zusammenarbeit.

Artikel 19

Die Vertragsparteien verpflichten sich, die in diesem Rahmenübereinkommen niedergelegten Grundsätze zu achten und zu verwirklichen und dabei Beschränkungen, Einschränkungen oder Abweichungen, soweit solche erforderlich sind nur insoweit vorzunehmen, als sie in völkerrechtlichen Übereinkünften, insbesondere der Konvention zum Schutze der Menschenrechte und Grundfreiheiten und den Protokollen dazu, vorgesehen und für die sich aus den genannten Grundsätzen ergebenden Rechte und Freiheiten von Belang sind.

Abschnitt III

Artikel 20

Bei der Ausübung der Rechte und Freiheiten, die sich aus den in diesem Rahmenübereinkommen niedergelegten Grundsätzen ergeben, haben Angehörige einer nationalen Minderheit die innerstaatlichen Rechtsvorschriften und die Rechte anderer, insbesondere diejenigen von Angehörigen der Mehrheit oder anderer nationaler Minderheiten, zu achten.

Artikel 21

Die Bestimmungen dieses Rahmenübereinkommens sind nicht so auszulegen, als gewährten sie das Recht, irgendeine Tätigkeit auszuüben oder irgendeine Handlung vorzunehmen, die den wesentlichen Grundsätzen des Völkerrechts, insbesondere der souveränen Gleichheit, der territorialen Unversehrtheit und der politischen Unabhängigkeit der Staaten, zuwiderläuft.

Artikel 22

Die Bestimmungen dieses Rahmenübereinkommens sind nicht als Beschränkungen oder Minderung der Menschenrechte und Grundfreiheiten auszulegen, die nach den Gesetzen einer Vertragspartei oder nach einer anderen Übereinkunft, deren Vertragspartei sie ist, gewährleistet sind.

Artikel 23

Die Rechte und Freiheiten, die sich aus den in diesem Rahmenübereinkommen niedergelegten Grundsätzen ergeben, sind, soweit sie Gegenstand einer entsprechenden Bestimmung in der Konvention zum Schutze der Menschenrechte und Grundfreiheiten oder den Protokollen dazu sind, in Übereinstimmung mit diesen zu verstehen.

Abschnitt IV

Artikel 24

(1) Das Ministerkomitee des Europarats überwacht die Durchführung dieses Rahmenübereinkommens durch die Vertragsparteien.

(2) Die Vertragsparteien, die nicht Mitglieder des Europarats sind, nehmen am Durchführungsmechanismus in einer noch zu bestimmenden Art und Weise teil.

Artikel 25

(1) Innerhalb eines Jahres nach Inkrafttreten dieses Rahmenübereinkommen für eine Vertragspartei übermittelt diese dem Generalsekretär des Europarats vollständige Informationen über die Gesetzgebungsmaßnahmen und andere Maßnahmen, die sie zur Verwirklichung der in diesem Rahmenübereinkommen niedergelegten Grundsätze getroffenen hat.

(2) Danach übermittelt jede Vertragspartei dem Generalsekretär regelmäßig und sooft das Ministerkomitee dies verlangt jede weitere Information, die für die Durchführung dieses Rahmenübereinkommens von Belang ist.

(3) Der Generalsekretär leitet die nach diesem Artikel übermittelten Informationen dem Ministerkomitee weiter.

Artikel 26

(1) Bei der Beurteilung der Angemessenheit der Maßnahmen, die von den Vertragsparteien zur Verwirklichung der in dem Rahmenübereinkommen niedergelegten Grundsätze getroffen wurden, wird das Ministerkomitee von

einem beratenden Ausschuß unterstützt, dessen Mitglieder anerkanntes Fachwissen auf dem Gebiet des Schutzes nationaler Minderheiten besitzen.

(2) Die Zusammensetzung dieses beratenden Ausschusses und sein Verfahren werden vom Ministerkomitee innerhalb eines Jahres nach Inkrafttreten dieses Rahmenübereinkommens festgelegt.

Abschnitt V

Artikel 27

Dieses Rahmenübereinkommen liegt für die Mitgliedstaaten des Europarats zur Unterzeichnung auf. Bis zum Tag des Inkrafttretens liegt das Übereinkommen auch für jeden anderen vom Ministerkomitee dazu eingeladenen Staat zur Unterzeichnung auf. Es bedarf der Ratifikation, Annahme oder Genehmigung. Die Ratifikations-, Annahme- oder Genehmigungsurkunden werden beim Generalsekretär des Europarats hinterlegt.

Artikel 28

(1) Dieses Rahmenübereinkommen tritt am ersten Tag des Monats in Kraft, der auf einen Zeitabschnitt von drei Monaten nach dem Tag folgt, an dem zwölf Mitgliedstaaten des Europarats nach Artikels 27 ihre Zustimmung ausgedrückt haben, durch das Übereinkommen gebunden zu sein.

(2) Für jeden Mitgliedstaat, der später seine Zustimmung ausdrückt, durch das Rahmenübereinkommen gebunden zu sein, tritt es am ersten Tag des Monats in Kraft, der auf einen Zeitabschnitt von drei Monaten nach Hinterlegung der Ratifikations-, Annahme- oder Genehmigungsurkunde folgt.

Artikel 29

(1) Nach Inkrafttreten dieses Rahmenübereinkommens und nach Konsultation der Vertragsstaaten kann das Ministerkomitee des Europarats durch einen mit der in Artikel 20, Buchstabe d der Satzung des Europarats vorgesehenen Mehrheit gefaßten Beschluß jeden Nichtmitgliedstaat des Europarats, der nach Artikel 27 eingeladen wurde, zu unterzeichnen, dies aber noch nicht getan hat, und jeden anderen Nichtmitgliedstaat einladen, dem Übereinkommen beizutreten.

(2) Für jeden beitretenden Staat tritt das Rahmenübereinkommen am ersten Tag des Monats in Kraft, der auf einen Zeitabschnitt von drei Monaten nach Hinterlegung der Beitrittsurkunde beim Generalsekretär des Europarats folgt.

Artikel 30

(1) Jeder Staat kann bei der Unterzeichnung oder bei der Hinterlegung seiner Ratifikations-, Annahme-, Genehmigungs oder Beitrittsurkunde einzelne oder mehrere Hoheitsgebiete, deren internationale Beziehungen er wahrnimmt, bezeichnen, auf die dieses Rahmenübereinkommen Anwendung findet.

(2) Jeder Staat kann jederzeit danach durch eine an den Generalsekretär des Europarats gerichtete Erklärung die Anwendung dieses Rahmenübereinkommens auf jedes weitere in der Erklärung bezeichnete Hoheitsgebiet erstrecken. Das Rahmenübereinkommen tritt für dieses Hoheitsgebiet am ersten Tag des Monats in Kraft, der auf einen Zeitabschnitt von drei Monaten nach Eingang der Erklärung beim Generalsekretär folgt.

(3) Jede nach den Absätzen 1 und 2 abgegebene Erklärung kann in bezug auf jedes darin bezeichnete Hoheits-

gebiet durch eine an den Generalsekretär gerichtete Notifikation zurückgenommen werden. Die Rücknahme wird am ersten Tag des Monats wirksam, der auf einen Zeitabschnitt von drei Monaten nach Eingang der Notifikation beim Generalsekretär folgt.

Artikel 31

(1) Jede Vertragspartei kann dieses Rahmenübereinkommen jederzeit durch eine an den Generalsekretär des Europarats gerichtete Notifikation kündigen.

(2) Die Kündigung wird am ersten Tag des Monats wirksam, der auf einen Zeitabschnitt von sechs Monaten nach Eingang der Notifikation beim Generalsekretär folgt.

Artikel 32

Der Generalsekretär des Europarats notifiziert den Mitgliedstaaten des Rates, anderen Unterzeichnerstaaten und jedem Staat, der diesem Rahmenübereinkommen beigetreten ist,

a) jede Unterzeichnung;

b) jede Hinterlegung einer Ratifikations-, Annahme-, Genehmigungs- oder Beitrittsurkunde;

c) jeden Zeitpunkt des Inkrafttretens dieses Rahmenübereinkommens nach den Artikeln 28, 29 und 30;

d) jede andere Handlung, Notifikation oder Mitteilung im Zusammenhang mit diesem Rahmenübereinkommen.

Zu Urkund dessen haben die hierzu gehörig befugten Unterzeichneten dieses Rahmenübereinkommen unterschrieben.

Geschehen zu Straßburg am 1. Februar 1995 in englischer und französischer Sprache, wobei jeder Wortlaut gleichermaßen verbindlich ist, in einer Urschrift, die im Archiv des Europarats hinterlegt wird. Der Generalsekretär des Europarats übermittelt allen Mitgliedstaaten des Europarats und allen zur Unterzeichnung dieses Rahmenübereinkommens oder zum Beitritt dazu eingeladenen Staaten beglaubigte Abschriften.

3.1 Grundrechte der Angehörigen von Volksgruppen in Europa Entwurf eines Zusatzprotokolls zur EMRK (Föderalistische Union Europäischer Volksgruppen)

zweite Fassung vom 12. Mai 1994[1]
(erste Fassung vom 28. Mai 1992)

Präambel

Bestätigend, daß eines der grundlegenden Ziele der Vereinten Nationen, wie sie in der Charta niedergelegt sind, die Förderung und die Ermutigung für den Respekt der Menschenrechte und Grundfreiheiten für jedermann, ohne Unterschied der Rasse, des Geschlechtes, der Sprache und der Religion ist,

bestätigend den Glauben in die fundamentalen Menschenrechte, in die Würde und den Wert der menschlichen Personen, in die gleichen Rechte für Mann und Frau und für die Nationen klein und groß, und in das fundamentale und unveräußerliche Menschenrecht der Selbstbestimmung, wie es im jeweiligen Artikel 1 Abs.1 der Menschenrechtspakte zum Ausdruck kommt: „Alle Völker haben das Recht auf Selbstbestimmung. Kraft dieses Rechtes entscheiden sie frei über ihren politischen Status und gestalten in Freiheit ihre wirtschaftliche, soziale und kulturelle Entwicklung.",

vom Wunsche beseelt, die in der Charta der Vereinten Nationen, der Allgemeinen Erklärung der Menschenrechte, der Konvention gegen den Völkermord, der Internationalen Konvention über die Beseitigung der Formen rassischer Diskriminierung, den Menschenrechtspakten, der Erklärung über die Beseitigung aller Formen religiöser Intoleranz und in der Konvention über die Rechte des Kindes, der Resolution und Deklaration über die Rechte von Personen, die nationalen oder ethnischen, religiösen und sprachlichen Minderheiten angehören sowie anderer maßgebender internationaler Instrumente, die auf universeller und regionaler Ebene angenommen und jene, die zwischen den Mitgliedsstaaten der Vereinten Nationen abgeschlossen worden sind, niedergelegten Grundssätze zu achten,

angeregt durch die Bestimmungen des Art.27 des Paktes über die bürgerlichen und politischen Rechte betreffend die Rechte von Personen, die zu ethnischen, religiösen oder sprachlichen Minderheiten gehören,

darauf Bedacht nehmend, daß die Förderung und der Schutz von Personen, die nationalen, religiösen und sprachlichen Minderheiten angehören, zur politischen und sozialen Stabilität von Staaten beitragen, in denen sie leben,

betonend, daß die stetige Förderung und Realisierung der Rechte von Personen, die nationalen, religiösen und sprachlichen Minderheiten angehören, als ein integrierender Teil der gesellschaftlichen Entwicklung als Ganzes und in dem auf der Rechtsstaatsidee gründenden demo-

[1] Ermacora / Pan 1995: 9 ff.

kratischen Rahmen zur Stärkung der Völkerfreundschaft und zur Zusammenarbeit unter Völkern und Staaten beitragen kann,

in Rechnung stellend die bedeutende Arbeit, die durch zwischenstaatliche und private Organisationen für den Schutz der Minderheiten und zur Förderung und zum Schutz der Rechte von Personen, die nationalen oder ethnischen, religiösen und sprachlichen Minderheiten zugehören, geleistet worden ist,

anerkennend die Notwendigkeit, eine wirksamere Anwendung internationaler Instrumente hinsichtlich des Rechtes von Personen, die nationalen, religiösen und sprachlichen Minderheiten angehören, zu erreichen,

darauf Bedacht nehmend, daß es zufolge der europäischen Wanderungsbewegungen Personen gibt, die als neue Minderheiten bezeichnet werden, aber die Charakteristiken der nationalen, religiösen und sprachlichen Minderheiten nicht besitzen und somit nicht als solche gelten können,

betonend, daß Fragen betreffend nationale, religiöse und sprachliche Minderheiten sowie die Erfüllung internationaler Verpflichtungen und Zusagen betreffend die Rechte von Minderheitenangehörigen Angelegenheiten legitimen internationalen Interesses sind und daher nicht ausschließlich eine innerstaatliche Angelegenheit des betreffenden Staates darstellen,

darauf Bedacht nehmend, daß der Europaratsgipfel von Wien 1993 beschlossen hat, die Arbeit an der Redaktion eines Protokolls aufzunehmen, das die Europäische Menschenrechtskonvention im kulturellen Bereich durch Bestimmungen ergänzt, die individuelle Rechte, besonders für Angehörige nationaler Minderheiten, gewährleisten

darauf Bedacht nehmend, daß unvorgreiflich des Rechtes auf die Heimat und seiner Folgen, die Probleme der Wiederherstellung von Rechten und Interessen der infolge des Zweiten Weltkrieges Vertriebenen einer gesonderten Regelung in Form eines Instrumentariums von Ausgleichsmaßnahmen bedürfen, welches auch die Interessen der nunmehr ansässigen Bevölkerung sowie insbesondere auch die allgemeinen Menschenrechte berücksichtigt, und

anerkennend, daß wesentliche den hier gebotenen Rahmen überschreitende Fragen des Volksgruppenschutzes wie die Regelung des Gruppenschutzes und der Autonomie in einer Sonder-Konvention zu regeln sind,

drücken die Vertragsstaaten ihre Entschlossenheit aus, ihre Politik gegenüber diesen Minderheiten und Volksgruppen den nachstehenden Grundrechten anzupassen,

und beschließen als Zusatzprotokoll zur Menschenrechtskonvention:

I. ALLGEMEINE BESTIMMUNGEN

Volksgruppenschutz im Rahmen der Menschenrechte

Artikel 1

1. Der internationale Schutz der Rechte der Angehörigen von Volksgruppen ist ein fundamentaler Bestandteil des internationalen Schutzes der Menschenrechte. Diese sind von Einzelnen allein oder gemeinsam mit anderen auszuüben.

2. Er ist ein wesentlicher Faktor für Friede, Gerechtigkeit, Stabilität und Demokratie und fällt als solcher in den

Bereich der internationalen Zusammenarbeit.

3. Als berechtigtes internationales Anliegen ist er nicht ausschließlich eine interne Angelegenheit des jeweiligen Staates.

4. Er ist im Geiste der Verständigung, Toleranz und guten Nachbarschaft zwischen den Staaten nach Treu und Glauben auszuüben; er erlaubt keine Handlung, die gegen die grundlegenden Prinzipien des Völkerrechts gerichtet ist.

Definition

Artikel 2

1. Für die Zwecke dieses Protokolls ist unter dem Begriff „Volksgruppe" eine Gemeinschaft zu verstehen,

a) die im Gebiet eines Vertragsstaates geschlossen oder in Streulage siedelt,

b) die zahlenmäßig kleiner ist als die übrige Bevölkerung eines Vertragsstaates,

c) deren Angehörige Bürger dieses Staates sind,

d) die sich durch ethnische, sprachliche oder kulturelle Merkmale von den übrigen Staatsbürgern unterscheiden

e) und gewillt sind, diese Eigenart zu bewahren.

2. Unter den Begriff „Volksgruppe" fallen weder die sich rechtmäßig in den Vertragsstaaten aufhaltenden Wanderarbeitnehmer und ihre Familien oder andere Einwanderer, noch Flüchtlings- und Asylantengruppen; ihre Rechte sind unabhängig von den Rechten für Angehörige von Volksgruppen geregelt oder noch zu regeln.

3. Die Angehörigen einer Volksgruppe, welche die Bedingungen dieser Definition erfüllt, haben Anspruch darauf als Volksgruppe anerkannt zu werden.

Grundprinzipien

Artikel 3

1. Die Zugehörigkeit zu einer Volksgruppe ist Angelegenheit der persönlichen Entscheidung des Menschen und darf ihm nicht zum Nachteil gereichen. Die Vertragsstaaten sind verpflichtet, die rechtlichen, politischen, kulturellen und sozialen Voraussetzungen für dieses freie Bekenntnis zu schaffen.

2. Angehörige von Volksgruppen können die in diesem Protokoll niedergelegten Rechte einzeln oder gemeinsam mit anderen ausüben.

II. ALLGEMEINE GRUNDRECHTE

Recht auf Identität (Existenz) und Schutz vor Bedrohung

Artikel 4

1. Angehörige von Volksgruppen haben das Recht auf Achtung, Entwicklung und Entfaltung ihrer Identität, d.h. sie haben das Recht, ihre ethnische, kulturelle und sprachliche Identität frei zum Ausdruck zu bringen, zu bewahren und weiterzuentwikkeln, und ihre Kultur in all ihren Aspekten zu erhalten und zu entwikkeln, frei von jeglichen Versuchen assimiliert zu werden.

2. Angehörige von Volksgruppen haben das Recht auf die Heimat als untrennbaren Bestandteil ihrer ethnischen Identität und Entfaltung, insbesondere auf Schutz ihrer traditionellen Siedlungsgebiete und Lebensbedingungen sowie entsprechende Förderung. Maßnahmen, die auf eine Veränderung solcher Siedlungsgebiete und/oder Lebensbedingungen abzie-

len, bedürfen der Zustimmung der Betroffenen.

3. Angehörige von Volksgruppen haben auch das Recht, sich wirtschaftlich frei zu entfalten.

4. Angehörige von Volksgruppen haben das Recht auf Schutz vor jeder Bedrohung ihrer Identität. Das Betreiben oder Ermutigen jeglicher Politik durch die Vertragsstaaten, welche auf die Assimilierung der Angehörigen von Volksgruppen zielt, ist verboten.

5. Vorsätzliche Veränderungen der demographischen Zusammensetzung im Siedlungsgebiet der Angehörigen von Volksgruppen zu deren Nachteil, auch durch Änderung der Verwaltungseinheiten, sind verboten.

6. Völkermord und Vertreibung, die sich gegen Volksgruppen als solche, Teile von Volksgruppen oder Angehörige von Volksgruppen als solche richten, sind als Verbrechen gegen die Menschlichkeit zu verhüten und zu bestrafen.

Angehörigen von Volksgruppen, die infolge solcher Handlungen zu Flüchtlingen, Vertriebenen oder Verdrängten geworden sind - wobei die unfreiwillige Umsiedlung auch innerhalb der Staatsgrenzen als Vertreibung zu verstehen ist -, ist die sichere und menschenwürdige Rückkehr in ihre Heimat und ihr Zuhause zu gewährleisten.

Recht auf Nichtdiskriminierung, Gleichbehandlung und Chancengleichheit

Artikel 5

1. Angehörige von Volksgruppen haben das Recht, ihre Menschenrechte und Grundfreiheiten ohne jegliche Diskriminierung in voller Gleichheit vor dem Gesetz wirksam auszuüben.

2. Über die formelle Gleichbehandlung hinaus ist den Angehörigen von Volksgruppen faktische Rechtsgleichheit im Sinne echter Chancengleichheit zu gewährleisten.

3. Die Chancengleichheit ist durch besondere Schutzmaßnahmen zu gewährleisten; solche Maßnahmen sind als mit den Prinzipien der Gleichheit und Nichtdiskriminierung in Bezug auf die übrige Bevölkerung im Einklang stehend und nicht als Akte der Diskriminierung zu betrachten.

4. Solch besondere Schutzmaßnahmen zur Herstellung und Wahrung der Chancengleichheit von Angehörigen von Volksgruppen sind von den Vertragsstaaten zu ergreifen insbesondere in Bezug auf die Rechte auf:

a) Sprache;
b) Schule und Erziehung;
c) eigene Organisationen;
d) ungehinderte Kontakte und Freizügigkeit;
e) Informationsfreiheit (Empfang und Weitergabe);
f) anteilsmäßigen Zugang zum öffentlichen Dienst;
g) politische Vertretung;
h) angemessene Formen von Autonomie.

5. Das Unterlassen solcher Schutzmaßnahmen ist als unzulässiger Akt der Diskriminierung zu sehen und zu behandeln.

6. Ausgleichsleistungen, insbesondere im kulturellen Bereich, durch einen Vertragsstaat an die Angehörigen konnationaler Volksgruppen in einem anderen Vertragsstaat zur Verbesserung der Chancengleichheit sind nicht als unbefugte Einmischung in die internen Angelegenheiten dieses Staates zu betrachten.

III. BESONDERE GRUND-RECHTE (ALS AUSGLEICHSRECHTE)

Recht auf Sprache

Artikel 6

1. Die Angehörigen von Volksgruppen haben das Recht auf freien Gebrauch ihrer Muttersprache (Volksgruppensprache) privat und öffentlich, beides in Wort und Schrift.

2. Den Angehörigen von Volksgruppen steht dieses Recht auch im Verkehr mit der öffentlichen Verwaltung, den Gerichten sowie mit allen öffentlichen oder öffentlichen Zwecken dienenden Einrichtungen unabhängig von der Rechtsform zu; sie haben Anspruch darauf, daß Mitteilungen der genannten Einrichtungen in - oder auch in - ihrer Muttersprache (Volksgruppensprache) erfolgen.

3. Die Ausübung dieses Rechts ist in allen Verwaltungseinheiten ihres Siedlungsgebietes vorzugsweise unmittelbar zu gewährleisten, zumindest aber in Form der Bereitstellung von Übersetzung.

4. Die Angehörigen von Volksgruppen haben insbesondere das Recht

a) im Falle einer Festnahme unverzüglich in ihrer Muttersprache (Volksgruppensprache) über die Gründe der Festnahme und über die gegen sie erhobene Beschuldigung unterrichtet zu werden;
b) wenn sie eines Verbrechens beschuldigt werden unverzüglich in ihrer Muttersprache (Volksgruppensprache) in Einzelheiten über Art und Begründung der Beschuldigung unterrichtet zu werden, und sich in dieser Sprache zu verteidigen, notfalls kostenfrei mit Hilfe eines Dolmetschers.

5. In Siedlungsgebieten der Angehörigen von Volksgruppen haben diese das Recht auf Gebrauch bzw. amtliche Gleichstellung ihrer Sprache in Gesetzgebung, Verwaltung und Gerichtsbarkeit, insbesondere auch in öffentlichen Kollegialorganen und bei Verlautbarungen wie amtliche Kundmachungen, allgemeine Mitteilungen, amtliche Bezeichnungen sowie alle an die Allgemeinheit gerichteten oder zum öffentlichen Gebrauch bestimmten Akte.

6. Die Angehörigen von Volksgruppen haben das Recht auf Führung von Zu- und Vornamen in ihrer Muttersprache (Volksgruppensprache) sowie auf amtliche Anerkennung derselben. Dieses Recht schließt auch die gebührenfreie Rückführung von Personennamen in die volksgruppensprachliche Form ein.

7. In Siedlungsgebieten der Angehörigen von Volksgruppen haben diese das Recht auf Ortsnamen, Hinweistafeln, Aufschriften und ähnliche öffentlich zugängliche Informationen in der Muttersprache (Volksgruppensprache). Dies gilt unbeschadet des Rechts der zuständigen Behörden, die genannten Informationen in der/den staatlichen Amtssprache(n) abzufassen; unzulässig ist jedoch jede willkürliche Umbenennung traditioneller Bezeichnungen in der Muttersprache (Volksgruppensprache), welche bisher ausschließlich nur in volksgruppensprachlicher Originalform gebräuchlich sind.

Recht auf Schule

Artikel 7

1. Die Angehörigen von Volksgruppen haben das Recht auf Unterricht der und in der Muttersprache (Volksgruppensprache) im gesamten Schul- und Erziehungswesen, das neben Pflichtschule z.B. auch Kindergärten, Vor-

schule, Oberschule, Fach- und Berufsausbildung, Berufsfortbildung, Universität und Erwachsenenbildung umfaßt.

2. Dieses Recht ist mittels einer angemessenen Anzahl staatlicher Schulen und sonstiger Ausbildungsmöglichkeiten zu gewährleisten, deren Standorte der geographischen Verteilung der Volksgruppenangehörigen Rechnung zu tragen haben.

3. Ist außerhalb der Siedlungsgebiete der Angehörigen von Volksgruppen die für die Klassenbildung erforderliche Mindestanzahl von Schülern in zumutbarer Entfernung eines oder mehrerer Schulstandorte nicht gegeben, so haben die betroffenen Schüler jedenfalls Anspruch auf Unterricht der Muttersprache (Volksgruppensprache)

4. In Bereichen außerhalb des bestehenden Pflichtschulsystems, wie z.B. Kindergarten, Vorschule, Oberschule, Fach- und Berufsausbildung, Berufsfortbildung, Universität und Erwachsenenbildung, sind geeignete Einrichtungen zur Gewährleistung des Unterrichts in der Muttersprache (Volksgruppensprache) zu schaffen und in der Muttersprache (Volksgruppensprache) oder einer nächst-verwandten Sprache im Ausland erworbene Studienabschlüsse anzuerkennen.
Im Falle eines nicht hinreichenden zahlenmäßigen Bedarfs für solche Einrichtungen von Seiten der Volksgruppenangehörigen sind jedenfalls im gleichsprachigen oder nächstsprachverwandten Ausland erworbene Studienabschlüsse anzuerkennen.

5. Die Angehörigen von Volksgruppen haben das Recht, eigene Unterrichts-, Erziehungs- und Bildungseinrichtungen im Rahmen der geltenden Rechtsordnung zu errichten und zu führen.

6. Bei der Verwirklichung des Rechts auf Ausbildung haben die Angehörigen von Volksgruppen für alle Schularten und Schulstufen zumindest Anspruch auf die ihrem Bevölkerungsanteil entsprechende öffentliche Studienförderung; dies gilt auch für eine Ausbildung im Ausland in der Muttersprache (Volksgruppensprache) oder einer nächst-verwandten Sprache.

7. Der Unterricht der und in der Muttersprache (Volksgruppensprache) ist grundsätzlich von Lehrpersonen zu erteilen, für welche die betreffende Sprache Muttersprache ist.

Für Schulsysteme, die auf einen gemeinsamen Unterricht für die Angehörigen von Volksgruppen und der Mehrheitsbevölkerung angelegt sind, sind bezüglich der Zugehörigkeit der Lehrpersonen zu einer Volksgruppe oder zur Mehrheitsbevölkerung Sonderregelungen vorzusehen, welche die Interessen der Angehörigen von Volksgruppen angemessen berücksichtigen.

8. Im Falle von volksgruppensprachlichen Schulen haben die Angehörigen von Volksgruppen nach Maßgabe der allgemeinen Prinzipien des geltenden Schulrechts das Recht

a) auf Mitsprache bei der Gestaltung der Lehrpläne, der Bestellung der Lehrpersonen und der Schulaufsicht;
b) die Unterrichtsgegenstände ihren besonderen Bedürfnissen anzupassen;
c) auf Unterricht auch der Geschichte und Kultur ihrer Volksgruppe.

9. Die Finanzierung des Unterrichtswesens der Angehörigen von Volksgruppen obliegt den Vertragsstaaten. Die Vertragsstaaten haben volksgruppenzugehörenden Schülern, die dies wünschen, den Besuch von Privatschulen zu gewährleisten.

Diese Privatschulen sind vom Vertragsstaat jedenfalls im selben Ausmaß zu fördern oder zu finanzieren, in welchem dieser die Privatschulen allgemein fördert oder finanziert.

10. Die Vertragsstaaten haben den Angehörigen von Volksgruppen das Erlernen der Staatssprache im Bereich der Pflichtschulen zu gewährleisten.

11. Den Angehörigen der Mehrheitsbevölkerung ist jedenfalls in Siedlungsgebieten der Volksgruppen der Unterricht von Volksgruppensprachen ebenso wie der Geschichte und Kultur der Volksgruppen zu gewährleisten.

Recht auf eigene Organisationen

Artikel 8

1. Die Angehörigen von Volksgruppen haben das Recht, eigene Organisationen oder Vereinigungen einschließlich politischer Parteien zu gründen und zu unterhalten.

2. Organisationen und Vereinigungen, einschließlich der politischen Parteien der Angehörigen von Volksgruppen, sind von den Vertragsstaaten in einem solchen Ausmaß zu fördern oder zu finanzieren, daß sie ihren Aufgaben im vollen Umfang nachkommen können. Jedenfalls aber im selben Ausmaß, in welchem solche Organisationen und Vereinigungen allgemein von den Vertragsstaaten gefördert oder finanziert werden.

Recht auf ungehinderte Kontakte

Artikel 9

1. Die Angehörigen von Volksgruppen haben das Recht auf ungehinderte Kontakte untereinander sowie über die Grenzen hinweg mit Bürgern anderer Staaten, mit denen sie eine gemeinsame ethnische oder nationale Herkunft oder ein gemeinsames kulturelles Erbe teilen, um ihre gemeinsame Eigenart zu fördern und zu stärken.

2. Dies beinhaltet auch das Recht auf ungehinderte Kontakte mit staatlichen oder anderen öffentlichen Organen anderer Staaten, insbesondere mit jenen der konnationalen Staaten.

3. Das Recht auf ungehinderte Kontakte schließt auch das Recht auf Freizügigkeit und ausdrücklich jedermanns Recht mit ein, frei aus seinem Land ausreisen und wieder in dasselbe zurückkehren zu können.

4. Im Recht auf ungehinderte Kontakte ist auch das Recht auf grenzüberschreitende Zusammenarbeit und deren Förderung, insbesondere in den Bereichen Kultur, Erziehung, Ausbildung, Jugendaustausch, Information, Umweltschutz, Wirtschaft und Verkehr enthalten.

5. Die grenzüberschreitende Zusammenarbeit kann

a) über gemeinsame Kommissionen und territoriale Gemeinschaften oder Behörden und
b) über nichtstaatliche Organisationen und Arbeitsgruppen wie z.B. Workshops und Komitees,

erfolgen.

Recht auf Information

Artikel 10

1. Die Angehörigen von Volksgruppen haben das Recht Informationen in der Muttersprache (Volksgruppensprache) mittels Druckerzeugnissen und audiovisuellen Medien zu verbreiten und auszutauschen; sie haben ebenso das Recht auf freien Zugang zu solchen Informationen, innerhalb der Staatsgrenzen und über diese hinweg.

2. Insbesondere haben sie das Recht auf gleichberechtigten Zugang zu den staatlichen bzw. anderen öffentlichen

Massenmedien, sowie das Recht auf eigene Kommunikationsmittel und entsprechende öffentliche Finanzierung.

3. Das Informationsrecht schließt den Empfang von Hörfunk- und Fernsehübertragungen aus dem gleichsprachigen Ausland mit ein.

Recht auf anteilsmäßigen Zugang zum öffentlichen Dienst

Artikel 11

1. Die Angehörigen von Volksgruppen haben insbesondere in ihrem Siedlungsgebiet Anspruch auf Berücksichtigung beim Zugang zum öffentlichen Dienst und bei Beförderung im öffentlichen Dienst nach Maßgabe ihres Bevölkerungsanteils.

2. Unter öffentlichem Dienst sind die öffentliche Verwaltung, die Gerichtsbarkeit sowie alle anderen öffentlichen oder öffentlichen Zwecken dienende Einrichtungen, ungeachtet der Rechtsform zu verstehen.

3. Ist der zahlenmäßige Anteil der Angehörigen von Volksgruppen an der Gesamtbevölkerung umstritten, so sind zwischen beiden Seiten einvernehmliche Übergangsregelungen zu treffen.

4. In den Siedlungsgebieten der Angehörigen von Volksgruppen ist bei allen öffentlichen oder öffentlichen Zwekken dienenden Einrichtungen die institutionelle Mehrsprachigkeit Pflicht.

5. Zur Vermeidung sozialer Härten ist die Umsetzung der in Abs. 1 - 4 genannten Rechte mittels angemessener und einvernehmlicher Übergangsregelungen und -fristen zu verwirklichen.

Recht auf politische Vertretung

Artikel 12

1. Die Angehörigen von Volksgruppen haben das Recht, an der Gestaltung öffentlicher Angelegenheiten in voller Gleichberechtigung teilzunehmen, insbesondere auch an solchen Entscheidungen, die Gebiete betreffen, in denen sie siedeln oder Sachbereiche, die sie berühren.

2. Sie können ihre Rechte und Interessen unmittelbar oder durch demokratisch frei gewählte Vertreter ausüben und wahrnehmen.

3. Bei der Ausübung ihrer bürgerlichen und politischen Rechte mittels eigener politischer Parteien dürfen diese keinen unangemessenen Einschränkungen des Wahlrechts wie Grundmandats- oder Prozentklauseln unterworfen werden.

4. Ist die Anzahl der Angehörigen einer Volksgruppe zu gering für ein eigenes Mandat in den Gesetzgebungsorganen, so haben die Angehörigen der Volksgruppe das Recht auf mindestens ein Mandat.

5. Die Einteilung der Verwaltungseinheiten und der politischen Wahlkreise hat in einer Weise zu erfolgen, daß die in diesem Protokoll niedergelegten Rechte den Angehörigen der Volksgruppen weder vorenthalten noch geschmälert werden. Zu diesem Zweck sind grundsätzlich Volksgruppenwahlkreise zu bilden.

6. Bei der personellen Zusammensetzung von öffentlichen Entscheidungs- oder Beratungsorganen haben die Angehörigen von Volksgruppen das Recht auf Beteiligung nach Maßgabe ihres Anteils an der Bevölkerung. Reicht die Zahl für einen vollen Sitz nicht aus, so ist sie nach oben abzurunden.

Recht auf Autonomie

Artikel 13

1. Die Angehörigen von Volksgruppen haben unter Wahrung der territorialen

Integrität der Vertragsstaaten und entsprechend ihrem Bevölkerungsanteil das Recht auf Territorial- bzw. Kulturautonomie sowie auf örtliche Selbstverwaltung (Lokalautonomie) zum Schutz

- ihrer bürgerlichen und politischen Rechte und
- der ihnen wie allen Menschen gleichermaßen zustehenden Rechte und Grundfreiheiten vor Mehrheitsentscheidungen, die nach Maßgabe dieses Protokolls nicht berechtigt sind.

2. Die Angehörigen von Volksgruppen, die in Gebieten siedeln, in welchen sie die Mehrheit der Bevölkerung bilden, haben das Recht auf einen als Territorialautonomie bezeichneten territorial abgegrenzten Sonderstatus mit autonomer Gesetzgebung und Vollziehung zur Wahrnehmung der eigenen Angelegenheiten. Dieser kann auch in bundesstaatlicher Form ausgeübt werden.

3. Die Angehörigen von Volksgruppen, welche in Gebieten siedeln, in denen sie nicht die Mehrheit der Bevölkerung bilden, haben das Recht auf Kulturautonomie in einer ihnen als geeignet erscheinenden Vereinigungsform mit öffentlich-rechtlichem Status zur Wahrnehmung aller für die Erhaltung und Entfaltung ihrer Identität maßgeblichen Bereiche.

4. Die Angehörigen von Volksgruppen, die im Gebiet, in dem sie siedeln, nicht die Mehrheit der Bevölkerung bilden, sowie die Angehörigen von Volksgruppen, welche von diesen räumlich entfernt in isolierter Streulage siedeln, haben in Verwaltungseinheiten, innerhalb welcher sie die lokale Bevölkerungsmehrheit bilden, wie z.B. in einzelnen Bezirken, Gemeinden oder diesen untergeordneten Verwaltungseinheiten, das Recht auf örtliche Selbstverwaltung (Lokalautonomie).

IV. GEWÄHRLEISTUNG DER RECHTE UND RECHTSSCHUTZ

Beschwerderecht und Pflichten

Artikel 14

1. Wird eine Verletzung der in diesem Protokoll niedergelegten Rechte behauptet, so haben die Angehörigen von Volksgruppen einzeln oder gemeinsam das Recht auf eine wirksame Beschwerde vor einer nationalen Instanz sowie nach Erschöpfung des innerstaatlichen Rechtsweges vor der Europäischen Kommission für Menschenrechte.

2. Im Genuß der Rechte dieses Protokolls achten die Angehörigen von Volksgruppen die auf demokratischer Rechtsstaatlichkeit beruhende Rechtsordnung des Vertragsstaates sowie die Rechte aller anderen Bürger.

Recht auf Mitbestimmung

Artikel 15

1. Die Angehörigen von Volksgruppen haben im nationalen Bereich das Recht bei der Umsetzung der in diesem Protokoll niedergelegten Rechte und Grundfreiheiten mitzuwirken im Hinblick auf einvernehmliche Regelungen. Die Staaten haben geeignete Voraussetzungen dafür zu schaffen.

2. Sie haben außerdem das Recht durch Schaffung eines gemeinsamen eigenen Vertretungsorgans beim Europarat an der Gestaltung aller Angelegenheiten, die sie unmittelbar oder mittelbar betreffen, mitzuwirken.

Recht auf Ombudsmann

Artikel 16

1. Die Angehörigen von Volksgruppen haben das Recht auf Einsetzung

eines Ombudsmanns zum Schutz ihrer Bürger- und Volksgruppenrechte gegenüber den politischen und Verwaltungs-Institutionen; zu diesem Zweck kann ein Ombudsmann oder mehrere Ombudsmänner für verschiedene politische Ebenen oder Verwaltungsebenen vorgesehen werden.

2. Ein Volksgruppen-Ombudsmann muß selbst Angehöriger der betreffenden Volksgruppe sein.

Geltungsbereich

Artikel 17

1. Dieses Protokoll berührt nicht Vorschriften des nationalen Rechts oder internationaler Vereinbarungen, die einen weitergehenden Schutz für Volksgruppen oder die Angehörigen von Volksgruppen vorsehen.

2. Die Ausübung der in diesem Protokoll niedergelegten Rechte und Grundfreiheiten steht in gleicher Weise auch den Angehörigen der Mehrheitsbevölkerung eines Vertragsstaates zu, sofern sie in Gebieten, in welchen sie leben, zahlenmäßig eine Minderheit darstellen.

3. Die Ausübung dieser Rechte darf keinen anderen Einschränkungen unterworfen werden als denen, die gesetzlich vorgesehen und in einer demokratischen Gesellschaft im Interesse der nationalen oder der öffentlichen Sicherheit, der Aufrechterhaltung der öffentlichen Ordnung, der Verhütung von Straftaten, des Schutzes der Gesundheit oder der Moral oder des Schutzes der Rechte und Freiheiten anderer notwendig sind.

V. SCHUTZMECHANISMUS

Individual- und Staatenbeschwerde

Artikel 18

1. Wenn Staaten, die diesem Zusatzprotokoll beigetreten sind, eine Erklärung abgegeben haben, daß sie die Zuständigkeit der Europäischen Kommission für Menschenrechte (im folgenden „Kommission" genannt) anerkennen, Beschwerden wegen behaupteter Verletzung von in diesem Protokoll niedergelegten Rechten vor die Kommission bringen, haben Individuen und Gruppen, die statutengemäß die Rechte von Volksgruppen vertreten, das Recht, vor der Kommission Beschwerde mit der Behauptung zu führen, daß im Zusatzprotokoll niedergelegte Rechte durch einen Vertragsstaat verletzt sind.

2. Die Vertragsstaaten dieses Protokolls können jede behauptete Verletzung der in diesem Protokoll niedergelegten Rechte durch einen anderen Vertragspartner mittels Beschwerde an die Kommission bringen.

3. Für Individual- und Staatenbeschwerden gelten die für Kommission und Europäischen Gerichtshof für Menschenrechte (im folgenden „Gerichtshof" genannt) sonst maßgebenden Verfahrensregeln.

4. Im Falle, daß Vertragsstaaten dieses Protokolls nicht zugleich Vertragsstaaten der EMRK sind, haben sie ein zusätzliches Mitglied in die Kommission und in den Gerichtshof zu entsenden, wenn Individual- und Staatenbeschwerden solche nicht EMRK-Staaten betreffen. Diese zusätzlichen Mitglieder haben nur für solche Fälle Sitz und Stimme in Kommission und Gerichtshof. Sie haben Staatsangehörige des je betroffenen Staates zu sein und dieselben persönlichen Bedingun-

gen zu erfüllen und dieselben Entschädigungen zu erhalten wie die übrigen Mitglieder von Kommission und Gerichtshof.

5. Die Kompetenz des Gerichtshofes ist nur gegeben, wenn der entsprechende Staat eine Erklärung abgegeben hat, daß er sich der Kompetenz dieses Gerichtshofes unterwirft.

Staatenberichte

Artikel 19

1. Jeder Vertragsstaat dieses Protokolls ist verpflichtet, innerhalb eines Jahres nach Inkrafttreten dieses Protokolls für den betroffenen Staat, und in der Folge in jedem zweiten Jahr, einen Bericht über die gesetzliche, gerichtliche und administrative Erfüllung der in diesem Protokoll niedergelegten Rechte und über allfällige Schwierigkeiten im faktischen und rechtlichen Bereich - im Wege des Generalsekretärs des Europarates - an die Kommission zu richten. Der Generalsekretär des Europarates ist berechtigt, auch außerhalb des genannten Zeitraumes von einem Vertragsstaat zu verlangen, wenn Umstände bekannt werden, die Schwierigkeiten bei der Erfüllung des Protokolls erkennen lassen, einen entsprechenden Bericht zu erstatten. Gruppen, die Interessen von Volksgruppen statutengemäß zu vertreten befugt sind, haben das Recht, den Generalsekretär auf solche Situationen aufmerksam zu machen und anzuregen, einen entsprechenden Staatenbericht einzuholen. Die Vertragsstaaten sind angehalten, die Nicht-Staatlichen Organisationen und die Organisationen der Gruppen zum Inhalt der Staatenberichte zu hören.

2. Zur Unterstützung der Vertragsstaaten bei der Erfüllung ihrer Pflicht, die Staatenberichte zu verfassen, wird die Kommission allgemeine Leitlinien betreffend Form, Inhalt und Einzelheiten der Berichte erarbeiten. Die Leitlinien haben zu gewährleisten, daß die Berichte in einheitlicher Form vorgelegt werden, so daß die Kommission und die Vertragsstaaten ein vollständiges Bild über die Verwirklichung des Protokolls und den in diesem Bereich erzielten Fortschritt erhalten.

3. Die Kommission hat solche Berichte in Anwesenheit der betreffenden Staatenvertreter unverzüglich in Verhandlung zu nehmen und kann an die betreffenden Staaten und an den Generalsekretär des Europarates Empfehlungen abgeben. Solche Empfehlungen sollen der Verwirklichung der in dem Protokoll niedergelegten Rechte dienen. Die Vertragsstaaten haben die der Kommission vorgelegten Berichte das Verhandlungsergebnis der Kommission und deren allfällig hierzu erfolgte Empfehlungen zu veröffentlichen.

4. Wenn diese Staatenberichte von Vertragsstaaten dieses Protokolls kommen, die nicht zugleich Mitglieder der EMRK sind, so gilt für die Zusammensetzung der Kommission die im Art. 18 Abs. 4 vorgesehene Regel.

Gütliche Streitbeilegung

Artikel 20

1. Die Vertragsstaaten dieses Protokolls unterbreiten dem Generalsekretär innerhalb drei Monate nach dem Inkrafttreten dieses Protokolls eine Liste von Namen von Persönlichkeiten, die hohen moralischen Charakter haben und auf dem Gebiete des Volksgruppen- und Minderheitenschutzes hohes fachliches Ansehen genießen. Wenn im Jurisdiktionsbereich eines Vertragsstaates Schwierigkeiten bei der Durchführung dieses Protokolls welcher Natur auch immer auftreten, so hat der Generalsekretär das Recht, aus

der genannten Liste drei Personen zu bestimmen (Minority Rights Council), die jene Aufgaben wahrzunehmen haben, die im La Valetta-Streitschlichtungsmechanismus in der Fassung der Entschließungen der Moskauer Konferenz vom Oktober 1991 vorgesehen sind.

2. Drei Vertragsstaaten des Protokolls können das Verlangen stellen, daß jener Staat, in dessen Jurisdiktionsbereich Schwierigkeiten bei der Erfüllung der Verpflichtungen aus diesem Protokoll entstehen, sich des in diesem Artikel festgelegten Streitschlichtungsmechanismus bedient. Ein Vertragsstaat dieses Protokolls, der die Empfehlung des Minority Rights Council nicht anzunehmen bereit ist, hat das Recht, beim Gerichtshof eine advisory opinion über die Notwendigkeit der getroffenen Empfehlungen einzuholen. Diese advisory opinion ist verbindlich. Auf die Abgabe einer solchen advisory opinion ist das 2. Zusatzprotokoll zur Europäischen Konvention für Menschenrechte und Grundfreiheiten sinngemäß anzuwenden.

3. Für einen Vertragsstaat, der sich dieses Streitschlichtungsmechanismus bedient, ist eine Staatenbeschwerde im Sinne des Art. 18 Abs. 2 ausgeschlossen.

4. Die Mitglieder des Minority Rights Council üben ihre Tätigkeit in ihrer persönlichen Eigenschaft aus. Sie sind in ihrem Amte unabhängig und keinen Weisungen unterworfen. Sie genießen in Ausübung ihres Amtes dieselben Privilegien und Immunitäten wie die Mitglieder der Kommission und des Gerichtshofes. Die Mitglieder des Minority Rights Council erhalten für jeden Tag ihrer Aufgabenerfüllung eine Entschädigung, die jener der Mitglieder der Kommission und des Gerichtshofes gleicht. Die Kosten für die Einrichtung und die Arbeit des Minority Rights Council ist von den Vertragsstaaten dieses Protokolls zu tragen; das Generalsekretariat des Europarates leistet dem Minority Rights Council jegliche Assistenz. Es hat seinen Sitz am Sitze des Europarates in Straßburg und ist berechtigt, ihn je nach den Erfordernissen der Arbeit auch anderswohin im Rahmen des Jurisdiktionsbereiches eines Vertragsstaates zu diesem Protokoll zu verlegen.

VI. SCHLUSSBESTIMMUNGEN

Artikel 21

1. Dieses Protokoll steht den Vertragsstaaten der Konvention zum Schutze der Menschenrechte und Grundfreiheiten zur Unterzeichnung offen. Sie können ihre Zustimmung, gebunden zu sein, durch Unterzeichnung ausdrücken.

2. Die unterzeichneten Urkunden werden beim Generalsekretär des Europarates hinterlegt.

3. Jeder Vertragsstaat teilt anläßlich der Unterzeichnung mit, auf welche Volksgruppen im Sinne von Art. 2, die in seinem Staatsgebiet ansässig sind, das vorliegende Protokoll Anwendung findet. Jeder Vertragsstaat kann jederzeit diese Mitteilung ergänzen. Sollten Volksgruppen, die aufgrund der Definition dieses Protokolls das Recht auf Anerkennung als solche haben, nicht genannt werden, haben die Angehörigen solcher Volksgruppen das Recht einen Antrag auf Feststellung durch den Europarat zu stellen.

4. Dieses Protokoll tritt am ersten Tag des Monats in Kraft nach dem Zeitpunkt, zu dem zehn Vertragsstaaten das Protokoll unterzeichnet haben. Für jeden Staat, der später seinen Beitritt bekanntgibt, tritt das Protokoll am

ersten Tag des Monats nach dem Zeitpunkt der Unterzeichnung in Kraft.

5. Die Unterzeichnerstaaten vereinbaren, dieses Protokoll vom Zeitpunkt der Unterzeichnung bis zu seinem Inkrafttreten vorläufig anzuwenden, soweit dies mit ihren jeweiligen verfassungsrechtlichen Bestimmungen vereinbar ist.

Artikel 22

1. Auf Einladung des Ministerkomitees können auch Staaten dem Protokoll beitreten, die die Konvention zum Schutz der Menschenrechte und Grundfreiheiten nicht unterzeichnet haben, aber die Helsinki-Dokumente vom 1. August 1975 unterzeichnet haben. Für diesen Fall sind solche Staaten berechtigt, sowohl für die Menschenrechtskommission als auch für den Europäischen Gerichtshof für Menschenrechte ad hoc Mitglieder für die Periode von 6 Jahren namhaft zu machen, die in der Kommission und im Gerichtshof nur für Entscheidungsvorgänge Sitz und Stimme haben, die sich auf die Anwendung des vorliegenden Protokolls beziehen.

Artikel 23

1. Für das Protokoll ist der Text in englischer und französischer Sprache in gleicher Weise authentisch. Als Verhandlungssprache kann nach Vereinbarung auch eine andere Sprache als die Amtssprache des Europarates vorgesehen werden. Erforderlichenfalls ist für Überset-zungs-/ Dolmetscherdienste Sorge zu tragen.

3.2 Empfehlung 1201 (1993) Entwurf eines Zusatzprotokolls zur EMRK betr. die nationalen Minderheiten und ihre Angehörigen (Europarat / Parlamentarische Versammlung)

vom 1. Februar 1993

„Präambel

Die Mitgliedstaaten des Europarates, die dieses Protokoll unterzeichnen,

1. in der Erwägung, daß die immer größer werdende Vielfalt der Völker und Kulturen eine der wichtigsten Quellen für den Reichtum und die Lebenskraft der europäischen Zivilisation ist;

2. in Anbetracht des wichtigen Beitrags der nationalen Minderheiten zur kulturellen Vielfalt und zur Dynamik der europäischen Staaten;

3. in der Erwägung, daß nur die Anerkennung der Rechte der Angehörigen nationaler Minderheiten innerhalb eines Staates und der internationale Schutz dieser Rechte die ethnischen Auseinandersetzungen dauerhaft beenden und dadurch zur Garantie von Gerechtigkeit, Demokratie, Stabilität und Frieden beitragen können;

4. in der Erwägung, daß jedermann diese Rechte sowohl einzeln als auch in der Gemeinschaft ausüben kann;

5. in der Erwägung, daß der internationale Schutz der Rechte nationaler Minderheiten ein wesentlicher Bestandteil des internationalen Schutzes der Menschenrechte und als solcher ein Bereich der internationalen Zusammenarbeit ist;

haben folgendes vereinbart:

Abschnitt I: Definition

Artikel 1

Zum Zwecke dieser Konvention[1] bezeichnet der Ausdruck "nationale Minderheit" eine Gruppe von Personen in einem Staat, die

a. im Hoheitsgebiet dieses Staates ansässig und dessen Staatsbürger sind,

b. langjährige, feste und dauerhafte Verbindungen zu diesem Staat aufrechterhalten,

c. besondere ethnische, kulturelle, religiöse oder sprachliche Merkmale aufweisen,

d. ausreichend repräsentativ sind, obwohl ihre Zahl geringer ist als die der übrigen Bevölkerung dieses Staates oder einer Region dieses Staates,

e. von dem Wunsch beseelt sind, die für ihre Identität charakteristischen Merkmale, insbesondere ihre Kultur, ihre Traditionen, ihre Religion oder ihre Sprache, gemeinsam zu erhalten.

[1] In diesem Text bezieht sich das Wort „Konvention“ auf die Europäische Konvention zum Schutze der Menschenrechte und Grundfreiheiten.

Abschnitt 2: Allgemeine Prinzipien

Artikel 2

1. Die Zugehörigkeit zu einer nationalen Minderheit ist Angelegenheit der persönlichen Entscheidung eines Menschen.

2. Diese Entscheidung darf keinen Nachteil mit sich bringen.

Artikel 3

1. Angehörige nationaler Minderheiten haben das Recht, ihre religiöse, ethnische, sprachliche und/oder kulturelle Identität frei zum Ausdruck zu bringen, zu bewahren und weiterzuentwikkeln, frei von jeglichen Versuchen, gegen ihren Willen assimiliert zu werden.

2. Angehörige nationaler Minderheiten können ihre Rechte einzeln oder in der Gemeinschaft mit anderen ausüben und genießen.

Artikel 4

Angehörige nationaler Minderheiten haben das Recht auf Gleichheit vor dem Gesetz. Jede Diskriminierung aufgrund der Zugehörigkeit zu einer nationalen Minderheit ist verboten.

Artikel 5

Willkürliche Veränderungen der Bevölkerungsstruktur der Region, in der sich eine nationale Minderheit niedergelassen hat, zum Nachteil dieser Minderheit sind verboten.

Abschnitt 3: Materielle Rechte

Artikel 6

Angehörige nationaler Minderheiten haben das Recht, ihre eigenen Organisationen, einschließlich politischer Parteien, zu gründen.

Artikel 7

1. Angehörige nationaler Minderheiten haben das Recht, sich ihrer Muttersprache privat und in der Öffentlichkeit, sowohl mündlich als auch schriftlich, frei zu bedienen. Dieses Recht gilt auch für die Benutzung ihrer Sprache in Veröffentlichungen sowie im audiovisuellen Bereich.

2. Angehörige nationaler Minderheiten haben das Recht, ihren Namen und ihre Vornamen in ihrer Muttersprache zu benutzen, sowie das Recht auf offizielle Anerkennung ihres Namens und ihrer Vornamen.

3. In Regionen, in denen sich ein wesentlicher Teil einer nationalen Minderheit niedergelassen hat, haben Angehörige dieser Minderheit das Recht im Umgang mit den Verwaltungsbehörden sowie in Verfahren vor Gericht und Rechtsinstanzen ihre Muttersprache zu benutzen.

4. In Regionen, in denen sich ein wesentlicher Teil einer nationalen Minderheit niedergelassen hat, haben Angehörige dieser Minderheit das Recht, Ortsbezeichnungen, Schilder, Inschriften und entsprechende andere Informationen, die dem Anblick der Öffentlichkeit ausgesetzt sind, in ihrer Sprache zu verfassen. Das Recht der Behörden, die o.g. Informationen in der oder den offiziellen Landessprachen zu verfassen, wird dadurch nicht beeinträchtigt.

Artikel 8

1. Angehörige nationaler Minderheiten haben das Recht, ihre Muttersprache zu lernen und an entsprechenden Schulen und staatlichen Erziehungs- und Ausbildungseinrichtungen, deren Standort die geographische Verteilung der Minderheit berücksichtigt, in ihrer Muttersprache unterrichtet zu werden.

2. Angehörige nationaler Minderheiten haben das Recht, im Rahmen des staatlichen Rechtssystems ihre eigenen Schulen und Unterrichts- und Ausbildungseinrichtungen zu gründen und zu unterhalten.

Artikel 9

Im Falle einer Verletzung der durch dieses Protokoll geschützten Rechte haben Angehörige nationaler Minderheiten oder Organisationen, die nationale Minderheiten vertreten, das Recht, vor einer staatlichen Instanz ein wirksames Rechtsmittel einzulegen.

Artikel 10

Angehörige nationaler Minderheiten haben das Recht, unter Wahrung der territorialen Unversehrtheit des Staates freie und ungehinderte Kontakte zu Bürgern eines anderen Landes zu unterhalten, mit denen sie ethnische, religiöse oder sprachliche Besonderheiten oder eine gemeinsame kulturelle Identität teilen.

Artikel 11

In Regionen, in denen sie in der Mehrzahl sind haben Angehörige nationaler Minderheiten das Recht, über entsprechende kommunale oder autonome Verwaltungseinrichtungen oder einen besonderen Status zu verfügen, entsprechend der besonderen historischen und territorialen Situation und in Übereinstimmung mit den nationalen Gesetzen des Staates.

Abschnitt 4: Anwendung des Protokolls

Artikel 12

1. Die Bestimmungen dieses Protokolls dürfen nicht als Begrenzung oder Einschränkung eines Individualrechts von Angehörigen einer nationalen Minderheit oder eines Kollektivrechts einer nationalen Minderheit ausgelegt werden, das in den Gesetzen des Vertragsstaates oder in einem von ihm unterzeichneten internationalen Übereinkommen verankert ist.

2. Maßnahmen, deren alleiniger Zweck darin besteht, nationale Minderheiten zu schützen, eine ihnen angemessene Entwicklung zu fördern, ihnen gleiche Rechte und gleiche Behandlung wie der übrigen Bevölkerung in administrativen, politischen, wirtschaftlichen, sozialen, kulturellen und anderen Bereichen zu garantieren, sind nicht als Diskriminierung zu betrachten.

Artikel 13

Die Ausübung der in diesem Protokoll aufgeführten Rechte und Freiheiten gilt in vollem Umfang für Personen die im Staat insgesamt zu einer Mehrheit gehören, jedoch in einer oder mehreren seiner Regionen eine Minderheit darstellen.

Artikel 14

Die Ausübung der in diesem Protokoll aufgeführten Rechte und Freiheiten darf die Rechte und Pflichten der Bürger des betreffenden Staates nicht einschränken. Sie kann jedoch nur bestimmten, vom Gesetz vorgesehenen Formvorschriften, Bedingungen, Einschränkungen oder Strafandrohungen unterworfen werden, wie sie in einer demokratischen Gesellschaft im Interesse der nationalen Sicherheit, der territorialen Unversehrtheit oder der öffentlichen Sicherheit, der Aufrechterhaltung der Ordnung und der Verbrechensverhütung, des Schutzes der Gesundheit und der Moral, oder des Schutzes der Rechte und Freiheiten anderer notwendig sind.

Abschnitt 5: Schlußklauseln

Artikel 15

Mit Ausnahme von Artikel 10 dürfen die Bestimmungen dieses Protokolls nicht nach Artikel 15 der Konvention außer Kraft gesetzt werden.

Artikel 16

Vorbehalte nach Artikel 64 der Konvention zu Bestimmungen dieses Protokolls sind nicht zulässig.

Artikel 17

Die Vertragsstaaten betrachten die Artikel 1 bis 11 dieses Protokolls als Zusatzartikel zur Konvention, und alle Bestimmungen der Konvention sind entsprechend anzuwenden.

Artikel 18

Dieses Protokoll liegt für die Mitgliedstaaten des Europarates, die die Konvention unterzeichnet haben, zur Unterzeichnung auf. Es bedarf der Ratifikation Annahme oder Genehmigung. Ein Mitgliedstaat des Europarates kann dieses Protokoll nur ratifizieren, annehmen oder genehmigen, wenn gleichzeitig oder früher die Konvention ratifiziert wurde. Die Ratifikations-, Annahme- oder Genehmigungsurkunden werden beim Generalsekretär des Europarates hinterlegt.

Artikel 19

1. Dieses Protokoll tritt am ersten Tag des Monats in Kraft, der auf den Tag folgt, an dem fünf Mitgliedstaaten des Europarates nach Artikel 18 ihre Zustimmung ausgedrückt haben, durch das Protokoll gebunden zu sein.

2. Für jeden Mitgliedstaat der später seine Zustimmung ausdrückt, durch das Protokoll gebunden zu sein tritt es am ersten Tag des Monats in Kraft, der auf die Hinterlegung der Ratifikations-, Annahme- oder Genehmigungsurkunde folgt.

Artikel 20

Der Generalsekretär des Europarates notifiziert den Mitgliedstaaten des Rates:

a. jede Unterzeichnung;

b. jede Hinterlegung einer Ratifikations-, Annahme- oder Genehmigungsurkunde;

c. jeden Zeitpunkt des Inkrafttretens dieses Protokolls;

d. jeden anderen Rechtsakt, jede Notifikation oder Mitteilung, die sich auf dieses Protokoll bezieht.“

4. Autonomierechte der Volksgruppen in Europa Diskussions-Entwurf einer Sonder-Konvention (Föderalistische Union Europäischer Volksgruppen)[1]

vom 12. Mai 1994

Präambel

Die Vertragsstaaten dieser Koventión

Bestätigen, daß eines der grundlegenden den Ziele der Vereinten Nationen, wie sie in der Charta niedergelegt sind, die Förderung und die Ermutigung für den Respekt der Menschenrechte und Grundfreiheiten für jedermann, ohne Unterschied der Rasse, des Geschlechts, der Sprache und der Religion ist;

bestätigen die fundamentalen Menschenrechte, die Würde und den Wert der menschlichen Person, die gleichen Rechte für Mann und Frau und für die Nationen klein oder groß, und das fundamentale und unveräußerliche Menschenrecht der Selbstbestimmung, wie es im jeweiligen Artikel 1 Abs.1 der Menschenrechtspakte zum Ausdruck kommt: „Alle Völker haben das Recht auf Selbstbestimmung. Kraft dieses Rechtes entscheiden sie frei über ihren politischen Status und gestalten in Freiheit ihre wirtschaftliche, soziale und kulturelle Entwicklung.";

nehmen zur Kenntnis, daß im Sinne der Deklaration der Vereinten Nationen über die völkerrechtlichen Grundsätze der freundschaftlichen Beziehungen zwischen Staaten und Völkern v. 24.10.1970 GV Ges.2626 (XXV) jeder Staat grundsätzlich das Recht hat, seine Existenz zu wahren innerhalb der bestehenden territorialen Grenzen und grundsätzlich jeder Versuch zur teilweisen oder gänzlichen Zerstörung der nationalen Einheit und territorialen Integrität eines Staates mit den Zielen und Prinzipien der Charta der Vereinten Nationen unvereinbar ist;

weisen darauf hin, daß im Konflikt zwischen Selbstbestimmungsrecht und territorialer Integrität der Staaten in der KSZE-Schlußakte von Helsinki und in der KSZE-Charta von Paris für ein Neues Europa die Teilnehmerstaaten erklären, daß sie das Selbstbestimmungsrecht der Völker achten werden, indem sie jederzeit in Übereinstimmung mit den Zielen und Grundsätzen der Charta der Vereinten Nationen und den einschlägigen Normen des Völkerrechts handeln, einschließlich jener, die sich auf die territoriale Integrität der Staaten beziehen;

in Kenntnis der Aussage der oben genannten Deklaration, daß die Staaten ihre Geschäfte in Übereinstimmung mit dem Prinzip der gleichen Rechte und der Selbstbestimmung der Völker führen, und so eine Regierung besitzen, welche die ganze Bevölkerung ihres Gebietes ungeachtet der Rasse, des Glaubens und der Farbe repräsentiert;

im Bewußtsein, daß zum Selbstbestimmungsrecht der Völker auch die frei gewählte Autonomie zählt, durch die sich Völker in politischer, wirt-

[1] Ermacora / Pan 1995: 53 ff.

schaftlicher, sozialer und kultureller Hinsicht innerhalb gegebener Staatsgrenzen selbst bestimmen dürfen;

weisen darauf hin, daß die Autonomie je nach der Lage des Falles verschiedene Ausprägungen erfahren hat, aber in jedem Fall ihre Wirksamkeit eine autonome Gesinnung verlangt,

und beschließen folgende Konvention:

I. ALLGEMEINE BESTIMMUNGEN

Autonomie unter Wahrung territorialer Integrität

Artikel 1

1. Unter Autonomie ist ein Instrument des Volksgruppenschutzes zu verstehen, das unter Wahrung der territorialen Integrität der Vertragsstaaten ein mögliches Höchstmaß an interner Selbstbestimmung und zugleich ein entsprechendes Mindestmaß an Fremdbestimmung durch die nationale Mehrheitsbevölkerung zu gewährleisten hat.

2. Als Instrument des Volksgruppenschutzes hat die Autonomie den Zweck, die Angehörigen einer Volksgruppe vor Majorisierung durch Mehrheitsentscheidungen zu schützen, die nach Maßgabe dieser Konvention nicht berechtigt sind, und

a) ihre bürgerlichen und politischen Rechte sowie
b) die ihnen wie allen Menschen zustehenden Rechte und Grundfreiheiten zu sichern, ohne die territoriale Integrität der Vertragsstaaten zu verletzen.

Definition von Volksgruppe

Artikel 2

1. Für die Zwecke dieser Konvention ist unter dem Begriff „Volksgruppe" eine Gemeinschaft zu verstehen,

a) die im Gebiet eines Vertragsstaates geschlossen oder in Streulage siedelt,
b) zahlenmäßig kleiner ist als die übrige Bevölkerung eines Vertragsstaates,
c) deren Angehörige Bürger dieses Staates sind,
d) sich durch ethnische, sprachliche oder kulturelle Merkmale von den übrigen Staatsbürgern unterscheiden
e) und gewillt sind, diese Eigenart zu erhalten.

2. Unter den Begriff „Volksgruppe" fallen weder die sich rechtmäßig in den Vertragsstaaten aufhaltenden Wanderarbeitnehmer und ihre Familien oder andere Einwanderer, noch Flüchtlings- und Asylantengruppen, deren Rechte unabhängig von den Rechten für die Angehörigen von Volksgruppen geregelt oder noch zu regeln sind.

3. Jede Volksgruppe, welche die Bedingungen dieser Definition erfüllt, hat Anspruch auf Anerkennung als Volksgruppe,

4. Bei der Gewährleistung der Autonomierechte sind die besonderen Ausgangsbedingungen zu beachten, die gegeben sind für Volksgruppen, welche in ihrem Siedlungsgebiet

a) die Mehrheit der Bevölkerung,
b) einen wesentlichen Anteil, jedoch nicht die Mehrheit der Bevölkerung,
c) weder die Mehrheit noch einen wesentlichen Anteil der Bevölkerung bilden.

Ferner ist Bedacht zu nehmen auf jene Angehörigen von geschlossen siedelnden Volksgruppen, die von diesen räumlich entfernt in isolierter Streulage leben.

Grundprinzipien

Artikel 3

1. Die in dieser Konvention niedergelegten Rechte auf

a) Schutz und Erhaltung,
b) Förderung und Entfaltung

der Volksgruppen als solche in ihrem Bestande werden von den Angehörigen einer Volksgruppe gemeinsam ausgeübt.

2. Die Zugehörigkeit zu einer Volksgruppe ist Angelegenheit der persönlichen Entscheidung des Menschen und darf ihm nicht zum Nachteil gereichen. Die Vertragsstaaten sind verpflichtet, die rechtlichen, politischen, kulturellen und sozialen Voraussetzungen für dieses freie Bekenntnis zu schaffen.

II. AUTONOMIERECHTE

Recht auf Territorialautonomie

Artikel 4

1. Volksgruppen, welche in den Gebieten, in denen sie siedeln, die Mehrheit der Bevölkerung bilden, haben das Recht auf einen als Territorialautonomie bezeichneten territorial abgegrenzten Sonderstatus mit autonomer Gesetzgebung, Regierung, Verwaltung und Rechtsprechung zur Wahrung der eigenen Angelegenheiten.

2. Unter eigenen Angelegenheiten sind alle Angelegenheiten zu verstehen, welche im ausschließlichen oder überwiegenden Interesse der im Territorium lebenden Gemeinschaft gelegen und geeignet sind, durch diese selbst innerhalb ihrer örtlichen Grenzen mit eigenen Mitteln besorgt zu werden einschließlich der freien Verwendung der natürlichen Reichtümer und Mittel dieses Territoriums.

3. Die Wahrnehmung der eigenen Angelegenheiten erfolgt durch eigene Organe

a) der Gesetzgebung,
b) der Exekutive mit dazugehörender Verwaltungsstruktur,
c) sowie der Rechtsprechung,

welche die Verantwortung tragen und die Zusammensetzung der Bevölkerung widerspiegeln.

Autonomer Wirkungsbereich der Territorialautonomie

Artikel 5

1. Die Territorialautonomie hat die zur Wahrnehmung der eigenen Angelegenheiten nach Ansicht der Volksgruppen erforderlichen Zuständigkeiten zu umfassen, welche in den innerstaatlichen Rechtsvorschriften als Zuständigkeiten des autonomen Wirkungsbereichs zu bezeichnen sind.

2. In den autonomen Wirkungsbereich fallen die Zuständigkeiten wie z.B. für

a) die Führung eigener Embleme;
b) die Mitsprache bei der Regelung der Frage einer allfälligen zweiten Staatsbürgerschaft;
c) das Unterrichtswesen einschließlich des höheren Unterrichts (z.B. Universitäten), welches die Werte und Bedürfnisse der betreffenden Volksgruppe berücksichtigt;
d) die kulturellen Institutionen und Programme;
e) Rundfunk und Fernsehen;
f) die Ermächtigung zur Berufs- und Geschäftsausübung;
g) die natürlichen Reichtümer, z.B. Landwirtschaft, Forstwesen, Jagd, Fischerei, Bergbau;
h) Gesundheits- und Sozialwesen einschließlich Sozialfürsorge;
i) Gebietskommunikationen, z.B. lokale Straßen, Flughäfen;

j) Energieproduktion;
k) Kontrolle von Handelsbanken, Sparkassen und anderer Finanzierungsinstitute;
l) Polizei;
m) Steuern für Gebietszwecke.

Schutzrechte der übrigen Bevölkerung

Artikel 6

Die Ausübung der in dieser Konvention niedergelegten Rechte darf die Angehörigen jener Bevölkerungsteile, welche im Wirkungsbereich einer Territorialautonomie zahlenmäßig die Minderheit bilden, im Genuß der allgemein anerkannten Menschenrechte und Grundfreiheiten nicht benachteiligen.

Recht auf Kulturautonomie

Artikel 7

1. Volksgruppen, welche in den Gebieten, in denen sie leben, nicht die Mehrheit der Bevölkerung bilden, sowie Volksgruppen, welche die Errichtung einer Territorialautonomie - aus welchen Gründen auch immer - nicht für zweckdienlich erachten, haben das Recht auf Kulturautonomie in einer ihnen als geeignet erscheinenden Vereinigungsform mit öffentlichrechtlichem Status.

2. Die mit Kulturautonomie ausgestattete Vereinigung ist ein Personenverband, welcher die Angehörigen einer betroffenen Volksgruppe umfaßt.

3. Die autonomen Obliegenheiten sind von demokratisch frei gewählten Organen wahrzunehmen.

Autonomer Wirkungsbereich der Kulturautonomie

Artikel 8

1. Die Kulturautonomie gilt für alle Angelegenheiten, die nach Ansicht der Volksgruppen wesentlich sind für die Bewahrung, den Schutz und die Entfaltung ihrer Identität; sie sind in den innerstaatlichen Rechtsvorschriften als Zuständigkeiten des autonomen Wirkungsbereichs zu bezeichnen.

2. In den autonomen Wirkungsbereich fallen jedenfalls die für die Bewahrung und Entfaltung der eigenen Identität maßgeblichen Bereiche wie

a) Kultur,
b) Unterrichtswesen,
c) Information einschließlich mittels Rundfunk und Fernsehen,
d) Führung eigener Embleme,
e) Mitsprache bei der Regelung einer allfälligen zweiten Staatsbürgerschaft und
f) sonstige Sachbereiche, die nach Auffassung der Volksgruppe zur Wahrung und Ausübung der ihr zustehenden Schutzrechte zweckdienlich sind.

3. Die Kulturautonomie umfaßt zudem das Recht, Einrichtungen zu gründen und zu unterhalten, besonders auf dem Gebiet

a) des Unterrichts,
b) der Print- und elektronischen Medien,
c) der Traditionspflege,
d) des Bildungswesens,
e) der Wahrnehmung wirtschaftlicher Tätigkeiten.

Recht auf örtliche Selbstverwaltung (Lokalautonomie)

Artikel 9

1. Volksgruppen, die im Gebiet, in dem sie siedeln, nicht die Mehrheit der Bevölkerung bilden, sowie die Angelegenheiten Volksgruppen, welche von diesen räumlich entfernt in isolierter Streulage siedeln, haben das Recht auf eine als Lokalautonomie bezeichnete örtliche Selbstverwaltung in Verwal-

tungseinheiten, innerhalb welcher sie die lokale Bevölkerungsmehrheit bilden, wie z.B. in einzelnen Bezirken, Gemeinden oder diesen untergeordneten Verwaltungseinheiten.

2. Über die vom Gesetz solchen Verwaltungseinheiten übertragenen Obliegenheiten hinaus fällt die Wahrnehmung volksgruppeneigener Angelegenheiten in den autonomen Wirkungsbereich der örtlichen Selbstverwaltung (Lokalautonomie).

3. Die in den Wirkungsbereich der örtlichen Selbstverwaltung (Lokalautonomie) fallenden Angelegenheiten, die im ausschließlichen oder überwiegenden Interesse der im Territorium verkörperten örtlichen Gemeinschaft gelegen sind, haben durch die Gemeinschaft innerhalb ihrer örtlichen Grenzen in freier Selbstbestimmung besorgt zu werden.

Autonomer Wirkungsbereich der örtlichen Selbstverwaltung (Lokalautonomie)

Artikel 10

1. In den Wirkungsbereich der örtlichen Selbstverwaltung (Lokalautonomie) fallen insbesondere folgende Zuständigkeiten:

a) Regelung der institutionellen Zweisprachigkeit im Rahmen der lokalen Selbstverwaltung;
b) Verwendung eigener Namen und Symbole;
c) Regelung der örtlichen Bräuche und Feste;
d) Schutz der örtlichen Denkmäler und Gedenkstätten;
e) örtliche Sicherheits-, Verkehrs-, Gesundheits- und Baupolizei.

2. Die örtliche Selbstverwaltung (Lokalautonomie) umfaßt zudem das Recht, im Rahmen der ihr zur Verfügung stehenden Mittel, Einrichtungen zu gründen und zu unterhalten, besonders auf dem Gebiet

a) des örtlichen Unterrichts,
b) der örtlichen Print- und elektronischen Medien,
c) der Traditionspflege,
d) des Bildungswesens,
e) der Wahrnehmung wirtschaftlicher Tätigkeiten.

3. Außerdem wirken die Volksgruppen nach Maßgabe ihres Anteils an der Bevölkerung in allen sonstigen Verwaltungsangelegenheiten mit.

Verwaltungseinteilung

Artikel 11

1. Die Volksgruppen haben das Recht auf Berücksichtigung ihrer Interessen und auf ungeschmälerte Wahrung ihrer Rechte auch bei der Einteilung des Staatsgebietes in politische, Verwaltungs-, Gerichts- und Wahlbezirke.

2. Die jeweilige Verwaltungseinteilung ist daher einvernehmlich mit den direkt betroffenen Volksgruppen vorzunehmen.

Finanzielle Ausstattung und Finanzausgleich

Artikel 12

1. Die autonomen Körperschaften der Territorial- bzw. Kulturautonomie sind finanziell so auszustatten, daß sie in der Lage sind, ihre Zuständigkeiten wirksam auszuüben.

2. Im Finanzausgleich zwischen dem jeweiligen Vertragsstaat und einer Territorialautonomie steht dieser ein fester Anteil an allen einschlägigen Staatsausgaben zu im Verhältnis des Mittelwertes ihres Bevölkerungs- und Flächenanteils am Staat.

3. Jedenfalls steht einer Territorialautonomie ein angemessener Anteil (etwa neun Zehntel) aller innerhalb

ihres Territoriums eingehobenen Steuern und Abgaben zu. Der ihr zustehende Anteil verbleibt im Einhebungsgebiet und nur der der Staatskasse zustehende Betrag wird dieser überwiesen.

4. Unterschreitet der zustehende Anteil am Steuer- und Abgabenaufkommen einer Territorialautonomie den ihr im Finanzausgleich mit dem Staat zustehenden festen Anteil an allen einschlägigen Staatsausgaben, so hat die Staatskasse den Differenzbetrag an die autonome Körperschaft zu erstatten.

Rechtmäßigkeitskontrolle

Artikel 13

Die Rechtsakte der autonomen Körperschaften unterliegen ausschließlich der Rechtmäßigkeitskontrolle durch unabhängige Höchstgerichte.

III. RECHTSSCHUTZ-BESTIMMUNGEN

Innerstaatliche Umsetzung und Mitbestimmung

Artikel 14

1. Die Vertragsstaaten haben die in dieser Konvention niedergelegten Rechte der Volksgruppen einzuhalten und durchzuführen, indem sie

   a) diesen Rechten eine entsprechende Stellung in ihrer rechtlichen Grundordnung einräumen,
   b) die für die Durchführung erforderlichen gesetzlichen Bestimmungen erlassen.

2. Die Volksgruppen haben das Recht an der innerstaatlichen Umsetzung der in dieser Konvention niedergelegten Rechte mitzuwirken im Rahmen paritätisch aus Staats- und Volksgruppenvertretern zusammengesetzter Kommissionen; die Kommissionen entscheiden einvernehmlich und deren Entscheidungen sind bindend.

3. Alle einschlägigen staatlichen Rechtsbestimmungen, die ohne vorhergehende positive Stellungnahme der paritätischen Kommissionen in Kraft gesetzt wurden, können von den Volksgruppen vor den zuständigen Gerichten angefochten werden.

4. Die Volksgruppen haben das Recht über ihre autonomen Körperschaften in ihrem jeweiligen Vertragsstaat an der Vorbereitung von Beschlüssen internationaler Organisationen über Fragen mitzuwirken, die für sie von besonderem Interesse sind.

5. Im Genuß der Rechte dieser Konvention werden die Angehörigen von Volksgruppen die staatlichen Gesetze und die Rechte anderer, insbesondere jene der Angehörigen der nationalen Mehrheitsbevölkerung und anderer Volksgruppen achten.

IV. SCHUTZMECHANISMUS

Individual- und Staatenbeschwerde

Artikel 15

1. Wenn Staaten, die dieser Sonderkonvention beigetreten sind, eine Erklärung abgegeben haben, daß sie die Zuständigkeit der Europäischen Kommission für Menschenrechte (im folgenden „Kommission“ genannt) anerkennen, Beschwerden wegen behaupteter Verletzung von in dieser Konvention niedergelegten Rechten vor die Kommission bringen, haben Individuen und Gruppen, die statutengemäß die Rechte von Volksgruppen vertreten, das Recht, vor der Kommission Beschwerde mit der Behauptung zu führen, daß in der Sonderkonvention niedergelegte Rechte durch einen Vertragsstaat verletzt sind.

2. Die Vertragsstaaten dieser Konvention können jede behauptete Verletzung der in dieser Konvention niedergelegten Rechte durch einen anderen Vertragspartner mittels Beschwerde an die Kommission bringen.

3. Für Individual- und Staatenbeschwerden gelten die für Kommission und Europäischen Gerichtshof für Menschenrechte (im folgenden „Gerichtshof" genannt) sonst maßgebenden Verfahrensregeln.

4. Im Falle, daß Vertragsstaaten dieser Konvention nicht zugleich Vertragsstaaten der EMRK sind, haben sie ein zusätzliches Mitglied in die Kommission und in den Gerichtshof zu entsenden, wenn Individual- und Staatenbeschwerden solche nicht EMRK-Staaten betreffen. Diese zusätzlichen Mitglieder haben nur für solche Fälle Sitz und Stimme in Kommission und Gerichtshof. Sie haben Staatsangehörige des je betroffenen Staates zu sein und dieselben persönlichen Bedingungen zu erfüllen und dieselben Entschädigungen zu erhalten wie die übrigen Mitglieder von Kommission und Gerichtshof.

5. Die Kompetenz des Gerichtshofes ist nur gegeben, wenn der entsprechende Staat eine Erklärung abgegeben hat, daß er sich der Kompetenz dieses Gerichtshofes unterwirft.

Staatenberichte

Artikel 16

1. Jeder Vertragsstaat dieser Konvention ist verpflichtet, innerhalb eines Jahres nach Inkrafttreten dieser Konvention für den betroffenen Staat, und in der Folge in jedem zweiten Jahr, einen Bericht über die gesetzliche, gerichtliche und administrative Erfüllung der in dieser Konvention niedergelegten Rechte und über allfällige Schwierigkeiten im faktischen und rechtlichen Bereich - im Wege des Generalsekretärs des Europarates - an die Kommission zu richten. Der Generalsekretär des Europarates ist berechtigt, auch außerhalb des genannten Zeitraumes von einem Vertragsstaat zu verlangen, wenn Umstände bekannt werden, die Schwierigkeiten bei der Erfüllung der Konvention erkennen lassen, einen entsprechenden Bericht zu erstatten. Gruppen, die Interessen von Volksgruppen statutengemäß zu vertreten befugt sind, haben das Recht, den Generalsekretär auf solche Situationen aufmerksam zu machen und anzuregen, einen entsprechenden Staatenbericht einzuholen. Die Vertragsstaaten sind angehalten, die Nicht-Staatlichen Organisationen und die Organisationen der Gruppen zum Inhalt der Staatenberichte zu hören.

2. Zur Unterstützung der Vertragsstaaten bei der Erfüllung ihrer Pflicht, die Staatenberichte zu verfassen, wird die Kommission allgemeine Leitlinien betreffend Form, Inhalt und Einzelheiten der Berichte erarbeiten. Die Leitlinien haben zu gewährleisten, daß die Berichte in einheitlicher Form vorgelegt werden, sodaß die Kommission und die Vertragsstaaten ein vollständiges Bild über die Verwirklichung der Konvention und den in diesem Bereich erzielten Fortschritt erhalten.

3. Die Kommission hat solche Berichte in Anwesenheit der betreffenden Staatenvertreter unverzüglich in Verhandlung zu nehmen und kann an die betreffenden Staaten und an den Generalsekretär des Europarates Empfehlungen abgeben. Solche Empfehlungen sollen der Verwirklichung der in der Konvention niedergelegten Rechte dienen. Die Vertragsstaaten haben die der Kommission vorgelegten Berichte, das Verhandlungsergebnis der Kommission und deren allfällig hierzu

erfolgte Empfehlungen zu veröffentlichen.

4. Wenn diese Staatenberichte von Vertragsstaaten dieser Konvention kommen, die nicht zugleich Mitglieder der EMRK sind, so gilt für die Zusammensetzung der Kommission die im Art. 15 Abs. 4 vorgesehene Regel.

Gütliche Streitbeilegung

Artikel 17

1.Die Vertragsstaaten dieser Konvention unterbreiten dem Generalsekretär innerhalb drei Monate nach dem Inkrafttreten dieser Konvention eine Liste von Namen von Persönlichkeiten, die hohen moralischen Charakter haben und auf dem Gebiete des Volksgruppen- und Minderheitenschutzes hohes fachliches Ansehen genießen. Wenn im Jurisdiktionsbereich eines Vertragsstaates Schwierigkeiten bei der Durchführung dieser Konvention welcher Natur auch immer auftreten, so hat der Generalsekretär das Recht, aus der genannten Liste drei Personen zu bestimmen (Minority Rights Council), die jene Aufgaben wahrzunehmen haben, die im La Valetta-Streitschlichtungsmechanismus in der Fassung der Entschließungen der Moskauer Konferenz vom Oktober 1991 vorgesehen sind.

2. Drei Vertragsstaaten der Konvention können das Verlangen stellen, daß jener Staat, in dessen Jurisdiktionsbereich Schwierigkeiten bei der Erfüllung der Verpflichtungen aus dieser Konvention entstehen, sich des in diesem Artikel festgelegten Streitschlichtungsmechanismus bedient. Ein Vertragsstaat dieser Konvention, der die Empfehlung des Minority Rights Council nicht anzunehmen bereit ist, hat das Recht, beim Gerichtshof eine advisory opinion über die Notwendigkeit der getroffenen Empfehlungen einzuholen. Diese advisory opinion ist verbindlich. Auf die Abgabe einer solchen advisory opinion ist das 2. Zusatzprotokoll zur Europäischen Konvention für Menschenrechte und Grundfreiheiten sinngemäß anzuwenden.

3. Für einen Vertragsstaat, der sich dieses Streitschlichtungsmechanismus bedient, ist eine Staatenbeschwerde im Sinne des Art. 15 Abs. 2 ausgeschlossen.

4. Die Mitglieder des Minority Rights Council üben ihre Tätigkeit in ihrer persönlichen Eigenschaft aus. Sie sind in ihrem Amte unabhängig und keinen Weisungen unterworfen. Sie genießen in Ausübung ihres Amtes dieselben Privilegien und Immunitäten wie die Mitglieder der Kommission und des Gerichtshofes. Die Mitglieder des Minority Rights Council erhalten für jeden Tag ihrer Aufgabenerfüllung eine Entschädigung, die jener der Mitglieder der Kommission und des Gerichtshofes gleicht. Die Kosten für die Einrichtung und die Arbeit des Minority Rights Council ist von den Vertragsstaaten dieser Konvention zu tragen; das Generalsekretariat des Europarates leistet dem Minority Rights Council jegliche Assistenz. Es hat seinen Sitz am Sitze des Europarates in Straßburg und ist berechtigt, ihn je nach den Erfordernissen der Arbeit auch anderswohin im Rahmen des Jurisdiktionsbereiches eines Vertragsstaates zu dieser Konvention zu verlegen.

V. SCHLUSSBESTIMMUNGEN

Artikel 18

1. Diese Konvention steht den Vertragsstaaten der Konvention zum Schutze der Menschenrechte und Grundfreiheiten zur Unterzeichnung offen. Sie können ihre Zustimmung,

gebunden zu sein, durch Unterzeichnung ausdrücken.

2. Die unterzeichneten Urkunden werden beim Generalsekretär des Europarates hinterlegt.

3. Jeder Vertragsstaat teilt anläßlich der Unterzeichnung mit, auf welche Volksgruppen im Sinne von Art. 2, die in seinem Staatsgebiet ansässig sind, die vorliegende Konvention Anwendung findet. Jeder Vertragsstaat kann jederzeit diese Mitteilung ergänzen. Sollten Volksgruppen, die aufgrund der Definition dieser Konvention das Recht auf Anerkennung als solche haben, nicht genannt werden, haben solche Volksgruppen das Recht einen Antrag auf Feststellung durch den Europarat zu stellen.

4. Diese Konvention tritt am ersten Tag des Monats in Kraft nach dem Zeitpunkt, zu dem zehn Vertragsstaaten die Konvention unterzeichnet haben. Für jeden Staat, der später seinen Beitritt bekanntgibt, tritt die Konvention am ersten Tag des Monats nach dem Zeitpunkt der Unterzeichnung in Kraft.

5. Die Unterzeichnerstaaten vereinbaren, diese Konvention vom Zeitpunkt der Unterzeichnung bis zu seinem Inkrafttreten vorläufig anzuwenden, soweit dies mit ihren jeweiligen verfassungsrechtlichen Bestimmungen vereinbar ist.

Artikel 19

1. Auf Einladung des Ministerkomitees können auch Staaten der Konvention beitreten, die die Konvention zum Schutz der Menschenrechte und Grundfreiheiten nicht unterzeichnet haben, aber die Helsinki-Dokumente vom 1. August 1975 unterzeichnet haben. Für diesen Fall sind solche Staaten berechtigt, sowohl für die Menschenrechtskommission als auch für den Europäischen Gerichtshof für Menschenrechte ad hoc Mitglieder für die Periode von 6 Jahren namhaft zu machen, die in der Kommission und im Gerichtshof nur für Entscheidungsvorgänge Sitz und Stimme haben, die sich auf die Anwendung der vorliegenden Konvention beziehen.

Artikel 20

1. Für die Konvention ist der Text in englischer und französischer Sprache in gleicher Weise authentisch. Als Verhandlungssprache kann nach Vereinbarung auch eine andere Sprache als die Amtssprache des Europarates vorgesehen werden. Erforderlichenfalls ist für Übersetzungs- / Dolmetscherdienste Sorge zu tragen.

BIBLIOGRAPHIE

Aikio 1992:
Aikio, Marjut (1992): *La langue saami en Finlande*, in : Giordan, Henri (Ed.) (1992) : *Les Minorités en Europe. Droits linguistiques et Droits de l' Homme. Paris*, pp. 397 - 416

ASTAT 1992:
Autonome Provinz Bozen - Südtirol, Landesamt für Statistik - ASTAT (Hrsg.) (1992): *Information Nr. 12,* Bozen

Bayerischer Schulbuch-Verlag 1981:
Bayerischer Schulbuch-Verlag (Hrsg.) (1981): *Großer historischer Weltatlas, Dritter Teil - Neuzeit*, München

Bidla 1997:
Bidla, Arndt (1997): *Guatemala,* in: Rabehl, Thomas / Trines, Stefan (Hrsg.): *Das Kriegsgeschehen 1996. Register der Kriege und bewaffneten Konflikte*, Arbeitspapier Nr. 6/1997 der Universität Hamburg - IPW Forschungsstelle Kriege, Rüstung und Entwicklung, Hamburg, S. 83 f.

Blumenwitz 1995:
Blumenwitz, Dieter (1995): *Das Recht auf die Heimat*, in: Blumenwitz, Dieter (Hrsg.): *Recht auf die Heimat im zusammenwachsenden Europa: ein Grundrecht für nationale Minderheiten und Volksgruppen*, Frankfurt a.M., S. 41 - 64

von Borries / Bitter 1996:
von Borries, Bodo / Bitter, Annette (1996): *Rückkehrer nach Guatemala schützen! Die Menschenrechte der Maya müssen durchgesetzt werden*, in: *pogrom, Zeitschrift für bedrohte Völker*, 27. Jahrgang Nr. 191, S. 32 f.

Brunner 1996:
Brunner, Georg (1996): *Nationalitätenprobleme und Minderheitenkonflikte in Osteuropa. Strategien für Europa,* Gütersloh

Capotorti 1977:
Capotorti, Francesco (1977): *Study on the Rights of Persons belonging to Ethnic, Religious and Linguistic Minorities,* in: UN.Doc.E/CN.4/Sub.2/384 vom 20.06.1977, heute UN sales publication E.78 XIV.1

Central Statistic Bureau of Latvia 1997:
Central Statistic Bureau of Latvia (1997): Demographic Yearbook of Latvia, Riga

Clasen 1997:
Clasen, Bernhard (1996/1997): *Status Berg-Karabachs ist ungeklärt. Geflohene Aseris können noch nicht in besetzte Gebiete zurück*, in: *pogrom, Zeitschrift für bedrohte Völker, 28. Jahrgang* Nr. 192, S. 32 f.

Conseil de l'Europe 1995:
Conseil de'l Europe (1995): *La situation des langues régionales ou minoritaires en Europe.* Contributions des délégations nationales. Document préparé dans le cadre du Comité *ad hoc* d'experts sur les langues régionales ou minoritaires (CAHLR), DELA (94) Rév., Strasbourg

Council of Europe 1994a:
Council of Europe (1994): *The situation of regional or minority languages in Europe.* Contributions submitted by national delegations. Document prepared in the framework of the *ad hoc* Committee of experts on regional or minority languages in Europe (CAHLR), DELA(94) 1, Strasbourg

Council of Europe 1994b:
Council of Europe (1994): *The situation of regional or minority languages in Europe.* Contribution from Turkey and Additional contributions from the delegations of Greece and Turkey, DELA (94)1 Addendum, Strasbourg
Council of Europe 1998:
Council of Europe (1998): *Overview of forms of participation of national minorities in decision-making processes in seventeen countries.* Prepared by the Minorities Unit of the Directorate of Human Rights of the Council of Europe in the framework of the Joint Programme between the European Commission (Phare Programme) and the Council of Europe „Minorities in Central European Countries", Strasbourg - February 1998
Croatia / Council of Europe 1999:
Croatia / Council of Europe (ed.) (1999): *Report Submitted by Croatia Pursuant to Article 25, Paragraph 1 of the Framework Convention for the Protection of National Minorities,* Received on 16 March 1999, ACFC/SR (99) 5, Strasbourg
Czech Republic / Council of Europe 1999:
Czech Republic / Council of Europe (ed.) (1999): *Report Submitted by the Czech Republic Pursuant to Article 25, Paragraph 1 of the Framework Convention for the Protection of National Minorities,* Received on 26 April 1999, ACFC/SR (99) 6, Strasbourg
Denmark / Council of Europe 1999:
Denmark / Council of Europe (ed.) (1999): *Report Submitted by Denmark Pursuant to Article 25, Paragraph 1 of the Framework Convention for the Protection of National Minorities,* Received on 6 May 1999, ACFC/SR (99) 9, Strasbourg
EMRK 1950:
Europäische Konvention zum Schutz der Menschenrechte und Grundfreiheiten vom O4.11.1950
Encyclopaedia Britannica 1965:
Benton, William (Publisher) (1965): *Encyclopaedia Britannica. A New Survey of Universal Knowledge,* Volume 19, Chicago / London / Toronto / Geneva / Sydney / Tokyo, 771 - 772
Ermacora / Pan 1995:
Ermacora, Felix / Pan, Christoph (1995): *Volksgruppenschutz in Europa,* Wien (= Ethnos Bd. 46)
Europäisches Parlament 1991:
Europäisches Parlament, *Entschließung zur Unionsbürgerschaft* vom 21. November 1991
Europäische Kommission 1996:
Europäische Kommission (Hrsg.) (1996): *Euromosaic. Produktion und Reproduktion der Minderheiten-Sprachgemeinschaften in der Europäischen Union,* Luxemburg
Europäisches Parlament 1994:
Europäisches Parlament (1994): *Bericht des Ausschusses für Kultur, Jugend, Bildung und Medien über sprachliche und kulturelle Minderheiten in der Europäischen Gemeinschaft,* Berichterstatter: Mark Killilea. Ausgabe in deutscher Sprache (A3-0042/94), Straßburg
Europäisches Parlament 1999:
Europäisches Parlament , Arbeitsgruppe des Generalsekretariats, Task-Force „Erweiterung" (1999): *Die russische Minderheit in den baltischen Staaten und die Erweiterung der EU,* Luxemburg (=Themenpapier Nr. 42)

Europarat-Empfehlung 1134 (1990):
Europarat, Parlamentarische Versammlung: Empfehlung 1134 über die Rechte von Minderheiten, vom 1. Oktober 1990
Europarat-Empfehlung 1201 (1993):
Europarat, Parlamentarische Versammlung: Empfehlung 1201 für ein Zusatzprotokoll über die Rechte von Minderheiten, vom 1. Februar 1993
Europarat-Rahmenübereinkommen 1994:
Europarat-Rahmenübereinkommen zum Schutz nationaler Minderheiten vom 5. November 1994
Europarat-Richtlinie 474 (1992):
Europarat, Richtlinie 474 über die Rechte nationaler Minderheiten, vom 5. Februar 1992
European Bureau 1997:
European Bureau for Lesser Used Languages (1997): *The Sámi. The Indigenous People of Northernmost Europe*, European Languages 5, Brussels
Filos 1994:
Filos, Altana (1994): *Die rechtliche Stellung der Minderheiten in Griechenland*, in: Frowein, Jochen Abr. / Hofmann, Rainer / Oeter, Stefan (Hrsg.): *Das Minderheitenrecht europäischer Staaten*, Teil 2, Band 109, Berlin / Heidelberg / New York u.a., S. 61 - 82
Finland / Council of Europe 1999:
Finland / Council of Europe (ed.) (1999): *Report Submitted by Finland Pursuant to Article 25, Paragraph 1 of the Framework Convention for the Protection of National Minorities - Appendices to the Initial State Report of Finland under the Framework Convention for the Protection of National Minorities,* Received on 16 February 1999, ACFC/SR (99) 3, Strasbourg
Fischer 1979:
Fischer, Georg (1979): *Untersuchungen zum Sprachgebrauch in der Areler Gegend,* in: Forschungsstelle für Mehrsprachigkeit in Brüssel (Hrsg.): *Deutsch als Muttersprache in Belgien. Forschungsberichte zur Gegenwartslage,* Wiesbaden (= Deutsche Sprache in Europa und Übersee. Berichte und Forschungen, Institut für deutsche Sprache, Mannheim, Band 5), S. 85 - 94
Fröhlich 1996:
Fröhlich, Harald (1996): *Luxemburg,* in: Hinderling Robert / Eichinger, Ludwig M. (Hrsg.): *Handbuch der mitteleuropäischen Sprachminderheiten*, Tübingen, S. 459 - 478
Frowein 1993:
Frowein, Jochen Abr. / Hofmann, Rainer / Oeter, Stefan (Hrsg.) (1993): *Das Minderheitenrecht europäischer Staaten*, Teil 1, Band 108, Berlin / Heidelberg / New York u.a.
Frowein 1994:
Frowein, Jochen Abr. / Hofmann, Rainer / Oeter, Stefan (Hrsg.) (1994): *Das Minderheitenrecht europäischer Staaten*, Teil 2, Band 109, Berlin / Heidelberg / New York u.a.
Furer 1992:
Furer, Jean-Jacques (1992): *Le plurilinguisme de la Suisse : un modèle ?* in: Giordan, Henri (Ed.) (1992) *: Les Minorités en Europe. Droits linguistiques et Droits de l' Homme*. Paris, pp. 103 - 212

Furer 1997:
Furer, Jean-Jaques (1997): *La situation du romanche en Suisse et son emploi selon les résultats du recensement fédéral suisse de 1990,* in: Kattenbusch, Dieter (Hrsg.) (1997): *Kulturkontakt und Sprachkontakt in der Romania.* Ethnos Bd. 50, Wien, S. 237 - 258
Genfer Friedensplan 1992:
UNO/EC, International Conference on the former Yugoslavia, *Agreements relating Bosnia Herzegovina*, 27 October 1992
Gesellschaft für bedrohte Völker 1998:
Gesellschaft für bedrohte Völker (Hrsg.) (1998): *Kosovo: Krieg, Vertreibung, Massaker. Ein Bericht der Gesellschaft für bedrohte Völker*, Göttingen
Giordan 1992:
Giordan, Henri (1992): *Les langues de France: de l'hégémonie républicaine à la démission de l' État*, in : Giordan, Henri (Ed.) (1992) *: Les Minorités en Europe. Droits linguistiques et Droits de l' Homme.* Paris, pp. 129 - 144
Golczewski 1994:
Golczewski, Frank (1994): *Die Juden in Osteuropa*, in: Brunner, Georg / Lemberg, Hans (Hrsg.): *Volksgruppen in Ostmittel- und Südosteuropa* (= Südosteuropa-Studie Bd. 52), 1. Aufl., Baden-Baden, S.265 - 274
Gornig / Despeux 1998:
Gornig, Gilbert / Despeux, Gilles (1998): *Die rechtliche Situation der Minderheiten und Volksgruppen in Frankreich,* in: Europa Ethnica 55. Jg. 1-2'98, S. 1 -56
Gorter 1992:
Gorter, Durk (1992*): La langue frisonne aux Pays-Bas*, in: : Giordan, Henri (Ed.) (1992) *: Les Minorités en Europe. Droits linguistiques et Droits de l' Homme. Paris*, pp. 375 - 393
Gutman 1993:
Gutman, Roy (1993): *Deportationen*, in: Zülch, Tilman (Hrsg.): *„Ethnische Säuberung" - Völkermord für „Großserbien"*, Hamburg / Zürich, S. 112 - 138
Gutman 1994:
Gutman, Roy (1994): *Augenzeuge des Völkermords. Reportagen aus Bosnien*, Göttingen
Haarmann 1993:
Haarmann, Harald (1993): *Die Sprachenwelt Eutropas. Geschichte und Zukunft der Sprachnationen zwischen Atlantik und Ural,* Frankfurt am Main / New York u.a.
Haager Friedenskonferenz 1991:
Friedenskonferenz von Den Haag zur Regelung der Jugoslawienkkrise, Carrington-Plan vom 18. Oktober 1991
Hahn 1993:
Hahn, Michael J. (1993): *Die rechtliche Stellung der Minderheiten in Deutschland,* in: Frowein, Jochen Abr. / Hofmann, Rainer / Oeter, Stefan (Hrsg.): *Das Minderheitenrecht europäischer Staaten*, Teil 1, Band 108, Berlin / Heidelberg / New York u.a., S. 62 - 125
Harnisch 1996:
Harnisch, Rüdiger (1996): *Das Elsass,* in: Hinderling, Robert / Eichinger, Ludwig M. (Hrsg.) (1996): *Handbuch der mitteleuropäischen Sprachminderheiten*, Tübingen, S. 413 - 458
Has 1993:
Has, Michael (1993): *Die Zerstörung von Lebensraum und das Aussterben von kleinen Völkern*, in: Gesellschaft für bedrohte Völker (Hrsg.): *Land ist Leben. Bedrohte Völker im Kampf gegen die Zerstörung der Umwelt*, Wien, S. 23 - 39

Hinderdeael / Nelde 1996:
Hinderdael, Michael / Nelde, Peter (1996): *Deutschbelgien,* in: Hinderling, Robert / Eichinger, Ludwig M. (Hrsg.): *Handbuch der mitteleuropäischen Sprachminderheiten*, Tübingen, S. 479 - 495
Hinderling 1996:
Hinderling, Robert / Eichinger, Ludwig M. (Hrsg.) (1996): *Handbuch der mitteleuropäischen Sprachminderheiten*, Tübingen
Hofmann 1995:
Hofmann, Rainer (1995): *Minderheitenschutz in Europa. Völker- und staatsrechtliche Lage im Überblick.* (= Forschungsergebnisse der Studiengruppe für Politik und Völkerrecht Bd.19), Berlin
Höpken 1994:
Höpken, Wolfgang (1994): *Türken und Pomaken in Bulgarien*, in: Brunner, Georg / Lemberg, Hans (Hrsg.): *Volksgruppen in Ostmittel- und Südosteuropa* (= Südosteuropa-Studie Bd. 52), 1. Aufl., Baden-Baden, S.223 - 234
Horvat 1999:
Horvat, Jozek (1999): *Die Lage der Roma in Slowenien,* in: Klopcic, Vera / Polzer, Miroslav (Hrsg.): *Wege zur Verbesserung der Lage der Roma in Mittel- und Osteuropa. Beiträge aus Österreich und Slowenien*, Wien (= Ethnos Bd. 54), S. 13 - 17
Hoškova 1994a:
Hoškova, Mahulena (1994): *Die rechtliche Stellung der Minderheiten in der Ukraine,* in: Frowein, Jochen Abr. / Hofmann, Rainer / Oeter, Stefan (Hrsg.): *Das Minderheitenrecht europäischer Staaten*, Teil 2, Band 109, Berlin / Heidelberg / New York u.a., S.352 - 382
Hoškova 1994b:
Hoškova, Mahulena (1994): *Die rechtliche Stellung der Minderheiten in Litauen,* in: Frowein, Jochen Abr. / Hofmann, Rainer / Oeter, Stefan (Hrsg.): *Das Minderheitenrecht europäischer Staaten*, Teil 2, Band 109, Berlin / Heidelberg / New York u.a., S.171 - 215
Hungary 1999:
Republic of Hungary (1999): *Report of the Republic of Hungary. Implementation of the Council of Europe Framework Convention for the Protection of National Minorities. January 1999*, Budapest
I.S.I.G. 1997:
Istituto di Sociologia Internazionale Gorizia (I.S.I.G.) / Osservatorio delle minoranze etniche europee (ed.) (1997). *I numeri e i luoghi delle minoranze etniche dall'Atlantico al Pacifico*, Volume primo a cura di Luca Bregantini, Gorizia
Italie / Conseil de l'Europe 1999:
Italie / Conseil de'l Europe (1999): *Rapport soumis par l'Italie en vertu de l'article 25, paragraphe 1 de la Convention-cadre pour la protection des minorités nationales*, reçu le 3 mai 1999, ACFC/SR (99) 7, Strasbourg
Karelischer Verband 1996:
Karelischer Verband (1996): *Die Karelienfrage.* Helsinki
Karklins 1995:
Karklins, Rasma (1995): *Minority Issues in Latvia,* in: Meissner, Boris et alii (Hrsg.) (1995): Der Aufbau einer freiheitlich-demokratischen Ordnung in den baltischen Staaten, Hamburg, S. 151 - 178
Karner 1998:
Karner, Stefan (1998): *Die deutschsprachige Volksgruppe in Slowenien. Aspekte ihrer Entwicklung 1939-1997,* Klagenfurt / Ljubljana / Wien

Karp 1994:
Karp, Hans-Jürgen (1994): *Litauer, Weißrussen und Ukrainer in Polen. Religion und Nation,* in: Brunner, Georg / Lemberg, Hans (Hrsg.) (1994): *Volksgruppen in Ostmittel- und Südosteuropa* (= Südosteuropa-Studie Bd. 52) 1. Aufl., Baden-Baden, S. 77 - 85
Kasper 1999:
Kasper, Christine (1999): *Die Flämische Minderheit in Nordfrankreich,* in: Europa Ethnica 56. Jg. 1-2'99, S. 22-55
Kimminich 1989:
Kimminich, Otto (1989): *Das Recht auf die Heimat,* Bonn
Kirjavainen 1996:
Kirjavainen, Heiki A. (1996): *Die Minderheitensprachen Finnlands und Schwedens. Schweden: Finnisch.* In: Europäisches Büro für Minderheitensprachen (Hrsg.) (1996): Contact Bulletin, 13. Jg. Nr. 2, S. 1 - 5
Klebes 1993:
Klebes, Heiner (1993): *Der Entwurf eines Minderheitenprotokolls zur EMRK,* in: *EuGRZ* 1993, 148 - 151
Klopcic / Polzer 1999:
Klopcic, Vera / Polzer, Miroslav (Hrsg.) (1999): *Wege zur Verbesserung der Lage der Roma in Mittel- und Osteuropa. Beiträge aus Österreich und Slowenien,* Wien (= Ethnos Bd. 54)
Kolde / Näf 1996:
Kolde, Gottfried / Näf, Anton (1996): *Die Westschweiz,* in: Hinderling, Robert / Eichinger, Ludwig M. (Hrsg.) (1996): *Handbuch der mitteleuropäischen Sprachminderheiten,* Tübingen, S. 385 - 412
Korkisch 1978:
Korkisch, Friedrich (1978): *Amts- und Gerichtssprache,* in: Veiter, Theodor (Hrsg.) (1978): *System eines internationalen Volksgruppenrechts, 3. Teil: Sonderprobleme des Schutzes von Volksgruppen und Sprachminderheiten* (= völkerrechtliche Abhandlungen der Studiengruppe für Politik und Völkerrecht Bd. 3), Wien
Krasteva 1994:
Krasteva, Anna (1994): *Ethnic Minorities in Bulgaria,* in: Institute of Social Science / Forum for Ethnic Relations / Europe and the Balkans (ed.): *Ethnicity and Postcommunism.* Belgrade, pp. 205 - 214
Krizman 1996a:
Krizman, Mirko (1996): *Die slowenische Minderheit in der österreichischen Steiermark (Radkersburger Winkel),* in: Hinderling, Robert / Eichinger, Ludwig M. (Hrsg.) (1996): *Handbuch der mitteleuropäischen Sprachminderheiten,* Tübingen
Krizman 1996b:
Krizman, Mirko (1996): *Reste der deutschen Minderheit im slowenischen Grenzgebiet der Mur,* in: Hinderling, Robert / Eichinger, Ludwig M. (Hrsg.) (1996): *Handbuch der mitteleuropäischen Sprachminderheiten,* Tübingen
KSZE 1990a:
Konferenz für Sicherheit und Zusammenarbeit in Europa (1990): *Dokument des Kopenhagener Treffens der Konferenz über die menschliche Dimension der KSZE vom 29. Juli 1990,* Wien
KSZE 1990b:
Konferenz für Sicherheit und Zusammenarbeit in Europa (1990): *Charta von Paris für ein neues Europa.Treffen der Staats- und Regierungschefs der Teilnehmerstaaten der KSZE vom 21. November 1990,* Wien

KSZE 1991a:
Konferenz für Sicherheit und Zusammenarbeit in Europa (1991): *Bericht des KSZE-Expertentreffens über nationale Minderheiten in Genf am 19. Juli 1991,* Wien
KSZE 1991b:
Konferenz für Sicherheit und Zusammenarbeit in Europa (1991): *Dokument des Moskauer Treffens der KSZE vom 3. Oktober 1991,* Wien
KSZE 1992a:
Konferenz für Sicherheit und Zusammenarbeit in Europa (1992): *KSZE Helsinki-Dokument. Herausforderung des Wandels, 10. Juli 1992,* Wien
KSZE 1992b:
Drittes Treffen des KSZE-Rates, Stockholm, 15. Dezember 1992, Beschlüsse
Kugler / Endres 1997:
Kugler, Steffen / Endres, Jürgen (1997): *Sudan,* in: Rabehl, Thomas / Trines, Stefan (Hrsg.): *Das Kriegsgeschehen 1996. Register der Kriege und bewaffneten onflikte,* Arbeitspapier Nr. 6/1997 der Universität Hamburg - IPW Forschungsstelle Kriege, Rüstung und Entwicklung, Hamburg, S. 34 - 36
Lafont 1992:
Lafont, Robert (1992): La situation sociolinguistique de la France, in : Giordan, Henri (Ed.) (1992) : *Les Minorités en Europe. Droits linguistiques et Droits de l' Homme.* Paris, pp. 145 - 164
Lazarov 1996:
Lazarov, Risto (1996): *Albanians in Macedonia: Between Co-Existence and Separatism,* in: *Ethnicity and Postcommunism,* Institute of Social Science / Forum for Ethnic Relations / Europe and the Balkans (ed.), Belgrade, pp. 241-250
Lentz / Müller 1994:
Lentz, Dominik /Müller, Hermann (1994): *Die rechtliche Stellung der Minderheiten in Lettland,* in: Frowein, Jochen Abr. / Hofmann, Rainer / Oeter, Stefan (Hrsg.): *Das Minderheitenrecht europäischer Staaten,* Teil 2, Band 109, Berlin / Heidelberg / New York u.a., S. 129 - 170
Lia Rumantscha 1996:
Lia Rumantscha (Hrsg.) (1996): *Rätoromanisch. Facts & Figures,* Chur
Libal 1993:
Libal, Wolfgang (1993): *Mazedonien zwischen den Fronten. Junger Staat mit alten Konflikten,* Wien /Zürich
Marauhn 1993a:
Marauhn, Thilo (1993): *Die rechtliche Stellung der walisischen Minderheit in Großbritannien,* in: Frowein, Jochen Abr. / Hofmann, Rainer / Oeter, Stefan (Hrsg.): *Das Minderheitenrecht europäischer Staaten,* Teil 1, Band 108, Berlin / Heidelberg / New York u.a., S. 160 - 191
Marauhn 1993b:
Marauhn, Thilo (1993): *Die rechtliche Stellung der Minderheiten in Österreich,* in: Frowein, Jochen Abr. / Hofmann, Rainer / Oeter, Stefan (Hrsg.): *Das Minderheitenrecht europäischer Staaten,* Teil 1, Band 108, Berlin / Heidelberg / New York u.a., S. 225 - 257
Mark 1989:
Mark, Rudolf A. (1989): *Die Völker der Sowjetunion. Ein Lexikon,* Opladen

Marko 1994a:
Marko, Joseph (1994): *Die rechtliche Stellung der Minderheiten in Kroatien,* in: Frowein, Jochen Abr. / Hofmann, Rainer / Oeter, Stefan (Hrsg.) (1994): *Das Minderheitenrecht europäischer Staaten*, Teil 2, Band 109, Berlin / Heidelberg / New York u.a., S. 83 - 128
Marko 1994b:
Marko, Joseph (1994): *Die rechtliche Stellung der Minderheiten in Serbien*; in: Frowein, Jochen Abr. / Hofmann, Rainer / Oeter, Stefan (Hrsg.): *Das Minderheitenrecht europäischer Staaten*, Teil 2, Band 109, Berlin / Heidelberg / New York u.a., S. 296 - 319
Marko 1994c:
Marko, Joseph (1994): *Die rechtliche Stellung der Minderheiten in Slowenien*; in: Frowein, Jochen Abr. / Hofmann, Rainer / Oeter, Stefan (Hrsg.): *Das Minderheitenrecht europäischer Staaten*, Teil 2, Band 109, Berlin / Heidelberg / New York u.a., S. 320 - 382
Mathiak 1993:
Mathiak, Robert (1993): *Die rechtliche Stellung der Minderheiten in Belgien,* in: Frowein, Jochen Abr. / Hofmann, Rainer / Oeter, Stefan (Hrsg.): *Das Minderheitenrecht europäischer Staaten*, Teil 1, Band 108, Berlin / Heidelberg / New York u.a., S. 1 - 61
Milian Massana 1992:
Milian Massana, Antoni (1992): *Droits linguistiques et droit fondamentaux en Espagne*, in : : Giordan, Henri (Ed.) (1992) : *Les Minorités en Europe. Droits linguistiques et Droits de l' Homme.* Paris, pp. 251 - 268
Ministero dell'Interno 1994a:
Ministero dell'Interno (1994): *Primo rapporto sullo stato delle minoranze in Italia,* Roma
Ministero dell'Interno 1994b:
Ministero dell'Interno (1994): L'Europa delle minoranze. *Primo rapporto,* Roma
Minority Rights Group 1998:
Minority Rights Group International (ed.) / Hugh Poulton (1998): *Minorities in Southeast Europe: Inclusion and Exclusion,* London
Mrowka 1994:
Mrowka, Heinrich (1994): *Selbstverständnis und Rolle der deutschen Minderheit in Polen,* in: Brunner, Georg / Lemberg, Hans (Hrsg.) (1994): *Volksgruppen in Ostmittel- und Südosteuropa* (= Südosteuropa-Studie Bd. 52), 1. Aufl., Baden-Baden, S. 61 - 76
Müller 1998:
Müller, Barbara (1998): *Spracheinstellungen in der Republik Komi,* in: Europa Ethnica 55. Jg. 1-2'98, S. 57-73
Müller 1999:
Müller, Stephan (1999): *Zur rechtlichen und faktischen Situation von Roma in Ländern mit großem Roma-Bevölkerungsanteil am Beispiel Rumänien,* in: Klopcic, Vera / Polzer, Miroslav (Hrsg.): *Wege zur Verbesserung der Lage der Roma in Mittel- und Osteuropa. Beiträge aus Österreich und Slowenien,* Wien (= Ethnos Bd. 54), S. 67 - 74
Murswiek 1993:
Murswiek, Dietrich (1993): *Die Problematik eines Rechts auf Sezession - neu betrachtet,* in: Archiv des Völkerrechts 31, S. 307 - 332
Nahost-Friedenskonferenz 1993
Washingtoner Abkommen zur Palästinenserautonomie vom 13. September 1993

NATO 1992:
NATO, Parlamentarisches Forum, Lucas-Bericht 1992, *Empfehlungen des Berichterstatters*
Nolte 1993:
Nolte, Georg (1993): *Die rechtliche Stellung der Minderheiten in Ungarn,* in: Frowein, Jochen Abr. / Hofmann, Rainer / Oeter, Stefan (Hrsg.) (1993): *Das Minderheitenrecht europäischer Staaten*, Teil 1, Band 108, Berlin / Heidelberg / New York u.a. S. 501 - 536
Österreich Dokumentationen 1991:
Bundeskanzleramt-Verfassungsdienst (Hrsg.) (1991): *Grundlagenbericht der Bundesregierung über die Lage der Volksgruppen in Österreich.* Österreich Dokumentationen (hrsgg. vom Bundespressedienst), Graz
ÖVZ 1991:
Österreichisches Volksgruppenzentrum (Hrsg.) (1991): *Tschechen & Slowaken,* Wien (= Österreichische Volksgruppenhandbücher Bd. 2)
ÖVZ 1992a:
Österreichisches Volksgruppenzentrum (Hrsg.) (1992): *Roma & Sinti,* Wien (= Österreichische Volksgruppenhandbücher Bd. 3)
ÖVZ 1992b:
Österreichisches Volksgruppenzentrum (Hrsg.) (1992): *Burgenländische Ungarn,* Wien (= Österreichische Volksgruppenhandbücher Bd. 4)
ÖVZ 1993a:
Österreichisches Volksgruppenzentrum (Hrsg.) (1993): *Kärntner Slowenen,* Wien (= Österreichische Volksgruppenhandbücher Bd. 1, 2. Auflage)
ÖVZ 1993b:
Österreichisches Volksgruppenzentrum (Hrsg.) (1993): *Burgenländische Kroaten,* Wien (= Österreichische Volksgruppenhandbücher Bd. 5)
ÖVZ 1996:
Österreichisches Volksgruppenzentrum (Hrsg.) (1996): *Volksgruppenreport 1998,* Wien
ÖVZ 1998:
Österreichisches Volksgruppenzentrum (Hrsg.) (1998): *Volksgruppenreport 1998,* Wien
Pan 1994:
Pan, Christoph (1994): *Zum Stand des europäischen Volksgruppenrechts nach dem Europaratsgipfel von Wien*, in: Blumenwitz, Dieter und Murswieck, Dietrich (Hrsg.): *Aktuelle rechtliche und praktische Fragen des Volksgruppen- und Minderheitenschutzes*, Bonn (= Staats- und völkerrechtliche Abhandlungen der Studiengruppe für Politik und Völkerrecht Bd. 13), S. 23 - 38
Pan 1995:
Pan, Christoph (1995): *Die Autonomierechte der Volksgruppen in Europa - Aufgabe und Inhalt europarechtlicher Regelungen*, in: Blumenwitz, Dieter und Gornig, Gilbert (Hrsg.): *Rechtliche und Politische Perspektiven deutscher Minderheiten und Volksgruppen*, Köln (= Staats- und völkerrechtliche Abhandlungen der Studiengruppe für Politik und Völkerrecht Bd. 14), S. 49 - 61
Pan 1996a:
Pan, Christoph (1996): *Volksgruppenschutz in Europa: Innsbrucks Beitrag*, in: Europa Ethnica 53. Jg. 3-4'96, S. 131 - 143

Pan 1996b:
Pan, Christoph (1996): *Das Nationalitätenproblem in Europa,* in: Reiter, Erich (Hrsg.): *Grenzen des Selbstbestimmungsrechts. Die Neuordnung Europas und das Selbstbestimmungsrecht der Völker,* Graz / Wien / Köln (= Schriftenreihe Forschungen zur Sicherheitspolitik), 86 - 108

Pan 1997:
Pan, Christoph (1997): *Integration nationaler Minderheiten durch nationale Partnerschaft,* in: Matscher, Franz (Hrsg.): *Wiener Internationale Begegnung zu aktuellen Fragen nationaler Minderheiten - Vienna International Encounter on Some Current Issues Regarding the Situation of National Minorities,* Kehl am Rhein - Straßburg - Arlington (= Schriften des Österreichischen Instituts für Menschenrechte Vol.7), S. 131 - 170

Pan 1999:
Pan, Franz (1999): *Der Minderheitenschutz im Neuen Europa und seine historische Entwicklung,* Wien (= Ethnos Bd. 53)

Panayote 1992:
Panayote, Èlie Dimitras (1992): Minorités linguistiques en Grèce, in : Giordan, Henri (Ed.) (1992) : Les Minorités en Europe. Droits linguistiques et Droits de l' Homme. Paris, pp. 301 - 321

Pedersen 1996:
Pedersen, Karen Margrethe (1996): *Die deutsche Minderheit in Dänemark und die dänische Minderheit in Deutschland,* in: Hinderling, Robert / Eichinger, Ludwig M. (Hrsg.): *Handbuch der mitteleuropäischen Sprachminderheiten,* Tübingen, S. 31.-60

Pfeil 1998:
Pfeil, Beate Sibylle (1998): *Gruppenschutz braucht Gruppenrechte. Für Minderheiten klaffen Lücken im Rechtssystem der UN,* in: *pogrom, Zeitschrift für bedrohte Völker,* 29. Jahrgang Nr. 200, S. 18 f.

Pfeil 1999:
Pfeil, Beate Sibylle (1999): *Das Recht auf die Heimat,* in: OEW / Gesellschaft für bedrohte Völker (Hrsg.): *Menschenrechte. Arbeitstexte für Oberschüler,* Band 4, Brixen / Bozen

Pilar 1995:
Pilar, Ivo (1995): *Eine Geschichte Kroatiens, Serbiens und Bosniens.* 3. Aufl. bearb. von Michael Ackermann, Bad Kissingen (= Heiligenhofer Studien zu Volkstumsfragen, Hrsg. Rudolf Grulich und Ortfried Kotzian, Band 3)

Placzek 1997:
Placzek, Norbert (1997): *Birma,* in: Rabehl, Thomas / Trines, Stefan (Hrsg.): *Das Kriegsgeschehen 1996. Register der Kriege und bewaffneten Konflikte,* Arbeitspapier Nr. 6/1997 der Universität Hamburg - IPW Forschungsstelle Kriege, Rüstung und Entwicklung, Hamburg, S. 61 f.

Polakiewicz 1993:
Polakiewicz, Jörg (1993): *Die rechtliche Stellung der Minderheiten in Frankreich,* in: Frowein, Jochen Abr. / Hofmann, Rainer / Oeter, Stefan (Hrsg.): *Das Minderheitenrecht europäischer Staaten,* Teil 1, Band 108, Berlin / Heidelberg / New York u.a., S. 126 -159

Polzer-Srienz 1997:
Polzer-Srienz, Mirjam (1997): *Die rechtliche Stellung der autochthonen italienischen und ungarischen Volksgruppe in Slowenien,* in: Europa Ethnica 54. Jg. 3-4'97, S. 115 - 136

Puig Moreno 1992:
Puig Moreno, Gentil (1992): Les langues dans l' État espagnol, in : Giordan, Henri (Ed.) (1992) : Les Minorités en Europe. Droits linguistiques et Droits de l' Homme. Paris, pp. 269 – 298
Putzger 1984:
Putzger, F.W. (1984): *Historischer Weltatlas*, Berlin und Bielefeld
Raduški 1996:
Raduški, Nada (1996): *Ethnic Composition of the population of the FR of Yugoslavia, 1948-1991,* in: Institute of Social Science / Forum for Ethnic Relations / International Network Europe and the Balkans (ed.): *Ethnicity in Postcommunism,* Belgrade, pp. 261 - 272
Rauert 1999:
Rauert, Fee (1999): *Das Kosovo. Eine völkerrechtliche Studie*, Wien (= ethnos Bd. 55)
Reiterer 1994:
Reiterer, Albert F. (1994): *Der ewige Türkenkrieg,* in: Geistlinger, Michael (Hrsg.): *Dissonanzen in Europa. Der neue Nationalismus und seine Folgen*, Wien (= Ethnos Bd. 43), S. 143 - 156
Richter 1993:
Richter, Dagmar (1993): *Die rechtliche Stellung der Minderheiten in der Schweiz,* in: Frowein, Jochen Abr. / Hofmann, Rainer / Oeter, Stefan (Hrsg.): *Das Minderheitenrecht europäischer Staaten*, Teil 1, Band 108, Berlin / Heidelberg / New York u.a., S.308 - 368
Riemersma 1996:
Riemersma, Alex MJ (1996): *Die Niederlande ratifizieren die Charta über Regional- und Minderheitensprachen,* in: Europäisches Büro für Sprachminderheiten (Hrsg.) (1996): Contact Bulletin, 13. Jg. Nr.2, S. 6
Rossinelli 1992:
Rossinelli, Michel (1992*): Le droit des langues en Suisse*, in: Giordan, Henri (Ed.) (1992) : *Les Minorités en Europe. Droits linguistiques et Droits de l' Homme*. Paris, pp. 173 - 191
Roumanie 1995:
Le Gouvernement de la Roumanie, Conseil pour les minorités nationales (éd.) (1995): *L'enseignement dispensé dans les langues des minorités nationales de Roumanie. L'année scolaire 1994/1995*, Bucharest
Roumanie / Conseil de l'Europe (1999):
Roumanie / Conseil de l'Europe (éd.) (1999): *Rapport soumis par Roumanie en vertu de l'article 25, paragraphe 1 de la Convention-cadre pour la protection des minorités nationales,* reçu le 24 juin 1999, ACFC/SR (99) 11, Strasbourg
Rowley 1996:
Rowley, Anthony R. (1996): *Die Sprachinseln der Fersentaler und Zimbern,* in: Hinderling, Robert / Eichinger, Ludwig M. (Hrsg.) (1996): *Handbuch der mitteleuropäischen Sprachminderheiten*, Tübingen, S. 263 - 286
Rumpf 1993:
Rumpf, Christian (1993): *Die rechtliche Stellung der Minderheiten in der Türkei,* in: Frowein, Jochen Abr. / Hofmann, Rainer / Oeter, Stefan (Hrsg.) (1993): *Das Minderheitenrecht europäischer Staaten*, Teil 1, Band 108, Berlin / Heidelberg / New York u.a., S. 448 - 500

Schmidt 1993:
Schmidt, Carmen (1993): *Der Minderheitenschutz in den baltischen Staaten. Dokumentation und Analysen. Estland, Lettland und Litauen*, Bonn (= Der Minderheitenschutz im östlichen Europa, herausgegeben vom Institut für Ostrecht der Universität zu Köln in Verbindung mit der Kulturstiftung der deutschen Vertriebenen, Band 1)
Schmidt 1994:
Schmidt, Carmen (1994): *Der Minderheitenschutz in der Rußländischen Föderation, Ukraine und der Republik Weißrußland. Dokumentation und Analyse*, Bonn (= Der Minderheitenschutz im östlichen Europa, herausgegeben vom Institut für Ostrecht der Universität zu Köln in Verbindung mit der Kulturstiftung der deutschen Vertriebenen, Band 2)
Schmidt-Neke 1990:
Schmidt-Neke, Michael (1990): *Zwischen Kontinuität und Wandel - Albaniens innenpolitische Situation zu Beginn der neunziger Jahre*, in: Altmann, Franz-Lothar (Hrsg.): *Albanien im Umbruch. Eine Bestandsaufnahme*, München (= Südost-Institut Bd. 28)
Schmitt 1997:
Schmitt, Mathias (1997): *Türkei (Kurden),* in: Rabehl, Thomas / Trines, Stefan (Hrsg.): *Das Kriegsgeschehen 1996. Register der Kriege und bewaffneten Konflikte*, Arbeitspapier Nr. 6/1997 der Universität Hamburg - IPW Forschungsstelle Kriege, Rüstung und Entwicklung, Hamburg, S. 56 f.
Selmeci 1998:
Selmeci, Andreas (1998): *Vertreibung nicht länger dulden! Die UN soll sie im Namen des Rechts auf Heimat ächten*, in: *pogrom, Zeitschrift für bedrohte Völker*, 29. Jahrgang Nr. 200, S.44 - 46
Sewering-Wollanek 1994:
Sewering-Wollanek, Marlis (1994): *Die Roma in Ostmittel- und Südosteuropa*, in: Brunner, Georg / Lemberg, Hans (Hrsg.): *Volksgruppen in Ostmittel- und Südosteuropa* (= Südosteuropa-Studie 52), 1. Aufl., Baden-Baden, S. 253 - 263
Slovak Republic 1994:
Ministry of Education and Science of the Slovak Republic (1994): *Information Concerning the Education and Teaching of Ethnic Minorities (Nationalities) Living in the Territory of the Slovak Republic,* Bratislava
Slovak Republic / Council of Europe 1999:
Slovak Republic / Council of Europe (ed.) (1999): *Report Submitted by the Slovak Republic Pursuant to Article 25, Paragraph 1 of the Framework Convention for the Protection of National Minorities,* Received on 4 May 1999, ACFC/SR (99) 8, Strasbourg
Stammer / Weingart 1972:
Stammer, Otto / Weingart, Peter (1972): *Politische Soziologie.* (= Grundfragen der Soziologie Hrsg. von Dieter Claessens Bd.14), München
Stavrou 1993:
Stavrou, Christodoulos (1993): *Die Griechische Minderheit in Albanien*, Frankfurt am Main (= Europäische Hochschulstudien, Reihe XXII Soziologie Bd. 238)
Trines 1997a:
Trines, Stefan (1997): *Irak (Kurden),* in: Rabehl, Thomas / Trines, Stefan (Hrsg.): *Das Kriegsgeschehen 1996. Register der Kriege und bewaffneten Konflikte*, Arbeitspapier Nr. 6/1997 der Universität Hamburg - IPW Forschungsstelle Kriege, Rüstung und Entwicklung, Hamburg, S. 45 f.

Trines 1997b:
Trines, Stefan (1997): *Iran (Kurden),* in: Rabehl, Thomas / Trines, Stefan (Hrsg.): *Das Kriegsgeschehen 1996. Register der Kriege und bewaffneten Konflikte*, Arbeitspapier Nr. 6/1997 *der Universität Hamburg - IPW Forschungsstelle Kriege, Rüstung und Entwicklung, Hamburg, S. 48 f.*
Uibopuu 1994:
Uibopuu, Hann-Jüri (1993): *Die rechtliche Stellung der Minderheiten in Estland, in*: Frowein, Jochen Abr. / Hofmann, Rainer / Oeter, Stefan (Hrsg.): *Das Minderheitenrecht europäischer Staaten*, Teil 2, Band 109, Berlin / Heidelberg / New York u.a., S. 27 - 60
UN-ECOSOC 1997:
United Nations, Economic and Social Council, Commission on Human Rights, Sub-Commission on Prevention of Discrimination and Protection of Minorities (1997): *Freedom of Movement. Human rights and population transfer. Final report of the Special Rapporteur, Mr. Al-Khasawneh,* in: UN.Doc.E/CN.4/Sub.2/1997/23 vom 27. Juni 1997
UN-IPBPR 1966:
UN-Internationaler Pakt über bürgerliche und politische Rechte vom 16. Dezember 1966.
UNO-Entwurf über die Rechte der eingeborenen Völker 1992:
UNO Draft Declaration on the Rights of Indigenous Peoples 1992, UN-Doc.E/CN.4/Sub.2/1992/33, p.44-52
UNO, Eide-Bericht 1993:
UNO, Eide-Bericht zum Minderheitenschutz, Empfehlungen, angenommen von der Menschenrechtskommission am 26. August 1993 auf Vorschlag der Unterkommission für die Verhütung von Diskriminierung und für Minderheitenschutz
UNO-Erklärung 1992:
UN-Declaration on the Rights of Persons Belonging to National or Ethnic, Religious and Linguistic Minorities, 18 December 1992 (UN-Res.GA 47/135)
Walker 1996:
Walker, Alastair (1996): *Nordfriesland, die Nordfriesen und das Nordfriesische,* in: Hinderling, Robert / Eichinger, Ludwig M. (Hrsg.): *Handbuch der mitteleuropäischen Sprachminderheiten*, Tübingen, S. 1 - 30
Weber 1997:
Weber, Bernd (1997): *- Afrika - Ein Konfliktkontinent?* , in: *IAP-Dienst Sicherheitspolitik,* Nr. 5/Mai 1997
Weber 1998:
Weber, Bernd (1998): *Migration. Flucht, Wanderungs- und Asylbewegung als glo bales und regionales Problem*, in: *Sonderheft IAP-Dienst Sicherheitspolitik*, Bielefeld
Weltalmanach '92:
Baratta, Mario von (Hrsg.) (1991): *Der Fischer Weltalmanach 1992*, Frankfurt am Main
Weltalmanach '93:
Baratta, Mario von (Hrsg.) (1992): *Der Fischer Weltalmanach 1993*, Frankfurt am Main
Weltalmanach '94:
Baratta, Mario von (Hrsg.) (1993): Der Fischer Weltalmanach 1994, Frankfurt am Main

Weltalmanach '96:
Baratta, Mario von (Hrsg.) (1995): *Der Fischer Weltalmanach 1996*, Frankfurt am Main
Weltalmanach '97:
Baratta, Mario von (Hrsg.) (1996): *Der Fischer Weltalmanach 1997*, Frankfurt am Main
Weltalmanach '98:
Baratta, Mario von (Hrsg.) (1997): Der Fischer Weltalmanach 1998, Frankfurt am Main
Weltalmanach '99:
Baratta, Mario von (Hrsg.) (1998): Der Fischer Weltalmanach 1999, Frankfurt am Main
Weltalmanach 2000:
Baratta, Mario von (Hrsg.) (1999): *Der Fischer Weltalmanach 2000*, Frankfurt am Main
Williams 1992:
Williams, Colin H. (1992*): Les langues celtiques du Royaume-Uni*, in : Giordan, Henri (Ed.) (1992) : *Les Minorités en Europe. Droits linguistiques et Droits de l' Homme*. Paris, pp. 347 - 372
Winsa 1996:
Winsa, Birger (1996): *Die Minderheitensprachen Finnlands und Schwedens. Tornedalisches Finnisch,* in: Europäisches Büro für Minderheitensprachen (Hrsg.) (1996): Contact Bulletin, 13. Jg. Nr. 2, S. 1 - 5
de Zayas 1997:
de Zayas, Alfred-Maurice (1997): *Zur Aktualität des Rechts auf die Heimat*, in: *Gerechtigkeit schafft Frieden. Beiträge zu Volksgruppenschutz und Recht auf die Heimat*, Dokumentation des Bundes der Vertriebenen, Bonn, S. 14 – 28
Z-4-Plan 1995:
Bosnien Kontaktgruppe (Großbritannien, Frankreich, Deutschland, USA, Russische Föderation): *Draft Agreement on the Krajina, Slavonia, Southern Baranja and Western Sirmium*, 18 January 1995
Zülch 1993:
Zülch, Tilman (Hrsg.) (1993): *„Ethnische Säuberung" – Völkermord für „Groß-serbien". Eine Dokumentation der Gesellschaft für bedrohte Völker*, Hamburg / Zürich (= Luchterhand Flugschrift 5)
Zürrer 1996:
Zürrer, Peter (1996): *Deutsche Sprachinseln im Aostatal*, in: Hinderling, Robert / Eichinger, Ludwig M. (Hrsg.) (1996): *Handbuch der mitteleuropäischen Sprachminderheiten*, Tübingen, S. 287 – 310